"十三五"国家重点图书出版规划项目

中国隧道及地下工程修建关键技术研究书系

XIANDAI DITIE
SHEBEI
XITONG FENXI

现代地铁设备系统分析

蒲先俊　任　博　杨德明　李实华　编著

张　宁　王彦利　主审

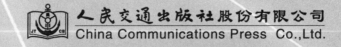

内 容 提 要

地铁工程由地铁车辆、主体工程和机电设备三部分构成。就机电设备而言,其门类之多、数量之大、技术之高、更新之快,实属罕见,因此备受关注。

本书以深圳地铁建设为背景,以相关标准规范为依据,将理论与实践紧密结合,是国内第一本跨专业、跨系统的地铁设备技术专著。全书共12章三大板块。第1章和第2章为第一板块,对地铁及其设备进行系统性、综合性分析。第3章至第8章为第二板块,对信号、通信、供电、客服设备、环控与给排水、消防安防及监控等主要设备,从功能要求、设备组成、关键技术和发展趋势等方面进行深入分析。第9章至第12章为第三板块,对地铁设备的接口、传输、可靠性和电磁兼容性等进行系统分析。附录是现代地铁设备常用缩略语。

本书被列入"十三五"国家重点图书出版规划项目,可供城市轨道交通规划设计人员、设备研究人员、工程技术人员、建设管理人员、设备制造商、系统集成商参考学习,也可作为高等院校相关专业师生的参考或辅导用书。

图书在版编目(CIP)数据

现代地铁设备系统分析/蒲先俊等编著.— 北京:
人民交通出版社股份有限公司,2018.8
ISBN 978-7-114-14687-9

Ⅰ.①现… Ⅱ.①蒲… Ⅲ.①地下铁道—设备—系统分析 Ⅳ.①U231

中国版本图书馆 CIP 数据核字(2018)第 091351 号

书　　名:	现代地铁设备系统分析
著 作 者:	蒲先俊　任　博　杨德明　李实华
责任编辑:	刘彩云　李　梦
责任校对:	刘　芹
责任印制:	张　凯
出版发行:	人民交通出版社股份有限公司
地　　址:	(100011)北京市朝阳区安定门外外馆斜街3号
网　　址:	http://www.ccpress.com.cn
销售电话:	(010)59757973
总 经 销:	人民交通出版社股份有限公司发行部
经　　销:	各地新华书店
印　　刷:	大厂回族自治县正兴印务(有限)公司
开　　本:	787×1092　1/16
印　　张:	26.75
字　　数:	644 千
版　　次:	2018 年 8 月　第 1 版
印　　次:	2018 年 8 月　第 1 次印刷
书　　号:	ISBN 978-7-114-14687-9
定　　价:	118.00 元

(有印刷、装订质量问题的图书由本公司负责调换)

前　言

1863年英国伦敦率先建成地铁至今已150多年。1969年北京地铁建成通车也快50年了。在此期间，尽管城市轨道交通的范畴不断扩大，但地铁依然是城市公共交通的重中之重，并已成为城市现代化发展的重要引擎，成为城市实力和繁荣的重要象征，成为具有全局性、长期性的城市基础建设项目，成为城市投资最大的民生工程，成为城市中一道最靓丽的风景线。

多少年来，地铁一直发挥着它快速、准时、大运量等公交特长。同时，由于体现最新科技成果的各种机电设备不断成功应用，使得地铁更彰显其方便、舒适、安全、节能等服务特征。地铁主体结构的设计使用年限是100年，但机电设备的寿命周期则远远短于这个时限。因此，机电设备的建设、使用、维修、升级、换代等任务，越来越受到重视。

现代地铁机电设备（简称"设备"），几乎涵盖机电、电子、建筑等行业的大部分设备，其分量之重、门类之多、数目之大、技术之高、更新之快，实属罕见。现代地铁设备系统分析，既是一个跨专业的大课题，又是一个无先例的新课题，本书力图体现以下特征：

系统性——着重梳理城市共公交通、城市轨道交通、地铁及其设备的系统性；

综合性——综合分析地铁设备发展、功能、组成、要求、投资、特点和创新；

有重点——抓住系统和常规设备的功能要求、设备组成和关键技术进行剖析；

规范化——以相关的国家标准、行业标准、企业标准和规范作为分析的依据；

关联性——在规范定义基础上，集中分析设备内外接口和系统间的信息传输；

共通性——依据权威定义和现场统计，系统分析设备的可靠性和电磁兼容性；

前瞻性——以乘客需求为导向，关注设备的系统演变、技术创新和发展趋势；

实践性——用好解决工程问题的技术成果及地铁运营管理和维修的实际经验。

全书共12章，依次是绪论，综合分析，信号分析，通信分析，供电分析，客服设备分析，环控与给排水分析，消防、安防及监控分析，接口分析，传输分析，可靠性分析，电磁兼容分析。附录是现代地铁设备常用缩略语（包括本书使用的缩略语）。

在本书筹备、编撰及出版过程中，我们得到了深圳市地铁集团有限公司、深圳市城市轨道交通协会、深圳市城市交通规划设计研究中心、中国电信股份有限公司深圳分公司以及深圳市老年科技工作者协会有关领导、同事的大力支持和真诚帮助，得到了家人的理解和支持。封面照片由深圳市地铁集团有限公司提供（周元拍摄）。在此一并表示衷心感谢。

特别感谢深圳市城市轨道交通协会专业委员会主任张宁和比亚迪股份有限公司轨道交通总体技术处标准化部总监王彦利的热诚指导并主审全书。

特别感谢认真审阅本书相关章节并提出宝贵意见的郭履力、杨宁、王兆红、唐春华、赵显志、张健保、刘秋生等同志。

特别感谢对本书编撰提供宝贵资料的刘卡丁、谢伟、周海春、吉树新、叶益民、吴朋、房磊、许琳、陈尧、罗庆锋、黄建辉等同志。

特别感谢人民交通出版社股份有限公司将本书列为"十三五"国家重点图书出版项目予以出版,并进行了卓有成效的专业指导工作。

我们虽然长期工作在第一线,拥有多年地铁工程建设经验和积累,但由于水平、条件和时间的限制,书中定有疏漏和错误之处,诚挚欢迎各位读者、专家批评指正。

作　者
2018 年 7 月于深圳

目 录

第1章 绪论 ·· 1
  1.1 城市公共交通 ··· 1
  1.2 城市轨道交通 ··· 2
  1.3 城轨交通发展概况 ·· 4
  1.4 现代地铁基本特征 ·· 8
  1.5 地铁设计国家标准 ·· 10
  1.6 地铁工程基本构成 ·· 12
  1.7 机电设备建设历程 ·· 16
  1.8 全自动运行系统概况 ··· 17
  1.9 机电设备系统发展探讨 ··· 19

第2章 综合分析 ··· 22
  2.1 应用发展 ·· 22
  2.2 设备功能 ·· 24
  2.3 基本组成 ·· 26
  2.4 选用原则 ·· 29
  2.5 技术特点 ·· 32
  2.6 建设投资 ·· 34
  2.7 自主创新 ·· 34

第3章 信号分析 ··· 40
  3.1 国家标准要求 ··· 40
  3.2 系统技术特点 ··· 42
  3.3 系统基本组成 ··· 43
  3.4 系统地域分布 ··· 45
  3.5 联锁技术分析 ··· 48
  3.6 闭塞制式分析 ··· 54
  3.7 列车安全运行间隔分析 ··· 62
  3.8 列车定位技术分析 ··· 66
  3.9 车地无线传输分析 ··· 76

3.10 驾驶模式转换分析 … 81
  3.11 UTO 信号系统 … 83
第 4 章 通信分析 … 86
  4.1 通用要求 … 86
  4.2 总体分析 … 87
  4.3 专用通信综述 … 89
  4.4 民用通信综述 … 97
  4.5 警用通信综述 … 99
  4.6 关键技术分析 … 102
  4.7 发展趋势探讨 … 121
第 5 章 供电分析 … 123
  5.1 标准规定 … 123
  5.2 系统总体 … 124
  5.3 城市电网 … 126
  5.4 供电方式 … 129
  5.5 供电制式 … 129
  5.6 设备剖析 … 131
  5.7 关键技术 … 139
  5.8 系统实例 … 157
  5.9 发展趋势 … 158
第 6 章 客服设备分析 … 159
  6.1 乘客信息系统 … 159
  6.2 自动售检票系统 … 174
  6.3 站内客运设备 … 180
  6.4 站台屏蔽门 … 186
第 7 章 环控与给排水分析 … 196
  7.1 环控系统 … 196
  7.2 给排水系统 … 215
第 8 章 消防、安防及监控分析 … 222
  8.1 消防系统 … 222
  8.2 综合安防系统 … 229
  8.3 综合监控系统(ISCS) … 232
  8.4 环境与设备监控系统(BAS) … 234
  8.5 火灾自动报警控制系统(FAS) … 236
  8.6 电力监控系统(SCADA) … 237
  8.7 发展趋势探讨 … 240
第 9 章 接口分析 … 245
  9.1 引言 … 245

9.2 接口定义和分类 ··· 245
9.3 地铁工程外部接口 ··· 249
9.4 地铁工程内部接口 ··· 251
9.5 地铁设备技术接口通信协议(接口标准) ······································ 255
9.6 供电系统接口 ·· 267
9.7 信号系统接口 ·· 271
9.8 通信系统接口 ·· 276
9.9 综合监控系统接口 ··· 280
9.10 综合安防系统接口 ·· 287
9.11 其他系统接口 ·· 289

第10章 传输分析 ··· 295
10.1 概述 ··· 295
10.2 重要概念 ··· 298
10.3 传输系统基本组成 ·· 301
10.4 传输介质 ··· 303
10.5 复用技术 ··· 305
10.6 传输制式 ··· 310
10.7 局域网 ·· 312
10.8 拓扑结构 ··· 313
10.9 信息保护与环路自愈 ·· 314
10.10 节点设备 ··· 316
10.11 专用通信传输系统 ·· 319
10.12 民用通信传输系统 ·· 323
10.13 警用通信传输系统 ·· 329
10.14 信号传输系统 ··· 332
10.15 车地无线传输技术体制 ··· 334

第11章 可靠性分析 ·· 336
11.1 轨道交通 RAMS 概述 ··· 336
11.2 设备可靠性导论 ··· 339
11.3 地铁故障、事故与灾害 ··· 344
11.4 运营设备故障管理技术 ··· 346
11.5 典型线路设备故障统计分析 ·· 351
11.6 典型系统故障统计分析 ··· 359
11.7 可靠性的定量分析 ·· 365

第12章 电磁兼容分析 ·· 372
12.1 基本概念 ··· 372
12.2 地铁中的电磁干扰 ·· 377
12.3 电磁干扰抑制技术 ·· 380

12.4 地铁无线电频率资源 386
12.5 共址系统安全频道间隔 396
12.6 干扰分析的思路与方法 398
12.7 地铁设备内部干扰分析 399
12.8 地铁设备外部干扰分析 408
附录 现代地铁设备常用缩略语 412
参考文献 418

第1章 绪　论

现代地铁是城市公共交通的重中之重。在高速发展的中国地铁中,深圳地铁是一个突出案例。机电设备是地铁工程的重要组成部分。在地铁工程中,要走好机电设备的建设历程,顺应机电设备的发展趋势。

1.1 城市公共交通

城市交通,是以城市行政区划为基础的各类机动交通方式和行人自行车等总称,服务于城市行政区域内的全体居民和来城活动的人员,直接反映城市经济水平、城市管理能力和城市文明程度,是城市形成和发展中的内在要素。

城市交通的发展,可分为四个阶段:第一阶段,以人力、畜力交通工具为主;第二阶段,以公共电、汽车为主;第三阶段,以轨道交通为主;第四阶段,除轨道交通外,私家小汽车也成为重要交通工具。

现代城市交通,由城市公共交通、城市准公共交通(含出租车、旅游车、班车)和城市非公共交通(含自行车、三轮车、摩托车、小汽车)三部分构成,如图1-1所示。

图1-1　现代城市交通构成

城市公共交通,是在城市及其郊区范围内,为方便公众出行,用客运工具进行的旅客运输。城市公共交通,是城市交通的重要组成部分,对城市政治经济、文化教育、科学技术等方面的发展影响极大,也是城市建设的一个重要方面。

为加快国民经济的健康发展,我国实行"优先发展城市公共交通"战略,原建设部于2007年6月13日批准实施我国城镇建设行业标准《城市公共交通分类标准》(CJJ/T 114—2007)。该标准重点解决的问题是:明确城市不同公共交通类型的名称、定义与适用范围,起到明确思路、理顺概念的作用,是城市选定所需公共交通类型的有效依据。

《城市公共交通分类标准》(CJJ/T 114—2007)将城市公共交通分为四大类:城市道路公共交通、城市轨道交通、城市水上公共交通、城市其他公共交通,如图1-2所示。

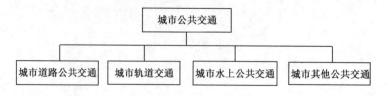

图1-2 城市公共交通分类

城市道路公共交通,是指行驶在城市地区各级道路上的公共客运交通方式,如公共汽车、无轨电车和出租汽车。

城市轨道交通,是指采用轨道导向运行的城市公共客运交通系统,包括地铁系统、轻轨系统、单轨系统、有轨电车、磁浮系统、自动导向轨道系统和市域快速轨道交通系统。

城市水上公共交通,是指航行在城市及周边地区范围水域上的公共交通系统,主要方式有三种:连接被水域阻断的两岸接驳交通;与两岸平行航行,有固定站点码头的客运交通;旅游观光交通。

城市其他公共交通,是指客运索道、客运缆车、客运扶梯、客运电梯和自动人行步道。

《城市公共交通分类标准》(CJJ/T 114—2007)的分类,基本覆盖了全国城市的公共交通类型,真实反映了公共交通的实际状况,可以满足公共交通的规划设计、生产建设、业务管理、科学研究和统计工作的需要。

1.2 城市轨道交通

根据《城市公共交通分类标准》(CJJ/T 114—2007),将城市轨道交通分为七个类别,如图1-3所示。

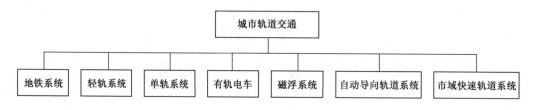

图1-3 城市轨道交通的分类

城市轨道交通分类及主要特性见表1-1。

地铁系统,是一种大运量的轨道运输系统,采用电力牵引和钢轮钢轨,标准轨距1435mm,主要在大城市地下空间修筑的隧道中运行,当条件允许时,也可穿出地面,在地面或高架桥上运行。按照选用车型的不同,可分为常规地铁和小截面地铁。根据线路客运规模的不同,又可分为高运量地铁和大运量地铁。

轻轨系统,是一种中运量的轨道运输系统,采用电力牵引和钢轮钢轨,标准轨距1435mm,主要在城市地面或高架桥上运行,遇繁华街区,也可进入地下或与地铁接轨。

第1章 绪　论

城市轨道交通分类及主要特性　　　　　表1-1

分类名称及代码		主要指标及特性		
中类	小类	车辆和线路条件	客运能力(N)和列车运行速度(v)	备注
地铁系统 GJ_{21}	A 型车辆 GJ_{211}	车长 22m,车宽 3m 定员 310 人 线路半径≥300m 线路坡度≤35‰	$N=4.5\sim7$ 万人次/h $v\geq35$km/h	高运量,适用于地下、地上或高架线路
	B 型车辆 GJ_{212}	车长 19m,车宽 2.8m 定员 230～245 人 线路半径≥250m 线路坡度≤35‰	$N=2.5\sim4$ 万人次/h $v\geq35$km/h	
	L_B 型车辆 GJ_{213}	车长 16.8m,车宽 2.8m 定员 215～240 人 线路半径≥100m 线路坡度≤35‰	$N=1\sim3$ 万人次/h $v\geq25\sim35$km/h	中运量,适用于高架、地上或地下线路
轻轨系统 GJ_{22}	C 型车辆 GJ_{221}	车长 18.9～30.4m,车宽 2.6m 定员 200～315 人 线路半径≥50m 线路坡度≤60‰	$N=1\sim3$ 万人次/h $v\geq25\sim35$km/h	中运量,适用于高架、地上或地下线路
	L_C 型车辆 GJ_{222}	车长 16m,车宽 2.5～2.6m 定员 150 人 线路半径≥60m 线路坡度≤60‰	$N=1\sim3$ 万人次/h $v\geq25\sim35$km/h	
单轨系统 GJ_{23}	跨座式单轨车辆 GJ_{231}	车长 15m,车宽 3m 定员 150～170 人 线路半径≥50m 线路坡度≤60‰	$N=1\sim3$ 万人次/h $v\geq30\sim35$km/h	中运量,适用于高架线路
	悬挂式单轨车辆 GJ_{232}	车长 15m,车宽 2.6m 定员 80～170 人 线路半径≥50m 线路坡度≤60‰	$N=0.8\sim1.25$ 万人次/h $v\geq20$km/h	中运量,适用于高架线路
有轨电车 GJ_{24}	单厢或胶接式有轨电车 GJ_{241}	车长 12.5～28m,车宽 2.6m 定员 110～260 人 线路半径≥30m 线路坡度≤60‰	$N=0.6\sim1$ 万人次/h $v\geq15\sim25$km/h	低运量,适用于地面、街道混行或高架线路
磁浮系统 GJ_{25}	中低速磁浮车辆 GJ_{251}	车长 12～15m,车宽 2.6～3m 定员 80～120 人 线路半径≥50m 线路坡度≤70‰	$N=1.5\sim3$ 万人次/h $v\geq100$km/h	中运量,主要适用于高架线路
	高速磁浮车辆 GJ_{252}	车长:端车 27m,中车 24.8m 车宽 3.7m 定员:端车 120 人,中车 144 人 线路半径≥350m 线路坡度≤100‰	$N=1\sim2.5$ 万人次/h $v\geq500$km/h	中运量,主要适用于郊区高架线

续上表

分类名称及代码		主要指标及特性		
中类	小类	车辆和线路条件	客运能力(N)和列车运行速度(v)	备注
自动导向轨道系统 GJ_{26}	胶轮特制车辆 GJ_{261}	车长7.6~8.6m,车宽≤3m 定员70~90人 线路半径≥30m 线路坡度≤60‰	N=1~3万人次/h v≥25km/h	中运量,主要适用于高架或地下线路
市域快速轨道系统 GJ_{27}	地铁车辆或专用车辆 GJ_{271}	线路半径≥500m 线路坡度≤30‰	最高运行速度120~160km/h	适用于市域内中、长距离客运交通

单轨系统,是一种车辆与特制轨道梁组合成一体运行的中运量轨道运输系统,轨道梁不仅是车辆的承重结构,同时还是车辆运行的单向轨道。单轨系统的类型主要有两种:一种是车辆跨骑在单根梁上运行的方式,称之为跨座式单轨系统;另一种是车辆悬挂在单根梁上运行的方式,称之为悬挂式单轨系统。

单厢或铰接式有轨电车,是一种低运量的轨道交通,电车轨道主要铺设在城市道路路面上,电车车辆与其他地面交通混合运行。根据街道条件,车道可分为三种情况:混合车道;半封闭专用车道(在道路平交道口处,采用优先通行信号),全封闭专用车道(在道路平交道口处,采用立体交叉方式通过)。

磁浮系统在常温条件下,利用电导磁力磁浮技术使列车上浮,因此车厢不需要车轮、车轴、齿轮传动机构和架空输电线网,列车运行方式为悬浮状态,采用直线电机驱动行驶,现行标准轨距2800mm,主要在高架桥上运行,特殊地段也可在地面或地下隧道中运行。目前,磁浮系统主要有两种基本类型:最高行驶速度可达500km/h的高速磁悬浮列车和最高行驶速度可达100km/h的中低速磁悬浮列车。

自动导向轨道系统,是一种车辆采用橡胶轮胎在专用轨道上运行的中运量旅客运输系统,其列车沿着特制的导向装置行驶,车辆运行和车站管理采用计算机控制,可实现全自动化和无人驾驶,通常在繁华市区线路可采用地下隧道,市区边沿或郊外宜采用高架结构。

市域快速轨道系统,是一种大运量轨道运输系统,客运量每日可达20万~45万人次(一般不采用高峰小时客运量概念),主要在地面或高架桥上运行,必要时也可采用隧道,适用于城市区域内重大经济区之间中长距离的客运交通。

1.3 城轨交通发展概况

1.3.1 全国发展概况

中国城市轨道交通协会《2017年城市轨道交通行业统计报告》(以下简称《统计报告》)指出,2017年,在习近平新时代中国特色社会主义思想指引下,我国城市轨道交通事业实现了重大跨越和加快发展。

据统计,截至 2017 年年末,我国(未统计港澳台数据,下同)共计 34 个城市开通城市轨道交通并投入运营。共开通城市轨道交通线路 165 条,运营线路长度达到 5039km。新增运营线路 32 条,同比增长 24.1%。新增运营线路长度 880km,同比增长 21.2%。线路制式中,地铁占 77.2%,其他占 22.8%。

2017 年,我国城市轨道交通完成建设投资 4739 亿元,在建线路长度 6218km,在建项目可研批复投资额累计 38691 亿元。截至 2017 年年末,共有 62 个城市的城市轨道交通线网规划获批(含地方政府批复的 18 个城市),规划线路总长 7293km。

2017 年年末,我国城市轨道交通运营线路规模见表 1-2 和图 1-4。上海、北京、广州、南京、深圳位居前五。新增 4 个城市为厦门、石家庄、贵阳和珠海。

2017 年年末我国城市轨道交通运营线路规模　　　　表 1-2

序号	城市	运营里程(km)	序号	城市	运营里程(km)	序号	城市	运营里程(km)
1	上海	732.89	13	沈阳	120.27	25	南昌	48.233
2	北京	683.529	14	杭州	106.5	26	东莞	37.8
3	广州	375.81	15	西安	90.683	27	厦门	30.3
4	南京	364.62	16	昆明	87.71	28	石家庄	28.43
5	深圳	297.563	17	长春	83.63	29	福州	24.618
6	成都	268.917	18	宁波	74.54	30	哈尔滨	22.02
7	重庆	263.45	19	长沙	68.698	31	佛山	21.5
8	武汉	253.423	20	兰州	63.136	32	淮安	20.3
9	苏州	183.926	21	无锡	55.72	33	贵阳	12.9
10	大连	183.35	22	青岛	55.57	34	珠海	8.92
11	天津	175.318	23	南宁	53.3	合计	34 个城市	5039.241
12	郑州	134.19	24	合肥	52.38			

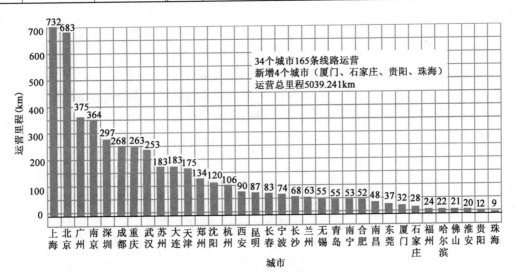

图 1-4　2017 年年末我国城市轨道交通运营线路规模

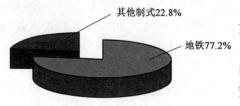

图1-5 2017年年末我国城市轨道交通运营线路制式

2017年年末我国城市轨道交通运营线路制式,如图1-5所示。

截至2017年年末,我国城市轨道交通建设项目已获批复的城市为62个(包含地方政府批复的淮安、南平、珠海、三亚、泉州、台州、黄石、渭南、安顺、红河州、文山州、德令哈、天水、毕节、泸州、黔南州、弥勒、瑞丽等18个城市),规划线网长度7293.1km,规划车站4458座,其中换乘站1173座,换乘站占比为26.3%。

国家发展和改革委员会(简称"国家发改委")批复的44个城市规划线路总投资额达到36107.2亿元。北京、杭州、广州规划线路投资均超过2000亿元,规划线路投资额合计达10388.6亿元,约占全国已批复规划线路投资的30%。

青岛、天津、深圳、武汉、上海5市规划线路投资额均超过1500亿元,厦门、重庆、西安、贵阳、郑州、福州、长沙、苏州8市规划线路投资额超过1000亿元。

共计16个城市轨道交通投资计划超过1000亿元,26个城市轨道交通规划线网规模超过100km,规划换乘站超1/4,超大、特大城市轨道交通规划线网规模满足网络化运营环境。

预测,"十三五"期末,运营线路成网规模超过400km的城市将超过10个。其中,北京、上海将形成千公里级的城轨交通"巨网"城市,广州、深圳、重庆、天津、南京、成都、武汉、郑州等将形成线网规模400km以上的城市轨道交通"大网"城市。

1.3.2 深圳发展概况

深圳,别称鹏城,广东省辖市,中国国家区域中心城市(华南),地处广东省南部,珠江口东岸,与香港一水之隔,东临大亚湾和大鹏湾,西濒珠江口和伶仃洋,南边深圳河与香港相连,北部与东莞、惠州接壤。深圳是中国改革开放以来所设立的第一个经济特区,是中国改革开放的窗口。深圳市域边界设有中国最多的出入境口岸。深圳是国家重要的综合交通枢纽和边境口岸,皇岗口岸实施24h通关。

深圳高度重视地铁的规划与建设,深圳地铁是全国地铁高速发展的典型范例。

深圳地铁一期工程和二期工程已经先后完成并开通运营,三期工程接近全部完成,四期工程建设规划初步确定。截至2017年3月,深圳市已投入运营8条地铁线路,共计286km,概况见表1-3。其中,7条线157座车站约265km,为深圳市地铁集团有限公司负责运营管理,另有4号线15座车站约21km,由港铁轨道交通(深圳)有限公司负责运营。

深圳地铁运营线路概况(截至2017年3月) 表1-3

线别	始终端	线路里程(km)	车站、车厂情况	在建延长计划
1	罗湖站—机场东站	40.9	车站:30座 车辆段:竹子林车辆段、前海湾车辆段	无
2	赤湾站—新秀站	35.7	车站:29座 车辆段:蛇口西车辆段 停车场:后海停车场	新秀站—盐田站16.2km

续上表

线别	始终端	线路里程（km）	车站、车厂情况	在建延长计划
3	益田站—双龙站	41.7	车站:30座 车辆段:横岗车辆段 停车场:中心公园停车场	益田站—福保站/双龙站—六联站9.4km
4	福田口岸站—清湖站	21	车站:15座 车辆段:龙胜车辆段	清湖站—牛湖站10.8km
5	前海湾站—黄贝岭站	39.7	车站:27座 车辆段:塘朗车辆段 停车场:上水径停车场(暂未建设)	前海湾站—赤湾站7.6km
7	西丽湖站—太安站	30.3	车站:28座 车辆段:深云车辆段 停车场:安托山停车场	无
9	红树湾南站—文锦站	25.4	车站:22座 车辆段:侨城东车辆段 停车场:笔架山停车场	红树湾南站—航海路站10.8km
11	碧头站—福田站	51.5	车站:18座 车辆段:松岗车辆段 停车场:机场北停车场	无
深圳市地铁集团有限公司7条线(1、2、3、5、7、9、11号线)合计		265	车站:183座(换乘站分计)/157座(换乘站合计) 车厂:13个	44km
深圳全市8条线(1、2、3、4、5、7、9、11号线)合计		286	车站:198座(换乘站分计)/166座(换乘站合计) 车厂:15个	54.8km

　　1号线(原罗宝线)为深圳市最早开通运营的轨道交通线路。全线分三期投入运营：一期罗湖站—世界之窗站,于2004年12月28日试运营;续建工程首通段,于2009年9月28日开通,包括白石洲站、高新园站、深大站三站三区间;续建工程深大站—机场东站,于2011年6月15日开通试运营。1号线全长40.876km,共30座车站(8座换乘站)。

　　2号线分三期投入运营：初期工程赤湾站—世界之窗站,于2010年12月28日开通运营;东延线工程世界之窗站—新秀站,于2011年6月28日全线开通。已建成2号线全长35.78km,共29座车站(其中9座换乘站)。三期工程于2015年年底开工建设,由新秀站延长至盐田站,计划2020年开通运营。

　　3号线(原龙岗线)分三期投入运营：一期高架段双龙站—草埔站,于2010年12月28日通车;一期地下段及续建工程草埔站—益田站,于2011年6月28日全线通车。已建成3号线全长41.09km,共30座车站(换乘站9座)。三期工程于2016年开建,分为南、北两段,南延段由益田站—福田保税区站设1座车站,北延段由双龙站—六联站设7座车站,计划2019年年底开通运营。

　　4号线(原龙华线),由港铁轨道交通(深圳)有限公司投资并运营。福田口岸站—清湖站,全长20.5km,共15座车站。福田口岸—少年宫站作为深圳市地铁集团有限公司投资建设的一期工程一部分,福民站—少年宫站于2004年12月28日开通,福田口岸站—福民站于

2007年6月28日开通。港铁轨道交通(深圳)有限公司投资建设的少年宫站—清湖站于2011年6月16日开通。4号线各段已于2010年7月1日转交港铁轨道交通(深圳)有限公司运营,直至2040年止。

5号线(原环中线)分两期开通运营:一期工程前海湾站—黄贝岭站,于2011年6月28日建成通车;二期工程于2015年年底开工,南延至赤湾站(与2号线换乘),计划2020年开通运营。已建成5号线全长39.795km,共27座车站(7座换乘站)。

7号线(西丽线)于2016年10月28号全线开通试运营,全长30.197km,共27座车站(10座换乘站)。

9号线(梅林线)分两期开通运营:一期工程红树湾南站—文锦站,于2016年10月28日开通试运营;二期工程西延线红树湾南站—航海路站,计划2019年开通试运营。已建成9号线全长25.422km,共22座车站(6座换乘站)。

11号线(机场线)于2016年6月28日全线开通试运营,身兼机场线和广深城际轨道线路双重任务,是目前国内一次性建成线路最长、速度最快的地铁线路。11号线全长51.899km,共18座车站(5座换乘站)。

根据《深圳市城市总体规划(2010—2020)》和《深圳市城市轨道交通建设规划(2012—2040)》,深圳地铁四期建设规划将建设5条线路,即6号线支线(荔林站—中山大学站)、12号线(左炮台站—海上田园站)、13号线(深圳湾口岸站—上屋北站)、14号线(岗厦北站—坑梓站)、16号线(大运站—田头站)。线路总长约148.9km,车站83座,总投资约1344.5亿元,约为9亿元/正线公里。四期建设规划工程预计于2022年年中建成,到时深圳市将形成16条线路、总长约583.8km、车站总数为382座的轨道交通线网。

2016年12月29日,深圳市规划和国土资源委员会公布《深圳市轨道交通线网规划(2016—2030)》(以下简称《规划》),向社会公开征求意见。

《规划》表明,全市规划轨道交通线路32条,总规模为1142km(含弹性发展线路约53km),由市域快线和普速线路两个层次构成。其中,市域快线8条约412km,普速线路24条约730km。

《规划》新增的12条线路是:21号线(前海站—坪地站)、22号线(福田保税区站—观澜站)、23号线(坪山枢纽站—葵涌站)、24号线(妈湾站—罗湖站)、25号线(大浪北站—布吉站)、26号线(机场东站—松岗站)、27号线(深圳湾公园站—坂田站)、28号线(蛇口站—西乡站)、29号线(红树湾站—公明站)、30号线(福永站—太空港站)、31号线(龙城站—碧岭站)、32号线(小梅沙站—新大站)。

《规划》显示,深圳将构筑以轨道交通为骨干,与各种交通协调发展的一体化交通体系,实现"45/70/70"发展目标:轨道出行,城市主副中心之间45min通达;公共交通出行占机动化出行量70%以上;轨道交通占公共交通70%以上。

1.4 现代地铁基本特征

1863年,英国伦敦率先建成地铁,至今已150多年。1969年,我国北京地铁建成通车,至今也近50年了。尽管岁月飞逝,社会巨变,城市共公交通快速发展,但地铁依然保持着它的魅力和风采,现代地铁的基本特征仍旧可以归纳如下:

1)地铁是城市轨道交通系统的最主要形式

城市轨道交通系统主要包括地铁、轻轨、单轨、有轨电车、磁浮等多种形式,其中地铁是最主要的形式。根据有关资料统计,世界范围内地铁线路长度占轨道交通的比例超过70%,其承担的客流量占轨道交通总客流量的80%以上。截至2016年,我国已投入运营的轨道交通线路中,地铁3168.7km,占76.3%。因此,可以看出,地铁作为轨道交通最主要的发展形式,无论是规模还是运量都远远大于其他制式,其地位是其他轨道制式所无法比拟的。

2)地铁是城市现代化发展的重要引擎

国内外发展经验表明,地铁对于拉动投资、加快经济增长具有重要作用。有关资料显示,地铁每投入1亿元,将拉动GDP增长2亿~3亿元,增加就业岗位8000个以上,与之直接关联的装备制造、工程基建、钢铁、水泥、电子等产业链的重要环节都将加快发展。在目前的经济环境下,地铁建设的拉动作用备受关注,地铁工程被称为是拉动内需的"发动机"之一。

地铁的发展水平直接决定了城市发展的进度,是城市现代化的显著标志。地铁不仅可以展现一个国家的科技水平,也是推进现代化进程的重要原生动力。地铁还能作为一种强烈的公共用品属性而制造更多商业机会。地铁在世界各大城市快速发展,不仅推动自身作为一个特定产业发展,还带动城市布局、相关产业,尤其是商业的协同发展。另一方面,地铁将为远离城市中心的地区带来更多的有价值的居住者和投资力量,从而快速实现该地区的城市化。国际上通行的说法是,地铁通达的地区,其城市化和城市现代化的速度会提高5倍。地铁不仅是常规的大型市政工程,还是一座城市国际化、现代化、民主化的象征和实现载体。

3)地铁是城市繁荣发展和综合实力的重要象征

地铁已经成为一个城市国际化的标志和象征,纽约、伦敦、巴黎、东京、香港等世界各顶级城市在很多年前就已经开通了地铁,到如今已形成一个完整的体系。我国的广州、上海、北京等一线城市也有着较为成熟的地铁系统。无数的先行案例成功地证明了:一个城市拥有地铁后,城市各区域之间的距离迅速缩短,依赖地铁发展起来的一系列产业也跟着崛起,城市得到扩容,城市价值随之飙升,城市实力得到稳步提升。

4)地铁是城市发展中具有全局性、长期性的基础工程

地铁作为百年工程,投资大,关系到城市建设的方方面面,比如道路、绿化、管线、征地拆迁、交通疏解等。地铁的建设周期较长,一条线路一般为4~5年,由于地下工程结构复杂,具有不可逆性,而且一旦建成将难以改变。因此,地铁是一项关乎城市全局的重大长期性基础工程。

5)地铁是关系城市发展的重大民生工程

地铁工程是城市的枢纽工程,更是惠及广大群众的民心工程、民生工程。地铁作为大运量的出行工具,对缓解城市交通拥堵、解决出行难问题、带动城市发展等具有重要作用。

地铁工程是关系城市发展全局和群众利益的重大工程,对于统筹区域发展、提升社会治理能力、提高公共服务水平,具有重要意义。

由于地铁工程投资巨大,一旦开始决策修建地铁,所有工程都要为之让道,可以说是一个城市最重要的民生工程。

6)地铁是大量使用最新机电设备的客运工程

为了确保和不断提升地铁的安全性、便捷性、服务性和舒适性,现代地铁都安装使用数量较大的多种机电设备,包括信号系统、通信系统、供电系统、监控系统、安防系统、乘客信息系

统、自动售检票系统和站内客运设备。这些系统和设备，总是采用最新技术，都属最新科技成果，而且更新换代很快。例如，移动闭塞信号系统、宽带移动通信系统、牵引供电系统、屏蔽门系统、变频空调系统、变频自动扶梯等。

7) 地铁是城市中规模最大的人防工程

地铁工程由于大部分为地下线路，埋深较深、结构强度大，在历史上就曾作为很好的防空设施，第二次世界大战中，伦敦地铁、莫斯科地铁、东京地铁在防空袭方面发挥了重要作用。地铁战时所具有的疏散功能和人员、物资掩蔽功能为人们普遍认可。一般来说，一个中等城市的地铁网络规模可达上百公里，形成的地下人防工程规模和效果显而易见，地铁在为城市居民出行带来方便的同时，也起到了保护城市安全的作用。

8) 地铁是城市一道靓丽的风景线

地铁是百年建筑。在设计地铁时，往往把它作为城市的一项重要建筑物进行艺术设计，有的甚至列入了保护范围，莫斯科地铁、巴黎地铁等都体现了艺术风格，比如地铁车站内的多样化设计和装修、文化墙设计、列车内外设计等。因此，地铁既是现代化城市对外的重要窗口和名片，同时也是城市一道靓丽的风景线，对改变城市发展面貌、提高城市影响力具有重要意义。

9) 地铁是城市建设规划的重要执行者与完善者

在拓展城市发展空间、优化城市用地结构、促进城市转型升级方面，地铁发挥着巨大作用。地铁的建设往往能推动沿线土地升值，带动片区发展。作为城市最重要的基础设施，其推进力度也是最大的。比如，地铁在推进城市更新、促进旧城改造等方面，也具有积极的作用。深圳提出"建地铁、建城市"的概念，指出在地铁建设的同时，同步推进市政道路、公交场站、接驳设施、公共厕所等一大批公益性设施的建设，取得了较好的效果。因此，可以说地铁是推进城市规划、支持城市建设的重要参与者和完善者。

10) 地铁是实现城市可持续发展的重要手段

地铁的出现，很好地解决了城市轨道交通的空间资源的问题。地铁具有运量大、安全无污染、受气候条件影响小的特点，对于整个城市的空间、时间和地点距离的缩短，都有积极意义。从环保角度看，地铁能够最大限度地降低能源消耗量，相对于其他交通方式，地铁的大气污染物排放量更少。为了保证环境的可持续发展，促进城市发展，进一步地缓解交通压力，各城市需要通过建设快速轨道交通，即地铁来促使城市交通的快速发展。

1.5 地铁设计国家标准

地铁工程，是结构庞大的系统工程，包括了强电、弱电、车辆等各种复杂的电气设施设备、电子设备和机电设备，涉及专业门类最多，电磁环境十分复杂。

地铁工程的实施，本质上是城市总体规划战略意图的具体体现。地铁设计所确定的线路功能定位、服务水平、系统运能、线路走向和起始点、车辆基地地址、资源共享等主要设计内容，是线网规划统筹考虑的最终体现。

地铁工程设计，是地铁工程建设的基础和前提，必须严格执行两部国家标准《地铁设计规范》和《城市轨道交通技术规范》。

我国第一部地铁设计国家标准，是1992年实施的《地下铁道设计规范》(GB 50157—

1992)。根据原建设部建标〔2000〕92 号文,主编单位北京城建设计发展集团股份有限公司会同各参编单位,对该规范进行了全面修订,形成《地铁设计规范》(GB 50157—2003),并于 2003 年 5 月 30 日发布,2003 年 8 月 1 日实施。

图 1-6 是《地铁设计规范》《城市轨道交通技术规范》和深圳地铁工程实施时间对应图。它清楚地显示:深圳地铁一期工程执行的是《地铁设计规范》(GB 50157—1992);二期工程执行的是《地铁设计规范》(GB 50157—2003);三期工程执行的是《地铁设计规范》(GB 50157—2003、GB 50157—2013);深圳地铁二期工程后期和三期工程还执行《城市轨道交通技术规范》(GB 50490—2009)。

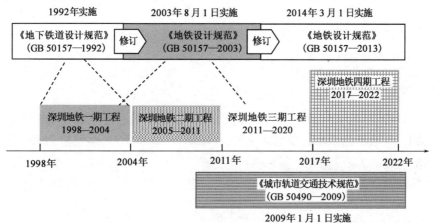

图 1-6 《地铁设计规范》《城市轨道交通技术规范》和深圳地铁工程实施时间对应图

当前执行的《地铁设计规范》(GB 50157—2013),是对原《地铁设计规范》(GB 50157—2003)进行修订而成的,2013 年 8 月 8 日发布,2014 年 3 月 1 日实施。主编单位是北京城建设计集团股份有限公司和中国地铁工程咨询有限责任公司,批准和发布单位是中华人民共和国住房和城乡建设部。本规范内容全面,共分 29 章和 5 个附录。主要包括:总则,术语,运营组织,车辆,限界,线路,轨道,路基,车站建筑,高架结构,地下结构,通风、空调与供暖,给水与排水,供电,通信,信号,自动售检票系统,火灾自动报警系统,综合监控系统,环境与设备监控系统,乘客信息系统,门禁,运营控制中心,站内客运设备,站台门,车辆基地、防灾和环境保护等。

当前执行的《城市轨道交通技术规范》(GB 50490—2009),于 2009 年 2 月 23 日发布,于 2009 年 10 月 1 日实施,是根据原建设部建标〔2002〕85 号文和原建设部建标函〔2007〕39 号文的要求编制的。主编单位是住房和城乡建设部地铁和轻轨研究中心(中国城市规划设计研究院),批准和发布单位也是住房和城乡建设部。本规范用来规范城市轨道交通的基本功能和技术要求,适用于地铁但不适用于磁悬浮,包括总则、术语、基本规定、运营、车辆、限界、土建工程和机电设备等 8 章。本规范是工程建设强制性国家标准。

《地铁设计规范》(GB 50157—2013)和《城市轨道交通技术规范》(GB 50490—2009),既是地铁建设和运营的强制性国家标准,也是地铁机电设备工程设计和系统分析的基本依据。

研究表明,这两部规范对地铁机电设备的总要求是安全可靠、功能合理、经济适用、技术先进。原则要求是:

(1)地铁车辆和机电设备,应采用满足功能、技术经济合理的成熟产品,并应标准化、系列化和立足国内生产,以及利于行车管理、客运组织和设备维护。

(2)以满足运营和乘客需求为目标,做到资源共享和方便使用。

(3)在设计使用年限内,应保证正常使用时的安全性、可靠性、可用性、可维护性要求。

(4)地铁车辆和机电设备应满足电磁兼容要求,投入使用前,应经过电磁兼容测试并验收合格。

(5)供乘客自行操作的设备,应易于识别,并应设在便于操作的位置;当乘客使用或操作不当时,不应导致危及乘客安全和设备正常工作的事件发生。

1.6 地铁工程基本构成

地铁工程建设包括地铁工程建设和运营管理筹建两个方面。其中,地铁工程建设包括地铁车辆、主体工程和机电设备三大部分。

1.6.1 地铁车辆

在地铁建设中,对地铁车辆而言,主要是选定车辆类型、确定列车编组和实施采购。

地铁车辆类型应根据当地的预测客流量、环境条件、线路条件、运输能力要求等因素综合比较选定。

地铁车辆包括车辆机械和车辆电气,如图1-7所示。

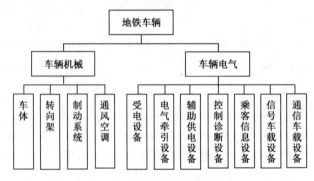

图1-7 地铁车辆构成

车辆机械含车体、转向架、制动系统和通风空调。车辆电气含受电设备、电气牵引设备、辅助供电设备、控制诊断设备、乘客信息设备以及信号系统和通信系统的车载设备。

地铁车辆的主要技术规格,见表1-4。

地铁车辆的主要技术规格　　　　　表1-4

名　称		A 型 车	B 型 车	
			B₁型车	B₂型车
车辆轴数		4	4	
车体基本长度(mm)	无司机室车辆	22000	19000	
	单司机室车辆	23600	19600	
车钩连接中心点距离(mm)	无司机室车辆	22800	19520	
	单司机室车辆	24400	20210	

续上表

名称			A 型车	B 型车	
				B₁ 型车	B₂ 型车
车体基本宽度(mm)			3000	2800	
车辆最大高度(mm)	受流器车	有空调	—	3800	—
		无空调	—	3600	—
	受电弓车(落弓高度)		≤3810	—	≤3810
	受电弓工作高度		3980～5800	—	3980～5800
车内净高(mm)			2100～2150		
地板面距轨面高度(mm)			1130	1100	
轴重(t)			≤16	≤14	
车辆定距(mm)			15700	12600	
固定轴距(mm)			2200～2500	2000～2300	
每侧车门数(对)			5	4	
车门宽度(mm)			1300～1400		
车门高度(mm)			≥1800		
载员(人)	座席	单司机室车辆	56	36	
		无司机室车辆	56	46	
	定员	单司机室车辆	310	230	
		无司机室车辆	310	250	
	超员	单司机室车辆	432	327	
		无司机室车辆	432	352	
车辆最高运行速度(km/h)			80、100		

地铁车辆分 A 型车和 B 型车,B 型车又分 B₁ 型车和 B₂ 型车,主要技术规格应符合表 1-1 的规定。表中,每平方米有效空余地板面积站立的人数,定员按 6 人计,超员按 9 人计;而有效空余地板面积,是指客室地板总面积减去座椅垂向投影面积和投影面积前 250mm 内高度不低于 1800mm 的面积。不难看出:

(1) A 型车和 B 型车的车辆轴数、车内净高、车门宽度、车门高度和车辆最高运行速度是相同的。

(2) A 型车长于 B 型车,A 型车定员多于 B 型车。

(3) B₁ 型车和 B₂ 型车的区别主要在车辆最大高度上。

目前,深圳地铁除 3 号线外,其他地铁线均采用 A 型车,每列 6 辆编组(11 号线为 8 辆编组)。

1.6.2 地铁主体工程

地铁主体工程,全称主体(土建)及装修工程,简称土建工程,其构成图如图 1-8 所示。

根据深圳地铁工程经验,地铁土建工程包括线路工程(含轨道、路基)、车站建筑、运营控制中心建筑和车场(含车辆段、停车场)建筑。装修工程涵盖车站装修、运营控制中心装修和车场装修。其中,线路工程含路基工程和轨道工程,分正线(含地下线、地面线和高架线)、车场线(含停车线、维修线和试车线)和辅助线(含折返线、渡线、联络线、停车线、安全线和出入段线)。车站建筑工程含站厅、站台、出入口、乘降空间、换乘通道、管理用房、设备用房、风井与冷却塔等工程。运营控制中心建筑工程含中央控制室、参观演示室、参观接待室、培训演示室、设备用房、管理用房和生活用房等工程。车场建筑工程含车辆运用库、车辆检修库、综合维修中心、物资总库、培训中心、救援设施和生活用房等工程。

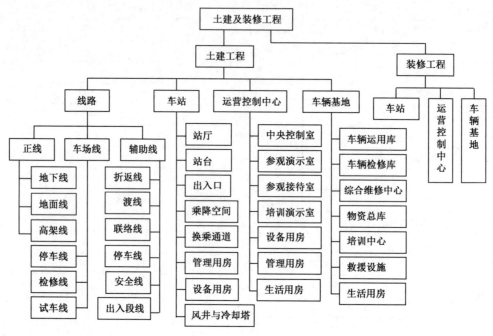

图1-8　土建及装修工程构成图

根据深圳经验,车站装修工程含站厅、站台、出入口、管理用房、设备用房、墙面、地面、天花和风亭等装修工程,运营控制中心装修工程含中央控制室、参观演示室、参观接待室、培训示室、管理用房、设备用房和生活用房等装修工程,车辆基地装修工程含车辆运用库、车辆检修库、综合维修中心、培训中心、物资总库和生活用房等装修工程。

1.6.3　地铁机电设备

《地铁设计规范》(GB 50157—2013),将地铁机电设备分为17个部分进行论述:通风、空调与采暖,给水与排水,供电,通信,信号,自动售检票系统,火灾自动报警系统,综合监控系统,环境与设备监控系统,乘客信息系统,电梯系统,门禁,运营控制中心,站内客运设备,站台门,车辆基地,防灾,环境保护。

《城市轨道交通技术规范》(GB 50490—2009),将地铁机电设备分为8个部分进行论述:供电系统,通信系统,信号系统,通风、空调与采暖系统,给水、排水与消防系统,火灾自动报警系统,环境与设备监控系统,自动售检票系统,自动扶梯、电梯,站台屏蔽门。

表1-5列出了上述规范的机电设备构成,以及深圳地铁2号线机电设备的实际构成。

深圳地铁2号线连接城市东西发展主轴,是特区内第二条东西向轨道交通客运主通道。2号线工程由初期工程和东延线工程两部分组成,线路西起蛇口赤湾站,经南山区、福田区、罗湖区,东至新秀站,全长35.78km,共设29座地下车站,其中换乘站10座,设蛇口西车辆段、后海停车场,工程投资总额约为193.5亿元。车辆采用A型车6辆编组,列车牵引采用DC1500V架空线供电,新建后海110/35kV主变电站,并共享1、4号线白石洲、文化中心和城市广场主变电站,于2011年6月28日全线建成通车。

地铁机电设备构成比较表　　　　　　表1-5

序号	《地铁设计规范》(GB 50157—2003)	《地铁设计规范》(GB 50157—2013)	《城市轨道交通技术规范》(GB 50490—2009)	深圳地铁2号线(2005—2010建设)
1	供电*	供电*	供电*	供电*
2	通信*	通信*	通信*	通信*
3	信号*	信号*	信号*	信号*
4	通风、空调与采暖	通风、空调与供暖	通风、空调与采暖	环控
5	给水与排水	给水与排水	给水、排水及消防	消防及给排水
6	防灾与报警*	火灾自动报警(FAS)*	火灾自动报警(FAS)*	综合监控(FAS+BAS+MCC+SCADA)
7	环境与设备监控*	环境与设备监控(BAS)*	环境与设备监控(BAS)*	
8	—	综合监控(ISCS)*	—	
9	自动售检票*	自动售检票*	自动售检票*	自动售检票*
10	电梯、自动扶梯与自动人行道	站内客运设备(自动扶梯、自动人行道电梯与轮椅升降机)	自动扶梯、电梯	电扶梯
11	—	站台门	站台屏蔽门	屏蔽门
12	—	乘客信息*	—	乘客信息*
13	—	—	—	门禁
14	—	运营控制中心	—	运营控制中心
15	—	—	—	综合安防*(图像监控+门禁+紧急告警)

深圳地铁2号线在创新与实践方面比较突出,无论是土建工程还是机电设备都颇具典型性和代表性,因此将其作为比较对象。关于深圳地铁2号线的详细介绍,请参阅由深圳市地铁集团有限公司主编的《深圳地铁2号线创新与实践》一书,该书被列为"十二五"国家重点图书出版规划项目,由人民交通出版社于2014年3月出版。

对表1-5,需要说明的是:

(1)《地铁设计规范》和《城市轨道交通技术规范》未提到安防系统。《地铁设计规范》未提到乘客信息(资讯)系统。《城市轨道交通技术规范》提到了乘客信息系统,但未对它提出技术规范。而在实际工程中,乘客信息和安防这两个系统都存在。

(2)深圳地铁2号线综合监控系统包括火灾自动报警系统(FAS)、环境与设备监控系统(BAS)、电动机控制中心(MCC)和电力监控系统(SCADA)。

(3)深圳地铁2号线综合安防系统由图像监控系统、门禁系统、紧急告警系统集成构成。监控图像来自装在列车上、车站等各处的摄像头,紧急告警信号来自站厅层、站台层和列车。

(4)表中标有*者为系统机电设备(又称地铁系统设备,构成系统才形成功能,它们和车站建筑的关系不太紧密),占总类别的64%;未标*者为常规机电设备(又称车站机电设备,它们和车站建筑的关系比较紧密),占总类别的36%。

1.7 机电设备建设历程

在地铁工程中,机电设备建设历程可分为8个阶段,如图1-9所示。

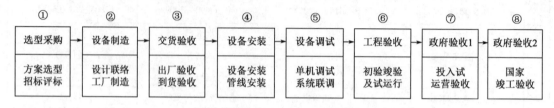

图1-9 地铁工程中的机电设备建设历程

阶段①为选型采购阶段,包括机电设备方案设计,确定技术规格,编制招标文件,确定招标规则,进行设备招标和设备安装招标,签订设备采购合同。

一些对设备系统性能影响较大的材料和少量设备,可列为甲控材料和设备,乙方采购业主控制质量。

阶段②为设备制造阶段,主要任务是产品设计联络、设计审查、样机制造、批量生产和工厂内部验收。

产品设计联络是设备采购合同签订后产品设计和工程设计的重要工作,是合同双方及相关设计单位之间的沟通、联络过程,目的是进一步完善合同设备功能、技术参数和性能指标要求。明确合同设备与其他系统设备的技术接口,以及合同设备与土建的技术接口,是工程施工设计的基础。产品设计可以采用技术文件直接交流方式,也可以采用设计联络会方式。

阶段③为交货阶段,它分为设备出厂检验、到货开箱验收以及安装调试后的初步验收、竣工验收和最终验收等五个步骤,如图1-10所示。

图1-10 交货验收工作步骤

阶段④为设备安装阶段,图1-10包括设备安装和管线安装两项任务。

常规设备安装和装修工程,包括地铁车站及物业开发层、区间隧道、联络线、出入段线等建设工程的常规设备安装、气体灭火工程和装修工程。

常规设备安装工程,指地铁工程中的环控系统、低压动力照明系统(400V以下)综合管线、给排水及消防系统安装。

装修工程,指地铁工程中各车站建筑装饰、装修工程。

气体灭火系统工程,指地铁工程中各车站气体灭火系统工程。

系统设备安装工程,指地铁工程按专业划分的系统设备安装工程,包括35kV变配电、接触网、信号系统、通信系统、综合监控系统(含EMCS、FAS、SCADA等)、屏蔽门、电扶梯及电梯、自动售检票系统等专业设备的安装工程项目。

阶段⑤为设备调试阶段,包括单机调试和系统联调两项任务。

设备单机调试工作,主要是单机设备各种检查和测量、静态和动态试验、空载和有载试验、设备运行状态和程序调整,各系统联动程序设定、单机和成套设备试运行等。

系统设备联调,是在各设备系统已完成单系统调试并达到合同技术规格书要求后,进行的系统综合测试,包括相关接口功能测试、设备联动测试、车站和控制中心联动功能测试等。

阶段⑥为工程验收阶段,由建设单位组织实施,任务是对各分单位(子单位)工程进行竣工验收,包括前期工程竣工验收、土建工程竣工验收、给排水工程竣工验收、供电工程竣工验收、系统设备安装工程竣工验收、常规设备安装工程竣工验收和特种设备安装工程竣工验收。工程竣工验收分为工程竣工初验和工程竣工验收两个阶段进行。

阶段⑦为政府验收第一阶段——投入试运营验收,验收项目包括人防、消防、环境保护、卫生防疫、工程档案、工程质量、安全等7个专项验收以及试运营条件评估。投入试运营验收通过后,经政府相关部门批准,工程项目方可投入试运营。

阶段⑧为政府验收第二阶段——国家竣工验收,验收项目包括规划、人防、消防、环境保护、卫生防疫、工程档案、工程质量、防雷装置、竣工决算审计、安全和试运营评估和等10个专项验收。其中,人防、消防、卫生防疫、工程质量、防雷装置、安全和试运营评估等六项验收的主要内容,是对投入试运营验收存在问题的复核,要对试运营期间的相关情况进行检查和确认。

1.8 全自动运行系统概况

根据 IEC62290 标准定义及列车不同驾驶模式,轨道交通系统自动化运行程度分为 GOA1～GOA4(Grade of Automation)四个等级,详见表1-6。

轨道交通系统自动化运行程度等级分类　　　　　表1-6

自动化等级	驾驶模式	操控方式				
		运行控制	停站	关门	列车起停	故障应对
GOA1	ATP(列车自动防护)	人工				司机
GOA2	ATO(列车自动驾驶)	自动	人工/自动	人工		司机
GOA3	DTO(有人值守下列车自动运行)	自动				值乘人员
GOA4	UTO(无人值守下列车自动运行)	自动				自动

全自动运行系统要求采用 UTO(Unattended Train Operation)模式,目前国内多采用 FAO(Fully Automated Operation)表述,自动化等级对应 GOA4,是自动化运营的最高等级。列车在控制中心的统一控制下,完全没有司机和乘务人员参与,自动实现列车休眠、唤醒、准备、自检、运行、停车和开关车门以及故障自愈等功能的高度智能的运营组织模式。

与常规地铁列车运营控制系统相比,全自动运行系统具有更高的安全性和可靠性,能更有效地提高运营线路的行车效率,提高列车平均旅行速度,减少车辆需求量,减少组织管理人员数量,降低运营管理成本,减少人为误操作引起的运营延误,大幅提高运营服务水平,进一步提升地铁运行的安全性、可靠性。

全自动运行系统(UTO)从20世纪80年代开始在城市轨道交通中应用,最早应用于法国里尔、日本神户等城市。从技术发展趋势来讲,全自动运行系统是城市轨道交通走向高度集中监控和自动化管理的终极系统配置方案,它在世界多个城市轨道交通中得到广泛运用。

表1-7是UTO全球发展情况。

UTO全球发展情况　　　　　　　　　　　　　　　表1-7

序号	线　路	开通时间	备　注
1	法国里尔地铁1号线	1983年	世界首条UTO线路
2	法国地铁14号线	1998年	
3	新加坡地铁东北线	2003年	世界首条大运量UTO线路
4	德国纽伦堡地铁U3线	2008年	世界首条UTO与人工驾驶混跑的线路
5	新加坡地铁环线	2010年	世界最长的UTO线路
6	巴黎地铁1号线	2012年	世界首条由人工驾驶改造为UTO线路

从2008年开始,我国主要城市开始引进无人驾驶技术。2012年,北京机场线开通DTO(有人值守下的列车自动运行)。2014年,我国首条真正意义上的UTO线路——上海地铁10号线开通。

我国主要城市UTO发展情况详见表1-8。

我国主要城市UTO发展情况　　　　　　　　　　　表1-8

序号	线　路	司机值守	开通日期	备　注
1	上海地铁10号线UTO	是	2014年8月	2010年开通ATP
2	香港地铁南岛线UTO	是	2016年年底	
3	北京地铁燕房线UTO	是	2017年年底	
4	上海地铁10号线二期UTO	未开通	2018年年底	
5	南京地铁7号线UTO	未开通	2020年以后	

我国采用UTO/DTO线路车辆、信号系统供货商情况详见表1-9。

我国UTO/DTO主要设备系统供货商　　　　　　　表1-9

序号	投运线路	信号供货商	车辆供货商
1	北京地铁机场线	卡斯柯信号有限公司	中车长春轨道客车股份有限公司(庞巴迪牵引系统)
2	北京地铁燕房线	交控科技有限公司	中车长春轨道客车股份有限公司(时代牵引系统)
3	上海地铁10号线	卡斯柯信号有限公司	中车南京浦镇车辆有限公司(阿尔斯通牵引系统)
4	香港地铁南岛线	卡斯柯信号有限公司	中车长春轨道客车股份有限公司

全自动运行系统(UTO),是以提升全系统运行效率和品质为目的的装备技术和运营管理水平的全面提升。

根据世界地铁协会数据,2016—2020年全球轨道交通采用全自动运行线路里程将从789km快速发展到2079km,相当于过去30年的总和。

2017年12月30日,我国首条拥有全部自主知识产权的全自动驾驶的"北京地铁燕房线"投入试运营,该线路符合EN62267/62290定义的自动化最高等级——GOA 4,其关键部件均为国产并实现了全自动运行,在降低了人为失误风险的同时,更提高了安全性和效率,进一步提升了出行质量和乘坐体验,从此我国进入了完全自主知识产权的轨道交通全自动运行的新时期。

根据规划,北京、上海地铁共10条新线已明确采用全自动运行系统。全自动运行系统已成为下一阶段轨道交通的发展趋势。

1.9 机电设备系统发展探讨

机电设备系统是随着科学的发展而不断发展的。传统机电设备以机械技术和电气技术应用为主。虽然传统的机电设备也能实现自动化,但是自动化程度低,功能有限,耗材多,能耗大,设备的工作效率低,性能水平不高。

为了提高机电设备系统的自动化程度和性能,从20世纪60年代开始,人们将机械技术与电子技术结合,出现了许多性能优良的机电产品或机电设备。到了20世纪七八十年代,微电子技术获得了惊人的发展,这时人们自觉、主动地利用微电子技术的成果,开发新的机电产品或设备,使得机电产品或设备成为集机械技术、控制技术、计算机与信息技术等为一体的全新技术产品,到了20世纪90年代,这种机电一体化技术迅速发展,时至今日,机电一体化产品或设备已经渗透到了国民经济和社会生活的各个领域,尤其是地铁这种代表着国家科技发展和技术进步的先进系统。

1.9.1 机电设备系统发展趋势

由互联网、移动互联网、物联网、云存储、大数据、人工智能等高新技术所带来的社会网络化、信息数字化、交互实时化,已经成为现实并迅速扩展到城市轨道交通领域之中。在此背景下,高性能化、轻量化、系统化、信息化、智能化,即"五化",正在成为现代地铁机电设备技术的发展趋势。

1) 机电设备高性能化

高性能化,一般包括高速度、高精度、高效率和高可靠性。为了满足这"四高"的要求,新一代数控系统采用了32位多CPU结构,在伺服系统方面使用了超高数字信号处理器,以达到对电动机的高速、高精度控制。为了提高加工精度,采用高分辨率、高响应的检测传感器和各种误差补偿技术。在提高可靠性方面,新型数控系统大量使用大规模和超大规模集成电路,从而减小了元器件数量和它们之间连线的焊点,以降低系统故障率,提高可靠性。

2) 机电设备轻量化

随着机电一体化技术在机电设备中广泛应用,机电设备正在向轻量化方向发展,这是因为,构成机电设备的机械主体除了使用钢铁材料之外,还广泛使用复合材料和非金属材料。随着电子装置的组装技术的进步,设备的总体尺寸也越来越小。

3) 机电设备系统化

由于机电一体化技术在机电设备中的应用,机电设备的构成已经不再是简单的"机"和"电",而是由机械技术、微电子技术、自动控制技术、信息技术、传感技术、软件技术构成的一个综合系统,各技术之间相互融合,彼此取长补短,其融合越高,系统就越优化。机电设备的系统化发展,必将获得最佳性能。

4) 机电设备信息化

轨道交通行业一直走在信息技术发展的前列。在互联网迅速发展的今天,轨道交通的信息技术用户越来越多,信息系统越来越复杂。各种应用系统不断上线,数据中心的服务器、存储和网络资源数量随之不断增加,网络规模和终端数量不断扩大。与此同时,问题也随之产生,旧有的信息技术架构已经无法满足新的业务需求。

机电设备作为现代地铁的重要组成,一直以来都在向智能模式靠近,移动互联终端、交通动态信息获取、掌上导航、票务、支付等一站式服务的实现,都要依赖后端的云存储和大数据支撑。把云技术应用到轨道交通中,是实现现代地铁信息化的重要手段,也是实现现代地铁高速与安全的重要信息技术支持。

5) 机电设备系统智能化

现代地铁机电设备系统智能化,是指通过提升信息化程度进一步提升自动化和智能化的程度,提高自动化系统的安全性、可靠性,从而提高全局及整体的自动化水平。而且,在提高服务能力和服务水平的同时,降低工作人员的劳动强度,减少人员的配置数量,降低人工成本。未来轨道交通的智能化方向发展,主要是无人驾驶技术(全自动运行系统)。关于无人驾驶技术(全自动运行系统),国外有大量应用和多年使用经验,目前国内北京、上海、广州都有相关项目案例投入使用,这足以说明该技术是成熟的和可行的,今后将进一步扩大和推广应用范围。无人驾驶技术(全自动运行系统)对现代地铁设备的自动化、信息化和智能化建设提出了更高的要求,同时也将对现代地铁的运营管理模式、思想观念产生非常大的影响。

1.9.2 机电设备系统发展机遇

我国城市地铁经过 40 多年的发展,在城市经济发展中的地位已日显重要,目前,我国已成为世界地铁发展最快、规模最大的地区。数十个城市正在大规模地进行城市地铁网络的规划和建设,已有十几个城市开始进入运营阶段,形成了空前规模的城市地铁机电设备系统市场。未来 20 年内,我国地铁机电设备的总投资将达数千亿元人民币,给世界带来了巨大的市场机遇。机电设备系统发展机遇主要体现在以下六个方面:

1) 技术研究和开发的发展机遇

由中国铁道科学研究院集团有限公司等科研院所和许多大学以及生产厂家,成立的专门从事地铁技术研究的机构,已培育了大批高级技术开发人员,成为促进地铁机电设备系统技术进步的人力资源。国家每年提供大量资金给这些机构,用于轨道交通新型技术和工艺的研究和开发。

2) 生产制造的发展机遇

目前,我国已具备很强的车辆生产制造能力,可为世界各国提供各种类型的轨道交通车辆。中国中车集团所属车辆的主要生产厂商包括中车长春轨道客车股份有限公司、中车青岛四方机车车辆股份有限公司、中车株洲电力机车有限公司、中车南京浦镇车辆有限公司、中车唐山机车车辆有限公司等。其他分布在上海、北京、广东、江苏及其他各城市的机电设备生产制造厂家,已能为我国各城市地铁项目提供绝大部分的机电设备。在车辆牵引制动、控制、信号、计算机、通信无线、售检票等领域,还需要国外厂商提供部分技术和产品。

3) 系统集成和工程承包的发展机遇

早期我国的城市地铁机电设备系统集成和工程承包大多由国外著名公司承担,目前,几乎所有的机电设备系统,都可由国内承包商单独承包,少量进行合作承包。

4) 咨询顾问和技术服务的发展机遇

早期我国城市地铁的咨询顾问和技术服务几乎全部由国外咨询机构承担，目前也有许多国内机构开始从事该领域的服务，有较多国内机构与国外机构合作的成功案例。

5) 关键设备质量认证的发展机遇

国家有关部门正在着手制定城市轨道交通关键设备产品的质量认证标准和实施方案，建立适合我国国情的城市地铁产品质量认证体系。市场上将形成一批独立第三方认证评估机构，培训一批合格的认证审核人员。与城市地铁产品认证相关的认证、测试、培训等技术服务将逐步展开。

6) 机电设备系统信息化的快速发展机遇

随着现代信息技术、智能化以及互联网+时代的到来，地铁机电设备的信息化和制造业的深度融合已经成为机电产业发展的必然趋势。对地铁传统机电设备技术进行信息化改造，是优化内在结构、提升机电产业素质的迫切需求，也是完成我国经济由粗放向集约蜕变的必然选择。为适应市场需求，地铁机电设备系统行业应加快摆脱原始化、技术含量低的特点，并向机电一体化、多功能化、控制智能化及高精度化等方向发展，将地铁机电设备配置集合成为一个统一、集成、协调、可靠、灵活、安全、可扩展、可升级的平台，以提高机电设备的效率和自动化、智能化、信息化水平。

第2章 综合分析

现代地铁工程是集合了车辆、土建和设备于一体的大型系统工程。就设计使用年限而言，地铁的主体结构是100年，而机电设备一般为10～30年。因此，机电设备系统的建设、使用、升级、换代等任务，愈来愈受到广泛关注和高度重视。

地铁设备的比例之重、门类之多、数量之大、技术之高、发展之快，前所未有。现代地铁设备系统分析，是一个大课题、新课题。本章综合分析机电设备系统的应用发展、设备功能、基本构成、设备原则、技术特点、建设投资和自主创新。

2.1 应用发展

2.1.1 应用发展阶段

我国地铁机电设备系统的应用发展，以执行相应的设计和技术规范、标准为标志，总体来看，可分为基本形成、补充完善和持续改进三个阶段。各阶段的基本构成内容见表2-1。表中，标有*者为系统机电设备，未标*者为常规机电设备。

各阶段地铁机电设备系统基本构成　　表2-1

序号	基本形成阶段（1969.10—2003.7）	补充完善阶段（2003.8—2014.2）		持续改进阶段（2014.3起）
1	供电*	供电*	供电*	供电*
2	通信*	通信*	通信*	通信*
3	信号*	信号*	信号*	信号*
4	通风、空调与采暖	通风、空调与供暖	通风、空调与采暖	环控
5	给水与排水	给水与排水	给水、排水及消防	消防及给排水
6	防灾与报警*	火灾自动报警(FAS)*	火灾自动报警(FAS)*	综合监控*（FAS + BAS + MCC + SCADA）
7	环境与设备监控*	环境与设备监控(BAS)*	环境与设备监控(BAS)*	
8	—	综合监控(ISCS)*	—	
9	自动售检票*	自动售检票*	自动售检票*	自动售检票*

续上表

序号	基本形成阶段 (1969.10—2003.7)	补充完善阶段 (2003.8—2014.2)		持续改进阶段 (2014.3 起)
10	电梯、自动扶梯与自动人行道	站内客运设备(自动扶梯、自动人行道电梯与轮椅升降机)	电梯、自动扶梯	电扶梯
11	—	屏蔽门	站台门	站台门
12	—	—	乘客信息*	乘客资讯*
13	—	门禁	—	—
14	—	(防灾未单列)	防灾	(防灾未单列)
15	—	—	—	综合安防*(图像监控+门禁+紧急告警)

第一阶段,1969 年 10 月至 2003 年 7 月,为基本形成阶段。

根据首版《地铁设计规范》(GB 50157—2003),此阶段机电设备基本构成为 9 个系统(设备):供电,通信,信号,通风、空调与采暖,给水与排水,防灾与报警,环境与设备监控,自动售检票,电梯、自动扶梯与自动人行道。

事实上,北京地铁 1969 年 10 月建成通车,天津地铁 1970 年 4 月建成通车。在总结这两市地铁建设和运营经验基础上,我国于 1992 年发布实施《地下铁道设计规范》(GB 50157—1992)。1995 年 4 月和 1997 年 6 月,上海地铁和广州地铁相继建成通车。2003 年 8 月,我国发布实施的首版《地铁设计规范》(GB 50157—2003),它是对《地下铁道设计规范》(GB 50157—1992)全面修订而成。

第二阶段,2003 年 8 月至 2014 年 2 月,为补充完善阶段。

根据新版《地铁设计规范》(GB 50157—2013),此阶段机电设备的基本构成如图 2-1 所示,共 13 个系统(设备)。同第一阶段相比,增加了综合监控、乘客信息、门禁和站台门。防灾单独成章。

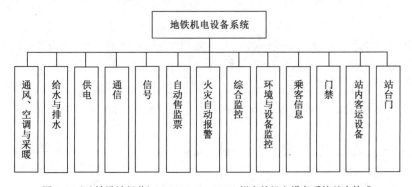

图 2-1 《地铁设计规范》(GB 50157—2013)规定的机电设备系统基本构成

值得一提的是,《城市轨道交通技术规范》(GB 50490—2009)的发布实施时间,要比新版《地铁设计规范》(GB 50157—2013)早 4 年。因此,前者对机电设备构成的规定不如后者完整,例如未提及"乘客信息系统"和"门禁"。因此,在确定机电设备系统基本构成时,应以新版

《地铁设计规范》(GB 50157—2013)为准,同时在保证可靠性的前提下及时引入新设备新系统,做到与时俱进。

第三阶段,2014年3月以后,为持续改进阶段。

此阶段执行新版地铁规范,吸纳新技术、新系统,不断创新,持续改进。机电设备系统基本构成的案例见表2-1,它既符合新版《地铁设计规范》(GB 50157—2013)的规定,又增加了综合安防系统。该综合安防系统,包括图像监控、门禁和紧急告警,而综合安防的监控图像来自装在车上车下各处的摄像头,紧急告警信号来自站厅层、站台层和列车。此外,该系统包括火灾自动报警系统(FAS)、环境与设备监控系统(BAS)、电动机控制中心(MCC)和电力监控系统(SCADA)。

2.1.2 应用发展动因

我国地铁机电设备系统应用发展的主要动因有以下4个:

(1)是为了满足地铁运营发展的需要。

例如,同旧版地铁规范相比,新版地铁规范机电设备系统在考虑运营实际需要的基础上增加了综合监控系统、站台门、门禁等规定。其中,站台门包括全封闭屏蔽门和非屏蔽安全门。

又如,在通信的一般规定中,第一次提出了"资源共享"和"电磁兼容性"要求。关于"资源共享",新版地铁规范称:地铁建设应结合通信技术发展和运营需要,设置不同水平的通信系统。在可靠性、可用性、可维护性及安全性满足的条件下,专用通信系统、民用通信引入系统和公安通信系统宜实现资源共享。关于"电磁兼容性",新版地铁规范称:通信系统设备应符合电磁兼容性的要求,并有抗电气干扰性能。

(2)是为了满足地铁乘客服务的需要。

例如,同旧版地铁规范相比,新版地铁规范的机电设备在服务乘客方面增加了乘客信息系统,增加了轮椅升降机设置要求,并将之改称为站内客运设备。

(3)是为了满足防灾反恐的需要。

例如,同旧版地铁规范相比,新版地铁规范的机电设备基本构成在防灾反恐方面专设了防灾一章,增设了列车安防系统,强化了电视监视手段,对如何利用既有设备和设施进行防灾提出了明确而具体的规定,提高了对恐怖事件的快速反应能力。

(4)机电设备系统技术进步的新成果,不断为机电设备系统的应用发展提供强大支撑。

例如,在通信方面,第一阶段使用的是模拟设备,第二阶段是数字设备,第三阶段是宽带设备。又如,在信号方面,经历了固定闭塞制式、准移动闭塞制式和基于通信的移动闭塞制式的发展历程。新技术的进步为机电设备系统的发展创造了巨大的空间。

2.2 设备功能

地铁是以为乘客服务为核心的城市轨道交通。因此,地铁机电设备应具有列车运行保障、乘客服务保障、生产生活保障以及防灾安全保障等四大功能,如图2-2所示。

应当指出,在图2-2中,第一功能中的牵引供电系统和第三功能中的动力照明供电系统,是从供电系统中划分出来的;第一功能中的专用通信系统、第二功能中的民用通信系统和第四功能中的警用通信系统,是从通信系统中划分出来的;第一功能中的站台屏蔽门和第二功能中的站台屏蔽门属同一种设备。

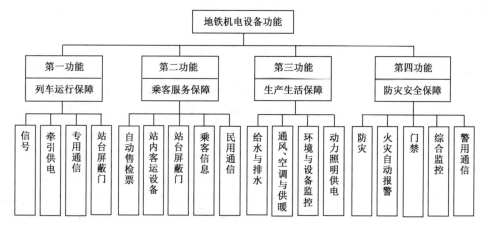

图 2-2　地铁机电设备功能图

1) 列车运行保障功能

地铁列车安全正点运行保障功能的实现,靠的是信号系统、牵引供电系统、专用通信系统和站台屏蔽门等系统设备。信号系统具有行车指挥和列车运行监视、控制和安全防护功能,具有降级运用能力。牵引供电系统为电动列车牵引供电。专用通信系统为运营管理、行车指挥、设备监控、防灾报警等提供话音、数据、图像等信息的传送,并能作为抢险救灾的通信手段。站台屏蔽门不仅可以保障乘客的安全,而且还可以满足车站通风以及空调系统的需要。

2) 乘客服务保障功能

乘客服务保障功能的实现,靠的是自动售检票系统、站内客运设备、站台屏蔽门、乘客信息系统和民用通信系统。自动售检票系统(AFC),用于乘客自助购票和进出站自动检票。站内客运设备,包括自动扶梯、垂直电梯、轮椅升降机和自动人行道,供乘客进出站及上下车使用。乘客信息系统(PIS),用于保证乘客在乘车过程中能及时获取相关信息。民用通信系统,包括无线通信、有线电话和广播电视(预留),乘客进入地铁后能和地面一样进行移动通信,包括通话、收发短信、收发视频及移动上网。

3) 生产生活保障功能

生产生活保障功能的实现,靠的是给水与排水、通风、空调与供暖、环境与设备监控,动力照明供电等系统。地铁所需的生产、生活和消防用水,由给水系统予以保障。地铁工程各类污、废水及雨水的排放,由排水系统完成。通风、空调与供暖系统,用来保障地铁运营、乘客乘车、生产生活及设备正常运行所需的环境,在发生火灾事故时能有效排烟、通风。设置环境与设备监控系统(BAS),主要目的就是对给排水系统和环控系统进行监视与控制,以确保系统正常运行。动力照明供电系统可为所有机电设备配送电能,并承担照明任务。

4) 防灾安全保障功能

防灾安全保障功能的实现,靠的是防灾、火灾自动报警、门禁、综合监控和警用通信等系统或设施。地铁具有针对火灾、水淹、风灾、地震、冰雪和雷击等灾害的预防措施。在车辆基地、主变电站、控制中心、全封闭运行地铁车站等建筑物中设置火灾自动报警系统(FAS)。综合安防系统应包含图像监控、门禁、入侵探测、紧急告警和集成管理等五个功能。为满足行车指挥、防灾安全和乘客服务等现代运营管理的需要,地铁应设立综合监控系统(ISCS)。警用通信系统应具有公安视频监视、警用无线通信和数据通信网络等功能。

2.3 基本组成

目前,《地铁设计规范》和《城市轨道交通技术规范》均未对地铁设备的类别进行划分。但是,从设计、建设、管理、使用和维修的角度出发,则有必要对设备系统进行分类。而且,在实际工程中,业内已经习惯将地铁设备分为三大类:车场设备、常规设备和系统设备,如图2-3所示。

车场设备,是车场专用设备的简称。车场包括车辆段和停车场。常规设备,是常规机电设备的简称。系统设备,是系统机电设备的简称。常规设备和系统设备主要用于正线(含车站和区间),同时也用于车场(例如给排水和通信系统)。

图2-3 地铁设备组成

地铁设备类别划分和技术特征详见表2-2。

地铁设备类别划分和技术特征　　　　　　　　　　　表2-2

设备类别	设备名称	技术特征		
		OCC是否要控制	与土建关系程度	有无车载设备
车场设备	智能化系统	否	浅	无
	专用设备	否	无	无
常规设备	环控系统	否	深	无
	给排水系统	否	深	无
	电扶梯	否	深	无
	站台屏蔽门	否	深	无
系统设备	信号系统	要	浅	有
	通信系统	要	浅	有
	供电系统	要	深	无
	乘客信息系统	要	浅	有
	自动售检票系统	要	浅	无
	消防系统	要	深	列车配有消防设备
	综合安防系统	要	浅	有
	综合监控系统	要	浅	无

表2-2清楚表明:

(1)常规设备同时具备三个特征:控制中心无须对其进行控制或观察,与土建的关系程度较深,没有车载设备。由于与土建的关系较深,有时又把常规设备叫做建筑设备。

(2)系统设备的必要特征是,经控制中心构成整体并对其进行集中控制或观察,亦即其与控制中心的关系密切。系统设备的其他特征包括有车载设备(如信号、通信、供电、乘客信息、安防)和无车载设备(如消防、自动售检票、监控)。系统设备与车站土建的关系有深有浅。

(3)不存在完全独立的消防系统,火灾自动报警系统集成在综合监控系统中,消防除烟排烟由环控的通风系统完成,水消防设在给排水系统中。

2.3.1 车场设备

车场设备,又分为智能化系统和维修工艺设备,各地铁的配置大同小异。深圳地铁(以2号线为例)车场设备构成如图2-4所示。

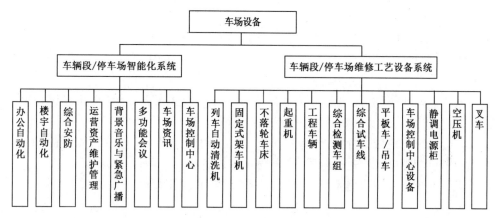

图2-4 地铁车场设备组成

车场设备的智能化系统包括以下方面的设备:办公自动化、楼宇自动化、综合安防、运营资产维护管理、背景音乐与紧急广播、多功能会议、车场资讯和车场控制中心。

维修工艺设备主要包括列车自动清洗机、固定式架车机、不落轮车床、起重机、工程车辆、综合检测车组、综合试线车、平板车/吊车、车场控制中心设备、静调电源柜、空压机和叉车。

2.3.2 常规设备

环控系统设备种类多、耗能大、施工量大,各城市选用设备的水平各异,技术要求、技术标准也不尽相同。如果一条地铁线路同时拥有地下线和高架线,则环控系统应当分为地下站及区间环控系统和高架站环控系统两部分。

给排水系统主要由给水及水消防系统、排水系统组成。其中,给水及水消防系统由生产用水、生活用水与消防用水三个系统组成,排水系统由废水、雨水和污水三个系统组成。

垂直电梯和自动扶梯,简称电扶梯,是将乘客从地面运送至地下车站或反向运输的垂直运输工具,承担轨道交通乘客运载的功能。

站台屏蔽门装在站台边沿,将站台区域和轨道区域隔离开来,形成一道屏障,用来降低空调运行能耗和列车运行噪声,降低活塞风对车站的影响,防止人员跌落轨道和发生意外事故,为乘客提供一个舒适安全、优美的候车环境,提高地铁服务水平。

2.3.3 系统设备

信号系统一般由正线列车自动控制(ATC)和车场联锁两部分组成,如图2-5所示。

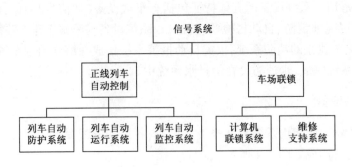

图 2-5 信号系统基本组成

其中,正线列车自动控制又由列车自动防护(ATP)、列车自动运行(ATO)和列车自动监控(ATS)三个系统组成。车场联锁又由计算机联锁(CBI)和维修支持(MSS)两个系统组成。

信号系统若按功能划分,可划分为 ATS 系统、ATP/ATO 子系统、计算机联锁(CBI)子系统、维修支持(MSS)系统以及数据通信(DCS)系统五个部分。

正线信号系统若地域划分,可分为六部分,即控制中心设备、车站及轨旁设备、车载设备、试车线设备、培训及维修设备、车辆段/停车场 ATS 设备。

地铁通信系统由专用通信系统、民用通信系统、警用通信系统组成,如图 2-6 所示。

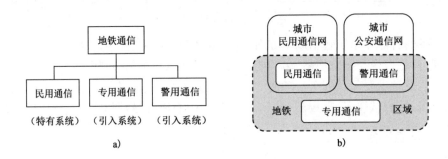

图 2-6 地铁通信系统组成

专用通信系统是为地铁运营调度专门设置的特有系统,由专用无线等多个系统构成。民用通信系统是一个引入系统,是城市民用通信网络在地铁的延伸,使乘客进入地铁后,能和地面一样方便地进行通信。警用通信系统也是一个引入系统,是城市公安通信网络在地铁的延伸,具有公安视频监视、警用无线通信和有线通信等功能。

供电系统从城市公共电网取得电源,由主变电所及输配电系统、牵引供电系统、接触网系统、降压变电所、动力照明供电系统、电力监控系统及杂散电流防护系统组成,如图 2-7 所示。牵引供电系统包括牵引变电所与牵引网,动力照明供电系统包括降压变电所与动力照明配电系统。

乘客信息系统一般由中心子系统、车站子系统、车站显示终端设备、网络传输子系统、车载子系统、移动宽带传输子系统组成。系统分为控制中心、车站/列车、显示终端三级结构。系统由控制中心和车站/列车两级监控。

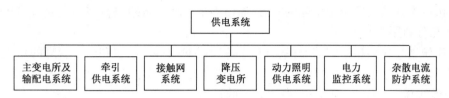

图 2-7　供电系统基本组成

自动售检票系统,由城市轨道交通清分系统、线路中央计算机系统和数据管理中心、车站计算机系统、车站终端设备、读写器、车票和传输网络等构成。车站计算机系统设置于车站自动售检票系统机房。车站终端设备由半自动售票机、自动售票机、自动充值机、自动检票机和便携式检验票机等构成。

综合监控系统(ISCS),用分布式控制方法,把分散的各设备或自动化系统连接为一个有机整体,实现信息互通、资源共享,提高协调配合能力和机电设备自动化控制水平。集成对象是电力监控、环境与设备监控和火灾自动报警控制系统。互联对象是广播、视频监控、乘客信息、时钟、自动售检票、门禁、防淹门、通信系统集中告警等系统等。

综合安防系统是集车站、车辆段及列车图像监控、门禁、紧急告警为一体的综合安全防范系统,由安防集成管理系统、图像监控系统、门禁系统、车场与高架区间入侵探测系统和紧急告警系统组成,采用中央级、车站级和终端级三级结构。

2.4　选 用 原 则

2.4.1　一般原则

根据国家标准《地铁设计规范》和《城市轨道交通技术规范》的规定,结合我国最近20年来各地地铁的建设经验,地铁机电设备的选择和使用应当遵循以下一般原则:

(1)机电设备系统选型应以保障功能和安全为前提,应选用可靠性高、经济实用、组网灵活、易扩容、安装方便、维护简单、能耗低且能防震、抗电磁干扰的设备,并能满足连续不间断运行的要求。

(2)除应符合适用、经济、安全、卫生等基本要求外,还应符合综合利用、节水、节能和环境友好等原则。

(3)在满足可靠性和功能要求的前提下,应优先采用国内先进的、成熟的设备或技术,平均国产化率不低于70%。尽量采用数字化、模块化、智能化,并符合国家技术标准和相关规范的要求。

(4)应与既有线或在建线路兼容、统一,尽量采用标准化设计,且布置要经济合理,为运营维护创造较好条件,体现扩容方便、维护简单和以人为本的特点,降低运营费用,方便维护管理。

(5)应从线网的角度来保证机电设备系统的整体性,既有、在建和规划的各条线路之间需考虑系统之间的互联和扩容需求,从便于维护和管理的角度出发,加强系统资源的综合利用,并充分考虑网络结构的优化。

(6) 机电设备系统应与全市范围电力、通信等系统之间做到"协调规划、建设时序结合、资源共享和充分利用"。

(7) 系统选型应根据运营需要,从有利于地铁线网的行车组织和运营管理的角度出发,统筹考虑线网互联互通需求,以"功能、安全、环境"为基本要素,合理平衡、充分挖潜,形成较为经济的运营规模,以达到降低造价、资源共享的目的。

(8) 机电设备的维护维修应充分考虑专业化协作和社会化服务的原则。

(9) 机电设备及管理用房应根据各系统工艺和相互接口联系要求,进行综合协调、合理布置。地面和高架站的设备,应因地制宜、灵活布置,有条件的地方可与邻近建筑物合建。

(10) 全网应设置专门的维修机构,以对各线的运营设备进行集中养护和维修,可以实现集约节约利用维修设施,也可以降低人力等各种成本。

(11) 机电设备配置应本着固本简末、逐步完善的原则,力求降低初期投资。设备数量的配置应根据近、远期运量增长的需要,以及设备安装条件的可能,合理分期投入。供电设备应作经济比较后确定,也可按远期需求一次建成。

(12) 系统应进行冗余设计,当其中任何一级系统发生故障时,均不影响其他系统的正常运行。同时系统应满足各种运行模式的要求,在突发情况下,能转为降级运行或紧急方式。

(13) 系统配置应适应地铁网络化运营发展的需要,并应预留与城市其他系统的接口,系统设计能力应满足客流的需要。

(14) 随着地铁网络化建设和运营的深入,应逐步推进不同机电设备系统之间的互联互通,实现不同供货商系统的互相兼容。

2.4.2 换乘站设备设置原则

换乘站属于城市轨道线网中的特殊站点,其设备设置原则应综合考虑换乘站形式、换乘方式、建设时序、建设和运营管理主体等因素。

1) 换乘站设备系统设置的基本要求

换乘站的设备系统设置要充分考虑不同建设时序的同期建设、不同期建设及预留建设的工程关系,要充分考虑设备系统及设备用房的资源共享,要充分考虑车站运营的统一管理和控制,有效减小车站规模,减少设备投入,减少能耗,实现投资效益的最大化,降低轨道交通建设及运营成本,提高运营效益。

换乘站的设备系统设置要注重把握以下要点:

(1) 换乘站的线路运营管理责任主体

换乘站实行统一管理,应先明确换乘站为哪一条线路的运营管理站,同期建设时由该线路的建设和设计单位(简称"主体单位")统一负责车站范围内土建工程、常规设备安装及建筑装修的设计。不同期建设时当期主体单位应统一负责车站预留设计。

(2) 合设与分设的设备系统

设备系统合设与分设的确定应遵循统一管理、资源共享的设置原则。个别换乘车站因建设时序、换乘方式和建设管理主体的影响,其设备系统合设与分设的具体设置可由主体单位根据车站的实际情况协调确定。

(3)确定设备系统管理责任

对于同期建设的换乘站,合设的设备系统由主体单位统一设计、采购、安装及调试,相关单位配合;分设的设备系统由主体单位和相关单位各自承担设计、采购、安装及调试工作。对于不同期建设的换乘站,当期主体单位要统一考虑与相关线路合设设备系统的预留容量和接口条件。

(4)确定投资分摊

同期建设的换乘站,由主体单位负责初步设计,由主体单位和换乘线路分建单位分摊投资。合设的设备系统投资,由主体单位专项单列概算。分设的设备系统投资,纳入各自线路概算。

2)换乘站设备系统设置的一般原则

(1)换乘站设备系统的设置,应考虑换乘站形式、建设时序、建设和运营管理主体等因素。

(2)换乘站的分类,以建设时序划分,可分为同期建设和不同期建设;以换乘方式划分,可大体分为平行换乘、垂直换乘、通道换乘。

(3)对于已运营线路(调整为)换乘站的情形,根据建设的实际情况,统一设置的设备系统亦可考虑采取在既有设备系统上扩容或对既有设备系统予以改造的原则。

(4)换乘站以建设时序和换乘方式划分,对设备系统的一般设置原则可分为四类:

①同期建设、平行换乘和垂直换乘站设备系统设置原则;

②同期建设、通道换乘站设备系统设置原则;

③不同期建设、平行换乘和垂直换乘站设备系统设置原则;

④不同期建设、通道换乘站设备系统设置原则。

为方便各设备系统对照换乘站查询设置原则,将上述四类设置原则合并编制成"换乘站设备系统设置原则一览表",详见表2-3。

换乘站设备系统设置原则一览表　　　　　　　　　　　表2-3

序号	设备系统名称	同期建设条件下的一般设置原则		不同期建设条件下的一般设置原则	
		平行换乘/垂直换乘	通道换乘	平行换乘/垂直换乘	通道换乘
1	牵引供电	各线分设	各线分设	各线分设	各线分设
2	动力照明系统	车站范围统一设置,区间分设时注意隧道风机的描述	各线分设	车站范围统筹考虑,预留容量和接口条件	各线分设
3	通风空调系统		各线分设		各线分设
4	给排水及水消防系统		各线分设		各线分设
5	气体消防系统	统一设置	各线分设	统一考虑,预留条件	各线分设
6	隧道光纤温度检测系统	各线分设	各线分设	各线分设	各线分设
7	导向标志系统	统一设置	各线分设,统一标准	各线分设,统一标准	各线分设,统一标准
8	站台屏蔽门	各线分设,车控室可统一控制	各线分设	各线分设,车控室预留控制条件	各线分设
9	电梯及扶梯	统一设置	各线分设	统一考虑,预留条件	各线分设
10	乘客信息系统	各线分设,系统互联	各线分设,系统互联	各线分设,考虑互联	各线分设,系统互联
11	综合安防系统(含门禁、电视监控)	统一设置,系统互联	各线分设,系统互联	统一考虑,预留扩容和接口条件	各线分设,系统互联

续上表

序号	设备系统名称	同期建设条件下的一般设置原则		不同期建设条件下的一般设置原则	
		平行换乘/垂直换乘	通道换乘	平行换乘/垂直换乘	通道换乘
12	自动售检票系统（AFC）	统一设置	统一设置（付费区相连）或各线分设	统一考虑，预留扩容和接口条件	各线分设或统一设置（扩容）
13	信号系统	各线分设	各线分设	各线分设	各线分设
14	通信系统	公务电话、时钟、广播、办公自动化、警用通信、公众通信统一设置，专用传输、专用无线、调度电话、UPS电源各线分设	各线分设，系统互联	统一考虑，预留扩容和接口条件	各线分设,考虑互联
15	综合监控系统	统一设置，系统互联	各线分设，系统互联	ISCS统一考虑，预留扩容和接口条件；BAS/FAS分线设置，考虑互联	各线分设,考虑互联

需要强调的是，无论是同期建设还是非同期建设，对通道换乘的换乘站，机电设备设置的一般原则是"各线分设"。但是，

①要统一导向标志系统的标准；

②要考虑互联的是乘客信息系统、综合安防系统、通信系统和综合监控系统；

③在付费区相连情况下，自动售检票系统应统一设置。

2.5 技术特点

研究表明，现代地铁机电设备系统呈现以下技术特点：

1）机械、电气和电力电子、计算机信息等多专业高密度集成

地铁机电设备系统，有以机械专业为主的电扶梯系统、站台门系统、环控系统、车辆车体及转向架、车辆段（工艺）设备等，有以电气和电力电子专业为主的供电系统、变频调速系统、动力照明系统等，有以计算机信息专业为主的设备自动化集成系统、自动售检票系统、通信与信号系统、综合安防系统等。因此，集成各专业而形成的地铁机电设备系统，技术高度密集。

2）设备、系统、车站与车辆段有机结合形成整体功能

地铁机电设备系统，在各车站分布着环控、动照、电扶梯等设备，综合监控系统实现各车站分布设备的集成控制，信号控制列车的运行，通信组网提供信息传输的链路，控制中心控制调度各机电设备系统，这就使机电设备系统结合形成整体运营功能。

3）地铁机电设备系统技术不断创新、实现跨越式发展

随着全球制造业和信息业技术的发展，地铁机电设备系统变化迅速，不断采用新技术、研发新装备、集成新系统、开发新功能。

广泛使用的新技术有无线通信技术、数字通信技术、光纤传输技术、设备自动化集成综合监控技术、新型智能化环控通风空调技术、城市轨道交通自动售检票技术、地铁扶梯变频调速

节能技术、隧道光纤感温火灾预警技术。例如,数字无线通信技术被广泛用于信号、通信、乘客信息、综合监控等系统。

同时,综合监控系统、综合安防系统、智能绿色照明系统、能源管理系统、电气火灾报警系统等新的集成系统也不断地在地铁中成功运用。

此外,基于列车无人驾驶的全自动运行系统已开始全面采用,这必将推进地铁运营技术的迅速发展。

4) 国产化是地铁机电设备系统技术发展的显著特点

1999年原国家计委428号文规定,地铁车辆和机电设备国产化率为70%以上。近20年来,我国地铁车辆及机电设备通过引进、吸收、消化、创新,技术发展提速,国产化进程加快。

深圳地铁一期工程是国家第一个地铁车辆和机电设备国产化依托项目,国产化率目标是70%,实际达到70.07%,详见图2-8。

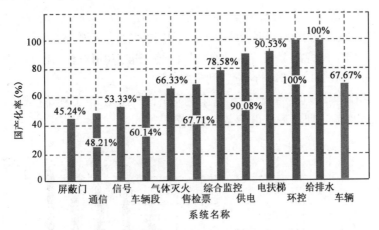

图2-8 深圳地铁一期工程机电设备国产化率

深圳地铁二期工程2号线车辆及机电设备国产化率为74.66%,3号线为73.73%,均超过一期工程。表2-4是深圳地铁3号线车辆和机电设备综合国产化率一览表。

深圳地铁3号线车辆和机电设备综合国产化率一览表　　表2-4

序号	车辆或设备名称	合同价(万元)	设备价格(万元)		国产化率(%)
			全部设备总价	进口设备总价	
1	车辆	152371.36	143652.80	41771.48	70.92
2	车辆段设备	10493.50	9558.21	5683.65	40.54
3	供电系统	99963.60	69458.32	7841.96	88.71
4	信号系统	47032.83	41635.78	18601.89	55.32
5	通信系统	23852.51	17739.26	2675.92	84.92
6	自动售检票系统	12245.91	11432.48	2525.35	77.91
7	屏蔽门和安全门	12010.76	10213.15	2794.65	72.64
8	通风空调、给排水及消防、气体灭火	16029.99	14045.24	2282.20	83.75

续上表

序号	车辆或设备名称	合同价(万元)	设备价格(万元)		国产化率(%)
			全部设备总价	进口设备总价	
9	自动化集成(综合监控)系统	12704.57	7625.88	3577.90	53.08
10	火灾自动报警系统	4032.05	2288.58	890.69	61.08
11	电扶梯系统	21659.02	17892.04	2138.07	88.05
	合计	412368.10	345541.74	90783.76	73.73

2.6 建设投资

深圳地铁一期工程总投资115.53亿元。其中:建筑工程45.46亿元,占46.65%;安装工程4.35亿元,占4.13%;车辆及设备31.13亿元,占30.17%;待摊18.76亿元,占17.92%;其他1.2亿元,占1.13%。待摊费用,包括勘察设计、施工准备、招投标、建设管理、工程监理、研究试验、专家咨询、工程保险、试运行、贷款利息等费用。

深圳地铁一期工程机电设备投资(不含车辆)16.553亿元,占工程总投资的14.32%。

图2-9是深圳地铁一期工程机电设备投资情况。

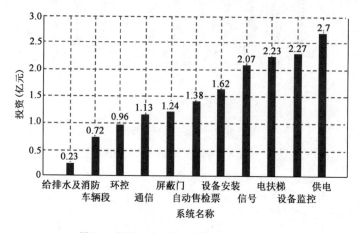

图2-9 深圳地铁一期工程机电设备投资情况

2.7 自主创新

2.7.1 我国地铁机电设备创新情况

随着我国城市轨道交通的高速发展,地铁设备围绕绿色环保、低碳节能、高集成度、高信息化加智能化、以人为本、高安全性、互联互通、资源共享等理念,以造就绿色智能、以人为本、高效安全的新地铁为创新目标,不断创新与实践,新的线路建设都有众多创新亮点。

2.7.2 深圳地铁一期工程机电设备创新

在深圳地铁一期工程建设过程中，科研与技术创新得到高度重视，开展了大量工作，取得了丰硕成果，解决了在设计、建设、运营及资源开发等方面遇到的一系列难题，为建成通车提供了有力保障和支持，为后续地铁工程建设及运营积累了丰富经验。

截至 2005 年，深圳地铁一期工程创中国企业新纪录项目共计 28 项，见表 2-5。其中，有 8 个创新项目获国家科技进步二等奖和詹天佑奖等奖项，同时获得国家专利 3 项。

深圳地铁一期工程创中国企业新纪录项目一览表　　　　表 2-5

序号	新纪录名称	分类	审定年度
1	世界最大轴力的桩基托换工程实施完成	土建	2002
2	复杂条件下浅埋矿山法施工的世界规模最大的地铁重叠隧道	土建	2003
3	国内首次繁忙铁路干线桥的桩基托换	土建	2003
4	国内首次在城市交通干道下采用大跨度简支钢桁梁临时路面系统盖挖顺作整座地铁车站主体结构	土建	2003
5	国内首座整体建成的十字形换乘地铁车站	土建	2003
6	罗湖站创国内规模最大的地铁车站	土建	2004
7	国内首创连续现浇金属弹簧浮置板减振道床	土建	2004
8	国内首创橡胶支承式浮置板减振道床	土建	2004
9	国内首创洞内移动式无缝线路钢轨接触焊	土建	2004
10	国内首家采用国产七氟丙烷气体自动灭火新技术	机电/技术	2005
11	国内首建全球最大的屏蔽门系统	机电/产品	2005
12	国内首家采用机电设备监控、火灾报警、电力监控等自动化监控新技术	机电/技术	2005
13	国内首创列车、信号和屏蔽门三大系统工程运营配合精度新水平	机电/技术	2005
14	地铁风机国内首家采用防喘振环新技术	机电/技术	2005
15	地铁 A 型车辆国内首家采用电动塞拉门新技术	车辆/技术	2005
16	国内首家采用稀土超长余辉蓄光发光导向标志节能新材料	机电/技术	2005
17	国内首家采用中国最大指挥中心智能大屏幕新技术	机电/技术	2005
18	国内首家采用地铁资产运营网上电子流程管理系统	机电/产品	2005
19	国内首家采用车载电子线路图新技术	机电/技术	2005
20	国内首次在自动扶梯上采用全变频、远程控制新技术	机电/技术	2005
21	国内首家采用地铁环控系统变频节能控制新技术	机电/技术	2005
22	国内首家采用综合业务天线分布新技术	机电/技术	2005
23	国内首家采用国产化具有银行转账增值功能的自动增值机新产品	机电/产品	2005
24	国内首家采用国产化具有纸币购票功能的自动售票机新产品	机电/产品	2005
25	首创国内地铁开通运营表现新水平	管理/运营	2005
26	国内首家采用国内地铁车站级应急监控新技术	机电/技术	2005
27	国内首家采用国产化隐藏门式闸机新产品	机电/产品	2005
28	国内首家采用车载移动数字电视新技术	机电/技术	2005

在地铁工程创新项目中,机电设备占 57%,土建占 32%,车辆占 4%,管理占 7%,如图 2-10 所示。

在机电设备创新项目中,新技术占 69%,新产品占 25%,新材料占 6%,如图 2-11 所示。

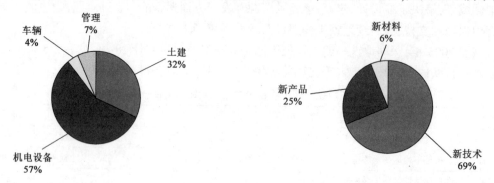

图 2-10 深圳地铁一期工程创新比例构成　　　图 2-11 深圳地铁一期工程机电设备创新项目

2007 年,深圳地铁一期工程有 9 个创新项目入选全国推广项目,即地铁重叠隧道设计与施工技术、新型智能化环控通风空调系统、地铁车站集成应急控制系统、城市轨道交通自动售检票系统、地铁扶梯变频调速和信息化节能技术、地铁七氟丙烷气体全自动灭火系统、地铁隧道光纤感温火灾预警监测系统、机电设备自动化集成综合监控技术、地铁超长余辉蓄光自发光安全疏散标志系统。其中,8 个项目属机电设备的系统或技术,占 89%。

2.7.3　深圳地铁二期工程机电设备创新

深圳地铁二期工程机电设备系统,吸取深圳地铁一期工程经验,在我国制造业和信息技术大发展的背景下,继续创新。以深圳地铁二期工程 2 号线机电设备为例,其创新如下:

1) 绿色环保、低碳节能

全线车站、车辆段公共区及办公室、道路、车库的主照明,在业内首次创新采用 LED 绿色节能照明,并采用智能照明控制系统。在公共区,对 LED 综合节能照明装置,根据不同运营时段和场景进行模式控制。

全线各变电所、车站、车辆段的设备电能计量,通过能源管理系统创新实现自动采集、集中统计与分析,为节电运营提供技术平台。全线各站、点在市政给水接管处,均设置远传水表。

采用基于智能 MCC 的空调及水系统和环控通风系统的变频节能控制系统,创新采用隧道感温光纤,实现隧道机械通风按隧道温度进行节能模式控制,节能控制水平行业领先。

在全行业率先开发制造由一台电动轨道车牵引一台综合检测车的综合检测车组。电动轨道车由接触网供电及蓄电池双电源供电,低碳环保,消除了内燃机排放造成的污染,首次实现工程车辆电力牵引。同时,多功能检测的综合检测车实现高效节能。

2) 以人为本、安全运营

全线车站站台、站厅,均设有两台以上自动扶梯,各出入口均设置上行扶梯,其中客流集中或两个以上出入口设上下行自动扶梯。

全线各车站站厅、站台、设备区、出入口、停车场、列车车厢,实现全方位的实时视频监控。车站公共区、重要设备管理用房、票务室、售票问讯处、车厢、电梯厢等区域,安装紧急告警设备和求助电话,实现紧急情况下,乘客和工作人员与车控室值班人员的语音通话和报警功能。将图像监控、门禁、乘客告警等子系统,创新集成在统一平台下的综合安防系统,实现整个安防系统各子系统间的联动,其系统构成、运营管理方式、系统联动控制,在国内地铁安全技防行业处于领先水平。

全线设有为乘客提供数字电视、各类信息和应急信息等的乘客信息系统,并履盖站台、站厅、车辆段及列车客室。采用基于局域网的车地无线传输系统,同时高带宽的车地传输网提供全线车载乘客信息子系统的传输通道。OCC至车站设有线传输专网,实现数字电视、运营应急信息乘客信息在列车和车站的统一实时播放,大幅度提高乘客舒适度和服务水平。

空调系统首次设计采用初效过滤器,安装电子式空气净化消毒装置,改善站内空气质量。首次在国内地铁设计采用密闭式污水提升装置,且把透气管引至排风道,彻底杜绝站内气味。

首次将变压器绕组温度和低压电气火灾探测构成电气火灾预警子系统,纳入综合监控系统,提高电气火灾防范能力。

全线车站公共区布置标准化,车控室、客服中心、嵌入式售票机房、警务室门等全线统一标准布置,方便乘客的统一识别和进出,减少乘客在公共区因不识别空间而导致的滞留现象。

车站扶梯增设残障人士的导引发声装置,电梯轿箱采用LED绿色照明,内设图象监控和召援装置并纳入综合安防系统,提高了乘用电扶梯的安全水平。

屏蔽门的滑动门设置防攀爬斜边,从而具备列车和屏蔽门间防夹功能。防踏空胶条直接安装在屏蔽门门槛下,缩小站台与列车地板之间的间隙,提高乘客上下车的安全度。

3) 自主创新、高集成度、高信息化

通信系统汇集了丰富的轨道交通通信系统建设经验,包括通信系统集成和专用无线通信系统。通信系统集成将多个独立的子系统进行组合,集成了专用传输、公务电话、专用电话、广播、时钟、公众通信、警用通信等,构成完整的传输和交换通信网络。专用传输子系统采用MSTP 2纤双向复用段保护自愈环,有效带宽达到2.5G的多业务传输通道。广播子系统采用了数字传输通道。时钟子系统的子钟采用数字式子钟。

安防系统是集正线图像监控系统、门禁系统、紧急告警系统为一体的综合安全保卫系统。集成的三个系统,既各自具备专有功能,又能有机结合,互联互通,为运营值班员、公安值班员提供直观、方便、完善的管理工具,为遇到困难乘客提供快捷服务。实现车站值班员、控制中心调度员,对车站公共区、设备用房、管理区、车厢等重点区域的实时视频监控。门禁系统实现各车站、车辆段和主变电所的重要设备和管理用房、出入口、票务室、站台门等重点区域的出入管理、登记以及地铁员工出入的自动化管理和考勤等功能,同时与车场智能化系统互联,实现DCC值班员对列车行驶状态、车厢乘客等情况的监视。安防系统在安防集成管理系统软件平台的基础上,集成闭路电视监视系统、门禁系统和紧急告警系统,实现全线所有车站、车辆的视频监控、门禁管理和处理紧急告警事务的系统联动控制,其信息化、智能化水平在国内独一无二。

综合监控系统,集成了火灾自动报警子系统、环境与设备监控子系统及电力监控子系统,同时还互联了综合安防、乘客信息、广播、自动售检票、信号、时钟、屏蔽门、通信网管、不间断电源(UPS)等系统。采用性能较优的UNIX操作系统。集成BAS、FAS、SCADA、感温光纤、MCC、气体灭火控制等全部底层设备,并互联各系统设备,集成深度更优。该系统在国内首个设有设备维修管理中心(维修工作站),实现运营设备维修管理的信息化。

全线采用基于智能 MCC 的空调及水系统和环控通风系统的变频节能控制系统,且通过隧道感温光纤实现隧道机械通风,可按隧道温度进行节能模式控制,其节能控制水平行业领先。综合监控系统集成全线车站、车辆段各设备计量用电管理的"能源管理系统",并将电气火灾预警子系统采集、监视和预警的电气温度相关数据集成后形成专门的人机界面,该系统集成深度、信息化水平是行业领先。

全线 UPS 供电系统采用适度集成,集成对象包括弱电系统 UPS、信号系统专用 UPS、屏蔽门专用 UPS 和变电所 EPS,以达到资源共享、减少运营维护费用、统一设备型号及减少设备用房面积等目的。

乘客信息系统,由中心、车站、车载、节目制作中心(由 1 号线提供)和有线传输网络、移动宽带传输网络等子系统组成。PIS 车站子系统通过车站的千兆以太网传输子系统,实现中心至车站的高清晰数字视频信号实时传输。PIS 车载子系统利用移动宽带传输网络,实现中心至列车的高清晰数字视频信号实时传输。中心服务器满足全线的使用需求。节目制作中心子系统,利用的是深圳地铁一期工程的既有设备。PIS 系统实现数字电视、各类资讯在列车、站台、站厅、出入口的全履盖和实时播放,形成地铁资讯实时传播网。

车辆段/停车场控制中心,首次将传统的车辆段/停车场的行车调度控制、车辆检修管理和乘务出勤管理、通信、信号和轨行区(含试车线)电视监控、车载电视监控,集成为统一的信息平台,是国内第一个将车场轨行区监控、车场信号系统调度、车辆检修调度等,从地理位置、设备配置和功能协调的分散设置,创新为设备资源共用共享、功能充分协调、有机结合并集成于一体的车场控制中心,形成车场行车、车辆检修、乘务出勤等调度管理的综合中心,实现车场调度的专业化、系统化、网络化、模块化,提高了车辆段/停车场调度系统的信息化水平,实现了信息共享、行车指挥信息集中监控、故障信息诊断和决策支持功能,是目前国内设置最全、功能最完善、设计最合理的地铁车场控制中心。首次实现车辆段/停车场车场控制功能的高度集成,推进了地铁车辆段设计及建设的技术进步。

自动售检票系统,以计算机及信息传输网络为基础,以非接触 IC 卡为车票信息载体,实现地铁车票的自动和半自动售票、自动检票、计费、收费、统计、结算全过程的自动化管理系统。读写器兼容 TYPE A、B、C 三种标准,能上传系统的交易数据到清分中心,并接受清分中心下传的网络运营参数,满足轨道交通网络化运营各线间的无障碍换乘的要求,并可与深圳市公交系统实现一卡通用。系统与终端设备分开招标,开放了接口标准,可任意扩展终端设备。

4)采用新技术、研发新装备

自主研发成功国内首台综合检测车组,它由一台综合检测车和一台接触网蓄电池双动力电动轨道车组成。综合检测车属重大自主创新成果,能检测接触网运行状态、接触网燃弧率、接触网磨耗、隧道限界、钢轨涂油效果等,并预留了其他检测项目设备接口。接触网蓄电池双能源电动轨道车,是国内地铁第一台电力牵引的工程车辆,具有低碳减排、绿色环保的优点。

研制成功新型检票闸机,机身按右手持票及读票原则,首次采用非对称设计,车票读写采用斜面设计,更符合人机工程学。机身宽度减少 15%,压缩了占地空间。单程票回收仓,首次采用有效票预读后票仓闸口才开启的判读设计,并有语音提示,开创了异常单程票处理的新模式。新型闸机外观新颖、判读卡快捷、闸机通过速度快。

研发成功新型室内反光式 LED 系列照明装置,全部采用面光源结构,针对 LED 接近点光源的特性,创新性地采用了反射、散射等技术,解决了 LED 室内照明灯高透光率与无眩光的矛盾,展示出"见光不见灯"的独特照明效果,使其灯具光效达 90lm/W 以上,照度分布均匀、视觉效果好,灯具的外形结构设计与地铁内的时尚元素有机融合。同时,具备数字可调光照明接口,既可单独连续调光、开闭,也可分群组、时段进行模式控制。LED 系列照明装置的综合技术,达国内领先、国际先进水平。

5) 线网资源共享、互联互通

110kV 主变电所独建 1 座,合用 3 座,实现线网资源共享。

各换乘站机电设备系统按统一管理的原则,车站设备统一设置,各线牵引供电、通信、信号等系统设备按线分别设置,实现资源共享,无线及有线通信、广播等互联互通。

各线专用无线通信系统,创新采用环形组网方式相连,增配各自无线交换机通信接口板和管理软件,在 TCC 配置互联互通管理服务器及软件,在国内地铁行业内率先实现了分布在不同线路上的无线通信交换机无缝连接和路网专用无线通信系统的互联互通。

第3章 信号分析

信号系统是地铁的主要技术装备,它沿袭了铁路制式,执行"故障导向安全"原则,坚持"车站联锁保证安全进路及区间闭塞防止列车追尾"理念。车站早期采用继电器联锁,现在采用计算机联锁。闭塞制式有固定闭塞、准移动闭塞和移动闭塞三种,后两种是目前地铁的主流制式。移动闭塞的关键技术是列车定位和车地无线传输。

3.1 国家标准要求

地铁信号系统,担负着指挥列车运行、确保行车安全、提高运行效率三项重要使命,用于列车进路控制、列车间隔控制、列车调度指挥、系统信息管理、设备状态监测和设备维护管理,是保证地铁高密度、高速度、高安全运行的重要和关键的复杂设备。因此,地铁信号系统的研发、生产、使用和维护都必须严格执行国家标准。

国家标准《城市轨道交通技术规范》(GB 50490—2009),从功能和性能两个方面对信号系统提出了明确要求,现归纳如下:

1) **功能完备并符合"故障—安全"原则**

信号系统功能包括行车指挥、运行监控和安全防护三项功能,同时应具有降级运用能力,符合"故障—安全"原则。

2) **具备应对不同情况的安全防护措施**

线路完全封闭时,信号系统应配备和运用列车自动防护系统。因为,通常全封闭线路时地铁列车旅行速度较高、行车密度较大。同时,也要防止将信号系统的后备运行模式作为正常的列车运行模式使用。

线路部分封闭时,信号系统应根据行车间隔、列车运行速度、线路封闭状态等运营条件,采取相应的技术手段进行列车运行的安全防护,以确保列车运行的安全。技术手段包括必要的信号显示、自动停车、平交路口控制等技术手段及严格的管理措施等。

3) **行车指挥系统应具有自动和人工两种控制功能**

配置行车指挥系统,行车指挥调度区段内的区间、车站应能实现集中监视。当行车指挥系统具有自动控制功能时,尚应具有人工控制功能。

4) **列车安全防护系统应满足各种运营需求**

运营需求包括行车密度、运行速度和行车交路等。当线路全封闭的地铁列车采用无安全防护功能的人工驾驶模式时,应有授权,并对授权及相关操作予以表征。这些需求,列车安全防护系统均应满足。

5)执行主体信号和禁止信号的相关规定

当列车配置列车自动防护设备、车内信号装置时,应以车内信号为主体信号;当列车未配置列车自动防护设备或列车自动防护设备失效或未配置车内信号装置时,所设地面信号应为主体信号。当地面的主体信号作为主体信号而显示熄灭时,应视为禁止信号。

6)联锁设备要保证在联锁关系正确下使用

联锁设备应保证道岔、信号机和区段的联锁关系正确。当联锁条件不符时,不得开通进路。

7)列车自动运行系统应满足功能和精度等要求

列车自动运行系统应具有列车自动牵引、惰行、制动、区间停车和车站定点停车、车站通过及折返作业等控制功能。控制过程满足控制精度、舒适度和节能等要求。

8)无人驾驶系统应符合相关规定

无人驾驶系统对线路、站场、机电系统设备配置及运行管理模式要求更高,需要它们相互协调。无人驾驶系统应能实现信号、通信、防灾报警等机电系统设备及车辆的协同控制。

控制中心或车站有人值班室应能监控无人驾驶列车的运行状态,应能实现列车停车及车门、站台屏蔽门的应急控制。

9)车辆基地信号系统应符合相关规定

用于有人驾驶系统的车辆基地,应设进、出车辆基地的信号机;进出车辆基地的信号机、调车信号机应以显示禁止信号为定位;车辆基地信号系统、设备的配置应满足列车进出车辆基地和在车辆基地内进行列车作业或调车作业的需求。

用于无人驾驶系统的车辆基地,其信号系统、设备的配置,应与无人驾驶系统在车辆基地的功能及车辆基地内无人或有人驾驶区域的范围相适应。

车辆基地应纳入信号系统的监视范围,设计算机监测系统、培训设备、维修检修等设备。

试车线信号系统采用与正线一致的设备,其布置应满足车载设备功能的动态测试和双向试车的需要。

上述9项要求属规范强制性要求,而且应当理解为:

(1)信号系统虽有行车指挥、运行监控和安全防护三项功能,但行车安全仍是其核心功能、第一功能。因为,失去了安全,其他功能便无从谈起。

(2)信号系统要符合"故障—安全"原则,采用的安全系统、设备应经过安全认证。所谓"故障—安全"原则,是指涉及行车安全的系统、设备,在系统或设备发生故障、错误或失效的情况下,信号系统能自动导向安全侧,并具有减轻以至于避免损失的功能,以确保行车安全的要求。若有无人驾驶系统,也应符合相关规定。

(3)任何路况(线路全封闭或部分封闭)、任何状态(自动或人工控制)、任何地方(正线或车辆基地),地铁信号系统均要有完备而可靠的安全防护措施,正线上全线一般都配备和运用列车自动防护系统(ATP)。

(4)车内信号指列车自动防护设备保证列车安全运行,为司机提供作为行车凭证的车内信号显示,包括地面信息的复示信号、目标速度、目标距离等。

(5) 无人驾驶系统涉及车辆、信号、通信、防灾报警等机电系统设备,各子系统协同运用,可以充分发挥无人驾驶系统的作用。

3.2 系统技术特点

地铁信号系统是在铁路信号系统基础上发展起来的,但为满足地铁的特殊要求,它在技术上又与铁路信号有若干区别,主要体现在以下四个方面:

1) 具有完善的列车速度监控功能

地铁只有客运没有货运且行车密度大,对行车间隔要求远高于铁路,最小可达90s甚至更低,因此对列车运行速度监控的要求极高,必须具有完善的列车速度监控功能。

2) 联锁关系简单但技术要求高

与铁路不同,地铁大多数车站没有配线和道岔,甚至不设地面信号机,故联锁关系比铁路简单,联锁设备少。除折返站外,全部作业仅为上、下客,通常在控制中心即可实现全线的监控。

但是,地铁信号系统要把联锁关系和列车自动防护的编/发码功能结合在一起,并包含一些特殊功能(如自动折返、自动进路、紧急关闭、扣车等),从而使技术难度明显增加。

3) 车辆段独立采用联锁设备

地铁车辆段功能与铁路区段站功能类似,包括列车编解、列车接发和频繁的调车作业,车辆段内线路较多、道岔较多、信号设备较多,因此地铁信号系统通常在车辆段独立采用一套联锁设备。

4) 信号设备的自动化水平高

由于地铁线路长度短、站间距离近、列车种类少及行车规律性强,因此地铁信号系统通常包含自动排列进路和自动运行调整功能,从而设备自动化水平高,人工极少介入。

为加深对以上地铁信号系统技术特点的理解,特作以下补充说明:

(1) 地铁信号系统以车载信号为主、地面信号为辅。

传统铁路以地面信号作为主体信号,司机根据地面信号显示操纵列车运行,车载信号只是作为辅助信号,可以发出超速告警。地铁与此相反,以车载信号作为主体信号,把地面信号作为辅助信号。列车根据地面传送的速度信息或距离信息,自动控制列车运行。列车超速时,列车自动进行超速防护。地铁区间一般不设置地面信号,仅在道岔区域设置地面信号机,作为道岔区段防护。

(2) 正常情况下地铁正线信号设置成自动信号。

地铁站间距一般为1km左右,列车运行间隔一般为2~3min,因此,正线信号由ATC系统自动控制,轨旁信号平时也设置成自动信号。

如图3-1所示,X1、X5设置成自动信号。也就是说,这些信号机在防护进路建立后,根据列车运行目的地和列车接近、锁闭相应进路后自动开放信号。列车进入信号机内方,信号自动关闭。列车通过进路后,进路自动解锁。

(3) 一般地铁正线在有岔站设置道岔防护信号机。

不同ATC系统采用的联锁系统设置方式不同:有的ATC系统在沿线有岔站设置区域性联锁系统,监控本站和相邻无岔站的信号设备。有的ATC系统在控制中心集中设置一套计算机联锁系统,监控全线信号设备,在车站配置轨旁设备控制器等。

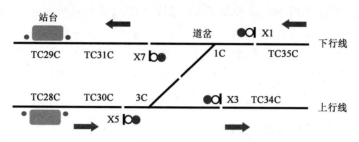

图 3-1 道岔防护信号机布置示意图

另外,可根据运营需要设置出站信号机和其他类型的信号机。地铁地面信号机均设置于列车运行方向的右侧,一般定位显示禁止信号。在图 3-1 中,X1 为指示下行线列车运行的正向信号,X7 为指示下行线列车运行的反向信号,X5 为指示上行线列车运行的正向信号,X3 为指示上行线列车运行的反向信号。

3.3 系统基本组成

3.3.1 概述

地铁信号系统早已不是传统意义上的简单的信号显示。随着经济的发展,特别是城市发展带来的人口的剧烈膨胀,地铁的运载能力被提到了一个更高的水平,在保证安全的前提下,要逐渐缩短列车的行车间隔、提高列车的运行速度。

地铁信号系统由正线信号系统和车辆基地信号系统两大部分组成,用于列车进路控制、列车间隔控制、列车调度指挥、运行信息管理、设备工况监测和设备维护管理等,如图 3-2 所示。

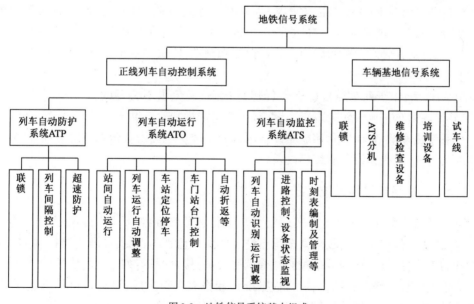

图 3-2 地铁信号系统基本组成

车辆基地信号系统,实际是车辆段和停车场信号系统的简称。

正线信号系统即正线列车自动控制系统(正线 ATC),它包括列车自动防护(ATP)(含车站联锁系统)、列车自动运行(ATO)和列车自动监控(ATS)三个系统。

列车自动控制系统需设置行车控制中心,沿线各车站设计为区域性联锁,其联锁设备设置在控制站(一般为有岔站),列车上装有车载控制设备。控制中心与控制站,通过有线数据传输网相连。控制中心与列车之间,采用车地无线传输交换信息。

3.3.2 列车自动防护系统(ATP)

列车自动防护系统(ATP)的主要功能是列车的超速防护、闭塞和联锁。它通过实时的测速和测距,保证列车在安全的速度下行驶,必要时给出各种信号的提醒,甚至自动启动紧急制动,同时还能对列车进行安全性停车点防护和列车车门监控。

ATP 系统不断从地面获得前行列车的位置信息、线路信息、前方目标点距离,通过轨道电路等方式传至车上,由车载设备计算得到当前允许的速度。或由控制中心计算出目标速度传至车上,由车载设备测得实际运行速度,以此来监督列车速度,使列车始终在安全的速度下运行,缩短列车运行间隔,保证列车安全。

采用轨道电路传送 ATP 信息时,ATP 系统由设于控制站的轨旁设备、设于线路上各轨道电路分界点的调谐单元和车载 ATP 设备组成,并且包括与 ATO、ATS、联锁设备的接口设备。

ATC 范围内的各正线控制站各设一套联锁设备,用来实现车站进路控制。该联锁设备接受车站值班员控制和 ATS 控制。考虑运用的灵活性,正线有岔站原则上独立设置联锁设备,当然也可采用中心控制方法。

3.3.3 列车自动运行系统(ATO)

列车自动运行系统(ATO)主要实现"地对车的运行控制",即用地面信息实现对列车驱动、制动的控制,其功能包括列车自动折返,根据控制中心指令使列车按最佳工况正点、安全、平稳地运行,自动完成对列车的启动、牵引、惰行和制动,传送客室车门和站台屏蔽门同步开关信号。

使用 ATO 后,由于列车经常处于最佳运行状态,避免了不必要的、过于激烈的加速和减速,会明显提高列车正点率和乘客舒适度,减少能量消耗和轮轨磨损。

ATO 系统由车载 ATO 单元和地面设备两部分组成。地面设备包括站台电缆环路、车地传输设备以及与 ATP、联锁设备的接口设备。

3.3.4 列车自动监控系统(ATS)

列车自动监控系统(ATS)主要实现对列车运行的监督和控制,辅助调度人员对全线列车进行管理,其功能包括调度区段内列车运行情况的集中监视与控制;监测进路控制和列车间隔控制设备的工作;按行车计划自动控制轨旁信号设备,接发列车;列车运行实迹的自动记录;时刻表自动生成、显示、修改和优化;运行数据统计和报表自动生成;设备运行状态监测;设备状态及调度员操作记录;运输计划管理;列车车次号自动传递等。

ATS 系统由控制中心 ATS 设备、车站 ATS 分机和车辆段 ATS 分机组成。控制中心 ATS 设备包括中心计算机系统、工作站、显示屏、绘图仪、打印机、UPS 等。每个控制站设一台 ATS 分机,用来采集车站设备的信息和传送命令,并实现车站进路自动控制功能。车辆基地 ATS 分机用来采集车辆段内库线的占用情况,以及进/出车场的列车信号机的状态。

3.3.5 车辆基地信号系统

车辆基地信号系统,是车辆段和停车场信号系统的简称,又称车辆基地联锁系统(CBI)。

车辆基地联锁系统(CBI),原先采用继电器联锁,近年来广泛采用计算机联锁,用于车辆段的进路控制。同时通过列车自动监控(ATS)车辆段分机,与行车控制中心交换信息。

车辆基地信号系统,包括联锁系统、进路控制设备、接近通知、终端止走防护和车次号传输设备等。这些设备由局域网连接,并经光缆与调度中心相通。列车的整备、维修与运行相互衔接成一个整体,保证地铁的高效率和低成本。

车辆基地段内试车线,设若干段与正线相同的 ATP 和 ATO 地面设备,用来对车载 ATC 设备进行静态试验和动态试验。

3.3.6 地铁信号系统配置规定

2014 年 3 月 1 日起实施的国家标准《地铁设计规范》(GB 50157—2013)明确规定:
(1)信号系统应包括 ATC 系统及车辆基地信号系统。
(2)ATC 系统应包括 ATS 系统、ATP 系统和 ATO 系统。
(3)ATC 系统应采用连续式列车控制方式,宜选用移动闭塞或准移动闭塞制式。

信号系统的这些配置规定,2014 年以后我国新建地铁都应当遵照执行。

3.4 系统地域分布

地铁信号系统设备按地域划分可包括下列四系统:控制中心系统、地面设备系统、车载设备系统、车辆基地系统。

3.4.1 控制中心系统

控制中心设备属于 ATS 子系统,是 ATC 的核心设备之一,其基本构成如图 3-3 所示。

中心计算机系统包括控制主机、通信处理器、数据库服务器、局域网及各自的外部设备。为保证系统可靠性,主要硬件设备均为主/备双套热备方式,可自动或人工切换。该计算机系统能满足自动控制、调度员人工控制和车站控制要求。

综合显示屏设于控制中心的控制室,由显示设备和相应的驱动设备构成,用来监视正线列车运行情况和系统设备状态。

调度员及调度长工作站用于行车调度指挥。

运行图工作站用来编制和修改运行计划,通过人机对话可以实现对运行时刻表的编制、修改和管理。

培训/模拟工作站能够模拟实际操作,用来培养实习操作员。

彩色绘图仪和彩色打印机,用来输出运行图和各种报表。

维修工作站用于 ATS 系统的维护、ATC 系统的故障报警处理和车站信号设备的监测。

控制中心配备信号设备专用电源屏及在线式 UPS 和可提供 30min 后备电源的蓄电池组。

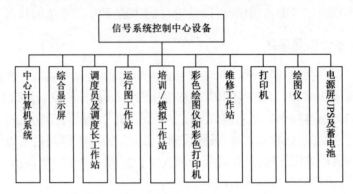

图 3-3　信号系统控制中心设备基本构成

3.4.2　地面设备系统——车站及轨旁设备

在信号系统中,车站被分为两种:集中联锁站(又称设备集中站)和非集中联锁站(又称非设备集中站)。因此,车站及轨旁设备也相应地分为两种:一种是集中联锁站及轨旁设备,另一种是非集中联锁站及轨旁设备。

车站及轨旁设备的基本构成如图 3-4 所示。

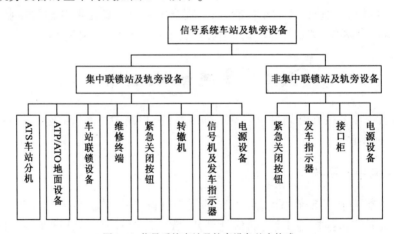

图 3-4　信号系统车站及轨旁设备基本构成

集中联锁站及轨旁设备较多,有 ATS 车站分机、ATP/ATO 地面设备、车站联锁计算机设备、转辙机、信号机、发车指示器、维修终端、紧急关闭按钮、电源设备等。

集中联锁站设一台 ATS 车站分机,用于采集车站设备的信息、接收控制命令、实现车站进路的自动控制。车站联锁设备接受车站值班员和 ATS 系统的控制,用以实现车站进路的自动控制。

ATP 地面设备用于检测列车占用和发送 ATP 信息,实现列车运行的超速防护,包括轨道电路或计轴器,ATP 地面编码发码设备,与 ATS、ATO、联锁设备的接口等。

ATO 地面设备用于实现列车最佳控制或列车自动驾驶,包括站台电缆环路,车地通信设备，与 ATP、联锁设备的接口。

维修终端设维修用彩色显示器、键盘和鼠标。维修用显示器的显示内容与控制用显示器一致，同时还显示必要的维修信息。能对信号设备进行自动、手动测试，但不能控制。

紧急关闭按钮用于在遇到紧急情况危及行车安全时，关闭信号，使列车停车。

转辙机用于转换道岔。当前采用电动转辙机或电动液压转辙机，有直流、交流两种类型。

正线上，道岔区段设防护信号机，线路尽头设阻挡信号机，用于指示列车运行，防护列车进路。

发车指示器没有严格的规定，根据场地情况布置，一般设置在司机立岗处。

电源设备是信号设备专用电源屏及一套在线式 UPS 和可提供 30min 后备电源的蓄电池组，为联锁设备、ATS、ATO、ATP 等设备供电。

非集中联锁站的轨旁设备也有 ATC 设备、信号专用电源设备、后备系统、发车指示器和紧急关闭按钮、接口柜等。

3.4.3 车载设备系统

车内 ATC 设备，简称车载信号设备，包括 ATP 和 ATO 两部分，用来接收轨旁设备发送的 ATP/ATO 信息，计算列车运行曲线，测量列车运行速度和走行距离，实行列车超速防护及列车自动运行，从而保证行车安全及为列车提供最佳运行方式。

3.4.4 车辆基地系统——车辆段/停车场设备

信号系统车辆基地设备的基本构成如图 3-5 所示。

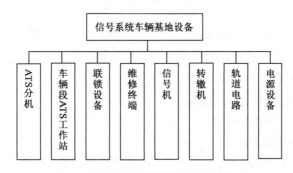

图 3-5 信号系统车辆基地设备的基本构成

车辆基地设一台 ATS 分机，用于采集车辆段内存车库线的列车占用及进/出车辆段的列信号机的状态，在控制中心显示屏上显示以上信息。

车辆基地派班室和信号楼控制台室各设一台 ATS 工作站，与车辆段 ATS 分机相连。

车辆基地设一套联锁设备，实现车辆段的进路控制，并通过 ATS 分机与控制中心交换信息，能对信号设备进行自动、手动测试，但不能控制。联锁设备只受车辆段值班员人工控制。

维修终端设维修用彩色显示器、键盘和鼠标。显示和控制相同的内容和维修信息。能对信号设备进行自动、手动测试，但不能控制进路。

车辆基地入口处设进段信号机，出口处设出段信号机，存车库线中间进段方向设列车阻断信号机，段内其他地点根据需要设调车信号机。

车辆基地内每组道岔设一台电动转辙机或电动液压转辙机。

车辆基地内轨道电路多采用50Hz相敏轨道电路,用来检查列车的占用或空闲情况。

车辆基地信号楼内设置适用于联锁设备、ATS设备的信号电源屏、UPS和蓄电池。

试车线上设置若干段与正线相同的ATP/ATO地面设备,用于对车载ATC设备的试验。

试车线设备室内设置用于改变试车线运行方向和速度的控制台。

试车线设备室配置一套适合于ATP/ATO设备的电源屏、UPS和蓄电池。

3.5 联锁技术分析

3.5.1 重要概念

在车站或车辆基地内,列车或调车车列运行所经过的路径,称为进路。

为确保列车和调车车列进路安全,防护进路的信号机必须同时满足下述三个条件才能开放:

(1)进路上各轨道区段空闲;

(2)进路上有关道岔在正确位置以及进路完全锁闭;

(3)进路上敌对信号处于关闭状态。

这就要求在信号、道岔、进路三者之间建立相互制约关系,即联锁关系,简称联锁。

实现联锁的设备,称为联锁设备。联锁设备能够响应ATS的命令,在满足安全的前提下,控制进路、道岔和信号机,并将进路、道岔、轨道电路和信号机的状态信息提供给ATS和ATP/ATO。

联锁设备的功能是:

(1)联锁逻辑运算:接收ATS或车站值班员的进路命令,进行联锁逻辑运算。

(2)轨道电路信息处理:处理列车检测功能的输出信息。

(3)进路控制:设定、锁闭和解除进路。

(4)道岔控制:解锁、转换和锁闭道岔。

(5)信号机控制:确定信号机的显示。

对联锁设备的基本功能要求是:

(1)确保进路上区段、道岔和信号机的联锁,联锁条件不符时,禁止开通进路。敌对进路必须相互照查,不得同时开通。

(2)装设引导信号的信号机因故不能开放时,应通过引导信号实现列车的引导作业。

(3)应能办理列车和调车进路,根据需要设置相应的防护进路。

(4)进路排列宜采用进路操纵方式。根据需要,可实现车站有关进路、端站折返进路的自动排列。

(5)进路解锁宜采用分段解锁方式。锁闭的进路应能随列车正常运行自动解锁、人工办理取消进路和限时解锁,并应防止错误解锁。限时解锁时间应确保行车安全。

(6)联锁道岔应能单独操纵和进路选动。影响行车效率的联动道岔,宜采用同时启动方式。

(7)车站站台及车站控制室应设紧急关闭按钮。站台紧急关闭按钮电路应符合故障导向安全的原则。

(8)可实现自动站间闭塞、进路式闭塞等行车方式。

(9)联锁设备的操纵宜选用控制台或显示器和鼠标。控制台或显示器上应设有意义明确的各种表示,用以监督线路及道岔区段占用、进路闭锁及开通、信号开放和挤岔、遥控和站控等状态。

(10)车站联锁主要包括列车进路、引导进路、进路的解锁和取消、信号机关闭和开放、道岔操纵和闭锁、区间临时限速、扣车和取消、遥控和站控、站台紧急关闭和取消。

联锁系统有继电器联锁和计算机联锁两大类。早期采用继电器联锁,现在采用计算机联锁。

3.5.2 信号机和转辙机

进路上各区段是否空闲,由列车定位技术设备来解决,包括计轴器、应答器、轨道电路等。进路上的信号用信号机灯光颜色表示,进路上有关道岔的位置由转辙机控制,因此信号机、转辙机和列车定位设备是联锁的基础设备。本节主要介绍信号机和转辙机。

1)信号机

信号机有三类:透镜式色灯信号机、组合式色灯信号机及发光二极管(LED)色灯信号机。其中,透镜式色灯信号机是传统信号机,有高柱型和低矮型两种类型。组合式色灯信号机是新型色灯信号机,用于瞭望困难的线路。LED 色灯信号机有五种类型:XSLE 型、XLL 型、XSZ型、XLG 型、XSL 型。

信号机类别和技术特点见表 3-1。

信号机类别和技术特点　　　　　　　　表 3-1

类	别	基 本 组 成	技 术 特 点	备 注
透镜式色灯信号机	高柱型	由灯柱、机构、托架和梯子等组成,机构的每个灯位配备有相应的透镜组和单独点亮的灯泡。每个机构需上、下托架各 1 个	属传统信号机。采用铝合金结构,用灯泡作光源	
	低矮型	由灯柱和机构组成(没有托架和梯子),用螺栓固定在信号机水泥基础上		用作地面信号机
组合式色灯信号机		采用曲面镜,增加了反光镜和偏散镜,壳体采用铝合金。每个机构一个灯室,根据信号显示分别组装成二显示、三显示		用于瞭望困难的线路
LED 色灯信号机	XSLE 型	由发光盘、BXZ-40 点灯单元和 GTB 隔离报警单元组成	属新型信号机。采用铝合金结构,大小与透镜式色灯信号机相同。用 LED(发光二极管)构成的发光盘作光源,取代灯泡。显示距离超过 1500m 且清晰可辨。可靠性高,使用寿命可达 10 万 h。点灯电压 AC110V	取代透镜式和组合式色灯信号机,正广泛用于地铁
	XLL 型	由发光盘和 XLL 型 LED 信号机点灯单元组成		
	XSZ 型	发光盘可与现有信号点灯变压器配合使用		
	XLG 型	由发光盘和减流报警单元组成		
	XSL 型	由 PFL 型 LED 发光盘和 FDZ 发光盘专用点灯装置组成		

LED 色灯信号机采用单灯铝合金结构,大小与透镜式色灯信号机相同,组合灵活,易安装,重量轻,耐腐蚀。采用固体冷光源,用发光盘取代信号灯泡,具有可靠性高、省电、光度性好、聚焦稳定、显示距离远、无冲击电流、寿命长、维护简单等显著优点,正在取代传统的透镜式色灯信号机。

一般推荐地铁正线、车辆段、停车场采用铝合金结构 LED 色灯信号机。尽管地铁采用与铁路相同的信号机,但其设置位置和信号显示则区别于铁路。

在设置位置上,除车辆段和有岔车站外,城市轨道交通一般不设地面信号机。

对信号显示,《地铁设计规范》(GB 50157—2013)未作统一规定,可根据运营需要设置。上海地铁 1 号线和深圳地铁除预告信号机外,所有正线信号机的主体信号均为绿、红两色显示。绿灯表示进行,红灯表示停车。进站信号机带引导月白灯。预告信号机为黄、绿、红三色显示。各地可对信号显示作出有关规定。例如,上海地铁 1 号线和深圳地铁信号机灯光颜色及含义见表 3-2。

地铁信号机灯光颜色及含义 表 3-2

信号机灯光颜色	颜色表达的含义	
	上海地铁 1 号线	深圳地铁
红色	停车,ATP 速度命令为零	
绿色	运行前方道岔在直股(定位),按 ATP 速度命令运行	
月白色	运行前方道岔在侧股(反位),按 ATP 速度命令运行,一般限制速度为 30km/h	(正线无此颜色)
红色 + 月白色	引导信号,准许列车在该信号机处继续运行,但需准备随时停车	(正线无此颜色)
黄色	(无此颜色)	运行前方道岔在侧股(反位),按 ATP 速度命令运行,一般限制速度为 30km/h(据道岔型号限速)
红色 + 黄色	(无此颜色)	引导信号,准许列车在该信号机处继续运行,但需准备随时停车
其他规定	站台发车表示器在发车前 5s 闪白光,发车时间到亮白色稳定光,列车出清后灭灯	2、5 号线(卡斯柯系统)正线信号机常亮,CBTC 列车接近信号机约 800m 时灭灯。11 号线(卡斯柯系统)正线信号机常亮,CBTC 列车接近信号机约 400m 时灭灯。7 号线(交控系统)正线信号机常灭,仅有点式进路才亮灯

此外,各种地面信号机和发车表示器的显示距离应符合以下规定:
(1)行车信号和岔道防护信号应不小于 400m;
(2)调车信号应不小于 200m;
(3)引导以外的各种表示器应不小于 100m。

各种地面信号机和表示器的显示距离为无遮挡条件下的最小显示距离。

2) 转辙机

道岔,是列车从一个股道转向另一个股道的转辙设备,而动作道岔的设备则是转辙装置。转辙装置装在道岔尖轨的轨旁或轨间,用来转换和锁闭道岔,以实现集中及自动化操纵,是信号系统中直接关系行车安全、提高运输效率的关键设备之一。

转辙装置由转辙机、外锁闭装置、各类杆件、安装件等组成,而转辙机是转辙装置的核心和主体。

按传动方式分类,转辙机可分为电动转辙机和电动液压转辙机。按电源种类分类,转辙机可分为直流转辙机和交流转辙机。直流转辙机由 DC220V 供电,交流转辙机采用三相交流电源或单相交流电源供电。按锁闭道岔方式分类,转辙机可分为内锁闭转辙机和外锁闭转辙机。按是否可挤岔分类,转辙机可分为可挤型转辙机和不可挤型转辙机。此外,各种转辙机还有不同转换力和动程的区别。

我国地铁使用直流转辙机和三相交流转辙机,它们的类别型号和技术特点(含应用案例)见表 3-3。

转辙机类别型号和技术特点　　　　表 3-3

类　　别	产品型号	技术特点	应用案例
直流电动转辙机	ZD6 系列	系直流电动液压转辙机,额定电压 DC160V。用断续工作制直流串激可逆电动机作为动力集牵引、表示、锁闭三功能于一体	北京地铁 1、2 号线 上海地铁 1、2、3 号线
三相交流转辙机	ZYJ7 型	系交流电动液压转辙机。能转换、锁闭国内现有各种规格、型号的道岔,能正确反映尖轨及可动心轨辙叉的位置和状态	广州地铁 3 号线
三相交流转辙机	ZYJ7-GZ 型	系 ZYJ7 型转辙机的改进型。改善了道岔区段的轨道动力学性能。重量轻、安装简便灵活、易于维护	上海地铁 6 号线
三相交流转辙机	S700K-C 型	系交流电动转辙机。从德国西门子引进、消化、吸收、改进而来。结构先进,工艺精良,主要用于铁路干线	广州地铁 4、5 号线 南京地铁 1、2 号线 武汉地铁 1 号线
三相交流转辙机	ZDJ9 型	系吸取 S700K 的部分优点发展而来。据安装的牵引点不同,分为可挤型与不可挤型。适用于联动内锁道岔和分动外锁道岔	深圳地铁 2、3、5 号线 成都地铁 1 号线 沈阳地铁 1、2 号线

ZD6 系列直流电动转辙机经国铁多年使用表明,存在着日常维修工作量较大、入段大修周期短等缺陷。而三相交流转辙机采用感应式交流电动机,不存在换向器和电刷,故障率低,具有动作可靠、电机故障率低、维修工作量小等特点,故一般推荐正线及车辆段、停车场均采用三

相交流转辙机。

3.5.3 城轨交通联锁系统

城轨交通联锁系统具有不同于传统铁路联锁系统的以下7个特点：

1) 列车运行控制

列车进路由信号机防护,列车在进路中的运行安全由 ATP 保证。在设计中,ATP 与计算机联锁功能相结合,从而使联锁功能得到加强。

一般而言,列车运行进路控制有中心自动控制、中心人工介入控制、车站自动控制和车站人工控制四种控制方式。

2) 多列车进路

城轨交通运行间隔小、车流密度大,运行安全由 ATP 保证。常规联锁进路基于计轴区段,系统在计轴区段内定义小轨道区段,ATP 列车防护基于小轨道区段,极端情况下同一联锁进路内会有多列车运行,列车间隔为安全保护距离再加前行列车包络线。

3) 追踪进路

追踪进路是联锁系统在 ATS 监控下,以联锁表为依据自动排列进路的功能,即进路具备自动触发功能(联锁进路自动控制),属于联锁与 ATS 的接口功能。

4) 折返进路

列车折返进路,作为一般进路纳入进路表。自动折返进路一般设置于大小交路的折返站,有固定的折返轨。

5) 联锁区段

联锁是信号机、进路和进路上的道岔之间建立的相互制约关系,进路范围内的所有区段和相关超限绝缘侧面防护区段,都必须纳入联锁。区段空闲,其他联锁条件均满足,即可开放防护该进路的信号机。

6) 保护区段

保护区段是进路终端或终端信号机后方的 1~2 个区段,防止列车因某种原因未能在进路停车点停车,导致事故发生而设置的防护区段。

7) 侧面防护

侧面防护主要检查超限绝缘的影响。

有两种侧面防护:主进路侧面防护和保护区段侧面防护。侧面防护必须进行超限绝缘检查。当道岔位置不合规定时,发出转换道岔的命令。

3.5.4 继电器联锁

继电器联锁电路有多种制式,6502 电气集中电路较好,铁路有广泛使用,地铁使用的有上海地铁1号线正线、北京地铁1号线车辆段、广州地铁1号线车辆段等。

6502 电气集中联锁设备由室内设备和室外设备组成,如图 3-6 所示。室内设备有控制台、分线盘、电源屏等。室外设备有信号机、转辙机、轨道电路等。用继电器构成的电气集中电路,是继电逻辑电路,包括网络电路和局部电路,所需继电器少则上千多则逾万。继电器插在继电器组合中,组合装在组合架上。继电器联锁有与 ATP 的接口。

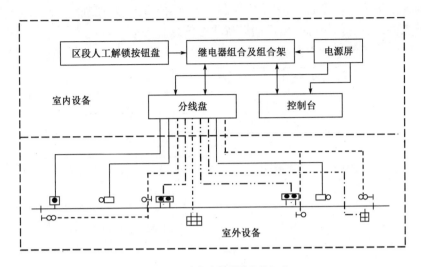

图 3-6 继电集中联锁设备的组成

3.5.5 计算机联锁

计算机联锁由微型计算机硬件、软件和其他电子、继电器等组成,也是具有"故障导向安全"性能的实时控制系统。它使信号系统实现了从有接点到无接点的飞跃。它在安全性、可靠性、经济性等方面,符合联锁功能要求。

TYJL-Ⅱ型计算机联锁系统是中国铁道科学研究院研制的分布式微机系统,主要由控制台、监控机(又称上位机)、联锁机、执表机(执行表示机)、继电接口电路、电务维修机、电源屏和室外设备组成,如图 3-7 所示。其中,监控机、执表机和联锁机均为双机热备。

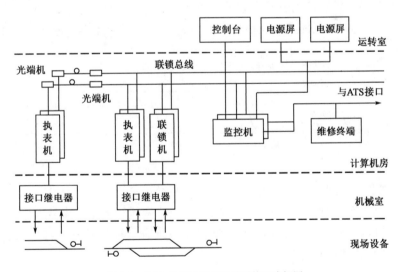

图 3-7 TYJL-Ⅱ型计算机联锁系统组成框图

监控机是监控系统的核心,由工业控制计算机、控制台通信卡、联锁网卡、维修网卡等组成,与控制台相连。联锁机主要由电源模块、主机笼、接口板、总线切换控制盒、监控面板等组成,用来实现与监控机的通信调度、信号设备的联锁逻辑处理、采集现场设备状态及输出控制命令。控制台是系统人机界面,用来采集控制命令、操控道岔、办理进路、显示站场图像。执表机没有联锁软件,仅执行联锁命令、反馈设备状态信息。

计算机联锁系统软件分为人机对话层、联锁逻辑运算层和执行层,三个层次见图3-8。

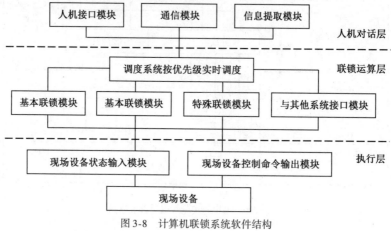

图3-8 计算机联锁系统软件结构

3.6 闭塞制式分析

3.6.1 用闭塞防止追尾

地铁最大的安全风险是追尾。为防止追尾,应尽量拉大前后两列列车的距离,但距离过大又会影响运营效率。为解决此矛盾,采用以下办法:

将一条地铁线路,以车站为分界点划分成若干个区间,两站之间为一个区间。列车在区间内运行时,列车速度快、制动距离长,而区间内一般不设道岔,因此不能避让。如图3-9所示。

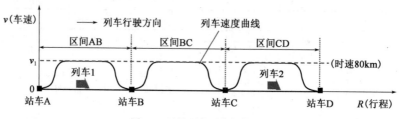

图3-9 地铁列车运行示意图

按照一定规律组织列车在区间内运行的方法,叫做行车闭塞法,简称闭塞。如规定在同一区间,只准许一列列车运行,以保证行车安全,防止正面碰撞和追尾等事故发生。

根据列车速度曲线控制模式的不同,地铁信号系统有三种闭塞制式:固定闭塞制式、准移动闭塞制式和移动闭塞制式。

3.6.2 固定闭塞制式

在固定闭塞制式下,地铁列车控制系统采用阶梯式速度曲线控制模式。每个闭塞区间均有最大速度限制,一个闭塞区间只能被一列车占用。如果列车进入了某限速为零或被占用的区间,或者列车当前速度高于该区间限速,列车自动保护(ATP)系统便会实施列车紧急制动。20世纪80年代起,这种制式在中密度线路中有过应用。

列车根据ATP地面设备发来的信息和车载信息等进行计算并合理动作。速度控制代码通过轨道电路等传输。

图3-10为固定闭塞制式下超前速度控制方式示意图,图3-11为固定闭塞制式下滞后速度控制方式示意图。

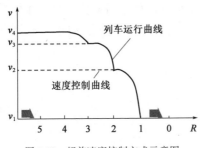
图3-10 超前速度控制方式示意图

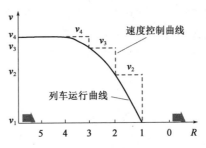
图3-11 滞后速度控制方式示意图

但是,由于系统不能检测列车在区间内的具体位置,因此列车制动的起点和终点始终是区间的两端分界点。而且,为确保安全,在前后两列车间还要增加一个保护区,这使得列车运行安全间隔进一步加大。为保证正常追踪运行,两列车间隔要在三个闭塞分区以上,影响线路使用效率,不适应地铁发展要求。因此,进入21世纪以来,我国新建地铁一般不再选用固定闭塞制式。

3.6.3 准移动闭塞制式

图3-12为准移动闭塞制式下速度—目标距离模式曲线控制方式示意图。

准移动闭塞和固定闭塞的主要区别在于:准移动闭塞列车控制系统改用速度—目标距离控制模式。此时,两站间的一个区间被划分为若干闭塞分区,每个闭塞分区也都有最大速度限制,一个闭塞分区也只能被一列车占用,但控制列车安全间隔的技术比固定闭塞制式进了一步:为判断闭塞分区是否被占用,它通过报文式轨道电路辅之环线或应答器传输信息。

这种制式的优点是:信息量大,可用以告知后续列车可以继续前行的距离,后续列车可根据这一距离合理

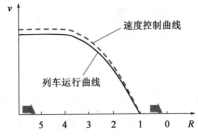
图3-12 速度—目标距离模式曲线控制方式示意图

地减速或制动,列车制动的起点可延伸至保证其安全制动的地点,从而可改善列车速度、控制运行,缩小列车行车安全间隔,提高线路利用效率,其在160km时速下的最小设计行车间隔可以降到150s。

在准移动闭塞制式下,地铁相邻两站之间的区间被划分成若干不同长度的轨道区段,每个轨道区段的两端分别设置一个轨道电路的接收/发送设备。轨道电路的长度要超过列车长度(140m),最大380m左右。S棒轨道电路最小长度为200m,8字棒轨道电路最小长度为300m,如图3-13所示。

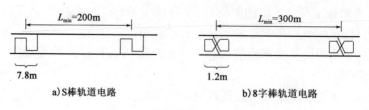

图 3-13　轨道电路最小长度（L_{min}）

在准移动闭塞制式下,允许多列车在同一个区间运行,列车间隔控制取决于轨道区段的长度。但是,后行列车的最大目标制动停车点仍必须在先行列车占用分区的外方,因此线路利用效率的提高并没有完全突破轨道电路的限制。

3.6.4　移动闭塞制式

图 3-14 是移动闭塞原理图。

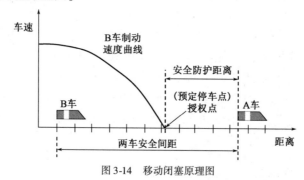

图 3-14　移动闭塞原理图

移动闭塞制式不再使用轨道电路,在对列车的安全间隔控制上更进了一步。它通过车载设备和轨旁设备不间断的双向通信,控制中心可以根据列车实时的速度和位置动态计算列车的最大制动距离。列车的长度加上这一最大制动距离,再在列车后方加上一定的防护距离,便组成了一个与列车同步移动的虚拟分区。由于预留了列车前后的安全距离,两个相邻的移动闭塞分区就能以最小的间隔同时前进,这使列车能以较高的速度和较小的间隔运行,从而提高运营效率。

在移动闭塞制式下,列车自动保护系统的地面设备,周期性地接收本控制范围内所有列车传来的列车识别号、位置、方向和速度信息,同时根据这些信息确定各列车的授权,并向上述列车周期性地传送移动授权点（ATP 防护点）的信息。移动授权由前行列车的位置来确定。移动授权随着前行列车移动而逐步向前移动,所以移动闭塞制式的特点是前后两列车都采用移动定位方式。

同时,ATP 车载设备根据收到的移动授权信息,以及列车速度、线路参数、司机反应时间等,计算出列车紧急制动触发曲线和紧急制动曲线,以保证列车不超过现有的移动授权。

如图 3-14 所示,在移动闭塞系统中,ATP 防护点不再固定于轨道区段的分界点,而是在前行列车车尾之后再加上安全防护距离的位置,并随列车移动而移动。这使两车行车间隔缩短到 120s 或更小。

移动闭塞系统的车地传输,早期采用轨道电路,后来逐渐转向采用无线通信,即 CBTC。CBTC 是英文 Communication Based Train Control System 的缩写,意为基于通信的列车自动控制系统。

如今，人们常把 CBTC 当作移动闭塞制式信号系统的代名词。

CBTC 的特点，是用无线通信作为媒体来实现列车和地面设备的双向通信，用以代替轨道电路实现列车的运行控制。它传输信息量大，传输速度快，很容易实现移动自动闭塞系统，大量减少区间敷设电缆，减少一次性投资及日常维护工作量，可以大幅度提高区间通过能力，灵活组织双向运行和单向连续发车，容易适应不同车速、不同运量、不同类型牵引的列车运行控制等。

换句话说，在 CBTC 中，不仅可以实现列车运行控制，而且可以综合成为运行管理，因为双向无线通信系统，既可以有安全类信息双向传输，也可以双向传输非安全类信息，例如车次号、乘务员班组号、车辆号、运转时分、机车状态、油耗参数等大量机车、工务、电务等有关信息。

移动闭塞取消了物理层次上的线路分区划分，而是将线路分成若干个通过数据库预先定义的线路单元。每个单元长度为几米到十几米之间，移动闭塞分区即由一定数量的单元组成。单元数量可随着列车速度和位置动态变化，分区长度也是动态变化的。

在移动闭塞系统中，列车和轨旁设备必须保持连续的双向无线通信。列车不间断地向轨旁控制器传输其标识、位置、方向和速度，轨旁控制器根据来自列车的信息计算、确定列车的安全行车间隔，并将相关信息（如先行列车位置、移动授权等）传递给列车，控制列车运行。在采用轨旁基站的无线通信系统中，系统一般考虑 100% 的无线信号冗余率进行基站布置，以消除在某个基站故障时可能出现的信号盲区。

CBTC 的关键技术是车地双向无线传输、列车定位和列车完整性检测等技术。

3.6.5　制式对比

准移动闭塞制式和移动闭塞制式信号系统的对比，见表 3-4。

准移动闭塞制式与移动闭塞制式信号系统的对比　　　　　　　　表 3-4

比较项目	基于轨道电路的准移动闭塞信号系统	基于通信的移动闭塞信号系统
控制模式	采用距离—速度模式曲线控制方式	采用实时距离—速度模式曲线控制方式
闭塞制式	基于固定轨道区段划分的准移动闭塞	ATO 驾驶工况的最优化调整，移动闭塞
完成功能	联锁功能 列车自动防护（ATP）功能 列车自动驾驶（ATO）功能 列车自动监控（ATS）功能	联锁功能 列车自动防护（ATP）功能 列车自动驾驶（ATO）功能 列车自动监控（ATS）功能
行车间隔	一般可满足 150s	一般可满足 120s 以内
构成特点	采用报文式无绝缘轨道电路，列车位置检测和 ATP 信息由一套设备完成	采用漏缆、感应环、波导、无线等方式实现列车精确定位和大信息量车地双向传输，但需轨道电路、计轴等作为列车检测的后备
优点	①采用列车检测和信息传输同通道设置，设备配置省； ②国内采用较多，有较为丰富的设计、施工、使用和管理经验； ③有现行的系统标准，系统及产品成熟可靠	①列车定位精度高； ②能实现大信息量车地双向传输； ③受环境干扰小，可靠性高； ④交通容量大； ⑤连续 ATP 速度控制和 ATO 工况调整； ⑥节能、运营费用低； ⑦维护工作量小

续上表

比较项目	基于轨道电路的准移动闭塞信号系统	基于通信的移动闭塞信号系统
缺点	①受钢轨物理参数变化及频带的限制,传输速率低、信息量少; ②易受电化牵引回流谐波的干扰,轨道电路实现困难; ③列车定位精度由轨道区段的长度决定,交通容量受到限制; ④不能提供连续的 ATP 控制	①一般需另设成熟可靠的轨道区段或计轴检查设备作为后备; ②使用经验尚不及准移动闭塞成熟; ③相关标准正在制定中

首先应当指出,准移动闭塞制式和移动闭塞制式信号系统,在我国都有应用案例。应用准移动闭塞系统的有上海、天津、广州、深圳、南京等城市的地铁,应用移动闭塞系统的有北京、上海、广州、深圳、武汉等城市的地铁。这说明,两种制式的信号系统均可满足地铁运营要求。

其次应当指出,准移动闭塞制式和移动闭塞制式信号系统的对比表明:

(1)在功能方面,两种系统相同;

(2)在列车定位精度、数据连续性、工作可靠性、交通容量、运营成本等方面,移动闭塞优于准移动闭塞;

(3)在成熟程度、使用经验和建设成本等方面,准移动闭塞优于移动闭塞。

3.6.6 系统案例

1)深圳地铁信号系统实施方案

截至 2016 年年底,深圳地铁共有 8 条线运营,港铁轨道交通(深圳)有限公司经营管理 4 号线,深圳市地铁集团有限公司经营管理 1、2、3、5、7、9、11 号线(共 7 条线)。其中,11 号线是高速线,兼顾机场快线功能。表 3-5 是深圳市地铁集团有限公司信号系统设计方案要点。

深圳市地铁集团有限公司信号系统设计方案要点　　表3-5

实施方案	方案1	方案2	方案3	
运营线路	1 号线	3 号线	2、5、7、9 号线	11 号线
信号系统	基于无绝缘数字轨道电路的准移动闭塞制式信号系统	基于通信的列车自动控制系统 CBTC	基于通信的列车自动控制系统 CBTC	
闭塞类型	准移动闭塞	移动闭塞	移动闭塞	
最小行车间隔(s)	90	90	90	133
折返间隔(s)	120	105	120/110/108	133
设计速度(km/h)	80	90	80	120
系统构成	①ATS 列车自动监控子系统; ②ATP 列车自动防护子系统; ③ATO 列车自动驾驶子系统; ④SICAS 计算机联锁子系统	①ATS 列车自动监控子系统; ②ATP 列车自动防护子系统; ③ATO 列车自动驾驶子系统	①ATS 列车自动监控子系统; ②ATP 列车自动防护子系统; ③ATO 列车自动驾驶子系统; ④CBI 计算机联锁子系统; ⑤DCS 数据传输子系统; ⑥MSS 维护支持子系统	

续上表

实施方案	方案1	方案2	方案3
列车驾驶模式	①自动驾驶模式(ATO)； ②ATP限制式人工驾驶(RM)； ③ATP监督人工驾驶(SM)； ④自动折返驾驶(AR)； ⑤无ATP监督非限制速式人工驾驶(URM)	①自动驾驶(ATO)； ②受限人工驾驶模式(RM)； ③自动防护受限人工驾驶(ATP)； ④自动折返(有司机)(ATB)； ⑤无人驾驶的自动折返(DATB)	①自动驾驶模式(AMC)； ②ATP监督下的人工驾驶模式(MCS)； ③限制人工模式(RM)(分前进RMF/后退RMR)； ④OFF/ATB模式； ⑤非限制人工驾驶模式(NRM)
信号系统供货商	西门子信号有限公司	庞巴迪运输集团美国(控股)公司	2、5、11号线是卡斯柯信号有限公司、7号线是交控科技股份有限公司、9号线是上海自仪泰雷兹交通自动化系统有限公司

2) 准移动闭塞制式信号系统案例

深圳地铁一期工程包括1号线工程和4号线工程,于2004年12月28日开通试运营。

深圳地铁一期工程信号系统为列车自动控制系统(ATC),采用准移动闭塞制式和数字轨道电路,由ATS、ATP、ATO子系统和微机联锁设备组成,图3-15是其组成示意图。

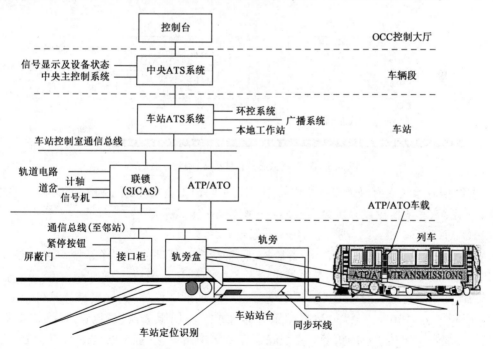

图3-15 准移动闭塞制式信号系统组成示意图

1号线和4号线独立运行,两线的ATP/ATO系统互相独立,仅在联络线处有接口。

列车自动监控子系统(ATS)的系统功能是:实现列车运行自动追踪、调整、进路自动或人工控制;列车运行时刻表管理及自动调整,实现行车指挥自动化;系统设备监视。系统由控制中心计算机系统、车站终端(工作站)和通信网络构成。

ATS 中心设备设置于控制中心,车站室内设备分别设置于 11 个有岔站,车辆段内设置管理/调度工作站。正常情况下,列车的运行由中心自动监控。

微机联锁子系统根据 ATS 指令自动、顺序设置进路,列车在 ATP 的安全保护下,按照 ATS 指令由 ATO 自动驾驶,满足规定的行车、折返间隔及列车出入段等作业要求,并实现列车运行的自动调整,调度员仅监督列车及设备的运转。当运行秩序被打乱而不能自动处理或遇其他特殊情况时,可进行人工介入。

所有正线区域、车辆出入段线、联络线,均纳入正线联锁控制范围。在正线有道岔站装备微机联锁,实现列车进路上道岔、信号机、轨道电路正确的联锁关系,并满足与 ATP、ATO、ATS 的接口要求,保证正线行车、折返、出入段线和联络线等行车作业的安全。列车在正线、折返线、出入段线及联络线上按正方向运行及折返作业时,均以自动驾驶(ATO)模式为正常运营模式。当 ATO 设备故障或因某种原因需要时,可改为 ATP 监督下的人工驾驶模式。车辆段微机联锁系统独立于正线,与正线接口站有站间联系,车辆在出入段线的转换轨,进行驾驶模式转换。

3) 移动闭塞制式信号系统案例

深圳地铁 2 号线信号系统为 CBTC 移动闭塞制式信号系统。图 3-16 是其车载设备构成图。图 3-17 是其联锁设备集中站与非联锁设备集中站组成框图。图 3-18 是其系统构成逻辑图。

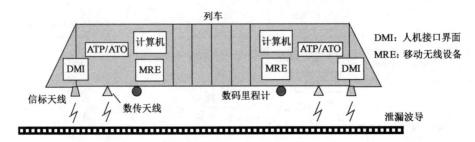

图 3-16 深圳地铁 2 号线信号系统车载设备构成图

2 号线信号系统设有联锁设备集中站 10 座、非联锁设备集中站 19 座,并设有车辆段、试车线信号系统,车辆段内设有维修中心。列车配置车载设备。

ATP/ATO、MSS 和 ATS 子系统为集中式系统。

ATS 子系统是实现列车和信号设备监控、行车指挥和管理的重要子系统。它主要分布于控制中心、正线联锁设备集中站、正线非联锁设备集中站和车辆段/停车场。系统采用热备冗余方式,保证系统有高度的可用性。控制中心设行车调度工作站、大屏接口计算机、ATS 通信处理器(FEP)、CATS(中央 ATS)数据库服务器、CATS 应用服务器、系统管理/维护诊断工作站、运行图编辑工作站和打印机等。正线联锁设备集中站设主/备车站 ATS 分机、ATS 工作站(与联锁现地工作站合用)和 DTI(发车计时器)等。正线非联锁设备集中站设 DTI 接口机、DTI 和光电转换器等。车辆段/停车场设车站 ATS 分机、ATS 终端、打印机和光电转换器等。

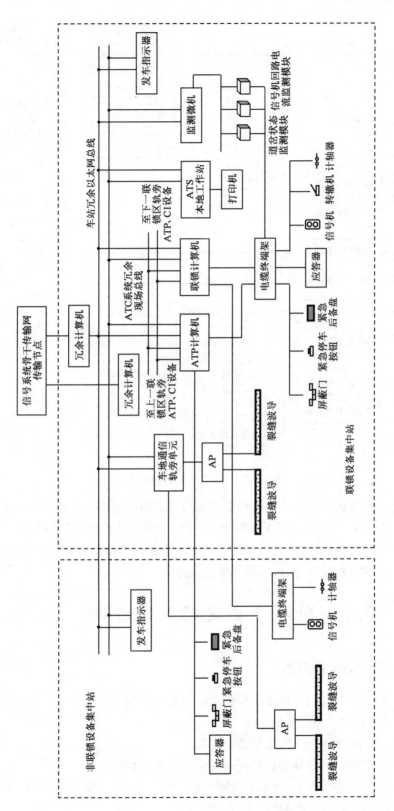

图3-17 联锁设备集中站和非联锁设备集中站组成框图

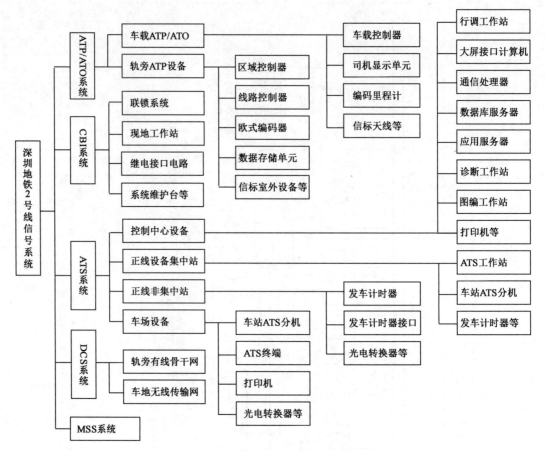

图 3-18　深圳地铁 2 号线信号系统构成逻辑图

DCS 通信系统由轨旁有线通信骨干网和车地无线通信网络组成。DCS 有线骨干网络用于连接轨旁和中心的信号设备,它采用 MSTP(基于 SDH 的多业务传送平台)技术,实现信息的传输,它是冗余的、多业务和高可靠性的系统。DCS 无线通信网采用 OFDM(正交频分复用)扩频技术,用波导管作为无线传输媒介,实现车地信息传输。

3.7　列车安全运行间隔分析

3.7.1　列车安全追踪运行间隔

列车安全追踪运行间隔,与列车的速度和制动能力有关。列车制动有常用制动和紧急制动两种方式。两种方式的制动曲线如图 3-19a)所示。

列车常用制动距离 D_c 大于列车紧急制动距离 D_e。

地铁列车常用制动距离 D_c 的典型数据是空载 190m,满载 215m。

设两列车同向行驶,列车 2 在后,列车 1 在前。制动前后两列车位置如图 3-19b)所示。列车 2 对列车 1 的安全追踪运行间隔 D 可按下式计算:

$$D = D_2 + (\Delta D - D_1) \tag{3-1}$$

式中：D_2——列车 2 的制动距离；

　　　D_1——列车 1 的制动距离；

　　　ΔD——停车保护间隔。

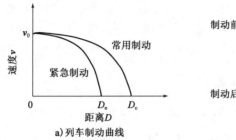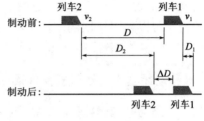

图 3-19　列车制动曲线及制动前后列车位置

图 3-20 是列车运行安全间隔时间示意图。

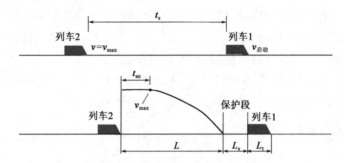

图 3-20　列车运行安全间隔时间示意图

有两种追踪运行方式：

(1) 追踪运行方式一

此时，列车 2 的制动距离 D_2 = 常用制动距离 D_c

　　　列车 1 的制动距离 D_1 = 紧急制动距离 D_e

　　　安全追踪运行间隔 $D = D_c + (\Delta D - D_e)$

这种方式又称作"撞软墙"方式。

(2) 追踪运行方式二

此时，列车 2 的制动距离 D_2 = 常用制动距离 D_c

　　　列车 1 的制动距离 $D_1 = 0$（v_1 为 0）

　　　安全追踪运行间隔 $D = D_c + \Delta D$

这种方式又称作"撞硬墙"方式。

无论何种追踪运行方式，都必须保证追踪运行有足够的安全间隔。

3.7.2　移动闭塞下的运行安全间隔时间

在移动闭塞系统中，列车运行安全间隔时间由三部分组成：

(1) 前行列车 1 出清车站并驶过安全保护区 L_s 的时间；

(2)后续列车2从最大速度到停稳所消耗的时间;

(3)后续列车以最大速度匀速驶过的距离所消耗的时间。

为保证追踪运行有足够的安全间隔,移动闭塞系统必须满足两个技术要求:

第一,具有实时、精确的定位导航功能,以适应闭塞"移动"和长度"变化"。

第二,根据线路状况、列车牵引重量、牵引动距性能等,决定列车采取的速度、加速度等参数范围。因为列车可以采用不同的制动曲线,而制动曲线不同,列车的平稳性和舒适性也不同。另外,状态、性能和控制策略不同的列车追踪运行,其安全跟驰车距也会有所区别。

3.7.3 准移动闭塞下的运行安全间隔时间

以数字轨道电路为基础的准移动闭塞,其最小定位单元(量化单元)是 L_{min}。前后列车之间的距离 L(不含保护段)是轨道电路长度的 N 倍,$L = NL_{min}$,N 为整数。

轨道电路的长度就是 L_{min},对 S 棒轨道电路的标称值为 200m,对 8 字棒轨道电路的标称值为 300m。

工程上,轨道电路的长度会因线路实际状况有所调整(一般接近标称值)。

设 t_s 是列车运行安全间隔时间,v_{max} 是后续列车最大速度,$v_{启动}$ 是前行列车启动速度,t_{an} 是后续列车以最大速度匀速驶过时间,L_s 是安全保护段的长度。

又假定两列车的长度都是 L_t,两列车的加速度都是 a,两列车的减速度都是 b。

则准移动闭塞列车运行安全间隔时间 t_{s1} 的计算公式为:

$$t_{s1} = \begin{cases} \sqrt{\dfrac{2(L_t + L_s)}{a}} + \dfrac{v_{max}}{2b} + \dfrac{L_{min}}{v_{max}}\left[2 + \text{INT}\left(\dfrac{t_{an}v_{max} + \dfrac{v_{max}^2}{2b}}{L_{min}}\right)\right] & v_{max} \geq \sqrt{2a(L_t + L_s)} \\ \dfrac{2a(L_t + L_s)}{2av_{max}} + \dfrac{v_{max}}{2b} + \dfrac{L_{min}}{v_{max}}\left[2 + \text{INT}\left(\dfrac{t_{an}v_{max} + \dfrac{v_{max}^2}{2b}}{L_{min}}\right)\right] & v_{max} < \sqrt{2a(L_t + L_s)} \end{cases} \quad (3\text{-}2)$$

式中,INT[…]为取整数。

在移动闭塞系统中,列车运行安全间隔时间也由三部分组成:

(1)前行列车1出清车站并驶过安全保护区 L_s 的时间(与准移动闭塞相同);

(2)后续列车2以最大速度行驶的时间 t_{an},与信号系统性能相关,包括车地信息传输和处理的时间及操作制动器的反应时间;

(3)后续列车开始制动到停稳所消耗的时间。

移动闭塞列车运行安全间隔时间 t_{s2} 的计算公式为:

$$t_{s2} = \begin{cases} \sqrt{\dfrac{2(L_t + L_s)}{a}} + t_{an} + \dfrac{v_{max}}{b} & v_{max} \geq \sqrt{2a(L_t + L_s)} \\ \dfrac{2a(L_t + L_s) + v_{max}^2}{2av_{max}} + t_{an} & v_{max} < \sqrt{2a(L_t + L_s)} \end{cases} \quad (3\text{-}3)$$

取列车长度 $L_t = 120$m,保护区长度 $L_s = 60$m,闭塞分区长度 $L_{min} = 110$m、150m,列车最大时速 $v_{max} = 80$km/h、120km/h、160km/h,列车加速度 $a = 1$m/s²,列车减速度 $b = 0.9$m/s²,列车制动反应时间 $t_{an} = 1$s,代入式(3-2)和式(3-3),得准移动闭塞和移动闭塞列车运行安全间隔时间

比较结果见表 3-6。

准移动闭塞和移动闭塞列车运行安全间隔时间比较　　　　　表 3-6

车速 v_{max} (km/h)	准移动闭塞 t_{s1} (s)		移动闭塞 t_{s2} (s)		时间差 $t_{s1} - t_{s2}$ (s)	
	$L_{min}=110m$	$L_{min}=150m$	$L_{min}=110m$	$L_{min}=150m$	$L_{min}=110m$	$L_{min}=150m$
80	51	52	45	45	6	7
120	61	64	57	57	4	4
160	73	74	69	69	4	4

从表 3-6 中可以看出：

（1）列车运行安全间隔时间随车速的升高而增大，准移动闭塞最长 74s，移动闭塞最长 69s。随车速增高，二者差距下降。

（2）准移动闭塞列车运行安全间隔时间，随闭塞分区长度增大而增大，相差 1~3s。

（3）移动闭塞列车运行安全间隔时间，与闭塞分区长度无关。

（4）移动闭塞列车运行安全间隔时间，比准移动闭塞要短 4~7s，但这种差距与闭塞分区长度关系不大，相差 0~1s。

3.7.4　区间长度与追踪间隔实例

表 3-7 和图 3-21 是深圳地铁区间长度与追踪间隔。

深圳地铁区间长度与追踪间隔　　　　　表 3-7

参　数　名　称	1号线	2号线	3号线	5号线	7号线	9号线	11号线
线路全长（km）	40.876	36.120	41.090	39.795	30.197	25.422	51.899
车站总数（座）	30	29	30	27	27	22	18
信号设备集中站数（个）	11	10	11	11	9	10	11
区间平均长度（m）	1410	1290	1417	1531	1161	1211	3053
信号设计列车速度（km/h）	80	80	90	80	80	80	120
信号设计追踪间隔（s）	90	90	90	90	90	90	133
信号设计追踪间隔（m）	1999	1999	2250	1999	1999	1999	4433
追踪间隔与区间长度之差（m）	589	709	833	468	838	788	1380

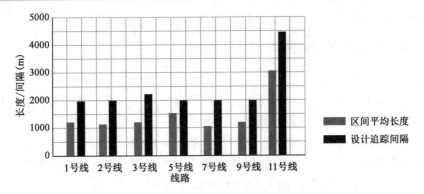

图 3-21　深圳地铁区间长度与追踪间隔

从中不难看出:

(1) 11 号线区间平均长度为 3053m,信号设计最大车速为 120km/h,信号设计追踪间隔为 4433m,故在同一区间不会出现两列列车。

(2) 3 号线区间平均长度为 1417m,信号设计最大车速为 90km/h,信号设计追踪间隔为 2250m,故在同一区间不会出现两列列车。

(3) 1、2、5、7、9 号线区间平均长度的最大值为 1531m,信号设计最大车速为 80km/h,信号设计追踪间隔为 1999m,故在同一区间不会出现两列列车。

3.8 列车定位技术分析

3.8.1 列车定位技术的重要性

现代地铁列车控制流程如下:
(1) 检测列车位置、速度等信息,并汇集到控制中心。
(2) 控制中心根据线路上车流情况,生成对车流中各列车和地面设备的控制命令。
(3) 地面设备执行控制命令。
(4) 列车根据控制命令,结合列车位置、速度、线路地理和列车状态等信息,对列车上的相关设备实施控制。

实现上述流程离不开列车位置信息,因此列车定位在列车控制中具有重要地位。

3.8.2 列车定位系统技术要求

(1) 精确性:列车在同一线路上的纵向定位精度不低于 10m,在不同线路之间的横向定位精度应保证线路选择的正确性。
(2) 连续性:具有不间断执行列车定位的能力,即在时间上有很好的可用性。
(3) 覆盖性:不管列车在何种地理区域,定位信息均不间断,即在空间上有良好的可用性。
(4) 可靠性和安全性:定位系统与列车控制的其他子系统相互独立,具有连续正常工作的能力,并能检测和报告本身发生的失效与故障。
(5) 可维护性:定位系统设计时,必须综合考虑预防性维护和校正性维护要求,以使生命周期成本最小。

3.8.3 轨道交通列车定位方式

1) 查询—应答器定位

应答器,又叫信标,是一种基于电磁耦合原理的高速点式无线传输设备,由车载设备和地面应答器构成。车载设备包括查询器和查询天线。

地面应答器又分有源应答器和无源应答器。有源应答器由可变信息应答器、轨旁电子单元、车站信息编码设备、电源电路和连接电缆等组成。无源应答器去掉电源电路,改由外部供电。地铁普遍使用无源应答器,其原理框图如图 3-22 所示。

利用查询—应答器对列车定位的工作原理,如图 3-23 所示。

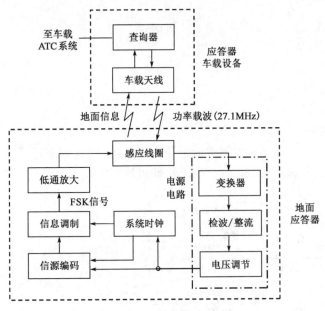

图 3-22 无源应答器原理框图

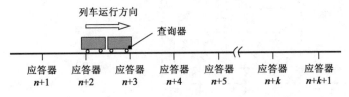

图 3-23 查询—应答器工作原理

无源应答器平时处于静止休眠状态,当列车通过时接收查询天线送来的射频能量(频率 27.095MHz±5kHz),经变换、检波、整流形成应答器所需的直流电源。编码器读取预植在系统芯片中的信息,给出编码条件。编码器将信息调制为 FSK 信号,经低通滤波整形后放大,由感应线圈发送出去,被车载查询天线接收。

查询—应答器系统组成如图 3-24 所示。

在线路上,按一定间隔布放应答器,或装在两条钢轨之间,或装在轨道一侧。查询器装在列车上。当列车通过应答器上方时,车载查询器发生器所产生的能量(频率 27.095MHz),经天线发送给地面应答器。被激化的应答器将编码后的固定数据和可变数据,以移频键控方式发送给车载查询器,中心频率 4.237MHz,上下边频 ±282MHz。车载查询器收到并解出编码信号,送安全计算机处理。在 300km/h 车速下,查询器能收到三次信息,再"三选二",以保证位置信息的安全性。

2) 测速定位

(1) 多普勒雷达测速定位

图 3-25 可用来说明多普勒雷达测速工作原理。车载多普勒雷达,以俯角 θ 向前方地面发送超声波信号,该波到达地面后又反射回到多普勒雷达。

此时,车速可用下式计算:

$$v = \frac{c}{2f_0\cos\theta}\Delta f_2 \tag{3-4}$$

式中:v——列车速度;

c——光速;

f_0——信号原发频率;

θ——发射方向俯角;

Δf_2——反射回来的信号频率。

其中,光速、信号原发频率和发射方向俯角是已知的,因此列车速度便和反射回来的信号频率成正比。确定列车速度后,再对时间积分,即可计算出列车所走过的里程。

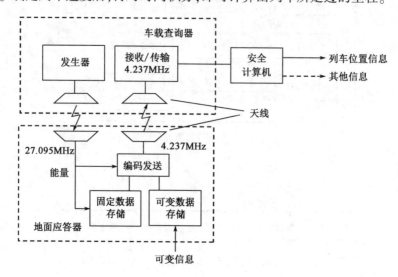

图 3-24 查询—应答器系统组成

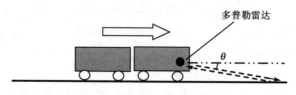

图 3-25 多普勒雷达测速工作原理

(2)里程计定位

里程计测速,又称轮速法测速。该法原理是:在列车车轮外侧安装旋转式光栅,在光栅两侧安装发光装置和光电传感器。当列车行进时,随着轮轴带动光栅旋转,光电传感器可以接收到发光装置的"光脉冲"信号,并将其转化为"电脉冲"信号,送到车载计数器进行计数。通过检测"电脉冲"信号的次数,可以判断车轮的即时转角,再由车轮转角求得列车的位移。

假定光栅刻度为 60 线,车载计数器的计数值为 n,则列车位移 S 可用下式计算:

$$S = \frac{n}{60}\pi d \tag{3-5}$$

式中:d——列车车轮直径。

此法的优点是:非常简便,易于实现。

此法的缺点是：当车轮出现磨损、空转、滑行等情况时，测量误差较大；无论列车是前进还是后退，计数器均按前进计数；对光测量设备的抗冲击性要求较高。

3) 轨道电路定位

(1) 轨道电路原理与作用

地铁线路是地铁列车运行的通路，由轨道及其下部建筑两部分组成。轨道，又称上部建筑，由钢轨、轨枕、道床、道岔和联结零件、防爬设备等组成。

地铁正线，一般都采用钢筋混凝土的"整体道床"。地铁车场，基本上都采用道砟道床。

轨道电路，是以两根钢轨作为导体，两段加以机械绝缘或电气绝缘，接上供电设备和受电设备所构成的电路。最简单的轨道电路如图3-26所示。

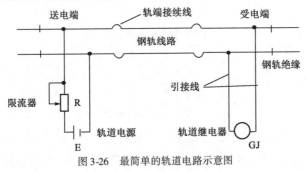

图3-26 最简单的轨道电路示意图

送电端是轨道电源（直流或交流）和限流器。限流器用来保护轨道电源不因过负荷而损坏，同时保证在列车占用轨道电路时，轨道继电器能可靠落下。受电端是接收设备，一般为轨道继电器。轨端接续线的作用是减小钢轨的接触电阻。两钢轨绝缘节之间的长度，就是轨道电路的长度。

图3-27可用来说明轨道继电器状态及其含义。没有列车占用某段轨道时，该段轨道继电器因流过电流足够大而吸起，表示该段轨道空闲。有列车占用某段轨道时，由于车轮对的电阻远小于轨道继电器线圈的电阻，导致流经轨道继电器的电流大为减少，使轨道继电器落下，表示该段轨道被占用。

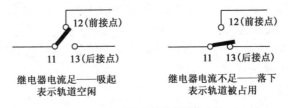

图3-27 轨道继电器状态及其含义

轨道电路的作用有二：

一是监督列车的占用。各段轨道电路反映该段轨道是否空闲，为开放信号、建立进路或构成闭塞提供依据。

二是传递列车的信息。对列车控制系统来说，带有编码信息的轨道电路是车地传输信息的通道之一。

(2) 轨道电路分类

轨道电路原来有交流和直流之分，但目前都用交流轨道电路。交流轨道电路分三段：

300Hz 以下为低频,300~3000Hz 为音频,10~40kHz 为高频。一般交流轨道电路,指 50Hz 的轨道电路。

按调制方式的不同,轨道电路可分为调幅和调频,大多是调频轨道电路。如上海地铁 1 号线载频为 2625Hz、2925Hz、3375Hz 和 4275Hz,调幅频率为 2Hz 和 3Hz;上海地铁 2 号线载频为为 9.5~16.5kHz,调频频率为 200Hz。

按工作方式不同,轨道电路可分为开路式轨道电路和闭路式轨道电路。开路式轨道电路平时呈开路状态,发送设备和接收设备装在轨道电路同一端,不符合"故障—安全"原则,故极少采用。绝大多数都采用闭路式轨道电路。

按所传电流特性不同,轨道电路可分为连续式、脉冲式、交流计数电码式和数字编码式,见表 3-8。地铁使用数字编码式轨道电路。

所传电流特性不同的轨道电路 表 3-8

序号	类型	特点	应用
1	连续式	传送连续交流电流,只能监督轨道占用与否	很少用
2	脉冲式	传送断续脉冲信号,能监督轨道占用与否及发信息	铁路用
3	交流计数电码式	传送断续交流电流,编码,能监督轨道占用与否及发信息	铁路用
4	数字编码式	多采用调频方式(PSK),编码,能监督轨道占用与否及发信息	地铁用

按区段分割方式不同,轨道电路可分为有绝缘轨道电路和无绝缘轨道电路,见表 3-9。

有绝缘及无绝缘轨道电路 表 3-9

类型	特点	地铁应用场合
有绝缘轨道电路	轨道电路两端有"绝缘节",交流电力区段需加扼流变压器	道岔区段及停车场
无绝缘轨道电路	在轨道电路分界处不设"绝缘节",采用"电气隔离式"	正线

无绝缘轨道电路采用电气隔离式,取代机械绝缘节,优点较多,被广泛使用。电气隔离式,又称谐振式,利用谐振回路对不同频率呈现不同阻抗,来实现相邻轨道电路区段的隔离。

地铁现在使用两种轨道电路:工频连续式轨道电路和音频轨道电路。

地铁车辆段/停车场使用工频连续式轨道电路,它属于无绝缘轨道电路,只有检测列车占用与否的功能,不能传输其他信息。此种轨道电路又分 50Hz 相敏轨道电路(包括继电器式和微电子式)和 PF(工频)轨道电路。

地铁正线使用音频轨道电路,它是数字编码式无绝缘轨道电路,具有检测列车占用及传输 ATP/ATO 信息的两项功能。

(3)对轨道电路的选用要求

对轨道电路的选用要求如下:

①ATC 控制区域宜采用无绝缘轨道电路,车辆段和停车场可采用有绝缘轨道电路。

②区间轨道电路应为双轨条牵引回流方式,车辆段和停车场轨道电路可采用单轨条牵引回流方式。

③相邻轨道电路应加强干扰防护。

④轨道电路兼作牵引回流走行轨时,装设的横向均流线应不影响轨道电路的正常工作。

轨道电路的技术参数如下:

①短轨道电路长度:50m 以下。

②长轨道电路长度:400m 以下。
③道床电阻:整体道床,不小于 $2\Omega/km$;碎石道床,不小于 $1\Omega/km$。
④最小分路电阻:0.15Ω。
⑤模糊区长度:不大于 4.5m。
⑥室内设备至室外设备的控制距离:不小于 2km。
（4）50Hz 相敏轨道电路与 50Hz 微电子相敏轨道电路
①50Hz 相敏轨道电路
50Hz 相敏轨道电路为有绝缘双轨条轨道电路,如图 3-28 所示。

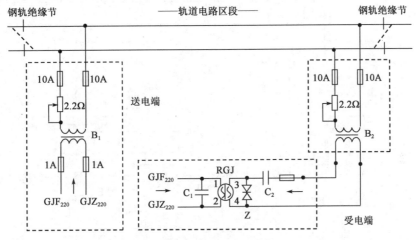

图 3-28　50Hz 相敏轨道电路

它由送电端、受电端、钢轨绝缘节、钢轨引接线、钢轨接续线、回流线以及钢轨组成。

在送电端,来自 GJF_{220} 和 GJZ_{220} 的 50Hz 220V,经轨道变压器 B_1 降压后送至钢轨。在受电端,中继变压器 B_2 输出的交流电送到轨道继电器 RGJ 的轨道线圈 3—4,来自 GJF_{220} 和 GJZ_{220} 的 50Hz 220V,同时送到轨道继电器 RGJ 的局部线圈 1—2。

当轨道线圈和局部线圈上的电源满足相位和频率要求时,轨道继电器 RGJ 吸起,轨道电路处于调整状态,表示轨道电路空闲。列车占用轨道时,轨道电源被分路,轨道继电器 RGJ 落下。相位和频率不符合要求时,RGJ 也落下。

②50Hz 微电子相敏轨道电路

50Hz 微电子相敏轨道电路,是为城市轨道交通专门研制的,由 50Hz 相敏轨道电路改进而来,如图 3-29 所示。

轨道继电器 RGJ,实为交流二元继电器,存在返还系数较低、继电器不能可靠落下、抗干扰能力差等缺陷。50Hz 微电子相敏轨道电路,克服了这些缺点,保留了原继电式相敏轨道电路的优点,成为一种高抗干扰能力、高可靠的新型相敏轨道电路。

50Hz 微电子相敏轨道电路参数:

a. 能适应的最大直流牵引电流为 4000A。

b. 分路电阻为 0.15Ω,分路残压不大于 10V。

c. 送、受端防护电阻不小于 1.6Ω。

d. 极限长度 300m。

e. 电源为直流 24V±3.6V,其中交流分量不大于 1V。

f. 送电端电缆允许降压不大于 60V。

j. 在钢轨阻抗为 0.8 $\angle 60°$ Ω/km、道砟电阻为 1.5Ω·km~∞、50Hz 220V±6.6V 时,在轨道电路极限长度内,轨道电路能满足调整和分路检查的要求,并实现一次调整。

h. 微电子相敏轨道电路接收器交流工作电压为 13.5~18V,直流工作电压为 12.5V±0.5V,理想相位角 0°,失调角不大于 30°,返还系数大于 85%。

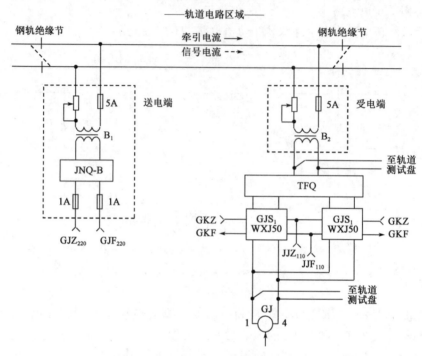

图 3-29 50Hz 微电子相敏轨道电路

(5) FTGS 型音频无绝缘轨道电路(正线用)

深圳地铁 1、4 号线,广州地铁 1、2 号线,南京地铁 1 号线,采用德国西门子公司的 FTGS 型音频无绝缘轨道电路。地铁正线和岔道区间,地铁全线及车站区间,采用统一的 FTGS 型音频无绝缘轨道电路。

FTGS 型音频无绝缘轨道电路是指 S 形连接式音频无绝缘轨道电路,其原理见图 3-30。

将发送器 1 的一个输出端和接收器 2 的一个输入端,接在 S 形电缆的中部 n。电容器 C_1、钢轨 L_1 与 S 形电缆的一半(L_{11}),构成一个并联谐振电路,谐振于轨道区段 1 的音频频率 f_1。电容器 C_2、钢轨 L_2 与 S 形电缆的另一半(L_{22}),构成一个并联谐振电路,谐振于轨道区段 2 的音频频率 f_2。

其中,前一个并联谐振电路对 f_1 呈现高阻抗,因此能将发送器 1 所产生的 f_1 信号经轨道区段 1 发送出去(沿箭头方向);同时,该并联谐振电路对 f_2 呈现低阻抗,因此能将频率为 f_2 的信号"短路"(阻断)在这里。

在图 3-30 中,另一个并联谐振电路对 f_2 呈现高阻抗,因此能把经轨道区段 2 传来的频率为 f_2 的信号接收下来(沿箭头方向);同时,该并联谐振电路对 f_2 频率以外的信号呈现低阻抗,

因此能将 f_2 频率以外的信号"短路"(阻断)在这里。

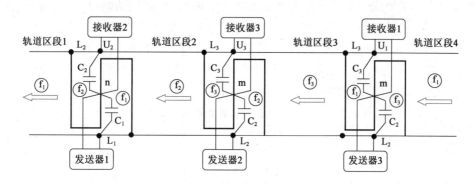

图 3-30 S 形连接式音频无绝缘轨道电路原理图

由此可见,接点为 n 的 S 形电缆,起到分隔 f_1 信号与 f_2 信号的作用:其左边的轨道区段 1,只传输 f_1 信号;其右边的轨道区段 2,只传输 f_2 信号。

同样可知,接点为 m 的 S 形电缆,起到分隔 f_2 信号与 f_3 信号的作用:其左边的轨道区段 2,只传输 f_2 信号;其右边的轨道区段 3,只传输 f_3 信号。

FTGS 型音频无绝缘轨道电路,由室内设备和室外设备两部分组成。

室内设备主要是发送器和接收器,安装在控制站的机械室内。

室外设备主要是电气绝缘节和轨旁盒:

①电气绝缘节由 S 棒和轨旁盒中的调谐单元组成,是划分 FTGS 轨道区段的重要设备。S 棒的宽度为 7.5m。

②轨旁盒是电气绝缘节和室内设备的中间设备。每个轨旁盒可分为两部分,一部分是一个轨道区段的发送端,另一部分是相邻轨道区段的接收端。

S 形连接电气绝缘的主要特点是:

①谐振电路的品质不高,因而带宽较宽。

②相邻轨道电路区段在电气绝缘节区有重叠区,因此在整个轨道电路传输区域不存在"死区"。

图 3-31 为列车驶入及离开轨道区段 2 时,接收器 3 端电压 U_3 和接收器 2 端电压 U_2 的变化情况。当列车的第一轮轴驶至 m 点时,电压 U_2 才开始上升,而电压 U_3 降到最小。这样所形成的电压谷区是一个安全区。因为,当该谷区内的钢轨被短路时,轨道区段 2 和轨道区段 3 均将给出被占用的结果。由于其符合"故障—安全"原则,所以被广泛采用。

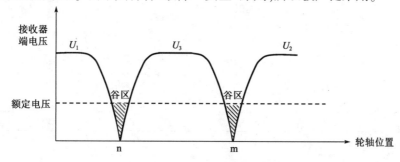

图 3-31 列车驶过时接收端电压的变化

FTGS型音频无绝缘轨道电路是遥供轨道电路,使用调频电压,远程供电。

FTGS型音频无绝缘轨道电路是报文式数字轨道电路,有两种功能:检测轨道电路的占用状态,向发送列车自动保护(ATP)电文。它使用感应发送设备,钢轨向列车发送数据。

为防止牵引回流的谐波干扰,FTGS采用FSK(移频键控)方式。有12个载频频率,分配给两种型号的FTGS型音频无绝缘轨道电路(见表3-10)。FTGS型音频无绝缘轨道电路信号由15种不同的位模式进行移频键控调制,频偏±64Hz。

FTGS型音频无绝缘轨道电路载频频率及载频间隔   表3-10

型 号	载频频率(kHz)	载频间隔(kHz)
FTGS46	4.75,5.25,5.75,6.25	0.5
FTGS917	9.5,10.5,11.5,12.5,13.5,14.5,15.5,16.5	1.0

FTGS型音频无绝缘轨道电路技术指标如下:

①应用范围:道岔和交分道岔。

②牵引回流:双轨条。

③抗干扰措施:频率调制传输。

④电缆故障:通过编码传输和混线检测系统检测。

⑤故障—安全措施:接收部分为双通道结构;轨道继电器的相同开关状态,通过两个继电器的不同状态检测错误。

⑥工作/全部频率:9.5~16.5kHz。

⑦编码位模式:15个比特位,2.2~6.2。

⑧传输速度:时分比特位传输 $U_b \leq 200 \text{bit/s}$;

  LZB电码传输 $U_b \leq 200 \text{bit/s}$。

  位错率 10^{-4}。

⑨运营可靠性:MTBF=0.2个故障/年

(FTGS的MTBF计算值为4.3万h,实际值为7万h)

⑩最大控制距离:6.5km(轨旁盒到联锁柜)。

⑪电缆有效长度:最大1.5km(根据接线情况)。

⑫轨道电路极限长度:见表3-11。

轨道电路极限长度   表3-11

轨道电路类型	轨道电路极限长度(m)					
	远程馈给(km)	允许的列车短路电阻(Ω)	道床电阻1.5Ω·km		道床电阻2.5Ω·km	
			标准配置	中央配置	标准配置	中央配置
FTGS917	4.5	≤10	300	750	350	950
	4.5	≤0.5	350	850	400	1000
	6.5	≤0.5	300	700	330	850
FTGS46	6.5	≤0.5	600	1200	750	1500

⑬环境温度:-30~+70℃。

⑭轨道继电器吸合、释放延迟: $t_{吸}=0.6s, t_{落}=0.35s$。

⑮工作电压:AC230V(+10% ~ -20%),50Hz±1Hz。
⑯功耗:标准配置65V·A;道岔配置75V·A,中央配置75V·A,交分配置85V·A。
⑰轨道道砟电阻:最小 $R_B = 1.5\Omega \cdot km$。
⑱额定分路灵敏度:$R_A \leq 0.5\Omega$。
⑲远控:四芯星绞电缆,一对发送,一对接收。

4) **计轴器定位**

计轴器是一种检查区段是否空闲的设备,它记录和比较驶入和驶出所查轨道区段的轮轴数,用以判断该区段是否被占用或空闲。计轴器用于无法使用轨道电路的场合。当车地无线传输设备发生故障时,为检查列车位置,可用计轴器形成"降级"信号。

计轴系统工作原理可用图3-32来说明。

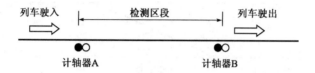

图3-32 计轴系统工作原理示意图

当列车驶入该轨道区段,列车车轮抵达计轴器(传感器)A 的作用区域,传感器 A 产生计轴脉冲,经电子连接箱传送给室内计算机的主机计算车轴数量,并根据两套磁头的作用时机判断列车行驶方向。

同样,当列车驶出该轨道区段,列车轮抵达计轴器(传感器)B 的作用区域,传感器 B 产生计轴脉冲,经电子连接箱传送给室内同一台计算机的主机,以确定对车轴数是累加计算还是递减计算。

如果该轨道区段驶入点所记录的车轴数大于驶出点所记录的车轴数,则判定该轨道区段被占用;如果两次记录的车轴数相等,则判定该轨道区段为空闲状态。

计轴器配置分为无道岔区段配置和有道岔区段配置。

在无道岔区段,计轴器配置如图3-33 所示。分三种情况:在普通区段,两端各设一个测轴点;在带状区段,两端及中部各设一个测轴点;在重叠区段,两端及中部各设一个测轴点。

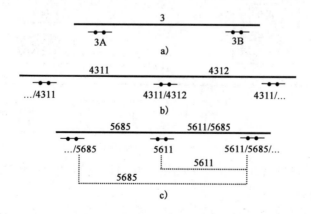

图3-33 无道岔区段计轴器配置

在有道岔区段,计轴器配置如图 3-34 所示。分三种情况:在岔前、岔后直向和岔后侧向,各设 1 个测轴点;对交叉点,设 4 个测轴点;对交叉渡线,设多个测轴点。

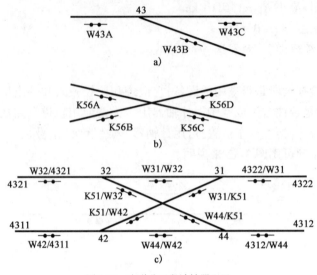

图 3-34 有道岔区段计轴器配置

3.9 车地无线传输分析

3.9.1 网络结构

信号系统的传输系统(DCS),分为地地传输及车地无线传输两个层面,采用冗余结构,由红网和蓝网组成,如图 3-35 所示。

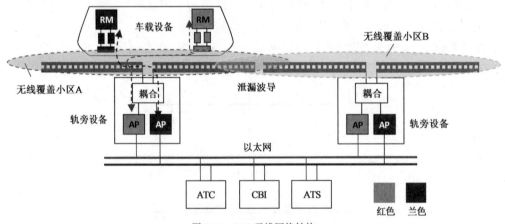

图 3-35 DCS 无线网络结构

其中,车地无线传输网络,由轨旁的无线接入点(AP)、耦合单元、泄漏波导管、车载无线天线、车载无线调制解调器等组成。

每个 TRE(轨旁无线设备)由红、蓝接入点组成,此红、蓝接入点与其各自的无线网络相连接。每个红、蓝接入点分别连接到相应的耦合器上,耦合器连接到波导管上用于传输射频

(RF)信号。

红、蓝接入点将分别通过不同的光纤与各自颜色的 SIG 网连接。

红色车载无线调制解调器的无线网络序列如下：

初级无线网络＝红色无线网络；

次级无线网络＝蓝色无线网络。

蓝色车载无线调制解调器的无线网络序列与上述情况类似，但是，初级无线网络是蓝色无线网络，次级无线网络则是红色无线网络。

当红色（或蓝色）接入点出现故障时，红色（或蓝色）车载无线调制解调器可与其次级无线网络的蓝色（或红色）接入点部分建立连接。

在每辆列车上，装配两台车载无线设备用于传递 CBTC 业务。通常情况下，每台车载无线设备配置专用的通道。当通道错误或无线链路有问题时，自动倒换到另一条通道。

每个无线调制解调器连接两个位于车下的天线（用于与波导管之间的通信）。

为满足列车双向行驶，以及根据安装条件，有时波导管安装在走行轨道的左侧、有时在右侧的情况，列车每端需配置两个车载天线。

车载天线（包括安装支架、天线、射频连接器）安装在列车底部。

3.9.2　泄漏波导管技术

泄漏波导管为铝质材料，由挤压断面、TEDLAR 涂膜层、聚酯盖组成，具有链路可靠、免维护等特点，从而确保系统的可靠性，节约维修成本。在新加坡东北线用了近 8 年时间，并已用于北京地铁 2 号线、北京机场线和深圳地铁 2 号线等工程。

图 3-36 是泄漏波导管外形图。

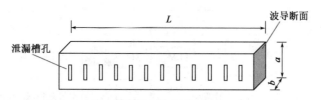

图 3-36　泄漏波导管外形（波导断面：宽 a × 高 b）

与自由无线传输技术相比，采用泄漏波导管技术具有以下优势：

(1) 传输损耗小，不受外界环境影响（如隧道类型、开阔区域、车体阻挡等）。

(2) 采用 2.4GHz 的 ISO 频段，可与同频段的其他业务（如 CCTV）共存。

(3) 通过安装在车体下方的定向车载天线与泄漏波导管进行短距离无线通信，抗干扰能力强，可望免受其他发送设备的干扰（蓝牙、Wi-Fi 等）。

(4) 采用经过验证的移动性原则，即便列车高速运行，也能在无线小区间平滑切换。

(5) 无线信号传输稳定，保证对传输质量和性能没有任何改变。

(6) 无噪声，不会对其他通信产生电磁污染。

(7) 高容量，可利用波导管同时支持 PIS 和 CCTV 业务。

(8) 安装完成后，无线系统调试周期较短。

泄漏波导管装于钢轨外侧（槽孔向天），全长不大于 500m，到轨旁无线设备耦合单元的射频电缆长度不大于15m。表3-12是2.4GHz频段泄漏波导管主要参数。

2.4GHz频段泄漏波导管主要参数　　　　　　　　　表3-12

名　称	说　明	数　值
传输损耗	在2.4～2.5GHz范围内	0.02dB/m
耦合损耗	2.5GHz时,0.5m处95%概率	65dB
特性阻抗	—	50Ω

在2.4～2.5GHz频段范围内,泄漏波导的传输损耗为0.02dB/m,而1-1/4″泄漏电缆的传输损耗高达0.07dB/m(是泄漏波导的3.5倍),而1-5/8″泄漏电缆的传输损耗高达0.06dB/m(是泄漏波导的3倍)。

2.4GHz频段泄漏波导管到列车天线的垂直距离为0.5m,二者之间的耦合损耗实测为65dB(泄漏电缆为62dB)。

3.9.3　轨旁无线设备

图3-37是轨旁无线设备(TRE)及耦合单位示意图。

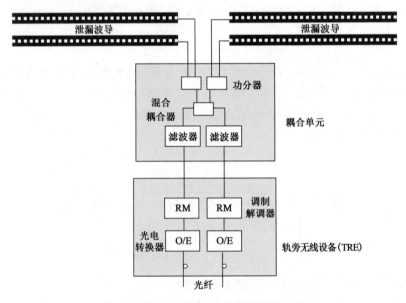

图3-37　轨旁无线设备(TRE)及耦合单元示意图

在轨旁无线设备(TRE)内,每个接入点与一个光转换器连接,带有独立的电源。
耦合单元由射频滤波器和混合耦合器组成,耦合器与裂缝波导管连接。
耦合单元将两路无线信号耦合为单一信号,该无线信号通过RF电缆在波导管内传输。
耦合单元和TRE箱在隧道内一般安装在墙壁上。
如果在其他区域(开阔地或高架),将根据实际情况再确定安装位置和安装方式。
列车和轨旁设备间的数据通过TRE进行传输。

3.9.4　无线传输性能

DCS无线传输性能见表3-13。

第3章 信号分析

DCS 无线传输性能　　　　　　　表 3-13

指　标	性　能	
传输模式	连续、无缝	
无线标准	WLAN(Wi-Fi)，符合 IEEE 802.11b/g 标准	
工作频率	2.400～2483.5MHz	
调制方式	OFDM(正交频分复用)或 BPSK(二进制相移键控)	
发射功率	802.11a	+6dBm、9dBm、12dBm、15dBm、17dBm(5.8GHz)&g(2.4GHz)
	802.11b	+6dBm、9dBm、12dBm、15dBm、18dBm、21dBm、24dBm(2.4GHz)
耦合方式	轨旁	泄漏波导
	列车	专用 8dB 波导天线
设备衰减	轨旁波导管	9dB
	AP 与波导管间	8dB
最低接收电平	802.11a&g	－90dBm(6Mbit/s)、－88dBm、－86dBm、－84dBm、－82dBm、－79dBm、－73dBm、－70dBm(54Mbit/s)
	802.11b	－90dBm、－86dBm、－84dBm(11Mbit/s)
信噪比	最小 15dB(正常 ATC 的 SNR 设计)，设计＞20dB	
RF 覆盖	全线冗余	
AP 距离	接入点之间的最大距离为 800m	
带宽	最大 100kbit/s 全双工	
交换机	二层或三层交换机(COTS)，冗余配置	
接口	IEEE 802.3 以太网，ATC 冗余	
接口协议	UDP(对 ATC 冗余管理)	
IP 寻址	每辆列车为冗余静态 IP 地址(vIP)	
切换方式	列车无线调制解调器可在无 ATC 指令的情况下进行切换	
漫游时间	事实上有 2 条连续的无线链路(红和蓝)，因此在漫游时端到端通信不会中断。仅在降级情况下(如 1 个车载调制解调器故障导致 1 个通信链路故障)考虑中断时间小于 100ms	
最大列车速度	120km/h	
安全	SIL0	
数据安全	在应用层使用了阿尔斯通专有的"安全层"。对于轨旁 AP 与车载无线调制解调器间的链路，DCS 支持 Wi-Fi 保护接入—移相键控(WPA2-PSK)，使用基于固定键的用户授权和基于 802.11i 定义的高级加密标准(AES)算法	
加密	无线链接 AES 256 位加密算法	
鉴证	WPA2-PSK	
带宽预留	ATC 每个通道留 100kbit/s	

需要说明的是：

(1) 根据环境条件(直隧道、弯曲隧道和车站)，无线单元之间的最大距离在 600m 和 800m 之间变化，最大距离是 800m。

(2) CBTC 业务无线链接的吞吐量为 6Mbit/s。802.11a&g 时，吞吐量为 6Mbit/s(场强

-90dBm),54Mbit/s(场强 -88dBm、-86dBm、-84dBm、-82dBm、-79dBm、-73dBm、-70dBm)。

3.9.5 无线覆盖估算

1)无线链路描述

CBTC无线链路,分下行无线链路和上行无线链路。

下行无线链路为车地无线链路,路由为车载设备(Moden)、车载馈线、车载天线泄漏波导、轨旁馈线、无源耦合单元、轨旁接入点(AP)。

上行无线链路为地车无线链路,路由为轨旁接入点(AP)、无源耦合单元、轨旁馈线、泄漏波导、车载天线、车载馈线、车载设备(Moden)。

DCS TRE 的组成包括两个无线调制解调器、两个电源单元及两个光电转换器。

无源耦合单元将两路无线信号合二为一,该无线频率信号通过RF电缆在波导管内传输。

无源耦合器和TRE箱在隧道内一般安装在墙壁上。

如果在其他区域(开阔地或高架),安装位置和方式将根据实际情况确定。

2)切换区域分析

由于数据通信子系统承载的数据直接关系到行车安全,故要求列车即使在高速运行下,也要保持无线链路不能中断。当车载设备从一个AP的覆盖小区移动到下一个AP的覆盖小区时,将发生越区切换。这种切换操作是自动完成的。图3-38是越区切换区域示意图。

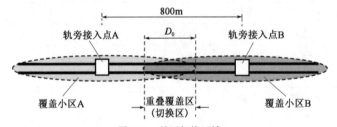

图3-38 越区切换区域

通常,802.11g的越区切换时间在500ms~2s之间(包括重新鉴权和其他以安全为目的额外开销)。以最长切换时间2s和列车最高时速120km估算,在此最坏情况下,越区切换区域的最大距离为 D_0 约为65m。

3)无线覆盖估算

估算参数选取:

(1)车载天线增益 G:8dB。

(2)车载设备发射功率 P:≤12dBm(16mW)。

(3)车载天线与泄漏波导管之间的耦合损耗 L_1:65dB(实测)。

(4)泄漏波导管传输损耗 L_2:10dB。

泄漏波导管传输损耗,等于泄漏波导管长度与其单位长度传输损耗的乘积。

泄漏波导管的最大长度为800m,一半为400m,再加上二分之一的覆盖区域33m,总计433m。留有余地,拟取600m。

泄漏波导管传输损耗应是600m乘以泄漏波导单位长度的传输损耗,典型数据是9dB。

(5) 馈线损耗(轨旁 10m、车载 5m)L_3:3dB(轨旁 2dB,车载 1dB)。
(6) 玻璃损耗(车载天线前的障碍物)L_4:6dB。
(7) 连接器损耗 L_5:2dB。
(8) 功分器损耗 L_6:车地正向 3dB,地车反向 2dB。
(9) 预留的富余度 L_7:10dB。

据上述参数,可知接收机输入端信号功率 P_J 为:

$$P_J = P + G - L_1 - L_2 - L_3 - L_4 - L_5 - L_6 - L = -79\text{dBm}$$

系统最低接收电平是:

802.11b:−92dBm(速率 1Mbit/s),−90dBm、−86dBm、−84dBm(11Mbit/s)

802.11a&g:−90dBm(6Mbit/s),−88dBm、86dBm、−84dBm、−82dBm、−79dBm、−73dBm、−70dBm(54Mbit/s)

估算结论:−79dBm(这个数值高于上述大多数最低接收电平,因此无线覆盖满足要求)。

3.10 驾驶模式转换分析

3.10.1 驾驶模式转换的必要性

如果一条地铁线路,正线采用 CTBC 信号系统,而车辆段仅采用联锁系统,那么车辆段信号系统不仅要满足车辆段内的信号控制,还要解决与正线不同信号系统的过渡问题。

事实上,车辆段内,由于轨旁设备不向列车传递行车信息,列车司机需要根据信号机的显示进行列车驾驶,而不能进行自动驾驶。因此,列车由车辆段的联锁控制区进入正线的列车自动控制区,或者由列车自动控制区进入车辆段的联锁控制区,都需要有一段过渡线路。一般在车辆段和正线的分界点处,设置转换区段。在此转换区段,既能让驶出车辆段的列车转换为"通信列车",也能让驶入车辆段的列车转换为"非通信列车"。

图 3-39 是正线车站 A 与车辆段分界点处示意图。

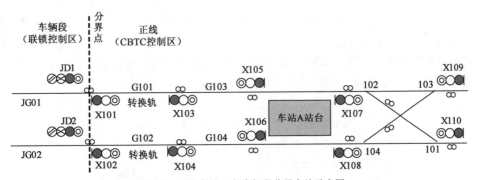

图 3-39 正线车站 A 与车辆段分界点处示意图

车辆段的出、入段线是两条双向行车的线路。在分界点处设置入段信号机(JD1、JD2)和出段信号机(X101、X102),入段信号机 JD1、JD2 由车辆段联锁系统控制,正线入口信号机 X103 和 X104 由正线信号系统控制。G101 和 G102 是转换轨,用在列车进入或离开车辆段时,进行驾驶模式的转换。

3.10.2 转换区段的接口配置

当列车由车辆段进入正线运行时,要为列车设置两条进路:

第一条进路,从停车线始端信号机至出段信号机,由车辆段联锁系统控制;

第二条进路,从出段信号机至正线入口信号机,由正线联锁系统控制。

列车经由第一条进路从停车线出来,停在进段信号机外方。当第二条进路建立成功,出段信号机开放,列车运行至转换轨,车载控制器接收初始化信标的信息,为列车进入正线进行列车定位做准备,使列车转换为"通信列车",其驾驶模式由人工驾驶模式转换为 ATC 驾驶模式。

当列车由正线进入车辆段时,也要为列车设置两条进路:

第一条进路,从正线始端信号机至入段信号机,由正线联锁系统控制;

第二条进路,从入段信号机至车辆段联锁区域,由车辆段联锁系统控制。

列车退出正线,经由第一条进路进入转换轨,列车进入车辆段时转换为"非通信列车",将列车驾驶模式由 ATC 驾驶模式转换为人工驾驶模式,再经由第二条进路进入车辆段。

基于故障导向安全原则,每个从车辆段输出给正线的信号,都由正线两个继电器的励磁吸起状态复示,正线继电器励磁电路的通断由车辆段继电器的接点控制,如图 3-40 所示。当车辆段 BJ 励磁吸起,BJ 第一组接点的前接点将接通正线 A1J 的励磁电路,BJ 第二组接点的后接点将接通正线 A2J 的励磁电路,BJ 第一组接点的前接点断开 A1J 的励磁电路。

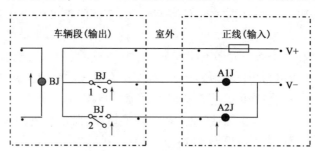

图 3-40 车辆段输出至正线接口电路图

正线通过继电器将信号输出至车辆段,同样需要车辆段继电器复示。车辆段继电器工作状态由正线两个继电器同时控制,实现双段保护,如图 3-41 所示。当正线 C1J 和 C2J 都励磁吸起,通过它们的前接点,沟通车辆段 DJ 的励磁电路,使 DJ 励磁吸起;若 C1J 和 C2J 都失磁落下,或其中一个失磁落下,都可使车辆段 DJ 落下。

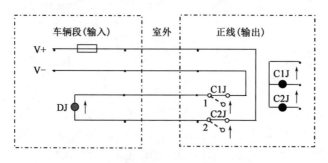

图 3-41 正线输出至车辆段接口电路图

3.11 UTO 信号系统

3.11.1 列车运行等级

地铁列车运行等级分为五级,定义如下:
GOA0:目视下列车运行,司机负全责,无系统防护。
GOA1:非自动列车运行,即 ATP 防护下的人工驾驶。
GOA2:半自动列车运行(STO),即司机监督下的 ATO 驾驶。
GOA3:有人值守下的列车自动运行(DTO)。
GOA4:无人值守下的列车自动运行(UTO)。

3.11.2 UTO 信号系统配置及功能

UTO 信号系统是全自动运行系统的核心设备,它依赖于信号、车辆、通信、综合监控等各个专业系统的联动。

UTO 信号系统与普通 CBTC 信号系统相比,在系统结构、硬件设备及软件功能方面均得到优化,与既有其他系统的接口功能也得到增强和扩展。同时,新增部分设备接口,最终与各个专业相结合,构成全自动运行线路的 UTO 信号系统。

UTO 信号系统架构与 CBTC 信号系统架构的主要差别是:
(1)采用全自动车辆段/停车场后场段信号设备按照正线设备集中站统一配置。
(2)信号系统与综合监控、车辆管理系统等深度集成,形成以行车指挥为中心的综合监控系统。
(3)控制中心增加乘客调度、车辆调度以及维修调度等工作站。

UTO 信号系统新增功能如下:
(1)列车休眠与唤醒功能
休眠:列车运行服务结束后进入车辆段/停车场或在正线存车线停放,在列车停稳后,为节省能源,信号系统将自动启动休眠程序。同时,为保养设备,列车在休眠前,信号系统 ATC 将会给地面列车维护系统发送是否需要下载列车维护信息的提示。在一定时间内,列车将关闭相应的车载子系统,进入列车休眠。休眠后,须保证 ATC 系统中的唤醒模块一直带电。
唤醒:每天运营前或有列车插入时,信号系统根据列车运行时刻表给每列车自动分配识别号。当列车两端驾驶室都选择为自动模式,在列车即将发车前自动给列车发送唤醒指令,收到唤醒指令后列车车载各子系统执行启动、自检和静态测试等程序,自检结果反馈至信号系统 ATC 及控制中心。若唤醒不成功,控制中心调度员将根据列车相关故障信息人工进行干预;如列车唤醒成功,则列车可随时运营,等待信号系统发送新指令。在任何时候,控制中心调度员均可远程唤醒列车。

(2)综合自检功能
列车成功唤醒后自动进入自检程序,车载 ATC、车辆、ISCS、通信设备完成自检和静态发车测试。当所有列车系统完成准备后,进行车门、紧急制动接口测试。测试正常后,列车反馈综合自检状态。综合自检功能覆盖的列车自检测试项目无须对设备进行人工检测,简化了人工维护工作量及提高了列车故障处置速度。

(3) 正线列车自动运行功能

目前依靠 CBTC 信号系统 ATO 功能列车已能基本实现自动运行、自动停站、自动开关门、自动发车、自动折返等功能,但由于部分设备缺少自诊断、自动恢复故障及中央远程监督控制功能,安全冗余性及可靠性仍有待提高。UTO 系统正线列车自动运行功能主要增加或增强以下功能:

① 停车对位自动调整。
② 屏蔽门、车门对位隔离。
③ 增强应急运行模式,增强列车驾驶模式:无人驾驶模式、蠕动模式及常规地铁运行模式等。

(4) 蠕动模式

列车在正线运行时,若 ATC 系统发送的牵引/制动指令出现故障或丢失,列车将启动后备蠕动模式运行。控制中心行车调度员确认故障并远程启动后备蠕动模式。在该模式下,列车将以不高于 20km/h 的速度运行,ATP 系统监督运行速度,超速时列车将紧急制动。当蠕动模式下的列车进入站台并停稳后,司机上车采取人工驾驶方式对位停车,并引导乘客上下车。

(5) 自动化车辆段/停车场功能

自动化车辆段/停车场,一般划分为全自动化运行区域和非全自动化运行区域,其中全自动化运行区域由信号系统实现列车的全自动驾驶、自动休眠、自动唤醒、综合自检、自动洗车等功能;非全自动化运行区域与目前车辆段/停车场控制方式保持一致,提供场段内调车作业功能。全自动化区域与非全自动化区域通过转换轨方式实现,其他重点功能如下:

① 全自动化运行区域门禁与信号、行车自动化、供电实现联锁功能。
② 新增列车洗车机与信号系统的接口,实现全自动洗车功能。
③ 新增试车线全自动无人驾驶测试。
④ 全自动化运行区域车库设置自动车库门,增加根据行车进路自动开闭功能。

(6) 增强安全防护功能

UTO 信号系统安全防护功能与 CBTC 信号系统相比,增加了车辆段内 ATP 防护、工作人员保护开关以及车库门防护等功能,该功能仍通过 ATP 子系统实现。

表 3-14、表 3-15 分别为正常运营模式下、降级运营模式下各级别信号系统功能。

正常运营模式下各级别信号系统功能 表 3-14

运行等级	驾驶模式	安全防护	列车运行	休眠唤醒	综合自检	计划进路	车场
GOA0	RM	超速防护	人工	无	人工	人工	人工
GOA1	ATP	超速防护 位置防护	自动	可配置	可配置	可配置	可配置 CBTC
GOA2	ATO					必备	
GOA3	DTO				可配置	必备	
GOA4	UTO			必备	必备	必备	全自动

表 3-15 降级运营模式下各级别信号系统功能

运行等级	驾驶模式	蠕动模式	缓慢式跳跃	车门屏蔽门对位	选择性开关门	远程复位、重启
GOA0	RM					
GOA1	ATP	无				
GOA2	ATO					
GOA3	DTO	可配置				
GOA4	UTO	必备				

3.11.3 技术难点与展望

全自动列车运行完全依靠信号系统控制,因此 UTO 信号系统必须采用高可靠、高安全及高冗余设计,需要更高的列车定位精度以及实时的列车运行控制命令和设备状况报告。同时,要求 ATC 车载与轨旁设备之间能够双向高容量通信。除车载信号设备状态信息与故障信息能够实时上传至控制中心外,乘客信息、列车安防(视频监控)、车载综合监控以及车辆等专业设备均需要实时与控制中心保持通信。因此,对车地通信稳定性状态及带宽要求较高,设计时要统筹考虑各专业的带宽需求,对采用 2.4GHz、5.8GHz 以及 LTE 等不同方案进行评估。

此外,全自动列车要求在全封闭线路运行,信号系统应对运行中突发的障碍物有紧急报警功能。

第4章 通信分析

地铁通信系统在地铁运营调度、乘客服务、应急指挥和治安反恐中,发挥着不可替代的重要作用。地铁通信系统包括专用通信、民用通信和警用通信三个系统,其中专用通信系统是承担传输、通信、广播、时钟等多项功能的核心设备,民用通信系统和警用通信系统是重要的引入系统。地铁通信发展迅速,关键技术值得关注。

4.1 通用要求

地铁通信系统要适应运输效率,保证行车安全,提高现代化水平,传输话音、数据、图像等各种信息的需要,要做到系统可靠、功能合理、设备成熟、技术先进、维护方便、经济适用。根据现行国家标准《地铁设计规范》(GB 50157—2013)和《城市轨道交通技术规范》(GB 50490—2009)的相关规定,在总结地铁工程建设经验的基础上,对地铁通信系统的通用技术要求可以归纳如下:

(1)为保证地铁运营的安全高效,必须建立一个安全可靠、快速有效的专用通信网,以传送和处理地铁运营所需的信息,并在地铁发生紧急情况时,迅速转变为供防灾救援及事故处理的指挥通信系统。

(2)地铁通信系统由专用通信系统、民用通信系统(或称公众通信系统)和警用通信系统(或称公安通信系统)组成。

(3)专用通信系统由传输、无线、公务电话、专用电话、广播、时钟、通信电源及接地、集中告警等子系统组成。

(4)专用通信、民用通信和警用通信三个系统的建设,要在保证专用通信系统安全、可靠运行的基础上,将功能相同的设备及网络资源共享,避免重复建设。

(5)通信系统的网络结构、软件和硬件的配置要保证安全可靠,实现24h不间断地运行。关键板件应热备份,达到无障碍切换。

(6)通信系统设备采用模块化结构,以易于扩展和平滑升级。

(7)通信系统支持符合国际标准和工业界标准的相关接口,能与其他相关系统或业务部门实现可靠互联,选择广泛应用的标准协议。

(8)通信系统主要设备和模块具有自检功能,故障时自动切换并报警,可以实现设备集中监控。

(9)通信系统的设备便于安装、操作和维护。

(10)通信系统的设备和材料能适应地下和高架环境条件,体积小、重量轻、耗能少、防尘、防锈、防震、防潮、防晒、防蚀、抗电气干扰。

(11)在地下环境中,电缆采用阻燃、低烟、无毒、防腐蚀的产品;在高架桥上明敷的电缆,具有防潮及抗阳光辐射能力;电缆还要具备防鼠害、白蚁和防杂散电流腐蚀的能力。

(12)通信设备供电为一级负荷,配电专业引接两路独立交流电源(380/220V、50Hz)至通信设备室内的配电箱。

(13)通信各系统设备采用综合接地方式,并统一接入地铁联合接地系统,接地电阻不大于1Ω。

4.2 总体分析

4.2.1 系统功能

根据通用技术要求,地铁通信系统应当具备三个方面的功能:

(1)调度指挥功能:为列车运营提供多种调度指挥和通信联络手段;在灾害或事故情况下,作为应急处理、抢险救灾的手段。

(2)公安保障功能:为保证市民出行安全和地铁列车运行安全,为快速、准确、高效地执行地铁安全保卫任务,提供信息通信保障。

(3)乘客服务功能:为乘客提供移动通信、有线通信、数字电视(预留)、紧急求助和地铁资讯及指引等信息服务。

4.2.2 基本组成

地铁通信系统基本组成的设计,以实现功能为前提,如图4-1所示。

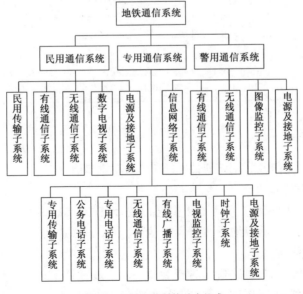

图4-1 地铁通信系统基本组成

地铁专用通信系统由以下8个子系统组成：专用传输、公务电话、专用电话、无线通信、有线广播、电视监控、时钟、电源及接地。

地铁民用通信系统由以下5个子系统组成：民用传输、有线通信、无线通信、数字电视(预留)、电源及接地。

地铁警用通信系统由以下5个子系统组成：信息网络、有线通信、无线通信、图像监控、电源及接地。

此外，有的城市还把政务通信系统(或称应急通信系统)，也列在地铁通信系统或地铁无线通信系统之中。

由此可见，地铁通信系统不是单一的系统，而是多个独立系统的组合。这些独立系统在不同的运营环境下，应能可靠地协调工作，以使整体作用最大化。

4.2.3 环境条件

地铁环境条件与地铁所在城市的自然条件密切相关，包括城市地理位置(纬度、经度等)、地形地貌、气象特征和地质构造。

各城市地铁环境条件不尽相同。例如，深圳市的气候属亚热带湿润气候区。冬季无严寒，夏季湿热多雨，台风影响较大，暴雨强度大，灾害性天气较多。年平均气温22℃左右，最冷月(1月)平均气温14℃左右，极端最高气温38℃左右，极端最低气温0.2℃，年平均降水量1900mm左右，常年盛行南东东风和北北东风，年平均风速2.7m/s左右，极端最大风速达40m/s。对深圳地铁通信设备而言，使用环境条件载于表4-1。

深圳地铁通信设备使用环境条件　　　　表4-1

工作环境		行车调度指挥中心	车站机房	地下区间/隧道	高架区间
温度(℃)	工作	0 ~ +30	+18 ~ +28	0 ~ +45	-10 ~ +55
	储存	-10 ~ +70	+18 ~ +28	-10 ~ +55	-10 ~ +55
湿度(%)	工作	10 ~ 90	35 ~ 78	0 ~ 95	0 ~ 95
	储存	0 ~ 100	35 ~ 78	0 ~ 100	0 ~ 100
机械冲击(g)		4	10	10	10
振动		5 ~ 20Hz 0.7PPa[①] 20 ~ 100Hz 1.4GPa	5 ~ 12Hz 0.2PPa 12 ~ 100Hz 1.4GPa	5 ~ 12Hz 0.2PPa 12 ~ 100Hz 4.2GPa	5 ~ 12Hz 0.2PPa 12 ~ 100Hz 4.2GPa

注：① 1PPa = 10^{12}Pa。

4.2.4 技术特征

与其他领域通信系统相比，地铁通信系统的技术特征如下：

1) 以地下通信为主

地铁列车大部分时间在地下或半地下空间行驶，地铁人员和乘客大部分时间位于地下或半地下建筑物内，故地铁通信以地下通信为主，场强覆盖是关键所在。

2) 通信终端快速移动

地铁列车高速运行，一般线路最大时速为80km，快线可达120km。列车上的通信终端快速移动，车上无线通信是快速移动通信，越区切换是关键所在。

3) 多系统同址共存

在地铁辖区内,同时拥有专用无线通信、民用无线通信、警用无线通信、车地无线传输和数字电视等系统,而公众移动通信又有多种制式,从而形成多系统同址共存局面,防止干扰、实现电磁兼容是关键所在。

4) 与地铁建设同步

地铁通信系统是地铁建设的重要组成部分,新建地铁都要求通信系统同步设计、同步建设、同步开通。

4.3 专用通信综述

4.3.1 专用无线通信系统

专用无线通信系统,又叫无线调度通信系统,包括800MHz专用无线通信和400MHz同频单工对讲两部分。

专用无线通信系统的功能是:

(1) 虚拟专网:系统为各调度群用户提供专用调度台,组成虚拟专用网。

(2) 调度通话:单呼、组呼、全呼、紧急呼叫、强拆、组呼的动态重组、调度监听、优先级设置及呼叫。

(3) 中心调度员可对列车乘客选呼广播和全呼广播。

(4) 调度区域选择、跨基站无隙切换、跨线路互联互通和公务电话互联呼。

(5) 车载台自动转组:列车在进出车辆基地时,系统可通过信号系统所提供的信息,进行行车调度通话组与车辆基地通话组的自动转换。

(6) 对所有调度通话进行自动录音;对列车司机与行车调度的语言录音及回放,时间不少于60min。

(7) 对特定用户通话进行录音。

(8) 系统主要提示:接通音、呼叫失败音、忙音(或显示)、弱场区提示音。

(9) 网管设备具有系统配置、用户管理、故障监测报警及管理、统计报告等功能。

同频单工对讲系统的功能是:单工同频对讲,全呼、组呼、一呼百应。

专用无线通信系统的设备配置和组网方案,要综合考虑线路的具体情况。场强覆盖范围包括地铁运营线路(区间)、车站(站台、站厅、兼顾出入口地下部分),以及整个车辆基地地面区域。空间波覆盖的时间地点概率应不小于95%,漏泄同轴电缆辐射电波的时间地点概率应不小于98%。越区切换在区间中部进行。

我国地铁专用无线通信系统的发展,经历了专用频道、模拟集群和数字集群三个阶段,目前采用数字集群体制。与模拟集群相比,数字集群的优点是:采用数字调制方式和时分多址制式,组网方式更加灵活,抗干扰能力更强,频谱利用率更高,通信质量更好,系统容量更大,能提供更多的通信业务及更灵活的网络管理功能。

图4-2是地铁专用无线通信系统简化框图。图中左边是控制及交换部分,右边是基站和覆盖部分。后者以车站站区为单元,以基站为信号源,覆盖区域是车站及紧邻车站的区间。各

基站经专用传输系统,与无线交换机相连。

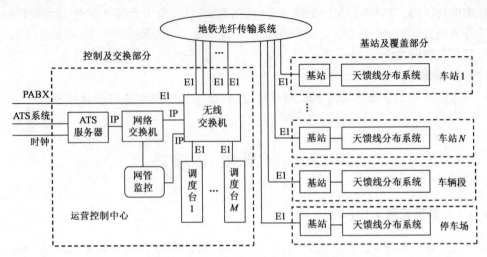

图 4-2 地铁专用无线通信系统简化框图

我国地铁数字集群采用 TETRA 体制,工作在 800MHz 频段,核心设备使用摩托罗拉系统有限公司、法国 AIRBUS 空中客车、河北远东通信系统工程有限公司和海能达通信股份有限公司等公司的产品。河北远东通信系统工程有限公司 AcroTetra 数字集群通信系统,2012 年研发成功,具有完全自主知识产权,已在北京、石家庄、大连、青岛、济南等 5 个城市地铁的 7 条线路投入使用,发展前景较好。

4.3.2 公务电话系统

公务电话系统是为地铁工作人员提供内部及外部公务通信的系统。公务电话系统由以下设备组成:中心程控交换机、远端模块交换机、场站公务电话用户机、轨旁公务电话、话务台、网管系统、计费系统、录音系统、配线架等,如图 4-3 所示。

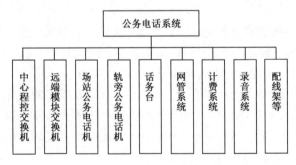

图 4-3 公务电话系统构成

中心程控交换机设置在控制中心。远端模块交换机设置在各车站、车辆段和停车场。场站公务电话机,包括各车站、车辆段和停车场的公务电话机(终端机)。轨旁公务电话(又叫区间电话)属于专用电话,但可接入公务电话系统。

话务台根据需要配置。远距离传输通道由专用通信传输系统提供。

交换机容量的确定原则是:近期容量根据机构设置、新增定员、基础数据及经济技术比较等因素确定;远期容量应考虑发展的需要,适当预留。新建线的程控电话网络要与既有线的程控电话网络连接,连接采用2Mbit/s数字中继,实现线网间的电话互通。

公务电话交换网内部采用5位统一编号。

公务电话系统具备下列功能:

(1)交换功能:

①内部呼叫及出入局呼叫;

②对市话局呼入、呼出,国内国际长途人工、自动呼入、呼出,话费立即通知。

③将"119"(火警)、"110"(匪警)、"120"(救护)等特种业务呼叫,分别自动转移到市话局的"119""110"和"120"上。

(2)计费功能:可对网内用户进行计费,并能对国内、国际长途有权用户的长话计费采用用户自动计费方式。

(3)录音功能:可对特定用户通话进行录音。

(4)具有识别用户数据、用户传真等非电话业务的能力,并能保证这类业务的接续不被其他呼叫插入或中断。

(5)具有ISDN交换能力,有2B+D数字用户接口,能与分组交换网连接。

(6)具有多方会议电话能力。

(7)远程集中维护和管理功能。

(8)收听主叫号码、建立用户群、语音提示等综合业务功能。

(9)话务台功能。

(10)其他功能:公务电话网从市话局提取时钟信号,接收同步控制,控制网内其他交换局的同步信号。当与市话局的局间中继线发生故障时,本网则以与市话连接的交换机为主局,其他交换机为从局。

4.3.3 专用电话系统

1)概述

地铁专用电话,包括站内电话、调度电话、区间电话、车场电话和轨旁电话。调度电话又包括5种电话,车场电话又包括2种电话,如图4-4所示。

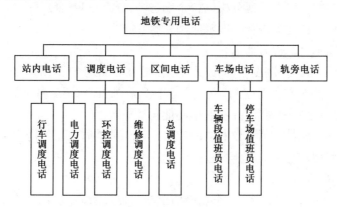

图4-4 专用电话系统构成

专用电话系统主要设备具有自检功能,必要时可由控制中心采集检测结果。

专用电话系统在控制中心配置行车、电力、防灾、环控、维修等调度台。

专用电话系统在各站(段)配置下列设备:

(1)行车调度分机,设于各站车控室和车辆基地信号楼行车值班室等处;

(2)电力调度分机,设于各车控室、电控室、车辆基地变电所、主变电站等处;

(3)防灾环控调度分机,设于各车站控制室。

站内及车辆基地专用电话系统以点对点方式构成。

2)调度电话

调度电话系统由数字程控调度机、调度员值班台和各站及车辆段调度分机组成,如图 4-5 所示。调度电话站段分系统,由站段分系统主机、车站值班台、调度分机乘客求助电话、电梯对讲电话、可视对讲电话和站内直通电话组成。

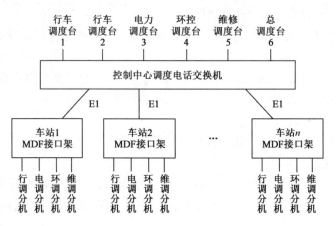

图 4-5 调度电话系统组成框图

调度电话具有下列功能:

(1)控制中心行车调度员、电力调度员、防灾环控调度员与各站、段(场)相关值班员之间的直接通话。

(2)控制中心各调度员之间的通话。

(3)控制中心调度台能对下属分机进行个别选呼、分组呼叫、全部呼叫并显示。

(4)下属分机可对调度台进行一般呼叫和紧急呼叫。

(5)各分机之间不允许进行通话。

(6)分机呼叫调度台时,调度台能按顺序显示呼叫分机号码及用户名,并具有回叫功能。调度台能区分是一般呼叫还是紧急呼叫。调度台强插/强拆时,调度台可显示用户闲忙状态。

(7)调度台、分机之间的通话,在控制中心能自动录音。

(8)具有召集固定成员电话会议和实时召集不同成员临时会议的能力。

(9)系统维护管理功能。

3)站内和站间电话

站内电话和站间电话,是供车站、车辆段值班员与站/段内重要部门有关人员进行公务联系的点对点直通电话,具有下列功能:

(1) 车站值班员与本站重要部门有关人员之间的直达通话;
(2) 相邻站值班员的直达通话;
(3) 车站值班员具有单呼、组呼和全呼通话功能;
(4) 维修人员、工作人员与站(段)值班员及其他相关人员间的通话。

区间电话,又叫轨旁电话,是列车司机(紧急情况下)或维修人员,与相邻车站值班员及相关人员进行通话联系的一种手段。区间每隔 150~200m 设置 1 部轨旁电话。

4.3.4 广播系统

广播系统由中心级广播系统和车站级广播系统(含车辆基地)两级构成,它们之间由传输系统提供通道,传输语音和控制数据。图 4-6 是中心级广播系统组成框图。

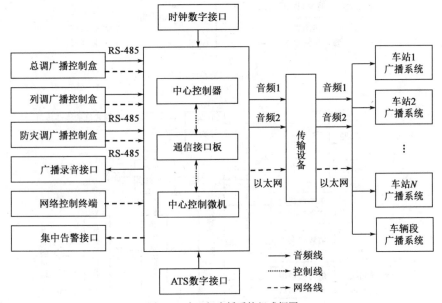

图 4-6 中心级广播系统组成框图

中心级广播系统用户,包括行车调度员和防灾环控调度员,他们可以通过相应的广播控制终端,对全线进行选车站或选区广播,必要时可以录音。

图 4-7 是车站级广播系统组成框图。

车站级广播系统用户,包括行车值班员、防灾环控值班员和站台客运值班员,他们可以通过相应的广播控制终端,进行选路广播,并能监听任一广播区。

车站级广播系统要保证控制中心调度员和车站值班员通过人工或自动广播,向乘客通告列车运行以及安全、向导等服务信息,向工作人员发布作业命令和通知。

车站广播区域划分为上行站台区、下行站台区、站厅公共区、出入口、办公及设备用房区、消防疏散通道、换乘通道。

车站级广播系统具备列车进站时的自动语音广播功能,列车进站广播控制信息由信号系统提供。广播系统与信号的接口,统一在控制中心处理。

图 4-8 是车辆基地广播系统组成框图。车辆基地信号楼值班员、运转值班员和检修值班员,通过 3 只广播控制盒对所有或某一有线广播区进行广播。

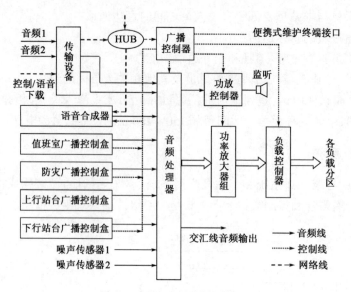

图 4-7　车站级广播系统组成框图

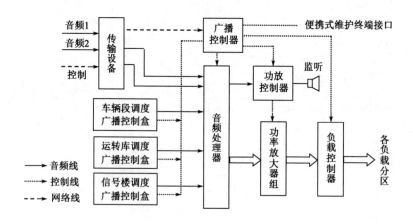

图 4-8　车辆基地广播系统组成框图

4.3.5　时钟系统

时钟系统为控制中心调度员、车站值班员、与行车相关的工作人员及乘客提供统一标准时间显示信息。同时,为其他系统(信号、自动售检票、综合监控、电力监控等)设备提供统一的时间同步信号。时钟系统对保证地铁运营准时、提高运营效率及各设备系统协调工作,起着非常重要的作用。

时钟系统采用控制中心与车站/车辆基地两级组网方式,如图 4-9 与图 4-10 所示。

一级母钟设在控制中心,它和车站、停车场二级母钟之间的信息通道采用传输系统提供的数据通道,统一校准二级母钟。

NTP 服务器是用来使计算机时间同步的服务器,它可以为接入网络的计算机设备提供高精准度的时间校正,且可以加密确认的方式来防止恶毒的协议攻击。中心一级母钟通过时间

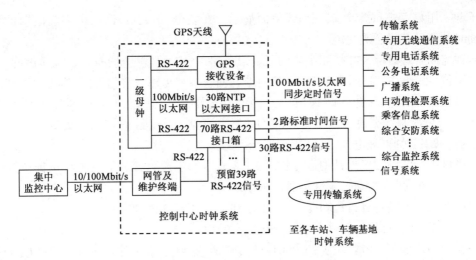

图 4-9　控制中心时钟系统基本组成（典型案例）

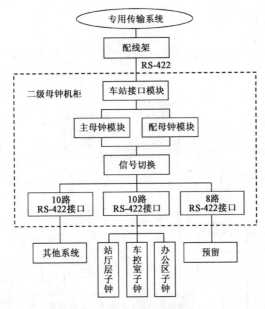

图 4-10　车站级时钟系统基本组成

码输出接口提供给 NTP 服务器标准时间信息，再由 NTP 服务器为接入网络的各设备提供标准的网络时钟信号。

二级母钟设在车站、停车场、车辆段，定时接收一级母钟发送的标准时间编码信息，消除累计误差，与中心一级母钟保持同步，并向中心设备回馈本地二级母钟及子钟的工作信息。

二级母钟本身具备晶体振荡源，当一级母钟或传输通道发生故障时，仍可继续驱动子钟工作并记录故障信息。二级母钟可以输出时间驱动信号，用于驱动本地的所有子钟。

子钟安装于各车站、车辆段综合控制室、控制中心、各变电所、站厅及有关的办公场所、主要设备室等处，为行车部门、有关办公部门、乘客提供准确、统一的时间信息，并可将子钟自身状态信息回馈给二级母钟。子钟本身具备晶振，在脱离母钟时能够单独运行。

子钟采用数字式和指针式,双面或单面显示。在站台、出入口等处,由乘客信息系统显示终端的时钟显示替代子钟功能。

时钟监测管理终端设在控制中心的通信设备房内,实时监测全线时钟系统的运行状态,实施故障定位、报警。并通过网络接口设备向综合网管系统传输告警信息,实施集中管理。

一级母钟至二级母钟的时钟信号及网管信号的传输通道,为专用通信传输系统提供的100Mbit/s以太网数据通道,接口标准为RJ-45。车站、车辆段/停车场二级母钟至子钟间的传输通道,采用时钟屏蔽电缆,接口标准为RS-422。

一级母钟能监测二级母钟的运行状态,并能显示处于故障状态下的二级母钟位置及主要故障内容。二级母钟故障时,子钟可脱网独立运行。

时钟系统主要设备有自检功能,并可由控制中心采集检测的结果。

地铁多条线路建设时,时钟系统统一设置时钟源。

一级母钟自身计时精度为±0.001s/日,二级母钟自身计时精度为±0.01s/日,一级母钟和二级母钟同步精度均为±1μs。

4.3.6 闭路电视监控系统

闭路电视监控系统的基本组成是摄像机(含监听头)、控制部分、传输部分、报警部分、网管部分、监视器等。如图4-11所示。

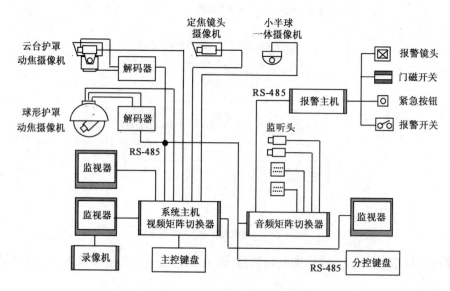

图4-11 闭路电视监控系统基本组成

控制部分包括主控制台、副控制台、远端解码器。其中,主控制台又叫主机,由视频切换器、视频网络控制器、视频分配器、画面分割器、帧场切换处理机、自动顺序切换器、录像机、时间/日期发生器、字符叠加器等组成。

传输部分是一个双向系统,上下行带宽不对称,一般使用不同传输介质来实现。例如,上行用同轴电缆传送视频信号,下行用屏蔽双绞线传送控制信号。

地铁电视监控系统的传输任务由专用传输系统完成。

4.3.7 通信电源及接地系统

通信电源对通信设备进行不间断无瞬变的供电,满足通信设备对电源的要求。

通信设备为一级负荷供电,由变电所引接双电源双回路的交流电源至通信电源室交流配电屏。使用中若一路出现故障,则能自动切换至另一路。对要求交流不间断供电的通信设备,根据负荷容量确定采用逆变器或交流不间断电源 UPS 供电方式。

整流器、逆变器、交流不间断电源设备的容量按近期配置;

蓄电池设在通信电源室,其容量按近期负荷配置。UPS 电源备用蓄电池备用时间,车站、车辆基地为 2h,控制中心为 4h。

通信电源系统的主要设备具有性能管理、配置管理、安全管理、故障管理等集中监控管理功能。

通信设备均有接地保护,接地电阻应不大于 1Ω。具备联合接地系统的通信设备,可直接从联合接地系统接引。在通信设备室内设地线盘。通信设备有防雷保护。

4.3.8 通信集中告警子系统

集中告警子系统可接收通信其他子系统维护管理终端选择输出的故障报警信息。具有以下功能:

(1) 故障信息保存功能,可记录收到的故障信息并保存到数据库中,其存储器容量应满足至少 3 个月的故障信息存储,并定期下载永久保存在光盘中;

(2) 声光报警功能;

(3) 故障信息分类统计功能,能对故障信息的性质、类别、发生地点进行分类统计分析,根据需要可生成相关的图表、曲线等;

(4) 故障信息查询功能;

(5) 故障信息的图形化显示功能;

(6) 实时打印功能;

(7) 多地点多事件的并发告警功能,不丢失告警信息,告警准确率为 100%。

集中告警子系统的告警,分为紧急、重要和一般三个等级。紧急告警指已经或即将危及设备及通信安全,必须立即处理的告警。重要告警指可能影响设备及通信安全,需要安排时间处理的告警。一般告警表示系统中发生了不影响设备及通信安全但应注意的事件。不同等级的告警信号采用不同的显示颜色和告警声响。

控制中心通信 UPS 系统的 220V 交流输出配电盘,与集中告警系统中的声光报警设备直接联动,并在故障时由集中告警系统中的声光报警设备发出紧急声、光告警信号。

集中告警终端除在控制中心配置外,还可配置在其他地方。配置在控制中心的通信集中告警终端,与时钟分配系统有标准时标信息接口。

4.4 民用通信综述

民用通信系统作为一个引入系统,目前主要引入公众移动电话和有线通信,并预留数字电视。民用通信系统的基本组成如图 4-12 所示。

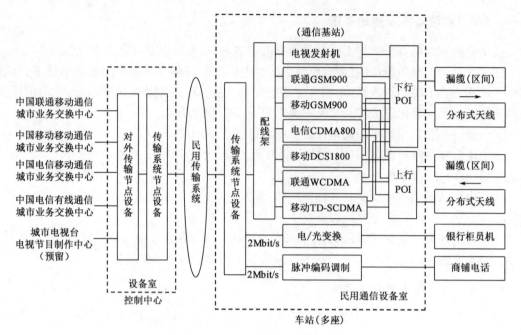

图 4-12 民用通信系统的基本组成

4.4.1 民用无线通信系统

城市民用无线通信系统,包括电信 CDMA800、电信 CDMA2000、移动 GSM900、移动 GSM1800、移动 TD-SCDMA、联通 GSM900、联通 GSM1800 和联通 WCDMA 等。它们从地面引入地铁后,形成地铁民用无线通信系统,对其要求如下:

(1)民用无线通信信号引入地下空间后,能够覆盖以下区域:站厅公共区、设备区、站台公共区域、办公区、换乘通道、正线隧道区域、出入口及直升电梯等。

(2)在区域边缘,GSM、GPRS、CDMA 等移动通信下行信号电平不小于 $-85dBm$。

(3)GSM、GPRS、CDMA 等移动通信系统,在无线覆盖区域内 98% 位置和 95% 时间内,移动台能够接入通信网络。

(4)根据国家环境电磁波卫生标准,办公区域按一级标准($10\mu W/cm^2$)设计,站台、站厅、商场及隧道内按二级标准($40\mu W/cm^2$)设计。

(5)越区切换成功率、掉话率、误码率符合国家和行业的相关规定。

(6)为避免公用通信引入系统的无线信号和地铁专用无线通信系统的相互干扰,在站台、站厅、隧道的天线或漏缆布设时,本系统和专用无线通信系统具有足够的隔离度,并且在频率选择时避免三阶互调干扰。能有效控制本系统的无线信号往外辐射,避免对室外运营商信号造成干扰。

(7)为保证场强覆盖效果、方便施工和美观,根据具体建筑结构和位置,采用全向吸顶天线、壁挂板状天线或泄漏同轴电缆等多种覆盖方式。

(8)无线信号系统引入和覆盖方式,根据具体情况,采用各个制式系统分别设置或所有系统制式综合设置方案。

4.4.2 民用有线通信系统

城市地面民用有线通信系统,如商铺电话、ATM 机等,采用有线集中引入方式引入地铁,从而形成地铁民用有线通信系统。地铁民用有线通信系统与地面民用有线运营商的接口界面,在配线架外线侧。运营商负责将光电缆由站外引入地铁民用有线通信机房,机房至各运营商终端设备的线缆由地铁民用通信系统负责。

4.4.3 民用传输系统

民用传输系统用来为民用无线通信、民用有线通信系统等提供信道,同时可承载语音、低速数据、高速数据和未来的商用业务信息。

民用传输系统采用光纤传输技术,系统单独敷设光缆,设置主备用通道,以环形方式组网并构成自愈环。网络出现故障时,主备用通道自动切换,切换时不影响正常使用。

民用传输系统能提供语音业务、以太网业务及 2M 电路、155M 电路等基本业务。

民用传输系统具有完善的网管功能,可进行故障管理、性能监视、系统管理、配置管理。

4.4.4 综合网管监控系统

综合网管监控系统能及时、动态地反映各系统设备(不含传输系统)的主要工作参数,能远程控制各车站设备的部分参数,并对公众通信机房的环境状况进行监测。

综合网管监控系统对于系统故障,能及时地发出相应的告警,提醒相关人员进行处理;同时具备数据库功能,能储存设备的正常状态、报警状态和故障信息等。

综合网管监控系统由监测中心设备、传输平台、被控端站监测设备组成。

监测中心设备能实时监测车站公众通信设备及环境质量,对车站上传的各种信息进行分析处理,并实现告警、遥控等。

传输平台提供从监控中心设备到各个车站的信息传输通道,利用民用传输系统提供的 E1 链路、10/100M 以太网数据通道进行传输。

被控端站监测设备能采集各个地下车站及隧道内 POI 设备、电源设备、隧道内放大器、监控系统自身、机房环境、门禁和身份识别设备的数据信息,并将信息定期或实时上传监测中心,其中告警信息实时上传。

综合网管监控系统充分考虑地铁的迅速发展,具备纳入多条线路的条件,并可实现集中统一管理或分级管理。

4.4.5 民用电源及接地系统

民用电源及接地系统,由外供交流电源切换屏、交流配电盘、交流不间断电源设备和接地系统等组成,其技术指标与专用电源及接地系统要求相同。

4.5 警用通信综述

地铁警用通信系统作为一个引入系统,目前主要由信息网络、无线通信、有线通信、电视监视、电源及接地等子系统组成。

在地铁中,警用通信系统是一个相对独立的通信系统,但也可以适当利用专用通信系统的部分设施,例如共享缆线架设通道、共享视频监视系统前端设备、利用公务及专用电话系统提供的电话等。

4.5.1 警用信息网络系统

警用信息网络系统,为公安局与各地铁分局及车站提供数据、视频信息传送的网络平台,满足公安部图像监控、视频信号控制、UPS 电源网管以及其他警用通信等信息的处理和传输的需求。

信息网络系统采用光纤 IP 数据网络,在市公安局、各地铁分局和车站设置以太网交换机,网络根据信息流向分层设置。

信息网络系统单独敷设光缆。采用单模光缆,光缆敷设可利用专用通信系统的托架、管道或线槽,光缆性能要求与专用通信系统光缆相同。

4.5.2 警用无线通信系统

地铁警用无线通信系统是城市公安无线通信系统在地铁的延伸,采用扩容市公安局既有控制中心方式组网建设。因此,地铁警用无线通信系统在通信制式和工作频段上,必须与地面公安无线通信系统保持一致。

适用于地铁警用无线通信的制式有两种:同频同播和数字集群。数字集群制式正在取代同频同播制式,其工作频段为 350MHz 频段或 800MHz 频段。

采用同频同播制式时,各地铁车站配置同播基站,每个基站设 3 台同播收发信机,分别设定在公安指挥、公交分局及消防专用频道。通信终端为固定电台、车载电台和便携台。

用户通话通过同播基站收发,同播基站和用户的收/发频率在 350MHz 频段。

地面同播站之间通过链路基站无线转接,同播基站和链路基站之间的收/发频率在 230MHz 频段,控制信号在无线信号内传输。

地下同播基站之间通过市公安局的交换控制器转接,交换控制器和同播基站间采用警用有线通信传输系统和地铁光缆传输系统连接。

地下同播基站采用主从同步方式。地面同播基站的同播信号,采用 GPS 提供的秒脉冲信号自同步。

采用同播方式工作,用户在地面和地下使用相同频率,形成一个由地面连续延伸至地下的无线通信系统。由于同频,从地面到地下,自一个地铁站至另一个地铁站,在移动通信过程中,通信没有断层,信道无须转换,没有越区切换问题。

地铁警用无线通信系统采用数字集群制式时,标准为 TETRA 或 PDT。TETRA 系统上行频段 351~356MHz,下行频段 361~366MHz,信道间隔 25kHz,功能如下:

(1)通信调度,包括个呼、组呼、通播组呼叫和紧急呼叫。

(2)动态重组,支持动态调整通话组成员,能够对现有通话组增加或删减成员,而且能将新的通话组下发到无线终端。

(3)通话组合并,支持快捷地将多个通话组合并或解除合并。

(4)用户状态监视,调度台可以选择监视无线用户状态,如开/关机、扫描、DMO、所处基站、当前组、呼叫等。

(5) 短消息/状态信息，支持发送和接收文本短消息、状态信息以及回叫请求信息。

(6) PABX/PSTN 呼叫。

(7) 安全管理，包括调度台终端支持多用户登录、显示所有调度员信息及支持调度台的调度员管理（含添加、删除、修改信息，调度员权限分配、口令修改、信息导出及打印）。

警用无线通信系统要覆盖地铁站厅、站台、出入口通道、地下隧道区间，覆盖率达95%以上，以实现全线地下车站之间、车站与地面之间的无线通信。为此，在地铁正线沿线，地面警用无线覆盖效果不好的部分区域，可根据需要采取补盲措施。站厅层、出入口及换乘通道的无线信号应采用天线覆盖方式，隧道和站台应采用漏缆方式覆盖。

4.5.3 警用有线通信系统

警用有线通信系统，为警用无线、信息网络、图像监控系统等提供传输通道，同时可承载语音、低速数据、高速数据等业务信息。

系统使用警用信息网络系统光缆，采用光纤传输技术，设主备用通道，以环形方式组网并构成自愈环。在网络出现故障时，主备用通道间能自动切换。

系统能提供语音业务、以太网业务及2M电路、155M电路等基本业务，具有完善的网管功能，可进行故障管理、性能监视、系统管理和配置管理。

警用有线电话系统是警用有线通信子系统的重要组成部分。它作为公安部门的内线电话，是市公安有线电话系统在地铁的延伸。系统能为市公安局及其公交分局、各线派出所、警用分控中心和警务站之间，提供一种固定通信手段，以保证警用各管理部门工作的顺利开展。

考虑业务的独立性和安全性，警用有线电话系统应单独设置，并具备录音功能。

警用有线电话的语音系统，由各车站语音系统和派出所语音系统两部分组成。

车站有线电话语音系统，采用网络电话（VOIP）方式。VOIP语音通信系统是公安语音通信系统的核心，和市公安语音通信系统连通后，可提供地铁公安人员之间及与市公安局的语音通信。信息网络系统为VOIP语音通信系统提供传输通道，实现与市公安局VOIP语音通信系统的语音通信。车站警务室一般采用1台具有8个语音接口的语音网关。各车站IP电话终端一般近期按5部设计，远期按10部设计。

派出所有线电话语音系统，采用程控电话外挂远端模块方式。在市公安局既有语音交换机的基础上，配置一个远端模块（带交换功能）。警用传输系统为程控电话提供传输通道，实现与市公安局语音交换机的语音通信。除程控电话外，每个派出所还配置IP电话，配置数量一般近期按50部设计，远期按100部设计。IP电话仍由信息网络系统提供传输通道。

4.5.4 警用电视监控系统

警用电视监控系统，用来对车站站厅、站台、自动扶梯、自动售检票、出入口、换乘通道、通道拐弯处、厕所通道、隧道口及车站内较僻静区域等处进行监视。

在综合安防系统设置摄像机的区域，则利用其安防摄像机进行监视。在车站内其他未设摄像机的区域，由本系统设置。

系统采用CCD彩色摄像机，能在事故照明下进行摄像。各监视器显示的图像，伴有监视区域名称、车站名称。系统主要设备具有自检功能,并可由中心采集检测结果。系统具有可扩展的实时视频分析应用功能(如面部识别、滞留物品识别等)。系统设置数字录像设备,其功能包括定时录像、移动检测录像、报警联动录像、图像检索等。图像可在地铁派出所、市公安局及其公交分局进行网络回放、刻录。

录像存储时间不少于30天。

4.5.5 警用电源及接地系统

在车站警用通信设备室设置专用的配电箱,采用双路互备集中供电方式。主备用电源能自动切换。在车站、市公安局及其公交分局设备室,设置不间断电源系统,该系统由 UPS 不间断电源设备、全密封免维护铅酸蓄电池、UPS 不间断电源监控计算机(含软件)、交流配电柜等构成。UPS 电源备用蓄电池备用时间为2h。

在车站警用通信设备室设置地线盘,通过接地电缆与车站综合地线网连接。

4.6 关键技术分析

4.6.1 电话交换技术

地铁公务电话相当于企业的内部电话,采用数字程控交换机(或软交换)组网,通过中继线接入当地市话网。地铁专用电话就是企业的内部电话,由用户小程控交换机(或公务电话远端模块)、值班台(主机)和电话分机组成,不接入当地市话网。地铁公共电话是当地市话网在地铁的延伸,而市话网的核心技术也是程控交换或软交换。

1) 数字程控交换

电话交换机在电话网中的功能是选路与连接。选路是指根据被叫用户号码选择路由,由交换机处理机完成。连接是指输入话路与输出话路的连接,在交换机处理机的控制下由接线器完成。

在模拟交换机中,电话交换(不包括 IP 电话)是电路交换,且工作在交换分层的物理层(第一层)。因此,在通话前要完成输入物理电路与输出物理电路的连接,通话后还要完成拆除连接。这种物理连接,在数字程控交换机中是输入链路时隙与输出链路时隙的连接,由数字接线器完成。数字接线器有两种:空分接线器和时分接线器。

空分接线器利用机械或电子接点来接通主被叫话路,见图4-13。

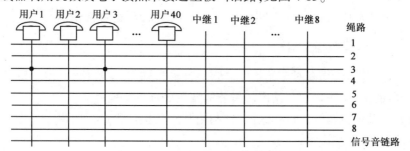

图4-13 数字程控交换机空分接线示意图

假如用户1要和用户3通话,且绳路3空闲,则交换机控制占用绳路3,将用户1话机和用户3话机连接起来。

时分数字接线器是最简单的数字接线器。

现以T接线器为例介绍时分数字接线器工作原理。

图4-14是数字程控交换机时分交换原理图。假如用户甲要和用户乙通话,用户甲收发话音代码占用A时隙(A通道),用户乙收发话音代码占用B时隙(B通道)。

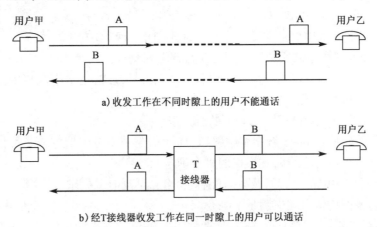

图4-14 数字程控交换机时分交换原理图

图4-14a)表明,用户甲发用A时隙,收用B时隙;用户乙发用B时隙,收用A时隙。因收发工作在不同时隙上,故不能通话。

图4-14b)表明,经过T接线器后,用户甲话音代码从A时隙移至B时隙,用户乙话音代码从B时隙移至A时隙。因收发工作在同一时隙上,故可以通话。

图4-15是数字程控电话交换机组成框图。

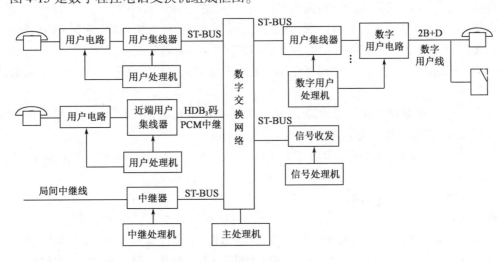

图4-15 数字程控电话交换机组成框图

用于地铁的数字程控交换机要符合下列要求:

(1) 中心程控交换机电源、CPU 等主控设备采用 1+1 热备方式;

(2) 用户区分等级;

(3) 话务处理能力需满足交换机远期容量需求;

(4) 模块化结构,便于扩展与升级。

在以数字程控交换机为核心的电话网络中,所用中继方式要符合下列要求:

(1) 本网络各交换局之间采用 2Mbit/s 数字中继线连接,并采用全自动呼出、呼入方式。局间信令采用内部专用信令(如 QSIG/ETSI/DSS1/R2 等)。

(2) 与市话局之间采用全自动呼出、呼入(即 DOD1+DID)方式。

同时,电话交换网信令方式及接口配合要符合下列要求:

(1) 公务电话交换网模拟用户信令采用双音多频信号方式,技术指标和传输特性符合《电话自动交换网用户信号方式》(GB 3378—1982)的有关规定。

(2) 数字电话用户及接口符合 ITU-T 的有关建议。

(3) 网络局间采用 2Mbit/s 数字中继接口,局间信令采用专用信令或 7 号信令,与已建线路交换机的局间信令按已建线路交换机的机型确定。

(4) 与市话局的中继信令方式及接口配合,符合市话局有关要求。

公务电话交换网传输损耗应满足下列要求:

(1) 4 线链路损耗:地区呼叫 3.5dB,长途呼叫 7.0dB。

(2) 用户线损耗:在网内任一用户至市话局交换机之间,其损耗不大于 7.0dB。

2) 软交换

软交换技术是下一代网络(NGN)的核心技术,它建立在 IP 网基础之上,将业务、控制、传送与接入四个功能完全分离,整个网络分为四个层面:业务层面、控制层面、交换层面及接入层面。

软交换是一种实现传统程控交换机"呼叫控制"功能的实体,但传统的"呼叫控制"功能是和业务结合在一起的,是不同业务所需要的。

软交换各实体之间,通过标准的协议进行连接,采用通信软交换技术,独立于传输网络。

软交换设备位于网络的控制层面,主要完成呼叫控制、资源分配、协议处理、路由、认证、计费等功能。同时,可以向用户提供现有电路交换机所能提供的所有业务,并向第三方提供可编程能力。

软交换是以 IP 分组交换网络为传输平台,对模拟的语音信号进行压缩、打包等一系列的特殊处理,将模拟信号数字化。

软交换目前主要有两个国际标准:ITU-T 的 H.323 标准和 IETF 的 SIP 协议,国内主要采用 H.323 标准。

软交换网络体系结构如图 4-16 所示。

典型的软交换系统,由 IP 电话终端、网关、多点接入控制单元和网守等四大部分构成。IP 电话终端包括传统的语音电话机、PC 电话机、IP 电话机,也可以是集语音、数据和图像于一体的多媒体业务终端。网关提供与 PSTN 连接的中继接口、模拟电话接口和与 IP 网络连接的接口。网守的主要功能是用户认证、地址解析、带宽管理、安全管理和区域管理。多点接入控制单元是可选组件,其功能在于利用 IP 网络实现多点通信。

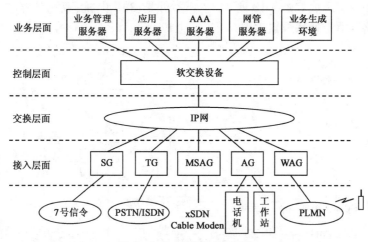

图 4-16 软交换网络体系结构

软交换的主要优势在于它提供了一种利用 IP 网络解决语音通信的手段,而 IP 网络恰恰是通信网络的发展趋势。与传统语音系统相比,软交换更加灵活。软交换能提供更多的终端种类,能为用户提供新的基于多媒体的增值服务,能在 IP 网络上传送语音、传真、视频和数据等业务,如统一消息业务、虚拟电话、虚拟语音/传真邮箱、查号业务、Internet 呼叫中心、Internet 呼叫管理、电话视频会议、电子商务、传真存储转发和各种信息的存储转发等。

软交换的劣势在于话音质量不如传统系统,缺乏端对端的 QOS 保证。

4.6.2 多网接入技术

为实现多网(多系统)接入,民用无线通信采用多网(多系统)接入平台(POI)。这是因为,一方面,被接入的系统主要是公众移动通信系统,它包括三大运营商三代产品的多个制式,其次是数字电视。另一方面,场强覆盖网由漏缆和分布式天线构成。而且,各公众移动通信系统既有下行信号又有上行信号(数字电视只有下行信号)。

实际 POI 由三部分构成:下行 POI(TX 单元)、上行 POI(RX 单元)及监控单元。

为方便阐明 POI 的功能与原理组成,假定只接入 6 个公众移动通信系统,它们是:CDMA800,代号③;GSM900(1),代号④;GSM900(2),代号⑤;DCS1800,代号⑥;CDMA1900,代号⑦;3G,代号⑧。

1) 下行 POI 功能及原理组成

下行 POI(TX 单元)的功能是:

(1) 先将 6 个频道的公众移动通信下行信号合为一路;

(2) 再将两路合路后的信号分为两路,一路送给多频段漏缆,另一路送给分布式天线。

下行 POI(TX 单元)的原理组成如图 4-17 所示。

2) 上行 POI 功能及原理组成

上行 POI(RX 单元)的功能是:

(1) 先分别将来自多频段漏缆和分布式天线的 6 个频道的上行信号分为两路,每路有 3 个频道信号;

(2) 再将两路上行信号分为 6 路信号,每路只有 1 个频道的上行信号。

上行 POI 的原理组成如图 4-18 所示,主要器件是:3dB 电桥、双频分路器、三频分路器及匹配负载。分路器由带通滤波器构成。

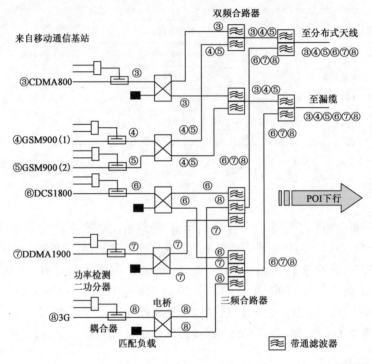

图 4-17　下行 POI 原理组成

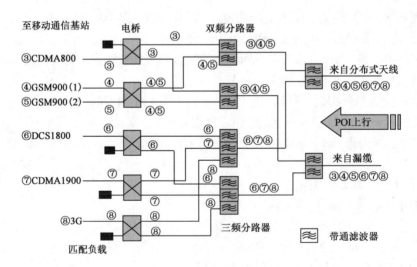

图 4-18　上行 POI 原理组成

4.6.3　POI 主要指标

(1)工作频带:取决于要接入公众网的下行和上行工作频率范围,通常涉及多个频带且分布很宽,最低几十兆赫兹,最高超过 5000MHz。

(2) 最大输入功率：下行 POI 的最大输入功率，就是对应基站的最大输出功率，通常是几瓦至几十瓦。上行 POI 的输入功率，在数量上则远小于下行 POI 的最大输入功率。

(3) 输出功率：下行 POI 的输出功率不低于某预定值，例如不低于 30dBm(1W)。上行 POI 的输出功率远小于下行 POI 的输出功率，但必须满足基站接收的需要。

(4) 功率容量：通常是对下行 POI 而言，应大于各网诸载波的射频功率之和。例如，假如接入 5 个公众网，每网 3 个载波（共 15 个载波），每载波的射频功率 10W，则 15 个载波的射频功率和为 150W，因此功率容量必须大于 150W，指标可定为 200～300W。

(5) 带内插损：对带内插损有所限制，例如不超过 5dB 或 7dB。

(6) 带内波动：不大于 2dB。

(7) 带外抑制：在高于或低于某特定频率条件下，对信号的抑制度不小于 70dB 或 80dB。

(8) 互调抑制：通常规定大于 110dBc。

(9) 端口隔离度：输出端口至另一输出端口的隔离度不低于 30dB，输出端口至输入端口的隔离度不低于 80dB。

(10) 特性阻抗：上行 POI 和下行 POI 的输入阻抗和输出阻抗等于特性阻抗（Z_C），通常取 $Z_C = 50\Omega \pm 2\Omega$。

(11) 电压驻波比：通常要求驻波比不大于 1.3。

(12) 回波损耗：若要求驻波比不大于 1.3，则要求回波损耗大于 18dB；若要求驻波比不大于 1.5，则要求回波损耗大于 14dB。

(13) 监控功能：主要监控下行 POI 的输入和输出，包括射频功率和驻波比的大小。

(14) 对外接口：包括 POI 输入和输出连接器的型号规格，监控系统的数传接口，以及供电和安装方面的要求。

4.6.4 频率指配技术

在三个地铁无线通信系统中，民用无线通信和警用无线通信两个系统是地面系统向地铁的延伸，它们在频率指配上必须和地面系统保持一致。专用无线通信系统，是一个新建的特定系统，需要单独进行频率指配。

工程经验及研究表明：无线覆盖区制决定基站的数量，频率复用方式影响频率的数量。

1) 无线覆盖区制的选择

地铁专用无线通信系统服务区，在地铁沿线呈带状分布。为了对服务区实现无缝覆盖，提高系统容量，需要设立多个基站，每个基站的服务区称作一个小区，从而使一条地铁线路的无缝覆盖成为链状覆盖。

图 4-19 是小区制、中区制Ⅰ和中区制Ⅱ示意图。

小区制又称全基站区制。在全线每个车站设置基站，各基站与中心交换机通过 2Mbit/s 传输通道连接，负责覆盖本站和邻近区间。

中区制又称基站加直放站区制。多个车站组成一组，共用一个基站，其中一个车站由基站覆盖，其余车站由直放站覆盖。

此外，中区制还可分为中区制Ⅰ和中区制Ⅱ。中区制Ⅰ在相邻两车站各设 1 台基站和 1 台直放站，分别负责覆盖本站区域和邻近区间。中区制Ⅱ在相邻三车站的中间车站设 1 台基站,其余两车站设直放站,分别负责覆盖本站区域和邻近区间。

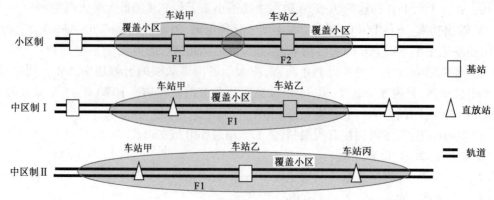

图4-19 小区制、中区制Ⅰ和中区制Ⅱ示意图

小区制与中区制各有千秋,二者比较见表4-2。

小区制与中区制的比较 表4-2

序号	比较项目	小区制(全基站区制)	中区制(基站加直放站区制)
1	系统功能	可实现集群系统一般功能,能满足地铁运营的基本需求	
2	系统性能	性能完善,组网灵活性强	性能完善,组网灵活性较强
3	远期容量	满足	基本满足
4	区间掉话	不会有	会有
5	越区切换	较多	较少
6	分区管理呼叫	满足	满足
7	无基站站厅覆盖	满足	满足
8	区间无线覆盖	隔两站频率复用,无同频干扰	高架区段采用空间波传输时,基站与其所带直放站远端机之间易产生同频干扰
9	信道利用率	每基站按2载频设置,运营初期信道利用率不高,但以后会因终端用户增加而改善	运营初期信道利用率高,但若系统终端用户增加迅速则需系统扩容
10	网络管理	可组成统一的网管,系统出现故障时,容易判断原因,便于修复	直放站需单独设置网管,或在基站网管系统中增加直放站网管
11	可扩展性	好	较低
12	运行可靠性	好	一般
13	可维修性	好	一般
14	系统投资	基站和交换机接口板较多,基站投资高于直放站,系统投资高于中区制	基站数少,交换机接口板少,直放站投资低于基站,系统投资低于小区制

采用小区制的趋势在我国地铁建设中愈来愈明显。

2)频率复用方式的选择

假设每个基站覆盖小区的形状为椭圆,每个基站使用1个载频,并分别用f_1、f_2、f_3、f_4等表示,则适用于地铁无线覆盖的频率复用方式主要有三种(见图4-20):

(1)AB复用方式,又称隔站频率复用方式,它形成双频组链状网;

(2) ABC 复用方式,又称隔两站频率复用方式,它形成三频组链状网;

(3) ABCD 复用方式,又称隔三站频率复用方式,它形成四频组链状网。

三种频率复用方式各有优缺点:从节省频率资源考虑,AB 复用方式最好,但容易产生同频干扰,工程实现难度大,不适用于地铁,更不适用于地面线和高架线。ABCD 复用方式频率使用量较多,避免同频干扰的能力最强,适用于对抗同频干扰有特殊要求的场合。ABC 复用方式频率使用量居中,能避免同频干扰,适用于地铁,包括地下线、地面线和高架线等各种线路。

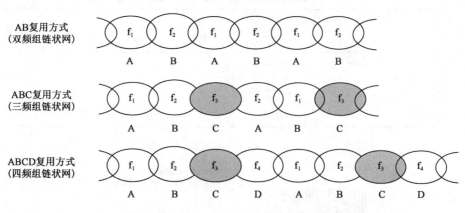

图 4-20 三种复用方式及对应的覆盖链状网

对无线专网来说,宜作如下决择:

(1) AB 复用方式节省频率资源,但容易产生同频干扰。ABC 复用方式频率使用量居中,能够避免同频干扰,适用于地铁。

(2) 在线路比较复杂、换乘站较多的大中城市,特别是区间较短的地区,宜采用小区制和 ABC 频率复用方式。

(3) 在中小城市或频率资源比较紧张的城市,可考虑采用中区制和 AB 复用方式。

3) 决定无线专网频率对数的要素

和地面数字集群通信系统频率指配不同,决定地铁无线专网频率对数的要素有 5 个:

(1) 站点频率对数

每个地铁站点通常使用双载频(每载频含上行频率和下行频率),只有在用户密集的地区才使用 4 载频。

(2) 无线覆盖区制

早期地铁采用中区制,现在大多采用小区制。

(3) 频率复用方式

目前地铁采用的频率复用方式主要是 AB 式和 ABC 式两种,并以 ABC 式居多。

(4) 换乘线路数目

如果每条线路在换乘站各设 1 台双载频基站,则所需频率对数将随换乘线路数增加。例如,2 条线路的换乘站需 4 对频率,3 条线路的换乘站需 6 对频率。

(5) 相邻换乘站最大数目

若有 3 个以上换乘站相邻呈多边形,为实施 ABC 复用方式,则相邻换乘站愈多,所需频率对数也愈多。例如,假定相邻换乘站有 5 个(呈五边形),每条线路在换乘站各设 1 台双载频基站,则共 10 个基站,需 20 对频率。

4)无线专网的频率指配

800MHz 集群通信上行载波和下行载波的中心频率各 600 个,见表 4-3 和图 4-21。地铁使用第三段(高频段),上行 816~821MHz,下行 861~866MHz,共 200 个频道,频道序号为 401~600,带宽 5MHz。

我国 800MHz 集群通信频率分段及适用对象　　　　表 4-3

频率分段	频率范围(MHz)		宽(MHz)	频道序号 FCC	适用对象
	上行	下行			
第一段(低频段)	806~811	851~856	5	001~200	军队
第二段(中频段)	811~816	856~861	5	201~400	专业部门
第三段(高频段)	816~821	861~866	5	401~600	各省(市)自治区,含地铁

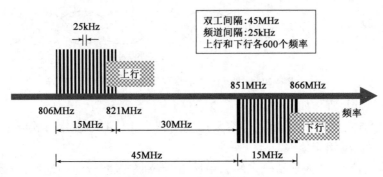

图 4-21　800MHz 集群频率分布图

频率指配的一般原则是:

(1)统筹规划:对全网各条线路的使用频率进行统一规划,实现资源共享。

(2)频率复用:采用合理的频率复用方式,以最大限度地减少频率数量。

(3)无干扰:线网内部及与周边无线网络之间无干扰。

(4)专用性:规划及申请的频率只能用于地铁线网中。

(5)有余量:规划频率数量具有一定余量,以满足线网发展的需要。

频率指配的具体原则,随城市而异,甚至随线路而异。深圳地铁的具体原则是:

(1)采用数字集群体制和 TETRA 标准。

(2)工作在 800MHz 频段高端:上行 816~821MHz,下行 861~866MHz,带宽 5MHz。

(3)地铁全网频点总对数不超过无线电管理部门的规定值。

(4)基站配置采用全基站小区制。

(5)频率复用采用 ABC 复用方式。

(6)每个基站使用一个频组(两载频),每个载频含上行频率和下行频率,上下行频率间隔 45MHz,最小频率间隔 25kHz。

(7)为防止同频干扰和邻频干扰,同一基站两载频的间隔不小于 300kHz,相邻基站载频的间隔不小于 50kHz。

(8)为防止三阶互调干扰,同一基站和相邻基站所用频率之间不为等间隔。

地铁无线专网频率指配工作,可分为三个阶段:准备阶段、指配阶段及测试阶段。

在准备阶段,通过了解线网规划,弄清全网基站安装地点,特别是换乘站密集区情况,确定基站指配方案、频率复用方案及基站频率间隔。

在频率指配阶段,工作拟从换乘站密集区开始。此区域,换乘站不仅较多而且靠得较近,基站数量也最多。对配置频率进行干扰评估。

在测试阶段,主要是通过现场测试,确认基站安装地点没有同频和邻频干扰,否则要对频率指配做适当调整。

4.6.5 场强覆盖技术

1)概述

使用有效的辐射手段,把无线电波运载的有用信号传播到预定的服务区,叫做无线场强覆盖,简称场强覆盖。

地铁有三个无线通信系统,故有三种场强覆盖:专网覆盖(800MHz 频段)、公网覆盖(多频段)和警网覆盖(350MHz 频段或 800MHz 频段)。场强覆盖要求见表4-4。

地铁无线通信系统场强覆盖要求 表4-4

覆盖分类	工作频段	覆盖要求	覆盖手段	主要特征
专网覆盖	数字集群:上行 806~821MHz 下行 851~866MHz	覆盖率 95% 以上,个别区域 98% 以上	①单频段漏缆; ②分布式天线	上下行覆盖合路: 用1套漏缆覆盖区间 用1套天线覆盖车站
警网覆盖	同频同播:350MHz 数字集群:350MHz 频段或 800MHz 频段	覆盖率 98% 以上	①单频段漏缆; ②分布式天线	上下行覆盖合路: 用1套漏缆覆盖区间 用1套天线覆盖车站
公网覆盖	下行 870~2145MHz 中多个频段 上行 825~1955MHz 中多个频段 1900~2370MHz 中多个频段	覆盖率 95% 以上	①多频段漏缆; ②分布式天线	上下行覆盖分开: 用2套漏缆覆盖区间 用2套天线覆盖车站

表4-5是漏缆在隧道中的安装高度。图4-22是漏缆在圆形单向隧道中的安装位置。从上到下,依次是专网漏缆、警网漏缆、公网下行漏缆和公网上行漏缆。间距要求不小于30cm。

漏缆在隧道中的安装高度(单位:m) 表4-5

隧道类型	漏缆离轨面高度			
	集群漏缆	警网漏缆	公网下行漏缆	公网上行漏缆
隔墙单向隧道	3.5	3.15	2.85	2.55
椭圆形双向隧道				
圆形单向隧道		3.1	2.8	2.5
车站单向隧道	3.8	3.55	3.3	3.0

表4-6是公网天线和专网天线间距与传播损耗关系,图4-23是公网和专网吸顶天线位置示意图。间距1m时,传播损耗最小,超过30dB,满足隔离要求。实际间距大于1m。公网、专网和警网三者天线之间的距离,要求不小于6m。

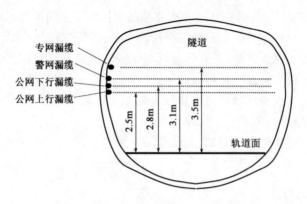

图 4-22　漏缆在圆形单向隧道中的安装位置

公网天线和专网天线间距与传播损耗关系　　　　　　　　表 4-6

天线间距 d_2(m)		1.0	1.5	2.0	2.5	3.0	4	6	8	10	12	14	16
传播损耗（dB）	0.9GHz	31.4	34.9	37.4	39.4	40.9	43.4	47	49.4	51.4	53	54.4	55.4
	1.8GHz	37.4	40.9	43.4	45.4	46.9	49.9	53	55.4	57.4	59	60.4	61.4

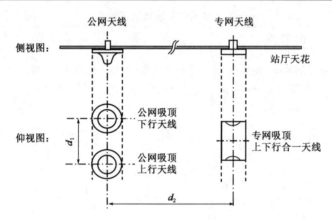

图 4-23　公网和专网吸顶天线相对位置示意图

研究表明,无论通信制式如何变化,但场强覆盖技术基本不变。2016 年由人民交通出版社股份有限公司出版的《现代地铁专用无线通信》和《现代地铁民用无线通信》两书,对前两个系统的场强覆盖进行了详细分析。下面以同频同播制式为例,分析 350M 频段的场强覆盖。

2）350M 同频同播系统组成

图 4-24 是 350M 地铁警用无线通信系统组成框图。该系统采用与地面公安无线通信系统一样的同频同播制式,包括三组无线同播网络,即公安指挥网、公安局公交分局网、消防专网。

系统采用有线链路与无线链路混合模式,即地面网采用无线链路,地铁网采用由地铁光缆传输系统提供的有线链路。

3）覆盖要求、方式和特点

350M 频段覆盖由地下覆盖网和地面覆盖网组成。对 350M 频段覆盖的要求是:

（1）场强覆盖场强 ≥ −85dBm。

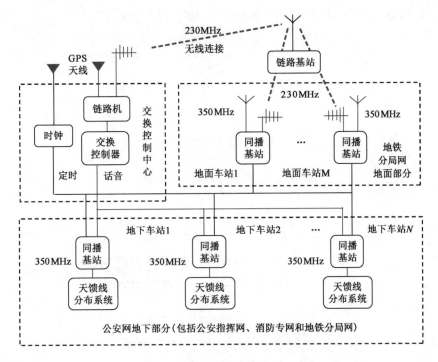

图 4-24　350M 地铁警用无线通信系统组成框图

(2) 地铁站台、站厅、警务室、自然形成空间覆盖率≥99%。
(3) 车辆段、停车场、上盖物业平台下覆盖率≥99%。
(4) 地铁车站各出入口通道覆盖率≥98%。
(5) 地下商业城覆盖率≥98%。
(6) 地铁隧道覆盖率≥98%。

350M 频段覆盖采用以下 5 种方式：

(1) 漏缆覆盖：用于覆盖隧道区间、岛式车站站台层。
(2) 漏缆加吸顶天线覆盖：用于覆盖侧式车站站台层。
(3) 吸顶天线覆盖：用于覆盖站厅层、出入口、商场等。
(4) 室外天线覆盖：用于覆盖场强覆盖较弱的区域和其他区域。
(5) 板状天线覆盖：用于覆盖地面站及高架站，纳入地面基站的覆盖范围。

350M 频段覆盖的特点是：

(1) 上下行共用一套天馈系统。
(2) 因区间不长，无需区间设备。
(3) 因各基站同频，无须在区间切断漏缆。
(4) 因属同频大区制，没有越区切换问题。

4) 地下站覆盖天线分布子系统和覆盖预测

图 4-25 是地下车站的吸顶天线覆盖分布子系统组成示意图，包括合路器、分路器、双工器、多路耦合器、功分器、定向耦合器、站厅/站台天线、7/8″射频缆、1-1/4″漏缆以及相应跳线。其中，多路耦合器由 7dB 耦合器与功分器构成，耦合器的耦合系数为 7dB，插损为 1.5dB。主

信号经功分器均分为4路,分别送给4条漏缆,用于覆盖隧道(区间)。

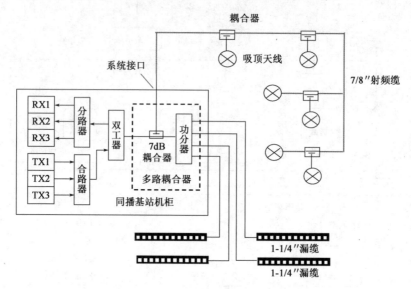

图4-25　地下车站的吸顶天线覆盖分布子系统组成示意图

地铁站厅一般在100m×20m～100m×40m之间。站厅中部至天线的最远距离40～50m,该处的场强在-80～-90dBm之间,覆盖效果良好。

直线形出入口距离一般不超过100m,可被一个吸顶天线覆盖。如果是直角形出入口,直角两边不超过50m,则可用装在拐角处的吸顶天线予以覆盖。

地铁站台平面结构多数为100m×30m。漏缆途经岛式站台的隧道,可以完成对站台的覆盖。漏缆不经过侧式站台时,需用吸顶天线进行覆盖。

吸顶天线对手持机下行覆盖预测公式为:

$$P_{AD} = P_J + G_A - (L_{AD} + L_A + L_J + L_{AC}) \tag{4-1}$$

式中:P_{AD}——天线下行覆盖场强预测值;

P_J——同播基站发射功率,取44dBm(25W);

G_A——吸顶天线增益,取1.5dBi;

L_{AD}——下行内部损耗,取1.5dB;

L_J——吸顶天线极化损耗,取3dB(吸顶天线垂直极化,手持机任意线极化);

L_A——外部损耗,取23dB;

L_{AC}——吸顶天线耦合损耗,取85dB(95%概率,50m远距离)。

代入式(4-1),算得P_{AD}= -77dBm,大于-85dBm(手持机接收门限电平或称边缘场强),余量8dBm,信号强度优,满足下行覆盖要求。

吸顶天线对手持机上行覆盖预测公式为:

$$P_{AU} = P_Y + G_A - (L_{AU} + L_A + L_J + L_{AC}) \tag{4-2}$$

式中:P_{AU}——天线上行覆盖场强预测值;

P_Y——手持机发射功率,取30dBm(1W);

G_A——吸顶天线增益,取1.5dBi;

L_{AU}——上行内部损耗,取 3dB;

L_J——吸顶天线极化损耗,取 3dB(吸顶天线垂直极化,手持机任意线极化);

L_A——外部损耗,取 23dB;

L_{AC}——吸顶天线耦合损耗,取 85dB(95%概率,50m 远距离)。

代入式(4-2),算得 P_{AU} = -82.5dBm,大于 -88dBm(同播基站接收门限电平或称边缘场强),余量 5.5dBm,信号强度优,满足上行覆盖要求,且上下行平衡。

5)地下站漏缆分布系统和覆盖预测

图 4-26 是地下车站的漏缆覆盖分布系统示例,包括合路器、分路器、双工器、多路耦合器、耦合器、7/8″射频缆、直流隔断器、1-1/4″漏缆以及相应跳线。

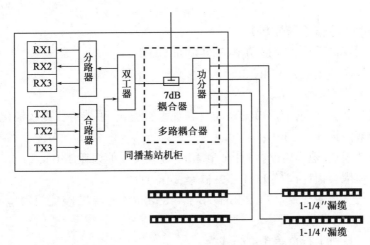

图 4-26 地下车站的漏缆覆盖分布系统示例

漏缆对车上手持机下行覆盖预测公式为:

$$P_{XD} = P_J - (L_{XD} + L_X + L_J + L_C + L_Q + L_{XC}) \quad (4\text{-}3)$$

式中:P_{XD}——漏缆下行覆盖场强预测值;

P_J——同播基站发射功率,取 44dBm(25W);

L_{XD}——下行内部损耗,取 14.2dB;

L_X——漏缆传输损耗,取 15dB(传 750m);

L_J——漏缆极化损耗,取 3dB(350MHz 漏缆垂直极化,手持机任意线极化);

L_C——车厢穿透损耗,取 7dB;

L_Q——其他损耗,取 6dB(含设计余量 4dB、跳线及其他损耗 2dB);

L_{XC}——漏缆耦合损耗,取 83dB(95%概率,4m 远距离)。

代入式(4-3),算得 P_X = -84.2dBm,大于 -88dBm(手持机接收门限电平或称边缘场强),余量 3.8dBm,信号强度优。

漏缆对车上手持机上行覆盖预测公式为:

$$P_{XU} = P_J - (L_{XU} + L_X + L_J + L_C + L_Q + L_{XC}) \quad (4\text{-}4)$$

式中:P_{XU}——漏缆上行覆盖场强预测值;

P_J——手持机发射功率,取 30dBm(1W);

L_{XU}——上行内部损耗,取 5.7dB;
L_X——漏缆传输损耗,取 15dB(传 750m);
L_J——漏缆极化损耗,取 3dB(350MHz 漏缆垂直极化,手持机任意线极化);
L_C——车厢穿透损耗,取 7dB;
L_Q——其他损耗,取 6dB(含设计余量 4dB、跳线及其他损耗 2dB);
L_{XC}——漏缆耦合损耗,取 83dB(95% 概率,4m 远距离)。

代入式(4-4),算得 $P_{XU} = -89.7\text{dBm}$,小于 -88dBm(同播基站接收门限电平或称边缘场强),余量 1.7dBm,信号强度良好。

漏缆对站台手持机下行覆盖预测公式:

$$P_{XD} = P_J - (L_{XD} + L_X + L_J + L_C + L_Q + L_{XC}) \tag{4-5}$$

式中:P_{XD}——漏缆下行覆盖场强预测值;
P_J——同播基站手持机发射功率,取 44dBm(25W);
L_{XD}——下行内部损耗,取 14.2dB;
L_X——漏缆传输损耗,取 2dB(传 100m);
L_J——漏缆极化损耗,取 3dB(350MHz 漏缆垂直极化,手持机任意线极化);
L_C——屏蔽门损耗,取 3dB;
L_Q——其他损耗,取 6dB(含设计余量 4dB、跳线及其他损耗 2dB);
L_{XC}——漏缆耦合损耗,取 89dB(95% 概率,14m 远距离)。

代入式(4-5),算得 $P_{XD} = -73.2\text{dBm}$,小于 -85dBm(手持机接收门限电平或称边缘场强),余量 11.8dBm,信号强度优。

漏缆对站台手持机上行覆盖预测公式为:

$$P_{XU} = P_J - (L_{XU} + L_X + L_J + L_C + L_Q + L_{XC}) \tag{4-6}$$

式中:P_{XU}——漏缆上行覆盖场强预测值;
P_J——手持机发射功率,取 30dBm(1W);
L_{XU}——上行内部损耗,取 5.7dB;
L_X——漏缆传输损耗,取 2dB(传 100m);
L_J——漏缆极化损耗,取 3dB(350MHz 漏缆垂直极化,手持机任意线极化);
L_C——屏蔽门损耗,取 3dB;
L_Q——其他损耗,取 6dB(含设计余量 4dB、跳线及其他损耗 2dB);
L_{XC}——漏缆耦合损耗,取 89dB(95% 概率,14m 远距离)。

代入式(4-8),算得 $P_{XU} = -78.7\text{dBm}$,大于 -88dBm(手持机接收门限电平或称边缘场强),余量 9.3dBm,信号强度优。

6)地面车站天线分布系统和覆盖预测

地面车站天线覆盖分布子系统组成示意如图 4-27 所示,包括链路机(含链路频收发机和双工器)、用户机(含用户频收发机和双工器)、链路定向天线、站厅/站台天线、板状天线、7/8″射频缆以及相应跳线。

板状天线对手持机下行覆盖预测公式为:

$$P_{AD} = P_J + G_A - (L_S + L_A + L_J + L_{AC} + L_D + L_C + L_R) \tag{4-7}$$

式中：P_{AD}——板状天线下行覆盖场强预测值；

P_J——同播基站发射功率，取 44dBm(25W)；

G_A——板状天线增益，取 10dBi；

L_S——内部损耗，取 1.5dB；

L_A——7/8″射缆损耗，2.2dB/100m，长度 200m，计 4.4dB；

L_J——板状天线极化损耗，取 3dB（板状天线垂直极化，手持机任意线极化）；

L_{AC}——1km 远处的电波传播路径损耗，360MHz 为 83.38dB；

L_D——多径衰落损耗，取 7dB；

L_C——车厢穿透损耗，取 7dB；

L_R——人体损耗，取 3dB。

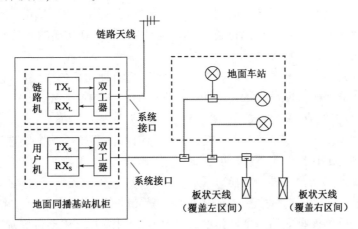

图 4-27 地面车站天线覆盖分布子系统组成示意图

代入式(4-7)，算得 $P_{AU} = -50.28$dBm，大于 -85dBm（手持机接收门限电平或称边缘场强），余量大，信号强度优，满足上行覆盖要求且上下行平衡。

板状天线对手持机上行覆盖预测公式：

$$P_{AU} = P_Y + G_A - (L_S + L_A + L_J + L_{AC} + L_D + L_C + L_R) \tag{4-8}$$

式中：P_{AU}——板状天线上行覆盖场强预测值；

P_Y——手持机发射功率，取 30dBm(1W)；

G_A——板状天线增益，取 10dBi；

L_S——内部损耗，取 1.5dB；

L_A——7/8″射缆损耗，2.2dB/100m，长度 200m，计 4.4dB；

L_J——天线极化损耗，取 3dB（板状天线垂直极化，手持机任意线极化）；

L_{AC}——1km 远处的电波传播路径损耗，360MHz 为 83.38dB；

L_D——多径衰落损耗，取 7dB；

L_C——车厢穿透损耗，取 7dB；

L_R——人体损耗，取 3dB。

代入式(4-8)，算得 $P_{AU} = -64.28$dBm，大于 -88dBm（同播基站接收门限电平或称边缘场强），余量大，信号强度优，满足上行覆盖要求且上下行平衡。

4.6.6 越区切换技术

移动通信越区切换，简称越区切换，是指移动台在通信进行中，从一个基站覆盖小区进入到另一个基站覆盖小区时，维持通信连续的过程。

对地铁三个无线通信系统而言，除同频同播制式外，都必须解决好越区切换问题。在正线上，越区切换就是从一个车站覆盖区进入下一个车站覆盖区的过程。

越区切换分三类：硬切换、软切换及接力切换。

所谓硬切换，是指先切断旧的连接，再建立新的连接，即"先断后切"。硬切换的信道利用率高，适用于频分多址（FDMA）和时分多址（TDMA）体制，例如 GSM 系统、TETRA 系统等。地铁无线专网采用 TETRA 体制，因此它的切换属于硬切换。

所谓软切换，是指在维持旧连接的同时建立新连接，并利用新旧链路的分集合并来改善通信质量，当新连接可靠建立后才中断旧连接，即"先切后断"。软切换的成功率高，适用于码分多址（CDMA）体制，例如 CDMA 系统。

所谓接力切换，乃是一种改进型的硬切换，它同时拥有硬切换的高信道利用率和软切换的高成功率，适用于同步码分多（SCDMA）址体制，例如 TD-SCDMA 系统。

越区切换过程控制有三种方式：

方式 1——移动台控制方式：移动台连续监测当前基站和越区几个候选基站的信号强度和质量，当满足规定的切换准则后，移动台选择最佳基站，并发送越区切换请求。TETRA 系统采用这种方式，又称移动台主导的切换方式。

方式 2——网络控制（基站控制）方式：基站监测来自移动台的信号强度和质量，当信号低于规定的门限后，网络安排向另一个基站的越区切换。网络要求移动台周围的所有基站都监测该移动台的信号，并把监测结果报告给网络。网络从这些基站中选择一个基站作为越区切换的新基站，通过旧基站告诉移动台，并通知新基站。GSM 采用这种方式，又称基站主导的切换方式。

方式 3——联合控制（移动台辅助控制）方式：网络要求移动台监测周围所有基站的信号强度和质量，并把监测结果报告给旧基站，网络根据监测结果决定何时进行越区切换以及切换到哪个基站。

对地铁专网来说，它的移动终端主要是车载台和手持机，但越区切换应以保证车载台为主，这是因为：

(1) 地铁专网主要是保证列车安全、正点运行，因此车载台是本网的主要保证对象。

(2) 车载天线相对区间漏缆的极化损耗较大（约 20dB），故漏缆到车载台的路径损耗，要大于漏缆到车厢内手持机的路径损耗。因此，若满足了车载台的覆盖要求，则能满足了手持机的覆盖要求，反过来则不行。

(3) 车载天线相对区间漏缆的位置比较固定，故覆盖场强测试结果也较稳定。

为保持车载台通信的连续性和稳定性，必须保证车载台在区间完成越区切换，而不能在站台区域完成切换。图 4-28 表示正确的切换区域。

地铁专网实现越区切换的方法有两种：固定门限法与活动门限法。

固定门限法又称统一门限法，在控制交换机上，对所控制的所有基站覆盖区间固定设置统

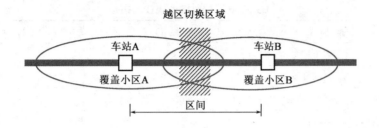

图4-28 地铁越区切换区域

一快速重选门限,例如-75dBm。如果基站输出功率经传输损耗、耦合损耗和其他辐射损耗后,仍然高于启动电平,则高出部分用加装固定衰减器的办法予以抵消。

活动门限法,又称基站门限法,不按建议固定(统一)取值:通过事前对各个基站区间覆盖计算或现场实测,对各基站高出快速重选门限部分的输出功率,在控制交换机上相应提高快速重选门限值,从而不用加装固定衰减器,而又能起到加装固定衰减器的作用。

活动门限法,由系统集成商和设备供应商共同完成。采用此法,虽然系统设计工作量增大,但却换来不用或很少使用固定衰减器的许多好处,在工程进度、可靠性、建设成本和维修成本等方面,都优于固定门限法(统一门限法),推荐优先选用。

4.6.7 时钟精度保证技术

1)时钟系统的计时精度

图4-29是时钟系统的简化框图。位于控制中心的一级母钟采用两种时间基准:外部时间基准(例如全球定位系统GPS),或自身时间基准。

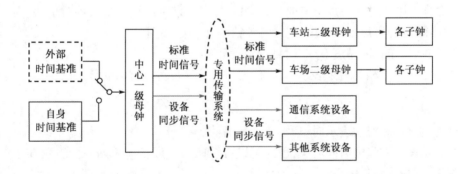

图4-29 时钟系统简化框图

一级母钟输出的标准时间信号,包括年、月、日、星期、时、分、秒等全时标信息,经专用传输系统送给车站和车场的二级母钟,再由二级母钟送给各子钟。

一级母钟输出的设备同步信号,经专用传输系统送给通信系统设备和其他系统设备。

CJ-9300系列时钟系统是地铁使用的一种时钟系统,其技术指标见表4-7。从中发现:

(1)时钟系统自身计时精度,一级母钟高达±0.001s/日,二级母钟高达±0.01s/日;

(2)时钟系统同步计时精度,一级母钟和二级母钟都很高,均为±1μs。

CJ-9300 系列时钟系统技术指标　　　　　　　　　　　　　表4-7

序号	指标名称	一级母钟	二级母钟
1	频率稳定度	1×10^{-9}	1×10^{-7}
2	失步时的日波动	1×10^{-8}	1×10^{-7}
3	自身计时精度	±0.001s/日	±0.01s/日
4	同步计时精度	±1 微秒	
5	累积误差	—	±1s/月
6	输出接口	RS-232/RS-242 标准接口	
7	接口数量	80 个(最多可扩至 512 个)	—
8	其他系统接口	—	80 个 RS-232/RS-242 标准接口
9	负载能力	最多可带 55 台二级母钟(点对点)	每个接口可负载 20 台子钟
10	信号传输距离	≥1.2km	
11	平均无故障时间	≥8 万 h	
12	环境要求	工作温度 -10 ~ +55℃,相对湿度 10% ~ 95%	
13	电源电压	交流 50 周 220V ±44V	
14	最大功耗	≤150W	≤40W

2) 计时精度的决定因素

时钟稳定度,是指一段时间内时钟的走时误差。时钟精度,是指该时钟与标准时间(我国为北京时间)之间的误差。

例如,有一台时钟每天快慢在 0.01s 之内,则该时钟的日稳定度为 ±0.01s/日;若每月快慢在 0.1s 之内,则该时钟的月稳定度为 ±0.1s/月。如果对该时钟每天校时 1 次,则该时钟精度为 ±0.01s/日;若每月校时 1 次,则该时钟精度为 ±0.1s/月。

由此可见,决定计时精度有二:时钟稳定度和校时频度。

时钟稳定度常用相对值来表示。例如,时钟日稳定度为 ±0.01s/日,可表示为:

$$0.01s/(24h \times 60' \times 60'') = 1.157 \times 10^{-7}$$

时钟稳定度用相对值表示时,通常省去前面的"±"号。

时钟稳定度与测量的时间有关,因此可以有短期、日、月、年(长期)稳定度,在不注明测量时间情况下,一般为年稳定度。

3) 计时精度的保证措施

(1) 采用高精度时间基准

假如时钟系统采用全球定位系统 GPS 作外部时间基准,如图 4-30 所示。

GPS 导航卫星上铯原子钟稳定度为 $10^{-14} \sim 10^{-13}$,较时钟系统一级母钟频率稳定度 10^{-9} 高 4 个数量级。假如时钟系统采用自身时间基准,则自身时间基准的频率稳定度也一定会高于一级母钟频率的稳定度。

GPS 时间基准信号以频率 1575.42MHz(波长约 19cm)和 1227.60MHz(波长约 24cm),被地铁 GPS 接收终端接收并送给一级母钟。

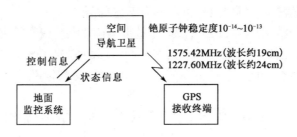

图 4-30　GPS 卫星导航系统原理构成

(2) 采用高精度锁相环

为确保控制中心一级母钟输出信号的频率稳定度,时钟系统采用了高精度锁相环。锁相环由鉴相器、低通滤波器和压控振荡器组成,其原理框图见图 4-31。

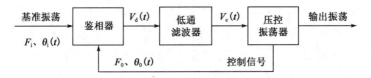

图 4-31　锁相环原理框图

为说明锁相环路的工作原理,下面以同频锁相器为例。

环路中的压控振荡器可以是 LC 振荡器,也可以是 LC 振荡器,也可以是晶体振荡器。在压控振荡器振荡槽路或等效振荡槽路上,并有变容二极管。变容二极管的 PN 结的电容量随加在变容二极管上的反向电压的变化而变化。

鉴相器的输入信号是基准振荡和控制信号,而基准振荡就是时间基准的振荡信号。基准振荡频率为 F_i,相位为 $\theta_i(t)$。控制信号来自压控振荡器,其频率为 F_0,相位为 $\theta_0(t)$。

若鉴相器是线性的,则其输出正比于两输入信号的相位差,即:

$$V_d(t) = K_d[\theta_i(t) - \theta_0(t)] \tag{4-9}$$

鉴相器的输出通过低通滤波器后成 $V_c(t)$,它加在压控振荡器上,迫使压控振荡器具有与基准振荡相同的频率。这样,便实现输出振荡频率等于基准振荡频率,系统无频率误差,而具有一个剩余相位差 $(\theta_i - \theta_0)$。

4.7　发展趋势探讨

4.7.1　专用无线通信技术发展趋势

从国家宏观政策方面来看,轨道交通无线列调技术会继续加大国产化、自主化步伐,国产 TETRA 设备会逐渐替代进口 TETRA 设备。从技术演进角度来看,随着 TD-LTE 技术的发展,宽带化必将是无线列调的演进方向,2016 年国内已有部分线路开始试水宽带集群无线列调,宽带集群因其技术上的优势会逐渐替代 TETRA 窄带集群系统,无线列调最终会过度到宽带集群时代。从国家战略层面来看,随着"一带一路"及"中国制造 2025"战略规划的实施,无线列调技术会随着轨道交通装备制造一同走向国际化。

因此，专用无线通信技术发展趋势，可归纳为下述"五化"：

(1) 通信技术宽带化：采用 TD-LTE 技术，用宽带集群逐渐替代窄带集群。

(2) 承载业务综合化：以列车调度业务为主，同时承载 CBTC、PIS、CCTV 等业务。

(3) 建设运营网络化：为此要解决好资源共享、互联互通和标准统一等问题，以满足地铁网络化发展的需要。

(4) 设备材料国产化：用国产 TETRA 设备替代进口 TETRA 设备，同时积极发展国产 TD-LTE 设备。

(5) 知识产权自主化：国产 TETRA 设备和 TD-LTE 技术，都拥有自主知识产权。

4.7.2 民用无线通信技术发展趋势

地铁内市民对民用通信的需求不仅在于通话量的飞速增加，方式也出现多元化。除了通话、上网看视频、微信、QQ 外，手机购地铁票、查询地铁的拥堵情况等也开始出现。同时，为了满足乘客的要求，运营商一方面增加覆盖的频率，提高数据传输的带宽，增加覆盖的范围；另一方面，在列车上增加无线接入设备 AP 等，以保证乘客在地铁车厢内也可以上网和办理各种网络业务。目前，国家无线电管理委员会已经开放了 5.3GHz 和 5.8GHz 频段，所以高频宽带也在逐步引入地铁。

4.7.3 警用无线通信技术发展趋势

在地铁系统建设的发展历程中，地铁警用无线通信系统从常规中转台、模拟常规同播系统或者模拟集群系统发现到今天的 PDT 数字集群系统。在过往的系统建设过程中，地铁无线通信系统基本沿用地面无线系统的相同制式，以达到地面地铁统一频段、统一制式的建设目标，但却未能根据地铁特有的地理环境而进行设计。

随着地铁警用无线通信系统的大规模建设和用户使用需求的增加，系统功能短期内将会在现有数字集群制式的基础上进行更新，而在更长远的规划中，地铁警用无线系统将会与调度系统同步进入 4G 时代。而在短期的功能更新中，受限于 350M 频段的窄带宽，但却又必须优先解决地铁内部的终端定位功能。因为在地铁相对密封的空间里，接收不到 GPS/北斗等卫星的信号，而无法使用与地面通信系统一致的定位模式。随着低功耗高频段的无线设备的发展，UWB 定位技术、蓝牙定位、Wi-Fi 定位等系统将会在地铁通信系统中使用，实现地铁系统内的二维或者三维的位置信息采集，并通过现有的 PDT 数字集群网络与调度系统结合，实现可视化有效调度。

宽窄带融合是公安通信的建设方向，LTE-PDT 将会是中国公安下一代的无线通信系统。因此，在可预见的未来，地铁警用无线通信系统亦将向 LTE-PDT 推进。宽窄带融合的地铁警用无线通信系统将可实现音视频高效实时调试、大数量查询和实时客流分析等。

第5章 供电分析

乘客是地铁的服务对象，列车是输送乘客的载体，线路是列车运行的路径，机电设备是地铁运行的保障，服务是实现对乘客的满意运送，供电是为列车和机电设备提供能源。所以，乘客、列车、线路、设备、供电和服务是地铁运营的六大要素。

地铁是城市中的动车组，供电系统是地铁列车和全部机电设备的唯一动力来源，一旦中断供电，不仅列车要停运，还可能引发事故，甚至造成严重恐慌与混乱。本章从标准规定、系统总体、城市电网、供电方式、供电制式、设备剖析、关键技术、系统实例和发展趋势等九个方面进行论述。

5.1 标准规定

2014年3月实施的国家标准《地铁设计规范》（GB 50157—2013），对地铁供电有以下主要规定：

(1) 供电应安全、可靠、节能、环保和经济适用。

(2) 供电应包括外部电源、主变电所(或电源开闭所)、牵引供电系统、动力照明供电系统、电力监控系统。牵引供电系统应包括牵引变电所和牵引网，动力照明供电系统应包括降压变电所和动力照明配电系统。

(3) 地铁外部电源方案应根据城市轨道交通线网规划、城市电网现状及规划、城市规划进行设计，可采用集中式供电、分散式供电或混合式供电。

(4) 牵引用电负荷应为一级负荷；动力照明等用电负荷应按供电可靠性要求及失电影响程度，分为一级负荷、二级负荷、三级负荷。

(5) 一级负荷必须采用双电源双回线路供电。一级负荷中特别重要的负荷，应增设应急电源，并严禁其他负荷进入。

(6) 供电系统中各类变电所应有双重电源。每个进线电源的容量应满足变电所一、二级负荷的要求。主变电所(或电源开闭所)进线电源，应至少有一个是专线电源。为变电所供电的两个电源，可来自上级的不同变电所，也可来自同一变电所的不同母线。

(7) 中压网络的电压等级可采用35kV、20kV、10kV。中压网络宜采用牵引动力照明混合网络形式。中压网络应按列车运行的远期通过能力设计。对互为备用线路，一路退出运行另一路应承担一、二级负荷的供电，线路末端电压损失不宜超过5%。

(8) 牵引网应采用直流双线制,正极、负极均不应接地。牵引网电压等级可分为 DC750V 和 DC1500V,牵引网馈电形式可分为接触轨和架空接触网。直流牵引供电系统的电压及其波动应符合下列规定:标称值为 750V 时,波动范围是 500~900V;标称值为 1500V 时,波动范围是 1000~1800V。

(9) 直流牵引系统及非线性用电设备所产生的谐波,应符合现行国家标准《电能质量 公用电网谐波》(GB/T 14549—1993)的有关规定。低压配电系统宜采取治理谐波的措施。低压配电电压应采用 220/380V。

(10) 在地下使用的主要材料应选用无卤、低烟的阻燃或耐火的产品。

(11) 电气设备应具有无自爆、低损耗、低噪声等特点。在地下使用时,还应满足体积小及防潮要求。

(12) 供电系统及其设备的功能性接地、保护性接地与防雷接地应采用综合接地系统。

5.2 系统总体

5.2.1 供电流程

主变电所从城市电网引入 AC110kV 电能,输出 AC35kV 电能,向牵引变电所和降压变电所供电。

牵引变电所从主变电所引入 AC35kV 电能,输出 DC1500V 电能,经接触网(或接触轨)向地铁列车供电。

地铁列车的牵引逆变器将 DC1500V 电能变换为交流变频的电能,向牵引电机供电。地铁列车的蓄电池充电机将 DC1500V 电能变换为 AC110V 电能,向车载通信、信号、车门、列车制动等设备供电。地铁列车的辅助逆变器将 DC1500V 电能变换为 AC380V 电能,向列车的制动空压机、冷却风机、空调设备和照明设备供电。

降压变电所从主变电所引入 AC35kV 电能,输出 AC380V 电能,向车站、区间、车辆段和停车场的动力照明系统供电。

动力照明系统向常规机电设备、系统机电设备以及 UPS(不间断电源)与蓄电池供电,UPS 与蓄电池用于应急供电。

参见图 5-1。

5.2.2 系统功能

鉴于供电在运营中的重要地位,根据国家标准对供电的相关规定,地铁供电系统应当具备以下主要功能:

(1) AC110kV 电源引入、降压和 AC35kV 电能分配:从城市电网接受三相 AC110kV 电能,降压为 AC35kV 电能,并向全线牵引变电所和降压变电所分配 AC35kV 电能。

(2) 产生并输送牵引 DC1500V 电能:对 AC35kV 电能进行降压、整流,产生并向列车输送牵引所需的 DC1500V 电能。

(3) 降压并配送 AC0.4kV 电能:将 AC35kV 电能降压为 AC0.4kV 电能,并配送给各种动力、照明设备。

(4)自动监控、安全联锁和故障保护:对系统设备进行监控和调整,对重要数据进行测量或计量,并实现安全操作联锁和故障保护功能。

由此可见:

(1)供电系统是地铁的"心脏",是以其为核心构成的"地铁血液循环系统";

(2)供电系统是一个"加工厂",把城市电网送来的高压交流电变成地铁所需的电源;

(3)供电系统是一张"配送网",把直流电送给地铁列车,把交流电送给所有机电设备。

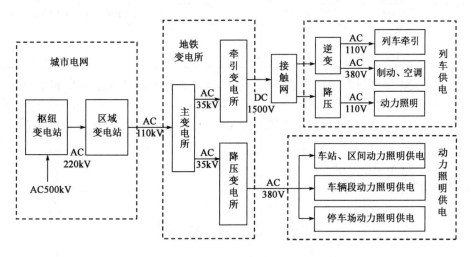

图 5-1 地铁供电流程

5.2.3 基本组成

地铁供电的基本组成包括(见图 5-2):

(1)外部电源,通常指城市电网;

(2)牵引供电系统,包括牵引变电所和牵引网;

(3)主变电所,或电源开闭所;

(4)动力照明供电系统,包括降压变电所和动力照明系统;

(5)电力监控系统。

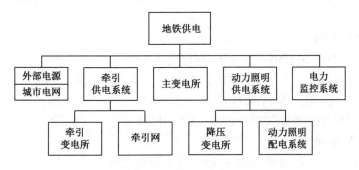

图 5-2 地铁供电的基本组成

5.2.4 系统指标

根据国家标准对供电的主要规定和建设实践,地铁供电系统总体指标一般是:
(1) 供电制式:地铁牵引供电采用 DC1500V 制式,其他供电采用 AC400V 制式。
(2) 供电电压:地铁变电所输入和输出电源电压见表 5-1。

地铁变电所输入和输出电源电压　　　　表 5-1

序号	变电所名称	输入电源电压	输出电源电压	备 注
1	主变电所	AC110/63kV	AC35kV 或 AC10kV	63kV 为东北电网特有
2	牵引变电所	AC35kV	DC1500V 或 DC750V	—
3	降压变电所	AC35kV	AC380V 或 AC220V	跟随变电所与此相同

此外,地铁安全照明电源电压为 AC36V 或 AC24V,地铁变电所直流操作和事故照明电源电压为 DC220V 或 DC110V。

(3) 功率容量:每个主变电所一般不低于 2×31.5MV·A,每个降压变电所一般在 250～4000kV·A 之间。
(4) 功率因数:不低于 0.9。
(5) 接地电阻:不大于 1Ω。

5.3 城市电网

地铁自身没有发电厂,需要从城市电网获取电能。

我国城市电网电压等级为 500kV、330kV、220kV、110kV、66kV、35kV、10kV 和 380/220V,大、中城市的城市电网电压等级宜为 4～5 级、4 个变压层次,小城市宜为 3～4 级、3 个变压层次。因各地情况不同,每个城市的电网特征会有所差异。

深圳城市电网由南方电网供电,其最高交流输电电压采用 500kV,其主要特征如下:

1) **电压等级**

超高压 500kV,高压 220kV、110kV,中压 10/20kV,低压 380/220V。深圳电网一般不采用 35kV 电压等级,只有 500kV 变电站采用 35kV 无功补偿装置。

2) **供电半径**

500kV 变电站供电半径为 25～50km,220kV 变电站供电半径为 8～20km,110kV 变电站供电半径为 2～6km。

3) **深圳 500kV 电网**

深圳规划建设 5～7 座 500kV 变电站,现已建成 5 座。

500kV 变电站安装 4 组变压器,每组容量 1000～1500MV·A。500kV 变电站设 500kV 配电装置和 220kV 配电装置,500kV 出线 6～8 回,220kV 出线 12～14 回。

500kV 变电站常用的主接线形式如图 5-3 和图 5-4 所示。

4) **深圳 220kV 电网**

220kV 变电站设置两回进线电源,一般引自不同变电所。

深圳 220kV 电网采用以 500kV 变电站为中心的分片供电模式,各分区相对独立并具一定相互支援能力。供电网络采用双回路链式结构或双回路环网结构,力求避免"小三角"网络结构,不允许"T"接线方式构网。每一回路或链路中,220kV 变电站不超过 4 座。深圳现有 220kV 变电站 20 余座。深圳 220kV 电网典型结构如图 5-5 所示。

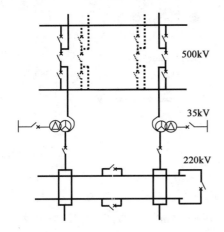

图 5-3 500kV 变电站电气接线示意图(一)　　图 5-4 500kV 变电站电气接线示意图(二)

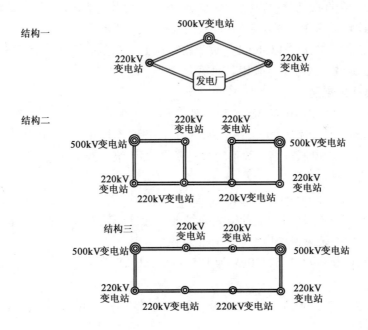

图 5-5 深圳 220kV 电网典型结构

5) 深圳 110kV 电网

110kV 变电站设置两回进线电源,一般引自不同变电所。

深圳 110kV 电网采用以 220kV 变电站为中心的分片供电模式,各分区相对独立并具一定相互支援能力。供电网络采用双回路链式结构或双回路环网结构,力求避免"小三角"网络结构,不允许"T"接线方式构网。每一回路或链路中,110kV 变电站不超过 4 座。

深圳 110kV 电网典型结构如图 5-6 所示。

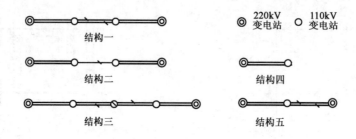

图 5-6 深圳 110kV 电网典型结构

深圳 110kV 电网供电区,分为 A、B、C 三个区。

A 类供电区:指特大城市中心区,负荷密度高于 $30MW/km^2$。深圳中南片(罗湖区、福田区)可按 A 类供电区考虑。采用双回链、三"T"形式。

B 类供电区:指大城市中心区,负荷密度高于 $10 \sim 30MW/km^2$。西北片(福永、沙井、松岗、公明、光明、石岩)、深圳西南片(南山区、西乡、新安)、东北片(盐田区、横岗、龙岗、坪地、坑梓、坪山)可按 B 类供电区考虑。采用双回链、双回辐射、三"T"形式。

C 类供电区:除 A 类、B 类以外地区,负荷密度在 $10MW/km^2$ 以下。深圳东南片(葵涌、大鹏、南澳)可按 C 类供电区考虑。采用双回辐射、双环网、双"T"形式。

6) 深圳中低压配电网

深圳中低压配电网,由 10kV、380/220V 架空线路、电缆线路、配电变压器、开关(环网)柜、柱上开关、电缆分支箱、开闭所(开关站)、配电所、接户线等构成,是一个由架空线路和电缆线路组成的混合网络。配电网规划一般不超过三年,并逐年滚动修编。

7) 可靠性、安全性和容载比

全网供电可靠率不低于 99.99%,目标为 99.999%。

全网满足"N-1"供电安全原则,即电力系统任一元件(线路、发电机、变压器等)无故障或因故障而断开,电力系统应保证稳定运行和正常供电。

容载比:500kV 为 $1.4 \sim 1.5$,220kV 为 $1.5 \sim 1.9$,110kV 为 $1.8 \sim 2.1$。

8) 电能质量

(1) 电压波动范围:500kV,$0 \sim +10\%$;220kV,$-3\% \sim +10\%$;110kV,$-3\% \sim +7\%$;10kV,$-7\% \sim +7\%$。

(2) 频率控制偏差:额定频率 50Hz,正常运行时偏差不得超过 ±0.1Hz。

(3) 谐波控制:按《电能质量 公用电网谐波》(GB/T 14549—1993)的规定执行。因电容器组的投入引起的母线谐波电压的放大倍数,不得超过 $1.5 \sim 2.0$ 倍。

9) 中性点接地方式

500kV、220kV 和 110kV 系统为直接接地,10kV 系统采用不接地、小电阻接地或消弧线圈接地方式。

5.4 供电方式

我国地铁主要采用集中供电方式,设置 110/35kV 地铁主变电所,主变电所从电力系统引入 AC110kV 电源,降压为 AC35kV 向地铁沿线的牵引变电所和降压变电所供电。

深圳地铁供电系统原理框图如图 5-7 所示。

根据城市电网规划、地铁线网规划以及用电容量和线路长短,靠近地铁线路,设置若干地铁主变电所,主变电所将城市电网送来的 110kV 高压交流电降为 35kV 中压交流电。

在车站、车辆基地,设置牵引变电所、降压变电所或牵引降压变电所。牵引变电所接收主变电所送来的 35kV 中压交流电,输出 1500V 直流电至牵引供电系统。降压变电所接收主变电所送来的 35kV 中压交流电,输出 400V 交流电至动力照明系统。

地铁工程建设,通常是围绕一条线路进行,但地铁主变电所的布设,既要满足地铁新线的需求,也要服从地铁全网规划,合理布局,资源共享。以深圳地铁 2 号线为例,全线电力供应,由新建的后海主变电所和既有的白石洲主变电所、文化中心主变电所、城市广场主变电所共同承担,仅新建了 1 座主变电所。新建的后海主变电所承担 2 号线初期工程 4 个供电分区(10 座车站、1 个车辆段及 1 个停车场)的供电任务。

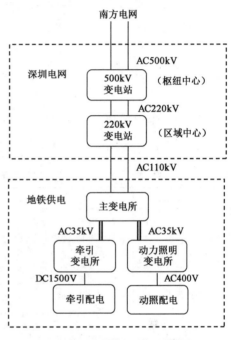

图 5-7 深圳地铁供电系统原理框图

5.5 供电制式

5.5.1 电流制式

地铁供电系统共采用两种电流制式:交流电流用于动力照明供电系统,直流电流用于牵引供电系统。地铁列车采用异步交流电动机驱动,牵引供电系统使用直流电流的目的是列车变频调速的需要。

地铁动力照明供电系统采用三相五线制和单相三线制,如图 5-8 所示。

三相交流变压器 0.4kV 侧的 A、B、C 三组低压线圈采用星形接线,从中性点引出中性线(也称零线)和保护线(也称地线),三根相线采用黄色、绿色和红色标识,中性线采用褐色标识,保护线采用黄绿相间标识。

线电压:$U_{ab} = U_{bc} = U_{ac} = 380V$。

相电压:$U_{ao} = U_{bo} = U_{co} = 220V$。

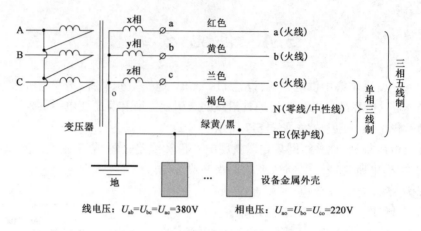

图 5-8 交流电三相五线制和单相三线制

5.5.2 供电等级

地铁供电等级分为三级,其定义、特征与负荷见表 5-2。

地铁供电等级定义、特征与负荷　　　　　　　表 5-2

供电等级	技 术 定 义	主 要 特 征	适 用 负 荷
Ⅰ级供电	为双电源双回线路切换供电。当一个电源故障时,自动切换到另一个电源,以确保负荷不会断电	切换双供电	牵引、通信、信号、供电、消防水泵、雨水泵、应急(重要)照明等
Ⅱ级供电	为双电源双回线路专线供电。对停电影响较大且有效供电线路不长(半个站台)的负荷,使用双回线路非切换供电	非切换双供电	垂直电梯、自动扶梯、代步机、通风等
Ⅲ级供电	为单电源单回线路供电。当系统中只有一个电源工作时,允许自动切换负荷,即一个电源带一路负荷	非切换单供电	清扫、降温、热水器等

Ⅰ级供电为切换双供电,适用负荷是列车牵引、通信设备、信号设备、供电设备、消防水泵、雨水泵、重要照明设备、应急照明设备等。

Ⅱ级供电为非切换双供电,适用负荷是垂直电梯、自动扶梯、代步机、通风设备等。要求负荷离电源的有效距离不超过半个站台长度。

Ⅲ级供电为非切换单供电,适用负荷是清扫设备、降温设备、热水器等。

5.5.3 降压级数

地铁供电系统可以采用两级降压供电,即 110kV—35kV—0.4kV 两级降压,如重庆、广州、深圳、南京等城市地铁,也可以采用三级降压供电,即 110kV—35kV—10kV—0.4kV 三级降压,如上海地铁 1、2、3 号线。

两级降压供电在供电质量、可靠性、损耗等方面,明显优于三级降压供电,已经成为地铁主流供电模式。

5.5.4 馈电方式

馈电方式主要取决于列车牵引网。我国规定,地铁牵引网采用DC1500V和DC750V两种电压制式。而地铁牵引网的馈电,又分为架空接触网和接触轨两种方式。

综合考虑预测客流量、安全可靠性、维修方便性、使用寿命、景观效果、建设成本等因素,大运量地铁适合采用DC1500V架空接触网馈电方式,中运量地铁适合采用DC750V接触轨(第三轨)馈电方式。

目前,我国多数城市(如京沪广深等)的地铁供电制式均以DC1500V接触网馈电方式为主(用于地下线和高架线),辅以DC1500V接触轨馈电方式(用于部分高架线)。深圳地铁采用接触网馈电方式。

另一方面,依据国家工业标准,地铁动力照明供电采用三相AC0.4kV制式。

5.6 设备剖析

5.6.1 主变电所

1)主变电所基本组成

主变电所从城市电网区域变电站引入两路110kV电源,把110kV降到35kV,然后送给牵引供电系统和动力照明供电系统。

主变电所内的生产房屋包括110/35kV主变压器室、110kV高压室、35kV高压室、控制室、本所用变压器室、接地变压器室、电缆夹层、预留滤波器室等。

主变电所内的辅助房屋包括消防水泵室、检修室、储藏室、变压器油坑、储油池等。

主变压器室设2台主变压器,其容量考虑是:一台退出运行时,另一台能承担本供电区的一、二级负荷;若条件许可,一台退出运行时,通过负荷再分配,与相邻主变电所共同承担全部供电。

主变电所按无人值班设计,采用综合自动化系统进行控制、保护、测量、信号显示及传输等。

任何城市地铁主变电所的布局规划,都必须服从所在城市的轨道交通网络规划。

根据《深圳市城市轨道交通建设规划(2011—2020)》,深圳地铁16条线路共设21座主变电所,平均27km线路设1座主变电所。深圳地铁主变电所布局规划见表5-3。

深圳地铁主变电所布局规划(按全网16条线规划编制)　　表5-3

代号	主变电所名称	共用地铁线路	代号	主变电所名称	共用地铁线路
1	城市广场主变电所	1、2、5	6	草埔主变电所	3、5
2	文化中心主变电所	1、2、3、4	7	银海主变电所	3
3	白石洲主变电所	1、2	8	龙胜主变电所	4、6
4	西乡中心主变电所	1、5	9	西丽主变电所	5、7、15
5	后海主变电所	2	10	光明高新区主变电所	6、13、15

续上表

代号	主变电所名称	共用地铁线路	代号	主变电所名称	共用地铁线路
11	松岗主变电所	1、6、11、13	17	灵芝公园主变电所	5、10
12	上沙主变电所	7、9	18	深圳机场站主变电所	11
13	福田党校主变电所	7、9、16	19	双龙主变电所	3、12
14	莲塘主变电所	8	20	深圳东站主变电所	12、14
15	东海道主变电所	8	21	雪象主变电所	4、16
16	创业路主变电所	11、15			

2) 主变电所技术特点

(1) 供电系统:采用110/35kV两级电压集中供电模式。

(2) 远动系统:站内远动信息通过光纤上传至地铁调度中心(OCC)。上传地区调度的远动信息,由地铁调度中心打包后返至主变电所,由主变电所按双通道方式传输至隔壁供电局变电站后,送至供电局地区调度。

(3) 综合自动化系统:除具备事件顺序记录(SOE)功能外,还具备VQC功能,同时设置有故障录波屏。与其他主变电所不同的是,故障录波屏除对110kV线路进行故障录波外,还对35kV线路进行独立故障录波分析,使得故障录屏的设置更具有使用价值。

(4) 主变电所装设图像监视系统,对电气设备的运行环境进行监视,图像信息远传地铁调度中心(OCC)。配合综合自动化实现远方计算机监控及红外线防盗报警功能。

(5) 为满足消防要求,主变电所装设火灾报警系统,并纳入地铁火灾报警系统管理。

3) 主变电所规划原则

对主变电所来说,规划的目的有三:一是节省土地资源,二是有利于城市电网资源的合理使用,三是降低供电系统投资。

主变电所规划应当遵循以下原则:

(1) 根据电力系统的供电情况,主变电所应尽量位于轨道线路交叉点附近,兼顾其他线路的供电要求;

(2) 主变电所应尽量位于本所供电范围的负荷中心,力求使两供电臂的负荷均衡,电压和电能的损耗最小,供电最为合理;

(3) 当一座主变电所因故解列后,其相邻变电所能够承担解列所的供电负荷需求,并保证此时供电末端的电压水平,为此可考虑让主要变电所的设置位置稍向线路中部偏斜;

(4) 主变电所设置要与城市轨道交通规划有机结合,并以建设时机为序,梯次考虑相关项目,尽量做到资源共享,避免供电设施出力不足或重复建设;

(5) 主变电所应尽量靠近地方变电站,以有利于外部电源的接引,节省工程投资;

(6) 两条轨道线路共享的主变电所,其两路电源进线宜采用不同沟电缆排管的方式引入。超过两条轨道线路共享的主变电所,其两路电源进线应采用不同沟电缆排管的方式引入。

例如,深圳地铁一、二期工程有5条线路,若按每条线路单独设置主变电所,共需17座,后经统一规划、统筹考虑,减至9座。深圳地铁三期工程有8条线路,在维持一、二期工程主变电所既有支援方案的同时,再考虑三期工程主变电所的相互支援方式,经合理规划布局,只需新建主变电所12座,减少了8~9座。这说明,通过规划能够达到预期目的。

5.6.2 牵引供电系统

牵引供电系统,由牵引变电所、接触网(接触轨)和回流线构成,如图 5-9 所示。

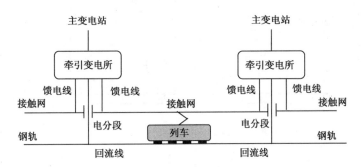

图 5-9 牵引供电系统示意图

牵引降压变电所产生并输出牵引电力;通过接触网(接触轨)和车辆受电器,向列车提供牵引供电;回流线是牵引电流返回变电所的导体。

一般把接触网、回流线、馈电线、轨道统称为牵引网。

为保证安全供电,牵引变电所均由两个独立的电源供电。又由于线路分布较广,通常在轨道全线设置一个牵引变电所。

牵引变电所及列车动力照明供电负荷原理框图如图 5-10 所示。牵引变电技术是牵引降压变电所的关键技术。来自主变电所的 AC110kV,经降压变压器降为 AC35kV,AC35kV 又经降压变压器降为 AC1.18kV,AC1.18kV 经全波整流器产生 DC1500V 并送给接触网。

深圳地铁 2 号线牵引供电系统有以下创新:
(1)牵引所直流设备使用三套框架保护,提高了列车运行可靠性。
(2)降压系统采用降压所和跟随所两套系统,布置于车站两端,大大减小了低压供电半径,因而减小了馈线截面,节约了投资,提高了供电可靠性。
(3)杂散电流监测系统设置独立数据传输通道,提高了变电所综合自动化系统和杂散电流监测系统数据传输实时性和可靠性,且各运营维护单位接口明确,便于维护管理。
(4)变电所综合自动化系统主控管理单元冗余配置,提高了系统的可靠性。

5.6.3 动力照明供电系统

动力照明供电系统,又叫低压配电与动力照明系统,简称动照系统,用于为除地铁车辆以外的所有机电设备配送电能,并承担地铁照明任务。

和牵引供电系统一样,动力照明供电系统也具有供电服务、故障自救、自我保护、防误操作、便于调度以控制显示计量等功能。但在供电服务方面,它是将城市电网 110kV 交流电降压为 35kV,再降压为 0.4kV,然后配送给各机电设备和照明系统。

动力照明供电系统,包括车站动力照明供电系统、车辆段动力照明供电系统和停车场动力照明供电系统。主要由降压变电所、配电所(室)、配电线路组成,如图 5-11 所示。

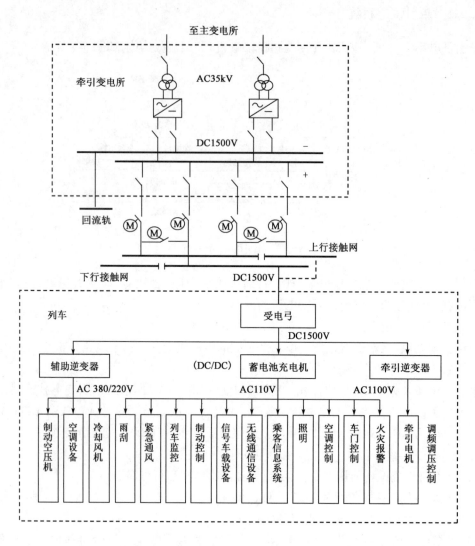

图 5-10　牵引变电所及列车动力照明供电负荷原理框图

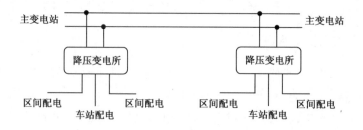

图 5-11　动力照明供电系统示意图

降压变电所通常每个车站设置一个,也可几个车站合设一个。还可将降压(动力)变压器附设在某个牵引变电所之中,构成牵引与动力混合变电所。

1) 车站动力照明供电系统

车站及区间照明采用 AC380/220V。正常情况下,工作照明和事故照明都用交流电。当交流电源失去时,事故照明自动切换为蓄电池供电。

车站动力照明负荷分级及对应设备见表5-4。

车站动力照明负荷分级及对应设备　　　　　表5-4

负荷级别	供电特征	车站设备
一级负荷	双电源 双回路	变电所事故照明、变电所所用屏、通信系统、信号系统、综合监控系统、火灾报警系统、安防系统、气体灭火、防火卷帘门、事故风机及其阀门、消防水管环路上的电动蝶阀、雨水泵、应急照明等
		自动售检票、屏蔽门、大系统空调机组、站内自动扶梯(火灾时用于疏散)、消防泵、防排烟风机、污水泵、区间照明、站厅及站台公共区照明、导向标志系统等
二级负荷	双电源 单回路	设备和管理区照明、非事故风机及风阀、污水泵、集水泵、电梯、维修电源、银行、出入口自动扶梯(火灾时无需使用)
三级负荷	单电源 单回路	冷冻水泵、电开水器、清扫电源、生活用电源。 冷水机组、冷却塔、冷却水泵、广告照明

车站降压变电所及动力照明供电负荷原理框图如图5-12所示。

车站动力照明供电系统有以下特点:

(1) 全线绝大部分车站均按照一站两所设置,即在车站远离降压变电所的另一端设置跟随式降压变电所,就近为附近车站设备或区间设备提供电源,缩小了供电半径,提高了动照系统供电质量,取消了0.4kV母排,节约投资。

(2) 在换乘站,换乘各线供电系统根据自身的牵引变电所布点,采用独立分设的原则。各条线路降压变电所的设置,应结合各换乘站车站类型、车站规模、换乘方式及建设时序等因素统筹考虑确定,最大限度地实现资源共享。

2) 车辆段动力照明供电系统

在车辆段、停车场,分别设置一座牵引降压混合变电所,并根据动照系统要求分别设置一座跟随式降压变电所。系统正常运行时,车辆段、停车场牵引变电所向车辆段、停车场接触网供电。当车辆段或停车场牵引变电所解列时,由正线邻近的牵引变电所向车辆段或停车场接触网越区供电。一般情况下,不考虑车辆段或停车场牵引变电所向正线接触网越区供电。

车辆段动力照明负荷分级及对应设备见表5-5。

车辆段降压变电所及动力照明供电负荷原理框图如图5-13所示。

3) 停车场动力照明供电系统

停车场动力照明负荷分级及对应设备见表5-6。

停车场降压变电所及动力照明供电负荷原理框图如图5-14所示。

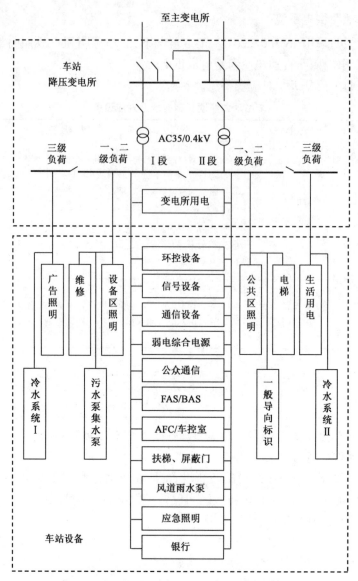

图 5-12 车站降压变电所及动力照明供电负荷原理框图

车辆段动力照明负荷分级及对应设备 表 5-5

负荷级别	供电特征	蛇口西车辆段设备
一级负荷	双电源 双回路	变电所事故照明、变电所所用屏、通信系统、信号系统、综合监控系统、火灾报警系统、安防系统、气体灭火、防火卷帘门、事故风机及其阀门、消防水管环路上的电动蝶阀、雨水泵、应急照明等
		消防泵、生活用水加压泵
二级负荷	双电源 单回路	一般办公照明、插座、车库照明、室外照明、电梯、污水泵、稳压泵、污水处理设备、变电所和蓄电池室风机空调、联合检修库 VRA 室外机、厨房设备
三级负荷	单电源 单回路	宿舍、普通通风空调设备、电热水器、电开水器、空压机站、不落轮镟车床、洗车机、一般动力检修设备

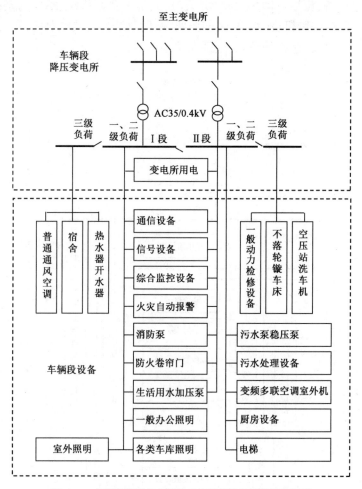

图 5-13　车辆段降压变电所及动力照明供电负荷原理框图

停车场动力照明负荷分级及对应设备　　　　　　　　　　表 5-6

负荷级别	供电特征	后海停车场设备
一级负荷	双电源双回路	变电所照明、变电所所用屏、通信系统、信号系统、综合监控系统、火灾报警系统、安防系统、气体灭火、防火卷帘门、事故风机及其阀门、消防水管环路上的电动蝶阀、雨水泵、应急照明等
		FAS 系统隧道照明、生活用水加压泵
二级负荷	双电源单回路	一般办公照明、插座、各类列车库房照明、室外照明、变电所和蓄电池室风机、设备机房空调、运用库主要动力检修设备
三级负荷	单电源单回路	各类通风设备、一般动力检修设备、电炊具等

动力照明供电系统的负荷分为三级:一级负荷、二级负荷及三级负荷。

一级负荷的供电特征是双电源双回路,适用于:

(1)车站、车辆段和停车场的用电设备,包括变电所照明、变电所所用屏、通信系统、信号系统、综合监控系统、火灾报警系统、安防系统、气体灭火、防火卷帘门、事故风机及其阀门、消防水管环路上的电动蝶阀、雨水泵、应急照明等;

(2)车站用电设备,包括自动售检票、屏蔽门、大系统空调机组、站内自动扶梯(火灾时用于疏散)、消防泵、防排烟风机、污水泵、区间照明、站厅及站台公共区照明、导向标志系统等;
(3)车辆段用电设备,包括消防泵、生活用水加压泵;

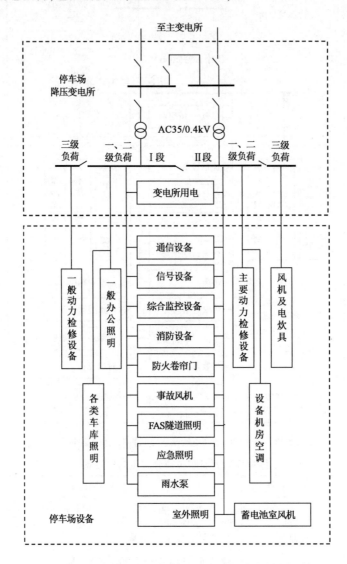

图 5-14 停车场降压变电所及动力照明供电负荷原理框图

(4)停车场用电设备,包括 FAS 系统隧道照明、生活用水加压泵。
二级负荷的供电特征是双电源单回路,适用于:
(1)车站用电设备,包括设备和管理区照明、非事故风机及风阀、污水泵、集水泵、电梯、维修电源、银行、出入口自动扶梯(火灾时无须使用);
(2)车辆段用电设备,包括一般办公照明、插座、车库照明、室外照明、电梯、污水泵、稳压泵、污水处理设备、变电所和蓄电池室风机空调、联合检修库 VRA 室外机、厨房设备;
(3)停车场用电设备,包括一般办公照明、插座、各类列车库房照明、室外照明、变电所和蓄电池室风机、设备机房空调、运用库主要检修动力。

三级负荷的供电特征是单电源单回路,适用于:

(1)车站用电设备,包括冷冻水泵、电开水器、清扫电源、生活用电源及冷水机组、冷却塔、冷却水泵、广告照明;

(2)车辆段用电设备,包括宿舍、普通通风空调设备、电热水器、电开水器、空压机站、不落轮镟车床、洗车机、一般动力检修设备;

(3)停车场用电设备,包括各类通风设备、一般动力检修设备、电炊具等。

5.7 关键技术

5.7.1 调压变频调速(VVVF)技术

我国城市轨道交通车辆牵引技术,经历了从直流牵引技术到交流牵引技术的发展历程。

交流三相异步电动机马力巨大,稳定可靠,调速方便。其调速技术的发展在我国也经历了三个阶段:最初是变阻调速(如北京地铁1号线车辆);后来是斩波器调速(如上海地铁1号线车辆);自20世纪90年代初起,微机控制的调压变频调速(VVVF)技术被广泛应用。

交流三相异步电动机转速 n 的公式为:

$$n = \frac{60f_1}{p_N}(1-s) \tag{5-1}$$

$$s = \frac{n_1 - n}{n_1} \tag{5-2}$$

式中:n——电动机转速;

n_1——同步转速(旋转磁场转速);

s——转差率;

f_1——电动机供电电源电压频率;

p_N——电动机极对数。

由式(5-1)可见,改变电动机供电电源电压频率 f_1、电动机极对数 p_N 和转差率 s,都可以改变电动机转速 n。变频调速(VVVF)的特点是:效率高,没有附加损耗;调速范围大,特性硬,精度高;技术复杂,造价高,维修难度大。变频调速适用于精度要求高、调速性能好的场合,如电力机车、内燃机车、动车组、地铁列车。

交流三相异步电动机的机械特性 $M = f(s)$ 如图 5-15 所示。式中,M 为电动机电磁转矩。

交流三相异步电动机倾覆转矩 M_{max} 公式为:

$$M_{max} = C_m \frac{U_1^2}{f_1^2} \tag{5-3}$$

式中:C_m——与电机有关的常数;

U_1——电机电源相电压有效值。

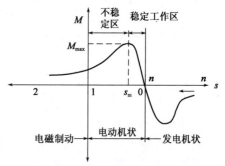

图 5-15 异步电动机的机械特性 $M = f(s)$

1) 恒功率特性的变频调节

由式(5-3)可见,在稳定工作区内,U_1 为常数时,频率 f_1 下降,倾覆转矩 M_{max} 上升。换言之,当电源相电压为常数时,异步电机转矩随频率升高而减小,随频率下降而上升,变化关系曲线如图 5-16 所示。这种变化规律,正好满足机车恒功率牵引特性的要求。

2) 恒转矩特性的变频调节

由式(5-3)亦可见,在稳定工作区内,伏赫比(U_1/f_1)为常数时,频率 f_1 下降,倾覆转矩 M_{max} 不变,如图 5-17 所示。

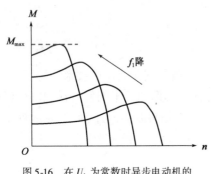

图 5-16 在 U_1 为常数时异步电动机的机械特性随 f_1 的变化关系

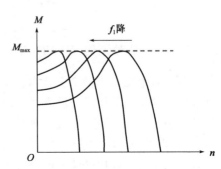

图 5-17 在 U_1/f_1 为常数时异步电动机的机械特性随 f_1 的变化关系

换言之,此时,随频率升高或下降,异步电机最大转矩 M_{max} 将保持不变。这种变化规律,正好满足机车低速启动时需要大而稳定的牵引力(恒转矩特性)的要求。

而且,恒功率牵引和恒转矩工况的配合使用,可以获得满意的调速效果。

为了实现交流调压变频调速的目的,必须通过车载逆变器将牵引变电所送来的 DC1500V 逆变成可以调压变频的三相交流电。国家电网交流电的频率不能随意改变,故不能直接用于地铁车辆的驱动。

图 5-18 是三相交流电压源逆变器原理简图,图 5-19 为其输出电压波形。可控硅 SCR_1 和 SCR_4、SCR_3 和 SCR_6、SCR_2 和 SCR_5 各自组成一相电路,三相配合向三相负载 Z_A、Z_B 和 Z_C 供电。L_0 和 C_0 用于稳压和滤波。设输入的直流电压为 U_d,则正负端处的电压分别为 $+U_d/2$ 和 $-U_d/2$。6 个可控硅是 6 个高速开关,在逆变器工作一周(360°电相角)中,每个可控硅导通 180°电相角,从 ABCO 获得新的三相交流电。控制可控硅导通时间,便可改变该交流电的频率。

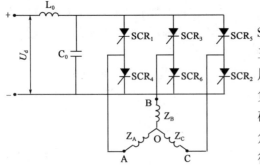

图 5-18 三相交流电压源逆变器原理简图

地铁列车由 6 节车辆(动车 4 节拖车 2 节)组成,采用 DC1500V 供电,主传动系统采用 IGBT(绝缘栅级晶体管)大功率电力电子元件的 VVVF(调压调频)逆变器和三相交流异步牵引电机,具有再生和电阻制动功能。

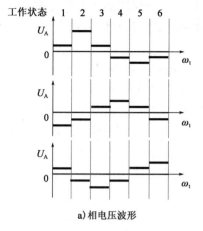 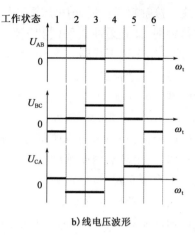

a) 相电压波形　　　　　　　　b) 线电压波形

图 5-19　逆变器输出电压波形

列车牵引逆变器模块(MCM)技术参数：

额定输入电压：DC1500V
输入电压范围：DC1000～1800V
额定输入电流：475A
输出电压：0～1404V

额定输出电流：465A
最大输出电流：760A
输出频率：0～12Hz
最大开关频率：1000Hz
散热器表面最高温度：76℃

5.7.2　牵引网技术

牵引网，是供电系统向车辆供电的直接环节。

牵引网，包括接触网(或接触轨)、回流轨、馈电线和回流线。

接触网，是悬挂在轨道上方或沿着轨道一侧敷设的输电网，它和钢轨保持一定距离。通过车辆受电弓或受电靴与接触网的滑动接触，牵引电能便由接触网进入车辆，驱动牵引电电机使列车运行。

馈电线，是连接牵引变电所和接触网的导线。

回流轨，除具有导轨功能外，还要完成导通回流任务。

回流线，是连接轨道和接牵引变电所的导线。

接触网的工作特点是：

(1) 无备用系统；

(2) 经常处于动态运行中；

(3) 技术复杂，技能要求高。

为保证给列车良好供电，接触网应满足以下要求：

(1) 悬挂要弹性均匀、高度一致，在列车高速行驶及恶劣天气下，能保证正常取流；

(2) 结构应力求简单，在施工及运营检修时，能保证充分的可靠性和灵活性；

(3) 寿命尽量长，为此应具有足够的耐磨性和抗腐蚀能力；

(4) 注意节约有色金属和贵重材料，以降低成本。

接触网，分架空式接触网和接触轨。架空式接触网用于地面、高架和地下线路，如深圳地铁1、2、5号线。接触轨式接触网用于净空受限的线路,如深圳地铁3号线。

架空式接触网,又分柔性接触网和钢性接触网。柔性接触网适用于地面、高架和地下线路,钢性接触网适用于地下线路。

架空式接触网的悬挂类型主要有三种:简单悬挂、链形悬挂、刚体悬挂。

为使接触网供电安全、可靠、灵活,在有牵引变电所车站的车辆惰行处、辅助线与正线的衔接处、车辆段出入线与正线的衔接处、车辆段检修库入口处,接触网设电分段。

接触网的电分段,是在纵向或横向将接触网从电气上互相分开的装置,通常用分段绝缘器来实现。该绝缘器,由环氧树脂绝缘板和铝合金导流滑板等部件组成。

牵引变电所沿线布置,每个所有一定供电范围,供电距离不能过长,以防止降压大、损耗大;也不能太短,以避免变电所太多。

牵引变电所向接触网供电有两种方式:单边供电和双边供电,如图5-20所示。

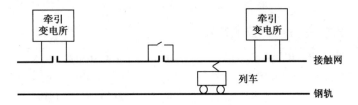

图5-20 接触网供电原理图

通常,接触网在相邻两座牵引变电所之间的中央断开,将两所间的接触网分为两个供电分区(又叫供电背)。接触网只从一端的牵引变电所获得电流,或者说列车只从所在供电背上的牵引变电所获得电流,这称之为单边供电。

如果在中央断开处设置开关设备,可将两供电分区连通,此处叫分区亭。将分区亭的断路器闭合,则相邻两个供电分区均可从两座牵引变电所获得电流,或者说一个供电背同时从两座牵引变电所获得电流,则称之为双边供电。

5.7.3 车站动力照明配电技术

地铁车站和区间的电气设备均采用 AC380V 三相五线制和 AC220V 单相三线制,由每座车站动力照明供电系统供电。一般地铁车站,中部是公共区,两端是设备区,主要电气设备多数集中在两端的设备区。车站动力照明供电属低压供电。

根据地铁车站低压负荷的分布特点,目前主要有三个低压配电主接线方案。为便于表述,定义降压变电所所在的车站一端为 A 端,另外一端为 B 端。

方案一:降压变电所直接供电(参见图5-21)

车站 A 端设置1座降压变电所,车站 B 端不设置配电室或跟随式降压变电所。车站 A 端和 B 端(包括站内和临近区间)电气设备的电源,均直接引自降压变电所的低压开关柜。

方案二:设置低压配电室供电(参见图5-22)

车站 A 端设置1座降压变电所,车站 B 端设置1个低压配电室,低压配电室的电源引自降压变电所。车站 A 端(包括站内和临近区间)电气设备的电源引自降压变电所的低压开关柜,车站 B 端(包括站内和临近区间)电气设备的电源引自低压配电室的低压开关柜。

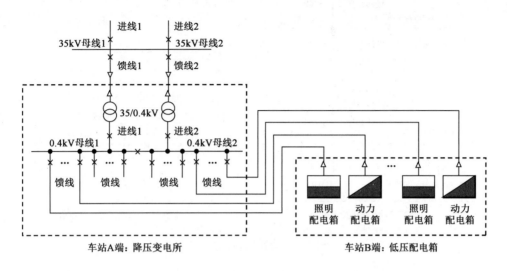

图 5-21　配电方案一:降压变电所直接供电

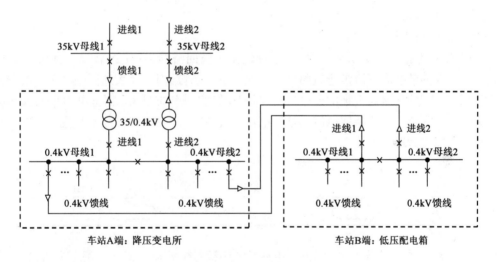

图 5-22　配电方案二:设置低压配电室供电

方案三:设置跟随式降压变电所供电(参见图 5-23)

车站 A 端设置 1 座降压变电所,车站 B 端设置 1 座跟随式降压变电所,跟随式降压变电所的进线电源采用 AC35kV(或 10kV),电源引自降压变电所。车站 A 端(包括站内和临近区间)电气设备的电源引自降压变电所的低压开关柜,车站 B 端(包括站内和临近区间)电气设备的电源引自跟随式降压变电所的低压开关柜。

地铁车站中的电气设备容量大、数量多、分布广,低压供电较为复杂,存在低压电缆电压损失、电缆通道拥挤、电缆截面过大等问题。为解决这些问题,要对车站低压供电的方式进行系统、全面的分析研究,综合考虑可靠性、工程投资、运行费用、设计施工管理的便利等多个方面,选择合理、可行的低压配电方案。

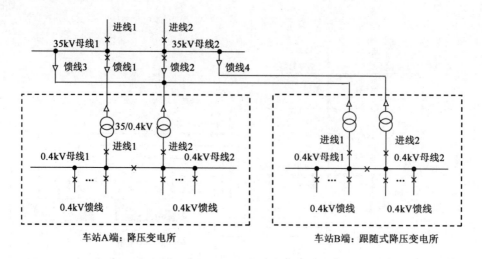

图 5-23　方案三:设置跟随式降压变电所供电

5.7.4　杂散电流防治技术

1)何谓杂散电流

杂散电流的形成如图 5-24 所示。

杂散电流是专指直流牵引系统中,以走行轨做负极回流导体(走行轨又称回流轨),但在实际运行中,有少量电流不沿走行轨回到牵引变电所的负极,而是经大地回到牵引变电所或根本不回到牵引变电所,流向大地的低电位处,哪里电位低就流向哪里,哪里电阻率低就从哪里流过,从而形成既杂又散的杂散电流。这种电流好像迷失方向一样,因此又叫迷流。由于在地中流动,故还称之为地中电流。

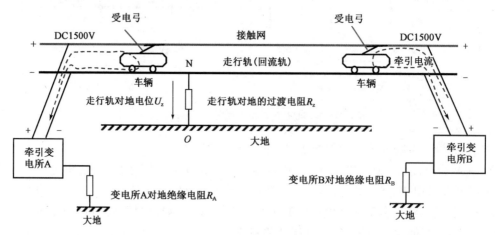

图 5-24　杂散电流的形成

走行轨对地电位不是固定不变的,杂散电流(迷流)的大小与下列因素有关:
(1)车辆到牵引变电所的距离愈远,迷流愈大,反之愈小;
(2)车辆牵引电流愈大,迷流愈大,反之愈小;

(3) 走行轨的回流电阻愈大,迷流愈大,反之愈小;
(4) 走行轨的过渡电阻愈小,迷流愈大,反之愈小。

2) 杂散电流的危害

杂散电流的阳极电腐蚀对金属的破坏相当严重,能引起水管腐蚀穿孔漏水、煤气管道腐蚀穿孔、地下金属件锈蚀、电缆挂钩打火、道钉生锈断裂、钢筋混凝土主体结构的强度和耐久性降低等问题,从而降低地铁设施的使用寿命,造成严重的经济损失,甚至可能酿成灾难性的事故。

案例1:香港因地铁迷流引起煤气管道腐蚀穿孔,造成煤气泄漏事故。

案例2:北京地铁一期工程因对杂散电流的危害认识不足及资金限制,无杂散电流排流装置,运营数年后发现主体结构钢筋腐蚀严重,隧道内水管腐蚀穿孔,仅东段部分北京站至长椿街区段就更换穿孔水管54处。

3) 杂散电流的防范

(1) 杂散电流防范的总要求

① 以防为主,排防结合。这样,既可保护地铁结构钢筋,又使杂散电流不外流,让杂散电流消失在地铁内部,防止地铁以外的地下金属管线发生电腐蚀。

② 防:采取各种有效措施,减少流入结构钢筋和大地的杂散电流。一方面,降低走行轨的回流电阻;另一方面,增大走行轨的过渡电阻。

③ 排:把泄漏出去的电流重新收集起来,让它流回到牵引变电所的负极,实现所谓的排流。

直接埋设在土壤中的金属外铠装电缆,受杂散电流腐蚀的危险电压不应大于表5-7所列数值。

电腐蚀危险性的直接定量指标是泄漏电流密度,地铁结构允许泄漏电流密度见表5-8。

金属外铠装电缆危险电压　　　　　　表5-7

危险电压值(V)		土壤电阻率 ρ
铁质接地极	硫酸铜测量参比电极	($\Omega \cdot m$)
0	-0.55	<100
0.1	-0.45	100~500
0.2	-0.35	500~1000
0.4	-0.15	>1000

注:表中所列为列车运行高峰时的1h平均值。

地铁结构允许泄漏电流密度　　　　　　表5-8

材料与结构	允许泄漏电流密度(mA/m^2)
生铁	0.75
混凝土结构中的钢筋	0.60
钢结构	0.15

注:表中所列为列车运行高峰时的1h平均值。

(2) 对供电系统的要求

① 牵引供电距离不宜太长,除车辆段检修线外,应采用双边供电,避免单边供电。

② 为降低走行轨的纵向电阻,区间每隔400m左右应设均流线,均流线应为铜心绝缘线,

截面不小于 $4\times150m^2$。

③变电所的所有电气设备外壳应与结构钢筋绝缘。

④隧道内的金属设备外壳、各种金属管线、隧道结构钢筋,不得与走行轨有直接的电气连接。

⑤变电所的接地装置应与主体结构钢筋绝缘。

⑥车场应单独设牵引变电所。

(3) 对线路的要求

①走行轨焊接成大于 100m 的长轨,相临两轨间的接缝应用铜引线可靠连接,连接线不小于 $2\times150m^2$。

②钢轨和扣件之间,扣件和轨枕之间,应采用绝缘橡胶垫。

③轨道固定螺纹道钉应采用玻璃钢套管,单只绝缘套管的绝缘电阻大于 $4M\Omega$。

④走行轨采用点支撑,混凝土垫块应高于整体道床,轨底部和道床之间的间隙不得小于 30mm。

⑤走行轨对地的过渡电阻,新线路不应小于 $15\Omega\cdot km$,运营线路不应小于 $3\Omega\cdot km$。

⑥在走行轨下的混凝土整体道床中敷设纵向钢筋,其总截面不小于 $1600mm^2$。道床下纵向钢筋接头间应焊接,每隔 5m 做横向连接,在整体道床伸缩缝处排流钢筋断开,并引出端子。

⑦在线路纵向断面和道床设计中,应从结构上保证杜绝道床表面积水。线路断面设置合理的排水系统,防止钢轨和扣件受污而增加泄漏电阻。

(4) 对各种金属管线的要求

①金属管进出地铁隧道部位,应通过绝缘法兰盘连接。

②穿越钢轨下面的金属管,必须采取绝缘措施,与轨道绝缘。

③铠装电缆必须有外绝缘护套。

(5) 对主体结构的要求

①隧道、车站结构应有良好的防水层,采用防水混凝土。

②在变形缝两侧应焊接预埋钢块,用于杂散电流的监测防护。

③不可将隧道、车站结构的钢筋当作自然接地体使用。

(6) 对车场的要求

①车场的电缆应敷设在电缆沟内。

②车场内的走行轨与正线走行轨绝缘隔离。

③车库、检修库的走行轨与房屋结构及其他金属物体绝缘隔离,不得有电气连接。

④车场与城市管网相连的水管及其他金属管路在离开车辆段部位,应设绝缘法兰盘,以减少车辆段与城市地下管网之间的相互影响。

⑤车场内应设专用的牵引变电所。

(7) 排流措施

①以整体道床钢筋作为第一层杂散电流收集网。

②以隧道及车站结构钢筋作为第二层杂散电流收集网。

③在牵引变电所设排流柜。

4) 杂散电流监测

杂散电流监测系统构成:参考电极、整体道床测量端子、杂散电流测量用信号电缆、信号测量端子箱(变电所内)、信号盒(区间)、微机综合测试装置。

在每座车站变电所的控制室或检修室内,安装一台杂散电流测量端子箱,将该车站相邻区段的测量端子及参考电极端子引入到区间盒后,由统一的信号电缆引入至变电所内测试箱的连接端子。通过移动式微机型测试装置与变电所内测试箱连接,来对各测试点的测试端子与参考电极间的电位进行测试和数据处理。

5.7.5 接地技术

1) 接地概念与分类

在地铁供电系统中,接地一般指与变电所接地母线直接相连,或通过设备中的连接排与变电所接地母线间接相连,而不是指与埋在大地内的接地极直接相连。

接地目的是确保机电设备运行的可靠性、稳定性,确保设备和人身安全,防止雷电危害,防止过电压破坏,抑制电磁干扰。

在地铁工程中,"地"的概念包括:①大地;②结构地(用来替代大地的等效导体,如飞机、轮船的外壳);③牵引系统地(兼作回流的走行轨)。

地铁接地,可按电流制式、电压等级和接地作用进行分类,分别有交流、直流、高频、高压、中压、低压以及功能性、保护性之分,如图 5-25 所示。

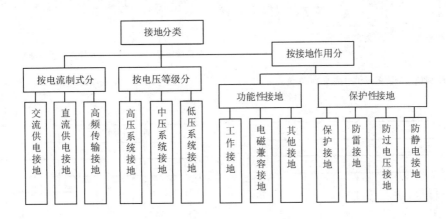

图 5-25 地铁接地分类

工作接地,是处理系统内电源端带电导体的接地问题,有两种接地方式:直接接地方式和间接接地方式。

电磁兼容接地,是为了防止系统、设备、电路和器件之间的相互干扰,确保它们正常工作,实现电磁兼容性。

保护接地,是为了防止设备绝缘损坏或漏电时,实现等电位连接,降低设备外露导电对地的电压,确保人员安全。

防雷接地,是为雷电流提供导入大地的通路,防止或减轻雷击对建(构)筑物、电气设备的损坏,防止人身遭受雷击伤害。

防过电压接地,是为系统运行产生的异常电磁能量提供导入大地的通路,用于雷电过电压的保护、架空线路的防雷保护和变电所的防雷保护。

防静电接地,通常是为防止静电对易燃油、天然气储蓄罐和管道等的危险作用而设的接地,在地铁还是为避免静电敏感元器件遭受静电损伤而设的接地。

由于三相供电的零线不可能绝对平衡,会有不平衡电流产生并流入零线的接地点,故防静电地线的埋设点应距建筑物和设备20m以外。

2)交流供电系统的工作接地

地铁交流供电系统的工作接地方式如图5-26~图5-30所示。图中,⸺N 为中性导体,⸺PE 为保护导体,⸺PEN 为保护和中性合一导体。表5-9 为常见工作接地方式。

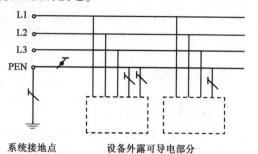

图5-26 交流低压供电接地 TN-C 系统

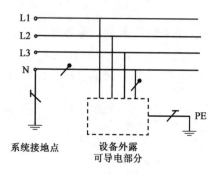

图5-27 交流低压供电接地 TT 系统

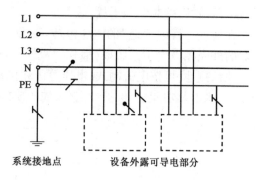

图5-28 交流低压供电接地 TN-S 系统

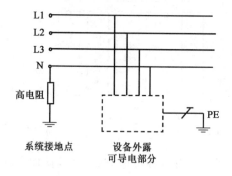

图5-29 交流低压供电接地 IT 系统

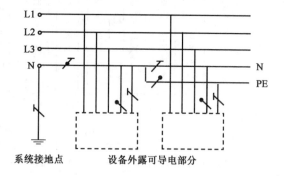

图5-30 交流低压供电接地 TN-C-S 系统

3)交流供电系统的保护接地

变电所内电气设备的保护接地,即把设备外露导电部分直接通过接地线与接地母线相连。需保护的交流设备包括:

(1)主变压器、牵引变压器、配电变压器的外壳与底座;

(2)高压封闭式组合电器和箱式变电所的金属箱体;

(3)中压、低压开关的金属外壳;

(4)交直流电源屏的金属外壳;

(5)各类电气用金属构件与支架;

(6)电缆桥架与金属线槽;

(7)电力电缆和控制电缆的金属穿线管;

(8)电力电缆和控制电缆的金属外铠装与金属护套等。

地铁交流电系统的工作接地方式　　　　　表5-9

类别		工作接地方式		说明
交流电高压系统	1	电源中性点不接地		①指10kV及以上电压等级的高压系统; ②接地方式由当地电力部门确定
	2	电源中性点经消弧线圈或高电阻接地		
	3	电源中性点直接接地或小电阻接地		
交流电低压系统	1	TN系统	TN-C系统(见图5-26)	整个系统的中性导体和保护导体是合一的
			TN-S系统(见图5-28)	整个系统的中性导体和保护导体是分开的
			TN-C-S系统(见图5-30)	系统中一部分中性导体和保护导体是合一的
	2	TT系统(见图5-27)		电源中性点直接接地,设备有保护接地
	3	IT系统(见图5-29)		电源中性点经高电阻接地,设备有保护接地

4)接地装置

接地装置是完成系统、设备接地功能的材料和设备的总称,包括:

(1)接地母线

接地母线是汇集各系统、设备接地线并与接地体电气连接的金属导体(多为铜材)。

(2)接地线

接地线又分接地干线和接地支线,接地干线一般应采用不少于两根导体在不同地点与接地网连接。

(3)接地极

接地极又叫接地体,是埋在大地中的金属导体,有水平接地极、垂直接地极、水平接地网(一组水平埋设、相互连接的导体网格)和复合接地网(由水平接地网和垂直接地极构成)等类型。非网状接地极,有管形、带形和环形等形式。

接地极可以是自然接地极(如车站结构钢筋),也可以是人工接地极,但必须满足防腐蚀和接地电阻的要求。

我国早期修建的地铁如北京地铁,为避免强电和弱电的相互影响,采用强电设备(供电系统等)和弱电设备(通信、信号)分设接地装置的方式。强电系统接地电阻要求不大于0.5Ω,弱电系统接地电阻要求不大于4Ω。

对于土壤电阻率较低的地区,分设接地网是有条件的。但是,一座车站分设多个接地网,在电气上要真正分开,必须保证满足一定的地中距离,通常要求大于20m,否则即使是形式上分开了而实际上并未分开。

图 5-31 是地铁综合接地示意图。

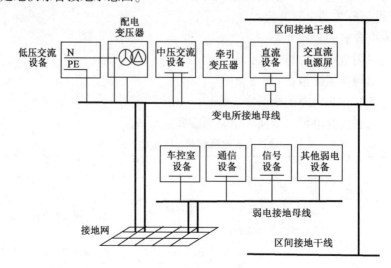

图 5-31　地铁综合接地示意图

事实上,一座车站的不同接地网是很难分开的。由于地铁内设备的数量和种类很多,且相互间关系密切,经常会使不同设备的接地在电气上连在一起,如不能合理地处理其相互间的关系,则容易造成强烈干扰,严重时甚至会造成事故而导致设备损坏或人身伤亡。因此,近年来修建的地铁已较少采用分设接地网的方式,通常采用强电设备和弱电设备共用一个综合接地装置的方式,以避免由于设备之间出现电位差而影响设备的正常运行和人身安全。从投资方面考虑,综合接地网可节约投资、缩短工期。由于我国地铁建设的经验尚不多,规范也无此方面的规定,因而综合接地网的接地电阻沿用了香港地铁不大于 0.5Ω 的规定。

此外,国外的地铁也有利用隧道结构钢筋作为接地网的实例(如土耳其地铁),原理是将隧道近似看作一等效法拉第笼。

5) 接地电阻

接地电阻是接地装置的重要参数之一。

接地电阻是接地极流散电阻与接地线电阻之和。由于接地线电阻一般很小(可忽略不计),因此可以认为流散电阻就是接地电阻。

电流通过接地极向大地做半球形流散,流过接地电阻便形成接地电压,如图 5-32 所示。但离接地极愈远,球面愈大,流散电阻愈小,到离接地极 20m 处时流散电阻降为零,接地电压也随之降为零。

因此,应当强调指出,机电工程上常说的"地",就是指离接地极 20m 的地方,而不是接地极邻近的位置。

6) 直流牵引供电系统接地

(1) 直流牵引供电为不接地系统,牵引变电所中的直流设备应绝缘安装;

(2) 当利用走行轨作回流网时,对杂散电流应加以限制及防护;

(3) 兼作回流的走行轨隧洞主体结构(或大地)之间的过渡电阻值,在设计排流设施时,按不小于 $15\Omega \cdot km$ 考虑;

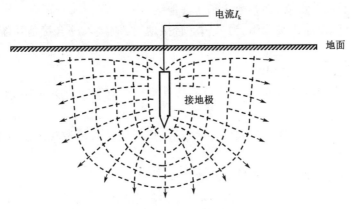

图 5-32　接地极流散电阻

（4）整体道床中设排流钢筋网，并与其他结构钢筋、金属管线、接地装置非电气连接；

（5）兼作回流的走行轨应焊接成长钢轨，并在上下行间据信号系统要求采取均流措施；

（6）当杂散电流腐蚀防护与接地有矛盾时，应以接地安全为主；

（7）变电所应提供杂散电流的检测排流条件，根据杂散电流的检测情况，决定是否使用排流系统；

（8）在各车站及车辆段检修库，应设置钢轨电位限制装置，该装置的动作电压应可调，并具遥信功能；

（9）杂散电流腐蚀防护的其他要求，应满足《地铁杂散电流腐蚀防护技术规程》（CJJ 49—1992）要求。

7）《地铁设计规范》的相关规定

国家标准《地铁设计规范》（GB 50157—2013），对地铁主要设备系统的接地提出了明确要求，现归纳整理如下：

（1）控制中心接地要求

控制中心的防雷接地，应符合现行国家标准《建筑物防雷设计规范》（GB 50057）的有关规定，其防护类别不应低于第二类防雷建筑物。

控制中心应设统一的强、弱电系统综合接地极，总的接地电阻不应大于1Ω，并应满足各系统总的散流要求。

（2）环境与设备监控系统接地要求

环境与设备监控系统的电缆屏蔽层，宜采用一点接地。环境与设备监控系统现场机柜，均应可靠接地。环境与设备监控系统的控制器和计算机设备，宜根据相应产品或系统的要求，设置功能性接地和保护性接地。接地电阻不应大于1Ω。

（3）通信设备接地要求

通信设备的接地系统设计，应满足人身安全要求和通信设备的正常运行。地铁车站、控制中心与车辆基地，宜采用综合接地方式。车辆基地也可采用分段接地方式。室外综合接地体电阻值不应大于1Ω。

（4）信号设备接地要求

信号设备的接地系统应符合下列要求：

应设工作地线、保护地线、屏蔽地线和防雷地线等。

信号设备室内应设综合接地箱;当采用综合接地时,应接入综合接地系统弱电母排,接地电阻不应大于1Ω。

信号设备室外设备应通过线缆接地。

出入信号设备室的电缆应采用屏蔽电缆,应在室内对电缆屏蔽层一端接地,并应在引入口设金属护套。

车辆基地内未设综合接地系统或局部未设时,信号设备可分散接地。分散接地电阻值不应大于4Ω。

车载信号设备的地线应经车辆接地装置接地。

防雷与接地应按现行国家标准《建筑物电子信息系统防雷技术规范》(GB 50343)的有关规定执行。

(5) 其他弱电系统接地要求

通信设备的接地系统设计,应满足人身安全要求和通信设备的正常运行要求。地铁车站、控制中心与车辆基地,宜采用综合接地方式。车辆基地也可采用分段接地方式。室外综合接地体电阻值不应大于1Ω。

乘客信息系统应采用综合接地,接地电阻不应大于1Ω。

自动售检票系统应采用综合接地,接地电阻不应大于1Ω。

火灾自动报警系统接地装置的接地电阻值,应符合下列要求:采用综合接地装置时,接地电阻值不应大于1Ω;采用专用接地装置时,接地电阻值不应大于4Ω。

(6) 供电系统接地要求

供电系统中电气装置与设施的外露可导电部分,除有特殊规定外,均应接地。

当供电系统与其他系统共用接地装置时,其接地电阻不应大于接入设备中要求的最小值。

变电所接地装置应能降低接触电位差和跨步电位差,并应符合现行行业标准《交流电气装置的接地设计规范》(GB/T 50065)的有关规定。

变电所应利用车站结构钢筋或变电所结构基础钢筋等自然接地极作为接地装置,并宜敷设以水平接地极为主的人工接地网。自然接地装置和人工接地网间,应采用不少于两根导体在不同地点相连接。自然接地极与人工接地网的接地电阻值,应能分别测量。

接地装置至变电所的接地线的截面,不应小于系统中保护地线截面的最大值。

配电变压器低压侧中性点应直接接地。

直流牵引供电系统应为不接地系统,牵引变电所中的直流牵引供电设备必须绝缘安装。

正常双边供电运行时,站台处走行轨对地电位不应大于120V,车辆基地库线走行轨对地电位不应大于60V。当走行轨对地电压超标时,应采取短时接地措施。

5.7.6 无功补偿技术

区域电网存在大量的无功负荷,如电力线路、电力变压器和用户的用电设备。大量的无功负荷将降低有功功率的传输和系统功率因素,增大线路损耗,不利于整个区域电网的经济运行。

地铁供电系统交流电功率因素,白天约为 0.9,晚上约为 0.3,平均约为 0.78,无功波动较大。由于电缆充电电流影响,使得地铁供电系统夜晚处于无功倒送状态,导致负荷侧母线电压升高,危害设备和系统的稳定性。

静止无功补偿发生器(SVG)是采用变流器结构和新型电力电子器件、智能控制芯片实现高性能无功补偿的系统。

SVG 设备可动态调节供电系数的无功功率,提高功率因素,同时滤波装置可有效滤除高次谐波,彻底解决无功倒送和谐波超标问题,可对区域电网进行无功补偿,稳定电网电压,降低线损,提高供电质量;还可快速准确地进行无功补偿,稳定母线电压的同时也提高了功率因素,彻底解决了无功倒送问题。

SVG 并联在电网中,相当于一个可变的无功电流源,其无功电流可以快速地跟随无功和谐波电流的变化而变化,自动补偿系统所需的无功和谐波电流。

SVG 与 SVC(传统静止无功补偿装置)的性能比较见表 5-10。

SVG 与 SVC 的性能比较　　　　　　　　　　　　　　　　表 5-10

设　备	SVC(传统静止无功补偿装置)	SVG(新型静止无功补偿发生器)
能量模式	储能式,损耗大(3%)	非储能式,损耗小(1%)
占地面积	占地大	占地小(减少 $\frac{1}{2} \sim \frac{2}{3}$)
响应速度	20~40ms	<5ms
运行范围		
谐波	谐波大	无谐波
原理特性	阻抗对型补偿装置,系统参数敏感,易造成系统谐振	电流可控型装置,系统参数不敏感,可抑制谐振
输出特性	调节阻抗,补偿无功	调节电流,综合改善电能质量

SVG 不再采用大容量的电容、电感元器件,而是通过大功率电力电子器件的高频开关实现无功能量的转换。与常规补偿方案相比,有以下优势:

(1)更快的响应速度;
(2)更加有效地抑制电压闪变;
(3)运行范围宽,补偿容量大;
(4)补偿方式灵活,可进行无功补偿、电压补偿、负序补偿、谐波补偿及综合补偿;
(5)发生无功时,本身不发生谐波;

(6)补偿谐波时,可输出13次以下谐波。

5.7.7 谐波抑制技术

1)谐波及其成因

评价电能质量有三个标准:首先是电压的稳定性,包含电压波动、电压偏移、电压闪变等;其次是频率的稳定性;最后是电压的波形质量,即三相电压波形的对称性和正弦波的畸变率,也就是谐波所占的比重。电网谐波来自于三个方面:

(1)发电源质量不高产生谐波

由于发电机的转子产生的磁场不可能是完善的正弦波,因此发电机发出的电压波形不可能是一点不失真的正弦波。

目前我国应用的发电机有两大类:隐极机和凸极机。隐极机多用于汽轮发电机,凸极机多用于水轮发电机。发电机由于三相绕组在制作上很难做到绝对对称,铁心也很难做到绝对均匀一致,以及其他原因,发电源多少也会产生一些谐波,但一般很少。

对于谐波分量而言,隐极机优于凸极机,但随着科技进步,可控硅、IGBT等电子励磁装置的投入,使发电机的谐波分量有所上升。当发电机的端电压高于额定电压的10%以上时,由于电机的磁饱和,会使电压的三次谐波明显增加。

(2)输配电系统产生谐波

在输配电系统中,主要是电力变压器产生谐波。由于变压器铁心的饱和,磁化曲线的非线性,加上设计变压器时考虑经济性,其工作磁密选择在磁化曲线的近饱和段上,这样就使得磁化电流呈尖顶波形,因而含有奇次谐波。谐波大小与磁路的结构形式、铁心的饱和程度有关。铁心的饱和程度越高,变压器工作点偏离线性越远,谐波电流也就越大,其中3次谐波电流可达额定电流的0.5%。

事实上,在变压器的电源侧电压超过额定电压10%以上时,也会使二次侧电压的3次谐波明显增加。

(3)用电设备产生谐波

由于晶闸管整流在电力机车、充电装置、开关电源等许多方面得到了越来越广泛的应用,给电网造成了大量的谐波。晶闸管整流装置采用移相控制,从电网吸收的是缺角的正弦波,从而给电网留下的也是另一部分缺角的正弦波,显然在留下部分中含有大量的谐波。

如果整流装置为单相整流电路,在接感性负载时含有奇次谐波电流,其中3次谐波的含量可达基波的30%,接容性负载时则含有奇次谐波电压,而且谐波含量随电容值的增大而增大。如果整流装置为三相全控桥6脉整流器,变压器原边及供电线路含有5次及以上奇次谐波电流。如果是12脉冲整流器,也还有11次及以上奇次谐波电流。统计表明,整流装置产生的谐波占所有谐波的近40%,是最大的谐波源。

非线性用电设备是主要的谐波源,主要有以下四大类:

(1)电弧加热设备,如电弧炉、电焊机等;
(2)交流整流的直流用电设备,如电力机车、电解、电镀等;

(3)交流整流再逆变用电设备,如变频调速、变频空调等;

(4)开关电源设备,如中频炉、彩色电视机、计算机、电子整流器等。

2)谐波危害

(1)影响供电系统的稳定运行。供配电系统中的电力线路与电力变压器,一般采用电磁继电器,感应式继电器或新式微机保护进行检测保护,在系统中这些属于敏感元件,继电器受到高次谐波的影响容易产生误动作。微机保护由于采用了整流采样电路,也极易受到谐波的影响导致误动或拒动。这样,谐波严重威胁供电系统的稳定与安全运行。

(2)影响电网的质量。高次谐波能使电网的电压与电流波形发生畸变。另外,相同频率的谐波电压与谐波电流要产生同次谐波的有功功率和无功功率,从而降低电网电压,增加电路损耗,浪费电网容量。

(3)影响供电系统的无功补偿设备。供电系统变电站均有无功补偿设备,当谐波注入电网时,容易造成高压电容过电流和过负荷,使电容异常发热。另外,谐波的存在还会加快电容器绝缘介质的老化,缩短电容的使用寿命。

(4)影响电力变压器的使用。谐波的存在会使电力变压器的铜损和铁损增加,直接影响变压器的使用效率。另外,还会造成变压器噪声增加,缩短变压器的使用寿命。

(5)影响用电设备。谐波的存在会造成异步电机电动机效率下降,噪声增大。谐波会使低压开关设备产生误动作。谐波对工业自动化的正常通信也会造成干扰,影响电力电子计量设备的准确性。

3)谐波治理

(1)无源滤波装置

无源滤波装置主要采用 LC 回路,并联于系统中,LC 回路的设定,只能针对某一次谐波,即针对某一个频率为低阻抗,使得该频率流经为其设定的 LC 回路,达到滤除某一频率谐波的目的。LC 回路在滤除谐波的同时,在基波对系统进行无功补偿。这种滤波装置简单,成本低,但不能滤除干净。

一般而言,低压 0.4kV 系统大多数采用无源滤波方式。国内低压侧高水平的谐波滤除装置采用光纤触发系统。

(2)有源电力滤波器

有源电力滤波器是在无源滤波的基础上发展起来的,它的滤波效果好,在其额定的无功功率范围内,滤波效果达到 100%。它主要是由电力电子元件组成电路,使之产生一个和系统的谐波同频率、同幅度,但相位相反的谐波电流与系统中的谐波电流抵消。但由于受到电力电子元件耐压、额定电流的发展限制,成本极高,其制作也较之无源滤波装置复杂得多,成本也就高得多了。有源电力滤波器主要应用在计算机控制系统的供电系统中。

5.7.8 防雷技术

1)雷电过电压的保护

雷电过电压的保护主要依靠防雷装置,包括接闪器、接地引下线和接地装置。

表 5-11 是防雷装置汇总表。

图 5-33 是保护间隙的结构。图 5-34 是管式避雷器的结构。图 5-35 是人工接地体。

防雷装置汇总表　　　　　　　　　　　　表 5-11

类号	名　　称			说　　明
1	接闪器	避雷针		装在构架、支柱或建筑物上，下端用引下线连接地装置
		避雷线（又称架空地线）		设在架空线路上方，用引下线与接地装置连接
		避雷带		沿屋顶周围装设，高出屋面 100～159mm
		避雷网		装在屋顶周围，屋顶上设圆钢网或扁钢网
		避雷器	阀式避雷器	分普通式和磁吹式，主要由火花隙和阀串成
			管式避雷器	主要由灭弧管内的火花隙和外间隙组成
			金属氧化物避雷器	属新式避雷器，无火花隙，用氧化锌代替碳化硅
			保护间隙	是最简单的防雷设备，材料为镀锌圆钢，由主、辅间隙构成
2	接地引下线			由圆钢（直径不小于 8mm）或扁钢（截面不小于 $48mm^2$、厚度不小于 4mm）制成，可明装也可暗装
3	接地装置			由接地线和接地体构成，接地线用直径为 10m 的圆钢制成，接地体包括人工接地体和自然接地体

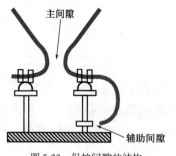

图 5-33　保护间隙的结构

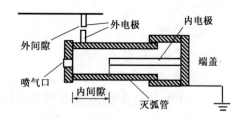

图 5-34　管式避雷器的结构

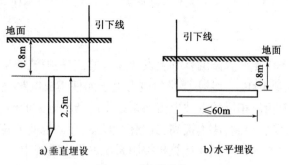

图 5-35　人工接地体

2) 架空线路的防雷保护

可通过架设避雷线、提高线路本身绝缘能力、用三角形排列的顶线作保护线、装设自动重合闸及在薄弱环节装设避雷器等五项措施进行架空线路的防雷保护，见表 5-12。

架空线路防雷措施及说明　　　　　　　表 5-12

序号	防雷措施	说　　明
1	架设避雷线	63kV 以上架空线路,全线架设避雷线; 35kV 架空线路,仅在进出变电所一段线路上架设避雷线; 10kV 及以上线路,一般不架设避雷线
2	提高线路本身绝缘能力	在架空线路上,采用木横担、瓷横担或高一级的绝缘子
3	用三角形排列的顶线作保护线	在顶线绝缘子上装设保护间隙,以便对地泄放雷电流
4	装设自动重合闸	以使开关经半秒或更长时间自动重合闸
5	在薄弱环节装设避雷器	在架空线路上个别薄弱环节,装设排气式避雷器或保护间隙

3) 变电所的防雷保护

变电所防雷须从两个方面着手:防直击雷和防雷电波侵入。

只有变电所在室外,而且不在高大建筑避雷针的保护范围内,才考虑防直击雷,而措施一般为避雷针或避雷线。

为了防止雷电波侵入,对 35kV 进线,一般在进线 500~600m 这段距离安装避雷线并可靠接地,同时在进线上安装避雷器。对 6~10kV 进线,不装避雷线,只装阀式避雷器。

5.8　系统实例

深圳市地铁集团有限公司目前管理和运营 7 条线路,供电系统简况见表 5-13。

深圳地铁供电系统简况　　　　　　　表 5-13

序号	设备名称	1 号线	2 号线	3 号线	5 号线	7 号线	9 号线	11 号线
1	独立主变电所(座)	4	1	2	0	1	1	1
2	合用主变电所(座)	0	3	0	3	1	1	1
3	牵引降压混合变电所(座)	18	14	16	15	13	12	23
4	降压变电所(座)	若干	若干	若干	若干	若干	若干	若干
5	跟随变电所(座)	若干	若干	若干	若干	若干	若干	若干
6	侧式安装接触轨牵引供电	—	—	是	—	—	—	—
7	架空柔性接触网牵引供电	是	是	—	—	—	—	—
8	架空刚性接触网牵引供电	—	是	—	是	是	是	是
9	走行轨牵引供电回流	是	是	是	是	是	是	是

7 条线都有独立主变电所和(或)合用主变电所,其将 AC110kV 电能降压为 AC35kV 电能后,通过环网电缆向牵引降压混合变电所、降压变电所及跟随变电所供电。

7 条线都有若干座牵引降压混合变电所,其将 AC35kV 电能降压为 AC380/220V 电能和降压整流为 DC1500V 电能。AC380/220V 电能供给低压用电设备;DC1500V 电能供给接触网(轨),向列车供电。

地铁 1 号线牵引供电系统采用 DC1500V 架空柔性接触网、走行轨回流方式供电。地铁 2、5、7、9、11 号线牵引供电系统采用 DC1500V 架空刚性接触网、走行轨回流方式供电。地铁 3 号线牵引供电系统采用DC1500V侧式安装接触轨、走行轨回流方式供电。

接触网额定电压1500V,允许波动范围1000~1800V,正线接触网额定电流3000A。

5.9 发展趋势

(1)地铁供电系统由单线独立供电网络发展为多线混合供电网络。

大中型城市地铁线路实现网络化运营,地铁供电网络将由单线独立供电网运行方式发展为多线混合供电网运行方式,各供电网络之间全面互联,提高供电网络的可靠性,增强主变电所的资源共享水平,提升供电系统的能源效率。

(2)地铁供电系统的电气设备实现智能化。

供电系统的电气设备配置各种测量装置和传感器,实时测量电气回路的电流、电压、机械动作等数据,实时监测关键位置的温度、机械应力、电场应力等参数,实现设备的周期维修到状态维修的升级。

(3)地铁供电系统的高低压开关设备由机械式发展为电子式。

电力电子器件的动作速度远远优于机械开关,伴随电力电子器件的耐压水平、通流能力的日益提高和损耗的日益下降,将逐步取代机械类开关。

(4)牵引供电系统采用独立回流轨回流的直流供电制式,或采用AC3kV供电制式。

当前地铁牵引供电系统采用走行轨回流的直流供电制式,杂散电流腐蚀影响日益严重,且缺乏有效工程措施,必将遭到淘汰,或者采用独立回流轨回流的直流供电制式,或者采用AC3kV供电制式。

(5)电气设备应用固体绝缘技术取代气体绝缘和油绝缘技术。

AC10kV及以下电力设备已经全部实现固体绝缘或空气绝缘,AC35kV整流变压器、配电变压器和电力电缆也已经实现固体绝缘或空气绝缘,但是AC35kV开关柜和AC110kV开关柜采用六氟化硫气体绝缘,AC110kV变压器采用油绝缘或六氟化硫气体绝缘,由于六氟化硫气体绝缘安装维修困难且即将禁用,油绝缘存在火灾安全隐患也不适应地铁的应用环境,考虑固体绝缘材料性能的提升以及绝缘缺陷检测技术的发展,未来固体绝缘技术将取代气体绝缘和油绝缘技术。

第6章 客服设备分析

为乘客服务的设备,简称客服设备,包括乘客信息系统、导向标识系统、自动售检票系统、站内客运设备、站台门和民用通信设备。其中,导向标识系统,可根据安装位置分为站外标识(如道路引导标识、轨道交通标识等)和站内标识(如站内吊挂式标识、站内贴附式标识等),也可根据作用不同分为乘车标识、出入标识、禁止警告标识、咨询标识等。民用通信包括无线通信、公共电话系统和互联网。

本章着重分析乘客信息系统、自动售检票系统、站内客运设备和站台屏蔽门系统。

6.1 乘客信息系统

6.1.1 系统功能

乘客信息系统(PIS),用于保证乘客在乘车过程中,能及时获取列车运营信息和公共媒体信息。

乘客信息系统的功能是:在正常情况下,提供列车运行信息、时钟日期信息、电视新闻、政府公告、出行参考、广告、娱乐等实时多媒体信息;在火灾及阻塞情况下,提供紧急疏散指示信息。具体要求如下:

(1)系统的主要目标是通过中心、车站、车载系统的控制,在指定的时间,将指定的信息显示给指定的人群。

(2)系统兼容多种终端信息显示设备,如 PDP 显示屏、LCD 显示屏、LED 显示屏、LED 点阵室内外显示屏等。合理设计、布局这些终端显示设备,从而构成一个方便乘客、服务乘客的完整体系。

(3)系统具备一套标准的时间表播放机制,包括周时间表、日时间表、节日时间表等。系统根据预先编辑设定的时间表自动播放多种日常信息,包括提示信息、定时的欢迎信息等。

(4)多媒体显示控制软件支持显示屏幕多区域分割功能,分割区域最大数不少于 8 个。播出版面可根据需要进行切换。

(5)视频显示支持多样的播出风格。同屏幕显示多个子窗口,各个子窗口可支持不同的播出方式。信息播出版面效果根据需要随时更新。可为第三方的系统(如综合监控、列车自动监控、信号等)提供接口。

(6) 系统具有网管功能。监控各终端显示节点的状态,确保系统正常。提供远程管理,方便操作员中央控制和管理。系统网管应支持 TCP/IP 和 SNMP 标准,具有自诊断功能,可进行故障管理、配置管理及网络安全管理。

(7) 系统与综合监控系统在车站和控制中心互联,实现信息共享。正常情况下,系统根据预排时序播放相关信息。火灾及阻塞情况下,接收综合监控系统控制命令,播放预先制作的紧急疏散引导信息。

6.1.2 信息显示方式

乘客信息系统显示信息的方式有以下 5 种:

1) 文本滚动显示

能同时混合输入、保存、传输、显示简体中文、繁体中文、英文、数字等。支持文字的导入、导出功能。能指定文本的字体、颜色、前景、背景、移动效果等显示参数。文本移动的效果包括闪烁显示、由左至右滑出显示、由右至左滑出显示、由上至下滑出显示、由下至上滑出显示。

2) 图像动画显示

支持当前流行应用的各种图像文档格式。用户能够指定图像播放时的长宽比例模式、渐进和渐出效果等的显示参数。图像信息可以预先设定多种方式播放显示。

3) 视频播放

支持 MPEG-2 及其他标准格式的视频文件的播放。用户可指定播放的起始时间、结束时间和播放内容。支持中心广播/组播放的视频信号源,包括 DVD 播放机、录像机、有线电视等。

4) 时钟显示

支持模拟时钟显示,模拟时钟的样式和颜色可以由用户自行设定。支持数字时钟显示,数字时钟的样式可以由用户自行设定。时钟显示与系统时钟同步。

5) 文件显示

支持 Flash、RTF 等常用文件的显示。

6.1.3 信息类型和优先级别

乘客信息有 5 种类型:紧急信息、列车服务信息、乘客引导信息、一般站务及公共信息、广告信息,详见表 6-1,该表同时列出了播出的优先级别。

6.1.4 系统组成

图 6-1 是乘客信息系统组成框图。

从中不难看出,系统组成有两种表达方式:

第一种表达方式,按功能划分,由以下 5 个部分组成:节目制作子系统、中心子系统、车站子系统、车载子系统、骨干传输网。

其中,车站子系统包括车站设备、道旁无线接入点(AP)和道旁接入传输网,车载子系统包括车载信息设备和车载无线设备。

第二种表达方式,按空间划分,由以下 5 个部分组成:节目制作子系统、中心子系统、车站设备、车载信息设备、传输子系统。

乘客信息类型及播出的优先级别　　　　　　　表6-1

播出优先级	信息类型	信息内容	播出优先级	信息种类	信息内容
1	紧急信息	火警、台风警报、洪水警报等	4	一般站务及公共信息	时钟显示
1	紧急信息	紧急站务警告信息	4	一般站务及公共信息	票务信息
1	紧急信息	有关乘客人身安全的临时信息	4	一般站务及公共信息	公益广告、公告信息
1	紧急信息	逃逸、疏散方向指示	4	一般站务及公共信息	天气、新闻、股市等信息
2	列车服务信息	列车时间表	4	一般站务及公共信息	公共交通汽车接驳信息
2	列车服务信息	列车阻塞等异常信息	4	一般站务及公共信息	场机航班信息
2	列车服务信息	下班车到站时间	4	一般站务及公共信息	火车时刻表信息
2	列车服务信息	特别的列车服务安排信息	4	一般站务及公共信息	公安提示
3	乘客引导信息	动态指示信息	5	广告信息	商业广告信息
3	乘客引导信息	逃逸、疏散方向指示	5	广告信息	商业宣传信息
3	乘客引导信息	地铁服务中止	5	广告信息	公益广告信息

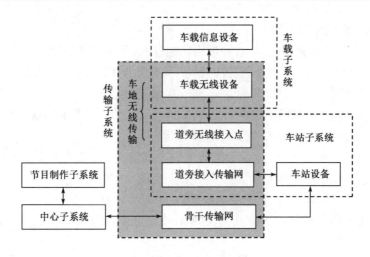

图6-1　乘客信息系统组成框图

其中,传输子系统包括骨干传输网、道旁接入传输网、道旁无线接入点(AP)和车载无线设备(后两者共同完成车地无线传输功能)。

1) 节目制作子系统

节目制作子系统的功能是:广告节目的编辑和保存、时间表的编辑和保存、屏幕布局的编辑和保存、集中控制发布播放时间表至显示设备、节目播放日志的报表显示和打印等。

2) 中心子系统

中心子系统拓扑结构为总线型,主要设备包括中心交换机(2台)、中心服务器(2台)、中心视频流服务器、转发服务器、信号源、中心音视频切换矩阵、直播数字电视编码器、中心播控工作站、中心操作员工作站、网管工作站(2台)、磁盘阵列等。系统硬件采用双网结构,通过主备双中心交换机与骨干网传输相联。如图6-2所示。

外部信号有CATV、DVD、VCR、DVB/直播信号等。

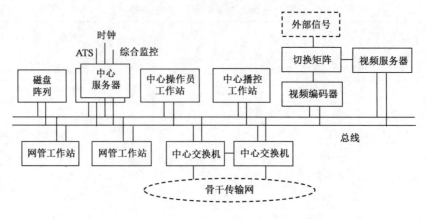

图 6-2　中心子系统拓扑结构

中心服务器的主要功能是：

(1) 集中管理及实时监控整个 PIS 系统、外部视频信息的导入、外部系统数据的导入和导出、中心公共信息的编辑和保存、中心集中发放信息、中央集中控制终端显示设备的显示模式、中心发放实时网络视频流数据等。

(2) 管理所有工作站的登入、登出，管理用户的登入、登出、权限管理、共享冲突仲裁等。

(3) 实时监控所有工作站、服务器、传输设备、终端显示设备的工作状态，实现系统集中管理功能，包括故障管理、性能管理、配置管理、安全管理等功能。

(4) 创建并从车站子系统导入各种日志数据，包括告警日志、事件日志、用户操作日志、分类信息的播放日志、外部系统导入/导出信息日志等。

(5) 集中保存各种系统数据，包括系统的工作模式参数、自动维护程序的运行参数、中心及各车站系统的配置信息、网络配置信息、用户配置信息、告警日志、事件日志、操作日志、播放日志、外部系统导入/导出信息日志等系统数据。

(6) 具有日志数据自动导出备份、日志数据自动删除、可用存储空间的自动告警等多种基本磁盘空间自动维护功能。

(7) 具备连接外部系统的数据接口，能跟第三方开发管理软件实现标准对接。

(8) 具备系统时钟管理功能，可实时同步整个 PIS 各节点设备的时钟信号。

(9) 中心服务器能够从地面交通信息系统、气象预报系统、股市信息系统等外部系统读取数据，也可在其他线路中心服务器中读取数据，并在本系统中实时播放。

(10) 与通信时钟系统、信号系统（ATS）、综合监控系统等互联，接收同步时钟、列车服务信息、综合监控发布的紧急控制信息等。

中心视频流服务器的主要功能是：

(1) 视频流服务器负责整个 PIS 系统的素材录入。素材录入与图像输出可同时进行，视频流服务器应支持车站侧无人值守工作方式。

(2) 视频流服务器能够导入 DVD 机、录像机、有线电视、现场直播视频、数字电视等外部视频源信号，并能保存视频文件，作为网络视频流数据的源信号。

(3) 视频流服务器须支持两路及以上的独立视频播出通道和一路录制通道，录制和播放可同时进行。

转发服务器的主要功能是：实现直播时中心与列车通信方式由组播到单播的转换，解决网络带宽不足，容易丢包等问题。

中心音视频切换矩阵的主要功能是：进行信号源及播出信号的调度，可通过视音频切换器进行信号源及播出信号的质量监看。

直播数字视频编码器的主要功能是：

（1）系统通过直播数字视频编码器，对需播出的视音频信号进行编码，编码方式可采用 MPEG-2TS 流格式，编码码率范围为 4～15Mbit/s。

（2）直播数字视频编码器支持组播和单播方式，可对指定的显示终端或所有显示终端进行广播。

中心播控工作站的主要功能是：

（1）对所有播出设备（包括控制中心的视频流服务器、视频切换器、车站的终端显示设备的开关机、播出列表的编制和播出的启动）进行集中控制管理，实现各站无人值守运行，降低人为操作失误和故障。

（2）中心播控工作站主要功能包括素材上载和播表控制两方面。素材上载功能用于将视频信息上载到视频流服务器中，同时对已经录制到视频流服务器中的素材进行监看及编辑操作。播出控制软件可以进行播表编辑和播出控制操作。

（3）播表可以根据用户需要实现实时更新。

中心操作员工作站的主要功能是：

（1）中心操作员工作站上的所有操作控制功能，都必须基于直观友好的图形操作界面实现。

（2）可实现各车站子系统的总体配置、工作站的配置、终端显示设备的配置、终端显示设备的分组管理。

（3）可配置管理系统的用户账号，包括用户账号的添加/编辑/删除、用户账号权限的配置、用户组的管理、用户账号的冻结/失效/激活/重置。

（4）可创建预定义的中心公共信息，包括紧急灾难信息、紧急疏散信息、地铁公司公共公布信息等。

（5）可控制 PIS 中的某一/某组/全部终端显示设备的打开和关闭，实时信息窗口显示指定的信息内容，进入紧急告警状态或中心信息直播状态。

（6）中心操作员对终端显示设备的操作控制具有最高的控制优先级。

（7）可进行日志管理，包括告警日志、事件日志、用户操作日志、分类信息的播放日志，对日志进行检索查询、查看、打印、整理归档、备份以及过期删除整理等工作。

中心网管工作站的主要功能是：

（1）对本系统设备进行配置管理、参数管理、设备管理、状态及查询管理。

（2）对本系统设备进行故障定位、事件分析、故障记录，生成并打印相关报表。

（3）根据用户权限进行不同等级的网络管理。

（4）可进行故障告警和状态监控，能对所有设备的工作状态进行实时诊断。

磁盘阵列的主要功能是：实现控制中心的存储功能，储存和备份需要处理和播出的各种视频、图片、文档等数据。

中心防火墙采用专用服务器硬件和安全的核心操作系统,主要功能为:

(1) 具有安全的自身防护能力,可以实时防止多种网络攻击和扫描;当出现异常事件时,根据管理员配置可以进行报警。

(2) 具有网络数据实时监控功能;提供基于 IP 地址及用户的最大流量控制功能,提供基于优先级的带宽管理功能。

(3) 具有产品升级能力,且能随着新的网络攻击行为的出现而迅速添加相应的升级包,以达到防范攻击的目的。

3) 车站子系统

车站子系统的功能是:集中监控、管理车站内的乘客信息系统设备;接收中心子系统的数据并分发至车站乘客信息系统的显示终端;外部系统数据的导入和导出;控制车站内显示终端播放指定信息;站内的站务信息的编辑和保存等。

车站子系统由车站设备以及位于区间内的道旁无线接入点和车站级传输网组成。

车站设备主要包含车站服务器、车站操作员工作站、显示终端控制器、显示终端等。

图 6-3 是典型车站系统基本组成。

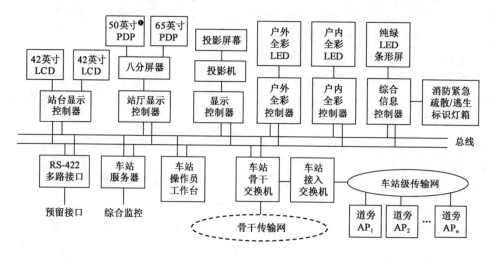

图 6-3 典型车站子系统基本组成

车站服务器与中心服务器进行数据传输,集中管理本站内的所有车站操作员工作站、显示控制器和终端显示设备。车站服务器的具体功能是:

(1) 集中管理整个车站的所有工作站、显示控制器和终端显示设备,包括管理车站内所有工作站的登入、登出;控制车站内所有终端显示设备的打开或关闭,管理用户的登入、登出、权限管理;操作控制的共享处理;操作控制冲突的仲裁处理等。

(2) 能跟中心服务器实时地进行各种配置数据的同步,包括本车站内的车站操作员工作站的配置信息、终端显示设备的配置数据及用户账号数据。

(3) 能从中心服务器接收控制命令,集中转发至站内的终端显示设备执行。

❶ 1 英寸 = 0.0254m。

（4）能从中心服务器接收显示数据，集中转发至站内的终端显示设备播放。

（5）创建并从显示控制器导入各种日志数据，包括告警日志、事件日志、用户操作日志、分类信息播放日志、外部系统导入/导出信息日志等，并可定时向中心服务器上传。

（6）具有网络流量控制机制，当车站服务器向显示控制器发布时间表和播放节目数据时，可任意设定在一非网络繁忙时间，定时发布数据，以避免产生网络拥护和影响系统其他功能的正常执行。

（7）能自动检测整个系统的工作状态，能够智能地判断故障出现，并自动告警和日志记录。错误和警告的处理，符合专人确认告警处理机制和故障顽存检测机制。

（8）可查询本车站内的所有设备的工作状态。

（9）可控制本车站内某一/某组/全部显示终端设备的打开和关闭，并显示指定信息。

（10）能直接从中心服务器读取列车运行数据，刷新终端显示设备的列车运行信息。

（11）车站服务器能自动从中心服务器读取时钟信息，作为车站子系统的时钟基准。

（12）具有能将各类日志数据自动导出至指定目录，生成恰当格式文件的功能。

（13）具有跟第三方开发管理软件互联的标准接口。

（14）具有可用存储空间的自动告警、能自动导出并删除无用的系统数据、能上传并删除各种日志数据的功能。

（15）应能存储不低于5h广播级视频素材。

车站操作员工作站的功能是：

（1）可以控制本站内各显示屏的工作状态和发送内部站务信息。

（2）采用地图式控制界面，站内各设备显示为地图的一节点，使操作直观、方便。

（3）所有操作控制功能，都必须是基于直观友好的图形操作界面来实现的。

（4）提供分级地图式监控界面，通过此界面，操作员可以直观地观察到本车站内所有终端显示设备的工作状态。

（5）可实现自动故障定位，通过分级地图式监控界面，自动定位故障告警的源位置。

（6）可创建预定义的站内公共信息，含紧急灾难信息、紧急疏散信息、企业公共公布信息等。

（7）具备相应权限的用户，可控制车站内的某一/某组/全部终端显示设备的打开和关闭、显示指定的信息内容。

（8）支持全屏模式和横幅模式两种实时信息播放模式。

（9）允许用户设定实时信息的各项参数，包字体类型、字体大小、字体颜色、背景颜色、显示效果、实时信息播放次数等。

（10）可进行日志管理，包括告警日志、事件日志、用户操作日志、分类信息的播放日志，对日志进行检索查询、查看、打印、整理归档、备份以及过期删除整理等工作。

显示屏控制器的功能是：

（1）每一个或一组终端显示设备配一个显示控制器，以实现每一终端显示设备能可靠自主地显示独立指定的内容，并能智能地处理各种异常情况。

（2）支持文本动画、图像动画，MPEG-2、MPEG(VCD)、AVI、GIF影视文件，数字时钟，各种常用文件格式文件(包括Flash、RTF等文件格式)的显示功能。

(3) 支持动态分屏播放模式。屏幕的子窗口结构、布局配置、分辨率等能够根据时间表的预先设定,动态地改变。布局的改变不需要重新启动机器。

(4) 所有子窗口中播放的节目,能自动缩放至适合子窗口进行显示。

(5) 支持 8 个或以上的子窗口分屏播放模式。

(6) 每一分屏子窗口背景图像能被单独设置,独立播放各自的节目序列,能播放所有系统支持的节目类型,如视像节目、图像效果节目、文本效果节目等。

(7) 具有本地缓存播放数据的功能,即使显示控制和车站服务器的网络连接断开,显示控制器仍能按时间表正常播放下载的节目信息。

(8) 具备容错功能,网络发生故障时,显示控制器仍能正常工作。播放实时更新信息的子窗口立即切换显示疏导信息或缺省指定信息,原来播放本地缓冲文件内容(如广告节目)的子窗口则继续正常播放。

(9) 可预先下载存储多个时间表,能自动根据时间表的更新情况、生效时间、失效时间,选择正确的时间表进行解释播放。

(10) 提供网络接口,并通过 TCP/IP 协议,跟车站服务器进行通信和数据交换。

(11) 可根据时间表将一天/一周任意划分成各个时段,针对每一时段可以设置成任意指定的分屏布局。每一分屏子窗口又可以单独执行任意指定的时间表,并按时间表指定顺序,循环地播放各节目序列。

(12) 能根据信息的优先等级播放高优先级的信息。高优先级的信息能够根据预定义的规则中止打断正在播放的低优先级信息,优先播放。

(13) 不同优先等级信息的中止打断规则如下:

① 低优先级的信息不能打断高优先级的信息;

② 高优先级的信息可以打断低优先级的信息;

③ 对于同等优先级的信息,后来的信息能够打断当前播放的信息;

④ 紧急灾难信息是最高优级的信息,可中止打断其他所有优先等级的信息。

(14) 具备磁盘空间自动维护功能。显示控制器能每天自动触发系统自动维护程序,自动删除无用的节目数据,自动导出上传并删除显示控制器中的各种日志数据(告警日志、事件日志、节目播放日志)。

(15) 可用存储空间的自动告警。

(16) 可定时开关和远程开关。

车站显示终端设备,包括户内户外 LED 全彩色显示屏、LCD 显示屏、PDP 显示屏、综合信息屏、正投影显示设备等,它们的功能是:

(1) 视频显示:实时显示彩色视频图像,各种图形、图案、动画等计算机信息,中文、英文、数字等多种文字(含日文、西班牙文、德文、法文、希腊文、拉丁文等),有多种字体字型选择,文字可无级放缩;主画面能插播时钟、其他图像和文字。

(2) 播出方式有单行左移、多行上移、左右拉、上下推、旋转、缩小、放大等方式。

(3) 具有标准的网络接口,可与内部信息网相连,同时播出网络信息实现网络控制。

(4) 配有声卡,具有声音接口,可与现场广播系统连接,达到声像同步。

(5) 采用同步控制技术,可实现屏显内容与系统服务器、工作站显示器一一对应。

(6)车站显示终端的配电系统具有过压、过流、欠压、缺相、短路及漏电保护及报警功能,当系统发生严重错误时能自动关闭并报警,能保证系统运行的安全性和可靠性。

(7)能定时开关和远程开关。

车站设备,可分为机房端设备和前端设备。

机房端设备有车站骨干网交换机(2台,1主1备)、PIS接入交换机、安防交换机、办公自动化交换机、车站服务器、液晶显示器的显示控制器、发光二极管屏体光电收发器等。

前端设备是各种屏体显示设备,如显示器、信息屏、室外屏、全彩屏、条屏等。显示屏有三种:LED(发光二极管)、LCD(液晶显示器)、PDP(等离子显示器)。

车站子系统的最大特点是显示终端多。例如,户内使用全彩色LED显示屏,户外使用全彩色LED显示屏(长2.56m,高0.64m)。PDP显示屏装在站厅和出入口处(一般站用50英寸,重点站用63英寸)。站台屏蔽门内使用42英寸LCD显示屏,2个屏配1个控制器。站厅至站台通道使用52英寸LCD显示屏,8个屏配1个控制器)。综合信息屏(3000mm×300mm),设在站厅出入口门楣处,为单色LED纯蓝或纯绿条形显示屏+消防紧急疏散/逃生标识灯箱一体化屏。每个车站在站厅层配置3台八分屏器。此外,还有拼接屏、投影仪等。

车站子系统另一特点是传输距离长、集中控制。LCD/PDP屏控制器,采用广播级SDI(串行数字接口)图文图像处理板卡。采用SDI音频嵌入的技术,从机房控制器到八分屏器,通过一根电缆同时进行音频和视频信号的传输,控制器将输出信号给到八分屏器。八分屏器将一路数字视音频信号转换为模拟复合视频信号,并对音频进行解嵌,同时输出八路信号,信号传送距离达到300m。控制器采用机房集中管理方式,方便运营后期的维护。

4)车载子系统

车载子系统由车载设备和车地无线传输的车载接入点设备组成。

车载设备,主要是车载交换机、播放控制器、LCD显示控制器、服务器、八分屏器、LCD显示屏、摄像机(由安防系统提供)、视频记录服务器、视频显示器(带触摸控制功能)等,如图6-4所示。

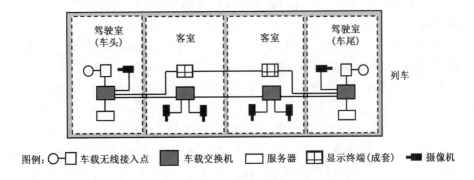

图6-4 车载子系统基本组成(环型网)

车载设备利用移动宽带车地传输系统,将车上监控图像、火灾报警信号、车辆故障信息,上传至控制中心、车站。同时,通过该传输系统,接收发布紧急信息和乘客服务信息等内容;通过车载LCD显示控制器进行解码合成后,在本列车所有LCD显示屏上实时播放。

列车两端驾驶室各安装1套车载无线终端,通过车地无线传输的无线接入点AP与无线接入点轨旁AP进行通信,接收视频和文本信息,上传列车CCTV图像信息。

列车两端驾驶室还设有功能相同的车载LCD播放控制器。正常时,两台控制器分别处理不同的业务,当一台机器出现故障时,另一台机器接替其工作,从而实现冗余管理,提高车载设备子系统的可靠性。

每节车厢安装8个17~19英寸或20英寸LCD显示屏。图6-5是PIS车载设备原理框图。

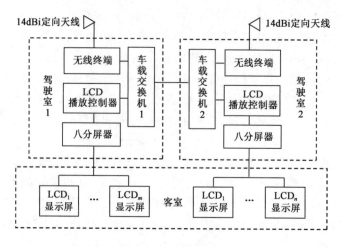

图6-5　PIS车载设备原理框图

LCD显示屏播放控制器功能如下:

(1)在线运行列车能在列车停站和运行途中,通过车地无线传输系统不间断地接收控制中心发布的视频信息,并实时播放;列车在停靠车辆段时间内,能用车地无线传输网,从车辆段服务器接收信息内容。

(2)列车两端LCD显示屏播放控制器能够自动分别接收不同的信息内容,接收完毕后自行进行数据同步处理。

(3)具有同一传送内容的断点续传功能,能实现运行列车及时通过车地无线传输系统有序接收信息内容的功能,保证内容的完整性和数据质量。

(4)所有接收内容有完整的日志记录,包括接收百分比、接收状态、接收时间、未接收或接收失败记录。

(5)LCD显示屏播放控制器硬盘所需更新的内容,在前一天内完成所有数据的更新。

(6)能设置LCD显示屏的自动开关机时间,根据设定的时间自动打开和关闭显示终端。

(7)能自动接收来自车载设备的应用操作信息,包括接收百分比、接收状态、接收时间、未接收或者接收失败记录,将其编制成日志,并存放在服务器数据库内;应用操作日志信息应具有全部完整的记录,以供查询。

(8)能将车载设备应用操作信息,通过车地无线传输系统传送到控制中心设备。

(9)日志的查看方便直观,能在同一个界面完成查看操作;实现按照自定义的分类视图查看,也可按照日志关键字查询。

(10) 日志导出、备份和删除功能，能够根据预先定义的周期自行进行日志的删除清理操作；查询的日志信息能够导出成 excel 格式文件。

(11) 当车载设备遇到电源中断而系统停止运行时，能够实现在供电恢复后，LCD 显示屏播放控制器自动向本列车车载其他设备，如 LCD 显示屏，发出重启控制指令。车载设备的重启操作需要记录日志。

(12) 支持远程启动功能，重启的命令由 OCC 监控管理工作站发出。

(13) 能对车载设备子系统中设备的磁盘空间容量进行监控，能对磁盘空间占用情况信息进行汇总和监控。

(14) 定义磁盘剩余空间报警，系统根据目前磁盘空间使用情况实行自动报警。

(15) 控制中心可以对每一列车下传不同的信息(文字、图像、声音)，也可以对所有列车下传相同的信息(文字、图像、声音)。

(16) 能将接收的媒体信息数据播放列表在 LCD 显示屏显示；一个 LCD 显示屏画面可同时播出不小于 2 路视频，另可播放多路动画、图片和文字。每路视频画面尺寸可自定义。

(17) 同一列车 LCD 显示终端全部播放相同的内容。

车载 LCD 显示屏的功能是：

(1) 能播放 MPEG1/2/4、WAV、MP3、FLASH、AVI、RM、MPEG、BMP、GIF、图文等常用媒体格式。

(2) 播放内容顺畅清晰，不会出现画面中断或者跳播的现象；图像压缩编码可采用 MPEG-2 或 MPEG-4 格式。不同播放内容之间的画面切换显示间隔不大于 1s。

(3) 一个 LCD 显示屏支持 8 个或以上的子窗口分屏播放模式，内容包括视频、图片、文本等。每个区域可独立控制，具备单独的播出列表。

(4) LCD 显示屏具有软开关功能，可通过手动指令方式(由控制中心发起)或根据预先设置好的时间系统自动触发。

(5) 动态切换播出画面，保护 LCD 显示屏不被灼伤，切换过程平滑，无停顿，无黑屏。

5) 传输子系统

乘客信息传输系统，由车地无线传输网、轨旁接入传输网和骨干传输网三部分构成。

图 6-6 车站级传输网基本组成(环型网)示意图。

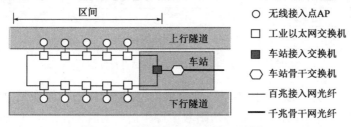

图 6-6　车站级传输网基本组成(环型网)

车地无线传输网，是列车与车站间的无线传输链路，由车载无线接入点设备(AP)、车载天线、轨旁无线接入点设备(AP)和轨旁定向天线组成。

轨旁 AP 点间距 150～200m，AP 通过射频电缆连接定向天线，在隧道内形成比较均匀的无线信号覆盖。定向天线一般架设在隧道壁上，离轨面 3.5m 左右。定向天线的安装朝向与列车的行进方向相对,每相邻两个无线 AP 均有信号冗余重叠覆盖。

车站级传输网,又叫轨旁接入传输网。每个轨旁 AP 点设置一台工业以太网交换机,并与车站无线交换机组网。采用单根光缆将车站一侧上下行区间内的 AP 无线交换机组成一个工业光环形网,为该区间上下行隧道 AP 提供独立、稳定、可靠、冗余的轨旁接入传输网。

光环形网中的另一台交换机设在车站机房内,该交换机采用 100M 以太网链路连接至该车站核心交换机,通过 1000/10000M 骨干传输网络与运营控制中心(OCC)的中心子系统通信。

全线设置移动宽带传输网络设备和天线,系统的主要技术性能如下:

(1)根据现场环境及车地无线传输网基站和天线的性能,合理配置 AP,保证移动宽带传输网络的信号场强能全线无缝覆盖,同时避免对地铁其他系统的影响。

(2)系统能在列车高速运行的情况下切换,并采取有效措施以减少切换时间及降低因切换带来的数据损失,保证在车上的实时播放不会中断(切换时间少于 30ms),且播放质量不受影响。为保证系统的切换能平稳的进行,设在中心的移动宽带传输网络的处理器能同时管理多个以上的 AP,其目的是列车在一条线上运行时,不会出现跨处理器间的切换。

(3)网络的有效带宽不低于 15MHz,无线带宽分级控制。所传图像要顺畅清晰,不会出现画面中断或跳播现象。图像压缩编码采用 MPEG-2、MPEG-4/H.264 等通用格式。

(4)为保证系统的可靠性,每个 AP 覆盖范围有重叠。每个 AP 的输出功率满足国家规范要求,输出功率不大于 100mW,不使用高增益天线。

(5)系统的空中接口、频点范围和加密,符合国家标准的规定。

(6)系统在隧道内的设备满足隧道限界的要求,设备本身达到 IP65 的防护标准。

接入设备 AP(PIS 道旁设备)见图 6-7。

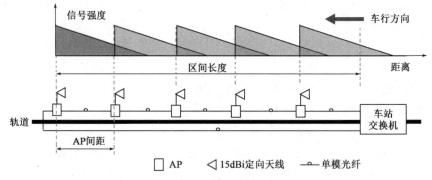

图 6-7 接入设备 AP(PIS 道旁设备)

骨干传输网(千/万兆以太网传输网)是星形网,是控制中心与各车站之间的有线传输通道,用于实现控制中心与车站之间的高清晰数字视频信号实时传输。

以深圳地铁 2 号线为例,PIS 系统的骨干网交换机、接入层交换机(含控制中心、各车站和车辆基地),全部采用高性能网络交换机,按双冗余高带宽网络方案设计,如图 6-8 所示。竹子林运营控制中心、29 个车站、蛇口西车辆段、后海停车场,都配置了 2 台互为备份的万兆交换机。控制中心每台交换机配置了 20 个千兆电口和 76 个千兆光口,车站、车辆段、停车场每台交换机配置了 20 个千兆电口和 4 个千兆光口。

在距离控制中心距离小于10km的车站,配置LX光纤模块。对距离大于10km的车站、停车场和车辆段配置LH光纤模块。

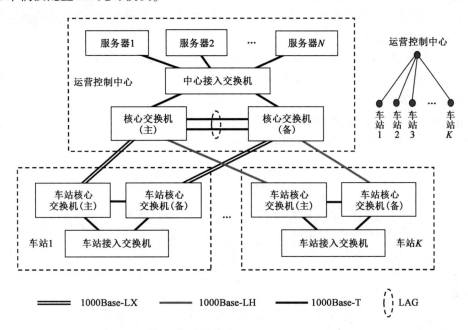

图6-8 骨干传输网拓扑结构(星形网)

6.1.5 移动宽带无线传输网

1) 技术性能

在全线设置移动宽带无线传输网设备和天线,在运营控制中心(OCC)设置本线移动宽带无线传输网的网络管理设备,以达到在全线范围内实时无缝地完成车地之间的图像和数据传递。具体的技术要求如下:

(1) 根据移动宽带传输网基站、天线性能和现场情况,合理选择AP位置,以保证移动宽带传输网的信号场强能在全线无缝覆盖,同时避免对地铁其他系统的影响。

(2) 在列车高速运行情况下(最高时速为80km),确保平滑切换、减少切换时间(切换时间应少于30ms)并降低切换损失,车上实时播放不会中断,播放质量不受影响。

(3) 移动宽带传输网的有效带宽,应不低于15MHz。无线带宽应有QOS分级控制。所传图像要顺畅清晰,不能出现画面中断或者跳播的现象。图像压缩编码可以是MPEG-2、MPEG-4/H.264等通用格式。

(4) 每个AP的覆盖范围有重叠区,在个别AP和其他设备出现故障时,系统能正常工作。每个AP的输出功率应尽量小,不得大于100mW,不能使用高增益天线。

(5) 传输网系统的空中接口、频点范围和加密措施,满足国家有关标准和规定。

(6) 传输网在隧道内的设备满足隧道限界和其他方面的要求,设备本身达到IP65标准,以适应隧道中的环境条件。

(7) 系统有完善的网管设备,在控制中心能随时监控到本系统每个设备的工作状况。

(8) 安装无线网络监测软件。主动监控接入点、网桥、LEAP 身份认证服务器以及连接到接入点的交换机的故障和性能,迅速、方便地检测、定位和禁用未经授权的不知情的员工或者由(恶意的)外界入侵者放置的恶意接入点。通过检测和定位射频干扰,以及主动地监控使用情况和故障,优化网络的性能。

(9) 系统具有强的抗干扰能力,能确保在各种复杂的环境下可靠工作,同时,在正常使用时不会对其他系统(如信号系统等)造成影响。

2) 传输网构成

以深圳地铁 2 号线为例,PIS 移动宽带无线传输网,主要由车站无线网络交换机、无线接入点(AP)和车载天线单元等设备构成,见图 6-9。

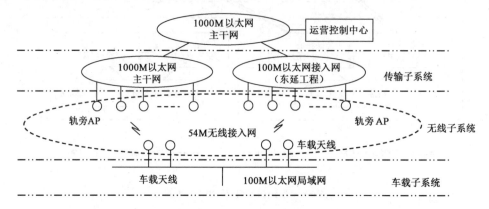

图 6-9　深圳地铁 2 号线乘客信息系统传输网

无线接入点(AP)使用单模光纤和工业以太网交换机,在区间隧道组成上、下行双环网。无线接入点(AP)在各节点通过车站无线网络交换机与骨干网络连接。

车地无线传输系统由三层网络结构组成,即传输子系统(隧道 100M Ethernet 光环接入网)、无线子系统(隧道 54M 无线接入网)及车载子系统(列车 100M Ethernet LAN)。

列车通过无线接入隧道 AP。

隧道 AP 通过 100M Ethernet 光环网接入车站交换机。

车站交换机通过 1000M Ethernet 接入主干网络。

每个站台、隧道沿线都铺设 2.4GHz 遵循 802.11 标准的无线接入点(AP)。通过铺设在隧道内的光纤环网,接收从运营控制中心(OCC)发来的信号。列车终端依靠无线网络和光纤环网通信技术,接收来自列车所到位置对应 AP 发送的即时信息,并实现节目信息的实时播放。同时,由于无线信息传输的双向性,PIS 系统也可以将列车上的实时乘客信息和监控情况,及时上传到车站控制室及运营控制中心(OCC)。

无线传输系统主要涉及隧道沿线的无线接入点 AP 和天线的布放,高速移动情况下的无缝切换,以及与上级交换机设备互联,与媒体分发中心进行数字多媒体数据传输等。

3) 场强覆盖和切换分析

国内许多地铁车地间的视频传输,早期采用准实时方式,即在列车进站、折返或者回段时将视频信号下载到列车服务器内,列车在正线上运行时播放给乘客观看。这种方式实现简单,但技术含量低,灵活性和实时性差,无法实现列车客室监控视频实时上传。深圳地铁从一期工程开始就采用在地铁沿线布设 AP(轨旁接入设备)组建车地无线网络,实现车地间的实时通信。

场强覆盖是工程重点和难点。在现场踏勘的数据基础上,根据沿线区间的弯度和坡度等数据,调整每个 AP 布设位置和间距。经过反复测试调试,使地铁沿线获得均匀良好的场强覆盖。

地铁隧道是一个近似圆形的洞,直径 4~6m,有弯道拐角,有上坡下坡。采用普通单点天线难以获得好的覆盖效果,因此在 AP 布设时通过调整布设间距,安装定向天线,限定覆盖范围。定向天线的安装朝向与列车的行进方向相对,每相邻两个无线 AP 均有信号冗余重叠覆盖。

车地无线网络采用 802.11g 协议,工作在 2.4GHz 频段。802.11g 提供 3 个非重叠信道,即信道1、信道 6 和信道 11。如果地铁信号系统采用移动闭塞 CBTC(基于通信的列车控制),而 CBTC 也工作在 2.4GHz 频段,则把信道 6 配给 PIS,将信道 1 和信道 11 让给 CBTC,以确保列车的运行安全,例如深圳地铁 5 号线。

当 AP 在相同频道间越区切换漫游时,典型衔接时间是 6~10ms(最大值是 40ms)。

当 AP 在不同频道间越区切换漫游时,典型衔接时间是 10~30ms(最大值是 50ms)。故关于越区切换时间,标准规定为不大于 50ms。在小于 50ms 的时间内,一般观察不到视频图像的间断,这也适合数字电视的标准。

列车高速行驶过程中快速切换是车地无线应用的技术难题,关键是普通的 AP 切换时间无法满足高速地铁列车的应用需求。

当列车行驶速度达到 80km/h(约 22m/s)时,隧道 AP 的有效覆盖范围在 200m 左右,车载 AP 从进入覆盖区到离开覆盖区大约需要 9s,部分区间 AP 间隔只有 150m 左右。普通 AP 切换时间约需 2s,大约有 2/9 的时间都在用于切换,对于无线通信链路的稳定影响很大。为了缩短 AP 切换时间,车地无线网络使用快速漫游切换技术,对 AP 的切换过程进行了许多优化,使列车在高速运行时 AP 切换时间在 50ms 以内,有效地提高了车地无线通信链路的稳定性。

4) 业务流量与带宽分析

列车的车载控制器通过车载 AP 接收来自控制中心的视频信息、播表信息等,也通过车载 AP 上传列车客室视频信息。

每列车接收 1 路数字视频信息,如新运营信息、安防、紧急救灾、公益广告和新闻等,视频编码主要采用 MPEG-2 格式,每路占用带宽 4~6Mbit/s。正常运营情况下,每列车同时上传 2 路列车监视图像至控制中心,视频压缩、传输和存储编码采用 H.264 格式,每路占用带宽 2Mbit/s。PIS 文本信息和控制信息占用带宽约 1Mbit/s。因此,车地传输数据流量约 9~11 Mbit/s。

目前,国内多采用 802.11g 协议标准,在 2.4GHz 频段使用正交频分复用(OFDM)调制技术,最大传输速率 54Mbit/s,传输层可用带宽约 25Mbit/s。但是,要达到这个理论值非常困难,因为列车在复杂的区间环境里面高速移动,有效可用带宽会受信号强度、环境等因素的影响。因此,这也是工程实施的难点和重点所在,必须通过反复调试,保证有效可用带宽不低于 15Mbit/s,以满足车地通信的传输需求。其中,下行 1 路,MPEG-2 或 MPEG-4 格式组播视频流,需带宽 10Mbit/s。上行 14 路,实时监控视频流,每路带宽 384kbit/s,共需带宽 5Mbit/s。因此,上下行车地传输带宽应大于或等于 15Mbit/s。

5）无线子系统分析

PIS 系统无线子系统，结合无线技术现状及发展趋势，采用基于 iPCF（industrial Point Co-ordination Function）的 RR（Rapid Roaming）快速漫游无线技术，兼顾列车行驶中的覆盖和列车停靠站点的覆盖，实时传输地铁运营信息、娱乐、新闻和广告等视频信息和列车司机室、车厢内的视频监控信息。

2.4GHz 802.11g 用于覆盖列车运行隧道，高达 54Mbit/s 的无线骨干连接带宽保证系统的应用要求，RR 快速漫游技术使系统切换时间小于 50ms，保证了车上实时播放不中断，且接收质量不受影响。

iPCF 确保数据流量是有序的，由 AP 集中控制，iPCF 同时允许快速切换。iPCF 的基本原理是 AP 定期地扫描所有节点。同时，扫描包括 AP 到节点的下联流量。节点回复时发送上联数据。AP 至少 5ms 扫描一个新节点。节点的扫描能够被其他节点看到。这将允许客户端能够探测到 AP 的连接质量，即使它还没有与 AP 本身通信。如果客户端在一定时间内没有收到 AP 发来的帧，它将开始扫描新的 AP。在 iPCF 模式下，对搜索一个新 AP 及登记一个新 AP 进行了优化，使小于 50ms 的切换成为可能。

6.2 自动售检票系统

6.2.1 系统架构

根据《地铁设计规范》（GB 50157—2013）要求和深圳地铁经验及深圳地铁企业标准规定，自动售检票系统应由城市轨道交通清分系统、线路中央计算机系统和数据管理中心、车站计算机系统、车站终端设备、读写器、车票和传输网络等构成。根据需要再设置维修系统和培训系统。

自动售检票系统按功能分为六个层面：第一层为城市轨道交通清分中心（ACC）；第二层为运行在线路管理控制中心的线路中央计算机系统及数据管理中心（ACC）；第三层为运行在线路各车站的车站计算机系统；第四层为车站的终端设备；第五层为读写器；第六层为车票层。其架构图如图 6-10 所示。

城市轨道交通清分中心（ACC）发行和管理城市轨道交通一票通车票，并对车票票款进行结算，是实现城市轨道交通联网收费系统的核心。城市轨道交通清分中心系统设置于城市轨道交通清分中心，由清分服务器、功能服务器、功能工作站、车票编码分拣机、打印机、网络设备和不间断电源等构成，根据需要设置灾备系统。

数据管理中心用于接受 ACC 系统参数及指令，完成与 ACC 对账，统一完成运营商各线路的参数及报表输出等功能。线路中央计算机系统（LCC）用于管理和控制城市轨道交通线路自动售检票系统的计算机系统。数据管理中心和线路中央计算机系统设置于运营控制中心，由中央服务器、功能工作站、存储设备、打印机、网络设备和不间断电源等构成。

车站计算机系统（SC）用于车站票务处理和运营管理，设置于车站自动售检票系统机房，由车站服务器、操作工作站、票务工作站、紧急按钮及其控制器、打印机、网络设备和不间断电源等构成。

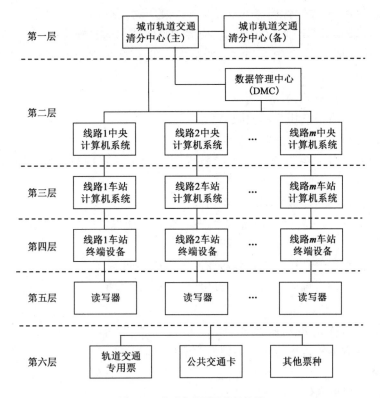

图 6-10　自动售检票系统架构图

　　车站终端设备(SLE)用于车票发售、进出站检票、充值和验票分析,安装在城市轨道交通线路各车站,由半自动售票机(BOM)、自动售票机(TVM)、自动充值机(AVM)、自动检票机(AGM)和便携式检验票机(PCA)等构成。

6.2.2　线路中央计算机系统(LCC)

1) 系统功能

LCC 系统具有以下功能:运营管理、系统维护、报表管理及数据管理中心。

LCC 系统设置数据管理中心完成多条线路管理,数据管理中心完成统一对账、统一报表管理、统一车票管理、统一运营管理和统一参数管理。

运营管理方面的功能是:

(1) 数据管理:线路内数据采集与采集过程中异常的处理,将数据上传 ACC。

(2) 运营注册:下级车站和设备注册,查看线路参数设置,查看用户权限设置。

(3) 黑名单管理:与数据管理中心接口,接收数据管理中心下发的黑名单,并管理本线路黑名单。

(4) 参数管理:与数据管理中心接口,接收数据管理中心下发的参数并解释入库,查看参数。

(5) 监控管理:对下级系统和设备的监视与控制,包括状态监视与客流监视。

(6) 模式管理:与数据管理中心接口,查询数据管理中心下发的参考执行模式,自行决定是否执行,完成线路内模式的管理与下发以及模式履历的跟踪。

(7)时钟管理:与数据管理中心同步时钟,并保证线路内的时钟统一。

(8)运营结束处理:数据有效性和完整性校验、定时任务处理及生成相关清算报表。

系统维护方面的功能是:

(1)用户管理:查看系统的用户信息。

(2)权限管理:查看系统用户的权限信息。

(3)日志管理:日志的收集、查询、分析。

(4)软件管理:系统内各设备和各系统软件版本的统一管理与控制,软件版本的查询与跟踪。

(5)数据备份和恢复:完成数据库的备份与恢复。

报表管理方面的功能是:报表查询,主要查询线路个性报表。

数据管理中心的功能是:

(1)车票管理:数据管理中心下辖各线路的车票统一调配管理。

(2)运营管理:数据管理中心下辖各线路的参数管理(维护、生成、下发),票务中心初始化交易数据采集并上传 ACC。

(3)对账管理:与 ACC 的对账管理。

(4)报表管理:数据管理中心下辖各线路报表统一输出。

2)系统组成

LCC 系统的物理组成包括:

(1)网络设备:核心交换机、核心路由器、三层交换机、防火墙、入侵防御设备。

(2)数据库服务器:生产系统数据库服务器、历史数据库服务器。

(3)各类业务服务器:通信服务器、认证服务器、ACC 接口服务器、运营管理服务器、报表服务器、备份服务器、防病毒服务器。

(4)存储设备:磁盘阵列、存储交换机、磁带库。

(5)初始化设备:TOKEN 车票编码/分拣机。

(6)打印机:激光打印机、彩色多功能喷墨打印机等。

(7)UPS 系统。

(8)加密机。

(9)业务终端。

(10)机柜及配件。

(11)配套设备:票卡读写器、便携式检/验票机、便携式计算机、车票清洗机、卡式车票清点机、TOKEN 车票清点机。

6.2.3 车站计算机系统(SC)

1)系统功能

系统功能为运营管理、车票管理、票务管理、系统维护和报表管理。

运营管理方面的功能是:

(1)数据管理:SLE 数据采集与采集过程中异常的处理,将数据上传 LCC。

(2)参数管理:与 LCC 接口,解释 LCC 下发的参数并转发至 SLE。

(3)监控管理:对 SLE 的监视与控制,包括状态监视与客流监视。

(4)模式管理:下发模式给站内终端设备 SLE。

(5)时钟管理:与 LCC 同步时钟,并保证站内时钟统一。

(6)运营结束处理:数据有效性、完整性校验,定时任务处理以及生成相关清算报表。

车票管理方面的功能是:车站车票管理,与 LCC 车票管理的接口。

票务管理方面的功能是:对售票员结算、设备收益统计、车站收益统计。

系统维护方面的功能是:

(1)日志管理:日志的收集、查询、分析。

(2)软件管理:站内设备系统软件版本的统一管理与控制,软件版本查询与跟踪。

(3)数据备份和恢复。

报表管理方面的功能是:定时生成车站收益报表,查询车站报表。

2)系统组成

系统的物理组成如下:

(1)SC 服务器;

(2)各种业务终端;

(3)便携式检/验票机;

(4)打印机;

(5)机柜及配件。

6.2.4 车站终端设备(SLE)

1)半自动售票机

半自动售票机设于车站售票问讯处,由车站工作人员操作,用于人工辅助发售车票,具备充值、异常处理、补票、退票、查询、更新等票务处理功能。

半自动售票机将售票员操作的售票、充值等主要操作过程记录到本地日志文件(以全日志的形式)中,关键的设备数据上传到车站计算机系统后再传至线路计算机系统。

半自动售票机的组成部件为乘客显示器、操作显示器、外置读写器、主控单元、对讲装置、键盘、鼠标、电源模块等。其中,主控单元采用工业级计算机,乘客显示器为不小于 10 英寸的 TFT 液晶显示器,操作显示器为 15 英寸以上的 TFT 液晶显示器且角度可调。

2)自动售票机

自动售票机设立于车站非付费区,便于乘客以自助的形式购买单程票。能发售两种单程票,发售的票种通过参数进行设置。接受硬币和纸币的支付,并以硬币形式找零。能将系统设定参数范围内的单程票进行分拣并回收,对将要发售的单程票进行检测,对符合发售条件的单程票赋值发售,对系统设定需回收的单程票分拣并回收到废票箱或回收箱。

自动售票机将售票、维护等主要操作过程记录到日志(以全日志的形式)中,并上传到车站计算机系统后再传至线路计算机系统。

自动售票机设有触摸屏及乘客显示器,用于显示城市轨道交通线路及票价等信息,其前面板具有友好的中、英文操作界面,并对乘客的下一步操作进行提示。

自动售票机的外形、触摸屏、乘客显示器、运营状态显示器、投币及出票口的设计和位置满足人体工程学的要求,方便乘客操作及设备维护。

自动售票机具有自检功能,若发现影响售票的部件故障时进入暂停服务状态,并在维护单元报告故障原因,具有可靠性、安全性、稳定性的特点,并具有防静电功能。

自动售票机设备由以下部件组成:乘客显示器、触摸屏、运营状态显示器、车票读写器及天线、纸币处理单元、硬币处理单元、主控单元、车票发售单元、维护面板、机身、电源模块。其中,主控单元采用工业级计算机,乘客显示器不小于 22 英寸,触摸屏大小与乘客显示屏相适应。

纸币处理单元中纸币识别器的特征是:

(1) 对纸币纵向放入无方向性要求。

(2) 纸币识别器采用成熟、可靠、实用的防伪识别技术,通过交叉识别手段,能识别纸币双面的影像、纸质的密度、防伪线和水印等。

(3) 纸币处理模块能接受至少 13 种不同纸币参数设置,可识别 52 面。

(4) 单张纸币识别速度小于 2.5s。

(5) 能识别市面流通的所有 5 元、10 元、20 元、50 元、100 元人民币,通过用户参数设置增加新纸币种类,而不需进行任何硬件的更改。

(6) 假币识别率不小于 99.9%,不符合参数指标的纸币通过纸币口将原币返还给乘客。

(7) 纸币接收率不小于 98%,具有单张可识别纸币原币退还功能,有暂存空间,可以暂存不少于 15 张纸币。

(8) 采用带堆叠功能的纸币钱箱,能存储至少 1000 张,并整齐堆叠。

自动售票机与车站计算机系统采用 10/100M 以太网接口,通信协议为 TCP/IP。实时时钟同步误差小于 2s。数据上传间隔时间小于 15min。命令响应时间小于 2s。状态改变的响应时间小于 1s。

自动售票机工作电压为交流 50Hz 220V,最大功耗不大于 600W,工作功耗不大于 400W。

自动售票机的整机可靠性指标为:MCBF≥10 万次,MTTR≤30min。售票交易车票读/写失败率不大于 0.05%(不包括单程票本身是坏票的情况)。

3) 自动充值机

自动充值机,可以对储值车票进行自助充值并具有查验交易和余额功能。

自动充值机设立于车站非付费区,便于乘客以自助的形式对乘车卡进行充值,同时具备对城市轨道交通专用票的验票功能。

自动充值机接受纸币的支付方式,不找零。能将充值、维护等主要操作过程记录到日志(以全日志的形式)中,并上传到车站计算机系统后再传至线路计算机系统。设有触摸屏及乘客显示器,用于显示操作过程等信息,其前面板具有友好的中、英文操作界面,并对乘客的下一步操作进行提示。

自动充值机的外形、触摸屏、乘客显示器、运营状态显示器、插卡口、打印口的设计和位置满足人体工程学的要求,方便乘客操作及设备维护。

自动充值机具有自检功能,若发现影响充值的部件故障时进入暂停服务状态,并在维护单元报告故障原因,具有可靠性、安全性、稳定性,具有防静电功能。

自动充值机采用可配置型设计,通过更换内部部件及面板等可将自动充值机配置为自动售票机。

自动充值机由以下部件组成:乘客显示器、触摸屏、运营状态显示器、车票读写器及天线、纸币处理单元、储值卡处理单元、主控单元、维护面板、机身、电源模块。其中,主控单元采用工业级计算机。

自动充值机与车站计算机系统采用10/100M以太网接口,通信协议为TCP/IP。实时时钟同步误差小于2s。数据上传间隔时间小于15min。命令响应时间小于2s。状态改变的响应时间小于1s。

自动充值机工作电压为交流50Hz 220V,最大功耗不大于500W,工作功耗不大于350W。

自动充值机的整机可靠性指标为:MCBF≥10万次,MTTR≤30min。售票交易车票读/写失败率不大于0.05%(不包括车票本身是坏票或其他问题车票的情况)。

4) 自动检票机

自动检票机,又称闸机,位于车站的付费区和非付费区之间,供乘客自助检票通行。

自动检票机根据构成模块的不同,可以分成多种类型的检票边机。根据车站客流的通行需要,可以用不同的检票边机来组成进站通道、出站通道和双向通道。

按照电气连接以及形成的通道功能,将自动检票机分为双向检票机、进站检票机、出站检票机。根据通道宽度的不同,将自动检票机分成标准型检票机和宽通道检票机。

自动检票机长不大于2000mm,宽不大于300mm,高不大于1000mm。

标准通道宽度不小于520mm,宜采用550mm,宽通道宽度为900mm。

自动检票机通道部件组成见表6-2。

自动检票机通道部件组成　　　　　表6-2

序号	组成部件	双向检票机通道	进站检票机通道	出站检票机通道
1	主控制单元(工业级计算机)(个)	1	1	1
2	通道阻挡装置(个)	2	2	2
3	通行控制单元(个)	1	1	1
4	乘客显示器(个)	2	2	2
5	读写器及天线(套)	2或3	1	1或2
6	票卡传送/回收机构(个)	1	0	1
7	票箱(个)	2	0	2
8	方向指示器(个)	2	2	2
9	警示灯(个)	2	1	2
10	维护面板(个)	1	1	1
11	电源(个)	1	1	1

6.2.5　系统案例分析

深圳地铁2号线自动售检票系统,由线路中央计算机系统、车站计算机系统、车站终端设备和票卡等组成。

2号线自动售检票中央计算机系统,可以控制诸如车站计算机系统和自动售检票终端之类的低层系统。可以将指定设备的故障数据实时传送到维护计算机,以帮助系统操作员迅速修复故障设备。能自动收集并处理车站的各种数据及运行状态,并按日、月、季、半年、年自动生成打印实时报告。该系统的设备组成为中央计算机、磁盘阵列、操作员工作站、不间断电源、编码/分检器、打印机、交换机等其他网络设备。

2号线自动售检票车站计算机系统,检查并控制自动售票机、自动充值机、半自动售票机和自动检验票机。能将来自每个设备的各种数据进行处理、存储并上传至中央计算机。该系统的设备组成为车站计算机、票务工作站及其他设备(清分机、打印机、机柜、交换机、路由器等)。

站内的自动售检票系统终端设备组成为自动售票机(TVM)、自动充值、验票机(AVM)、自动检票机、半自动售票机(BOM)、单程票清分机、便携式验票机。

2号线 AFC 系统的票卡,采用轨道交通专用票以及"深圳通"卡,均为非接触式 IC 卡,具体型号为单程票采用非接触 IC 芯片,TOKEN 封装;储值票采用非接触式 IC 卡芯片,卡式封装。

综合分析表明,2号线自动售检票系统,是以计算机和信息传输网络为基础,以非接触 IC 卡为车票信息载体,采用计程、计时票制,实现地铁车票的自动和半自动售票、自动检票、计费、收费、统计、结算全过程的自动化管理系统。读写器兼容 TYPE A、B、C 三种标准,能上传交易数据到清分中心,并接受清分中心下传的网络运营参数。系统满足轨道交通网络化运营各线间的无障碍换乘的要求,并可与深圳市公交系统实现一卡通用。系统与终端设备分开招标,开放了其接口标准,可任意扩展终端设备。闸机机身首次采用非对称设计,车票读写采用斜面设计,更符合人机工程学。机身宽度减少15%,压缩了占地空间。单程票首次采用有效票预读后票仓闸口才开启的判读设计,并有语音提示,开创了异常单程票处理的新模式,人员通过闸机的速度大幅度提高。

6.3 站内客运设备

6.3.1 概述

站内客运设备,包括自动扶梯、电梯(垂直电梯)、轮椅升降机和自动人行道,前三者设置于地面进出口和站厅层之间,站厅层和站台层之间,后者设置于距离较长的通道,供乘客进出站及上下车使用。

电扶梯系统设备配置和设备选型的合理性及设备性能的优劣,将直接关系到整个地铁车站运输系统的效率、运送乘客的舒适度和安全性以及后续维护成本。

电扶梯系统的基本组成如图6-11所示。垂直电梯包括曳引、导向、轿厢、电气控制等8个系统,自动扶梯包括主驱动、扶手带驱动、润滑、电气控制等9个系统。

地铁垂直电梯一般选用液压电梯或无机房电梯,无机房电梯的主要性能指标如下:
(1)操作控制方式:全集选控制功能。
(2)电气控制类型:微机控制。
(3)速度调控方式:主机及门机均采用变频调速控制。

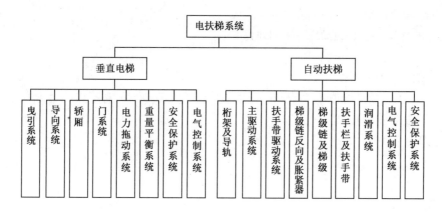

图 6-11 电扶梯系统基本组成

(4) 平层准确度：±5mm 范围内。
(5) 速度偏差：-8% ~ +5%（在 50% 额定载重下运行时）。
(6) 噪声要求：（测量仪位于轿厢内中心且距轿厢地面 1.5m）。
①运行中轿厢内噪声不大于 50dB(A)；
②开、关门过程噪声不大于 55dB(A)；
③机房噪声不大于 75dB(A)。
(7) 运行性能指标：要求运行平稳，起动、制动及加、减速度变化均匀，舒适感好：
①最大垂直振动加速度：客梯小于 $10cm/s^2$，货梯小于 $20cm/s^2$。
②最大水平（前/后）振动加速度：客梯小于 $10cm/s^2$，货梯小于 $15cm/s^2$。
③电梯的平衡系数：40% ~ 50%。
(8) 电磁兼容性要求符合标准。

地铁自动扶梯一般选用公共交通型重载扶梯，其主要性能指标如下：
(1) 在额定频率和额定电压下，梯级空载运行速度和额定运行速度之间的允许最大偏差为 ±5%。
(2) 扶手带运行速度相对于梯级的速度允许偏差为 0 ~ +2%。
(3) 空载运行时，梯级及盖板上方 1m 处噪声值不大于 65dB(A)；水平和垂直振动加速度都不大于 $0.58m/s^2$。
(4) 空载和制动载荷（120kg/级）向下运行时，制动距离在 0.3 ~ 1.3m 之间。
(5) 平均无故障时间 MTBF 应不少于 2500h（因使用不当造成的故障不考虑在内）。
(6) 全变频调速：高峰客流量时扶梯以额定速度运行，普通客流量时扶梯可以 0.5m/s 的速度中速运行，零客流量时扶梯以 0.13m/s 的速度低速运行。
(7) 分时段运行：扶梯在不同的时段以不同的速度运行，每 30min 作为一个时段（可根据需要设置），速度可在不少于两档的范围内选择，以速度时刻表的方式体现。
(8) 无人低速运行：在变频器控制下空载扶梯以 0.13m/s 的速度节能低速运行。当有乘客踏上扶梯时，检测装置向控制系统发出信号，扶梯开始加速直至默认速度。这一过程在变频器控制下逐渐、平稳地完成，乘客并不会感觉到扶梯速度有明显的变化。

(9)电磁兼容性要求符合标准。

电扶梯的环境条件因地而异,深圳地铁是:

(1)气候特点:湿热环境。

(2)环境温度:0~45℃。

(3)相对湿度:日平均值不大于95%,月平均值不大于90%,有凝露的情况发生。

(4)地震设防烈度:7度。

(5)雷暴日:90日/年。

6.3.2 垂直电梯

1)配置原则

各地铁车站乘客通道均为无障碍设计,故设置垂直电梯,以使行动不便的乘客可通过电梯自助进出车站并乘坐地铁。

垂直电梯设置在车站客流较大的出入口处,地下和高架车站出入口采用不透明电梯和井道,并与出入口通道相结合,且符合下列要求:

(1)在车站电梯井道出地面厅门处,应设置一定面积的透明结构的候梯厅,候梯厅的空间大小应便于轮椅的回转。

(2)候梯厅应设有玻璃门和门锁,以方便乘客候梯和夜间无人值守管理。

(3)电梯井外墙要与出入口及周围建筑景观相协调,造型美观。

(4)电梯井道应有一定的通风装置,但要有防止雨水进入井道内的措施。

站台与站厅层之间应设置电梯,且为了增加站厅、站台的通透性,站厅至站台层宜采用透明井道和轿厢的无机房电梯,并应符合下列要求:

(1)设置于付费区。

(2)对于岛式站台应设置一台透明电梯,对于侧式站台应在每个站台层分别设置一台透明电梯。

(3)在交通枢纽车站及临近机场、口岸等大客流量车站,应采用不小于1600kg的大轿厢垂直透明电梯。

(4)电梯厅门应面向集散厅布置。

(5)在换乘站站厅层应设置站厅层到每条线站台层的透明电梯。

电梯底坑为不渗水设计,出入口处的电梯底坑外侧设置集水井排除底坑的积水。站厅到站台的电梯底坑,在顺坡方向底坑侧壁预埋钢管,排除积水。

地下车站内的电梯不具有消防梯功能,采用二级负荷供电。

为满足车辆段及综合维修基地的建筑内办公及维修的需要,可根据建筑形式和功能设置客/货电梯。

电梯服务设施应满足下列要求:

(1)必须设置为行动不便乘客服务的导向或指引设施,例如在地面电梯出入口处和站厅站台层地板设盲道等。

(2)外部召唤按钮的设置高度应能够满足轮椅乘坐者和盲人使用要求。

(3)检修盘的对讲机位置应当在1.4m以下,便于救援人员操作。

2）选型原则

电梯选型应符合下列规定：

(1) 车站应选用无机房电梯。当无法满足无机房电梯布置要求时，宜选用液压电梯。

(2) 应接受车站环境和设备监控系统(BAS)的监控。

(3) 电梯内应设置摄像监视装置。

(4) 应能实现车站控制室、轿箱、控制柜或机房之间的三方通话。

(5) 电梯的井道壁、底面、顶板，应使用不燃、坚固、无粉尘的材料建造。

(6) 电梯的底坑内应设置排水设施，并不应漏水、渗水。当采用液压电梯时，坑内应有集油装置。

(7) 电梯的设置应方便残障乘客的使用。

(8) 电梯的操作装置应易于识别、便于操作。

(9) 当发生紧急情况时，电梯应能够自动运行到设定层，并打开电梯门。

轮椅升降机选型应符合下列规定：

(1) 露天出入口应选用室外型轮椅升降机。

(2) 轮椅升降机设置处宜设置摄像监视装置。

(3) 应接受车站环境和设备监控系统(BAS)的监控。

(4) 应具备乘客自行操作条件，应设置与车站控制室的可视对讲装置。

地铁电梯宜选用技术先进、性能可靠的国产定型产品，并适应地铁运行的特殊要求。所采用的电梯应是经批量生产考验、有地铁或类似地铁场合使用经验的产品。

3）工作条件

(1) 工作周期：每天连续运行 20h，全年工作 365 天。

(2) 站内电梯：卫生清洁水或消防喷淋水可能流入电梯轿厢内。

(3) 出入口电梯：出入口候梯厅上顶盖能防止阳光直晒和雨水直淋，同时井道顶部能自然通风并能防止雨水可能飘入而淋湿电梯轿厢内。

(4) 电源：动力电源 AC380V，三相五线，50Hz；照明电源 AC220V，单相，50Hz。

4）技术性能

基本要求是：

(1) 主要部件寿命为：曳引装置 20 年，控制柜及门机主板 10 年，钢丝绳(带)5 年。大修周期按 10 年考虑。

(2) 在大修周期乃至整个寿命期内，主要部件应能正常工作，电梯经大修后能基本恢复原有的性能，其各部件之间能够保持良好的匹配性。

(3) 车站的电梯轿厢内除设普通操纵箱外，还应在左侧壁(面向门内)设一符合行动不便乘客使用的副操纵箱(不要求显示系统)，操纵箱上设有警铃按钮和与车控室内的对讲机以及其他各种按钮，均应满足行动不便乘客(包括轮椅乘坐者和盲人)使用要求。

(4) 车站电梯轿厢内应设置语音报站装置。

(5) 轿厢内按钮、厅门召唤应有盲文。

(6) 轿厢壁应有行动不便乘客专用扶栏。

(7) 车站电梯外部召呼按钮的设计高度应能够满足残疾人(包括轮椅乘坐者和盲人)的使

用要求。

性能要求是：

(1)操作控制方式：全集选控制功能。

(2)电气控制类型：微机控制。

(3)速度调控方式：主机及门机均采用变频调速控制。

(4)平层准确度：±5mm范围内。

(5)速度偏差：-8%~+5%（在50%额定载重下运行时）。

(6)噪声要求：（测量仪位于轿厢内中心且距轿厢地面1.5m）。

①运行中轿厢内噪声不大于50dB(A)；

②开、关门过程噪声不大于55dB(A)；

③机房噪声不大于75dB(A)。

(7)运行性能：运行平稳，起动、制动及加、减速度变化均匀，舒适感好。

最大垂直振动加速度：客梯小于$10cm/s^2$，货梯小于$20cm/s^2$。

最大水平（前/后）振动加速度：客梯小于$10cm/s^2$，货梯小于$15cm/s^2$。

电梯的平衡系数：40%~50%。

(8)电磁兼容性符合标准要求。

无机房客梯和有机房货梯技术参数见表6-3。

无机房客梯和有机房货梯技术参数　　　　　　表6-3

序号	参数名称	无机房客梯	有机房货梯
1	额定载重量	1000kg(13人)	2000kg
2	额定速度	车站为1m/s，车辆段与综合基地建筑物内电梯为1.75m/s	大于0.5m/s
3	轿厢内净尺寸（宽×深）	不小于1600mm×1400mm	不小于160mm×2200mm
4	厅门及轿厢门	中分两扇密封自动门	—
5	开门尺寸（宽×高）	不小于1100mm×2100mm	不小于1500mm×2100mm

6.3.3 自动扶梯

1) 配置原则

自动扶梯和自动人行道，应符合下列规定：

(1)应为公共交通型自动扶梯和自动人行道。其传动设备、结构及装饰件，应采用不燃材料或低烟、无卤、阻燃材料。传动设备、结构及装饰件，主要包括梯级、梳齿板、扶手带、传动链、梯级链、内外装饰板、传动机构等。

(2)应具备变频调速的节电功能。

(3)设置于室外的自动扶梯，应选用室外型产品，上下平台应配有防滑措施。严寒地区应配有防止冰雪积聚措施。

(4)应接受环境和设备监控系统(BAS)的监控。

(5)应设置摄像监视装置。

(6) 机坑内应采用重力流排水。无重力流排水条件时,应在机坑外设集水坑和配备排水设施。自动扶梯应配置油水分离设备。

(7) 应有明确的运行方向指示。

(8) 应配备紧急停止开关。

地铁车站自动扶梯的数量及输送能力,应根据高峰小时客流量、各站口提升高度及客流不均衡系数计算确定,并满足乘客紧急疏散能力来确定。

为方便乘客出行,提高地铁车站乘客输送效率,在站台与站厅层之间应设置 2 台上行和 1 台下行扶梯。对客流较大的车站,应设置 2 台上行扶梯和 2 台下行扶梯。

当车站出入口处提升高度大于 6m 时应设上行扶梯,大于 9m 时,应设置上、下行扶梯。一般车站至少在对角的两个出入口处设上行扶梯,处于商业中心和交通繁忙地段等客流较大车站或换乘站的四个出入口处均应设上行扶梯。对提升高度在 6~9m 之间的四个出入口,至少在对角的两个出入口处设下行扶梯。

电扶梯系统设备配置和设备选型的合理性及设备性能的优劣,直接关系到整个地铁车站运输系统的效率及运送乘客的舒适度和安全性,以及后续维护成本。

在换乘站有条件的设置 2 台同方向的扶梯,无条件的采取楼、扶梯并设的方式。

2) 选型原则

地铁车站自动扶梯采用重载荷公共交通型自动扶梯,内置式驱动主机,具有全变频节能调速功能。产品技术成熟,在轨道交通中有成功使用业绩。

主要技术参数如下:

(1) 额定速度:0.65m/s。

(2) 维修及节能速度:0.13m/s。

(3) 倾斜角度:30°。

(4) 梯级宽度:1000mm,两侧外缘最大宽度不大于 1870mm。

(5) 理论输送能力:11700 人/h,设计输送能力宜按理论输送能力的 70% 计算。

(6) 水平梯级:上端四级,下端三级;

导向行程水平段距离,上端为 1600mm,下端为 1200mm。

(7) 上下导轨转弯半径:

提升高度不大于 10m 者,上转弯半径不小于 2600mm,下转弯半径不小于 2000mm;

提升高度大于 10m 者,上转弯半径不小于 3600mm,下转弯半径不小于 2000mm。

(8) 中间支撑数量:

提升高度≤5.5m 者,中间支撑数量为 0;

提升高度 >5.5m 且≤12m 者,中间支撑数量为 1;

提升高度 >12m 者,中间支撑数量为 2。

(9) 对提升高度超过 12m 的土建结构,自动扶梯宜采用 2 台或多台布置,或采用角度为 27.5°的扶梯。

3) 工作条件

(1) 运行方向:上下可逆。

(2) 工作周期:每天连续运行 20h,全年工作 365 天。

(3) 站内扶梯在车站内站台层至站厅层之间工作,不能防止卫生清洁水或消防喷淋水流入扶梯设备。

(4) 出入口扶梯在车站内站厅层至地面出入口处工作,出入口上顶盖能防止阳光直晒和雨水直淋,但不能完全防止雨水飘入而淋湿扶梯设备。

(5) 室外全露天自动扶梯工作在无顶棚和围封的环境中,应按防日晒、防暴雨、防雷电条件设计,采用全天候室外型扶梯,对于高架车站出入口扶梯,如仅有顶盖而无围封,也应采用全天候室外型扶梯。对于所有出入口扶梯控制柜,需置于上平台桁架内。

(6) 载荷条件:在任何3h的时间段内,持续重载时间不少于1h,其载荷应达到100%的制动载荷。

(7) 自动扶梯所有设备和材料应采用不燃或难燃材料制作。

(8) 电源:动力电源 AC380V±7%,三相五线,50Hz;照明电源 AC220V±7%,单相,50Hz。

4) 技术性能

(1) 在额定频率和额定电压下,梯级空载运行速度和额定运行速度之间的允许最大偏差为±5%。

(2) 扶手带运行速度相对于梯级的速度允许偏差为0~+2%。

(3) 空载运行时,梯级及盖板上方1m处噪声值不大于65dB(A);水平和垂直振动加速度都不大于$0.58 m/s^2$。

(4) 空载和制动载荷(120kg/级)向下运行时,制动距离在0.3~1.3m之间。

(5) 平均无故障时间MTBF应不少于2500h(因使用不当造成的故障不考虑在内)。

(6) 全变频调速:高峰客流量时扶梯以额定速度运行,普通客流量时扶梯可以0.5m/s的速度中速运行,零客流量时扶梯以0.13m/s的速度低速运行。

(7) 分时段运行:扶梯在不同的时段以不同的速度运行,每30min作为一个时段(可根据需要设置),速度可在不少于两档的范围内选择,以速度时刻表的方式体现。

(8) 无人低速运行:在变频器控制下空载扶梯以0.13m/s的速度节能低速运行。当有乘客踏上扶梯时,检测装置向控制系统发出信号,扶梯开始加速直至默认速度。这一过程在变频器控制下逐渐平稳地完成,乘客并不会感觉到扶梯速度有明显的变化。

(9) 电磁兼容性符合标准要求。

6.4 站台屏蔽门

6.4.1 概述

站台屏蔽门系统,于20世纪80年代引入地铁、轻轨等轨道交通系统,已成为现代地铁不可或缺的重要设备。地铁设置站台屏蔽门的目的,是隔断隧道内热空气与车站空调之间的热交换,使车站成为单独空调通风场所,降低空调运行能耗和列车运行噪声,降低活塞风对车站的影响,防止人员跌落轨道和发生意外事故,为乘客提供一个舒适安全、优美的候车环境,提高地铁服务水平。

屏蔽门安装在地铁车站站台边缘,将轨行区与站台候车区隔离,设有与列车门对应、可多级控制开/关滑动门的连续屏障。

站台屏蔽门按应用场合封闭形式、结构形式、供电方式、执行机构和传动方式分为五类,每类又有两个方案,如图6-12所示。

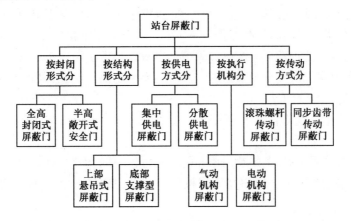

图6-12 站台屏蔽门分类

地下线车站宜使用全高封闭式屏蔽门,高架线车站宜使用半高敞开式安全门。上部悬吊式屏蔽门和底部支撑型屏蔽门各有长短。两种供电方式均有采用,如广州地铁2号线屏蔽门为集中供电,深圳地铁一期工程屏蔽门为分散供电。气动机构传动使用较少(如新加坡地铁),电动机构传动是最近十几年发展起来的,应用普遍。

全高封闭式屏蔽门工作条件如下:

(1)环境条件

环境温度:最大+40℃,最小+0.2℃。

屏蔽门控制室温度:0~30℃。

相对湿度≤100%。

要满足防潮、防湿、防尘、防水及防震的要求。

(2)运行能力

每周7天,每天连续运行20h,每90s开关门一次。

(3)负载条件

人群荷载:1.5kN/m。

活塞风压:±900Pa。

静止风压:±1200Pa。

冲击荷载:2800N(在0.08s时间内)。

地震作用:±0.1g。

在上述单一或组合条件下,门体无破坏,且弹性变形量不大于10mm。

(4)电源条件:一类负荷供电,即采用两路独立的三相380V交流电源,额定频率50Hz±0.5Hz,电压波动范围±10%。

(5)列车条件:内容包括列车编组、停车精度、车门数量、车门间距、车门开度等参数。

6.4.2 总体设计原则

屏蔽门沿站台边缘,以有效站台中心线为基准向两边对称布置,位于列车在车站的正常停车范围内。屏蔽门顶箱与站台屏蔽门顶梁连接,两端与站台设备房边墙连接。

列车驾驶室门位于屏蔽门端门外。列车停车精度在±250mm范围内。列车驾驶室门能全开并不受任何阻碍。滑动门与列车门一一对应,在列车停车精度±250mm范围内,保证列车门全开,不影响乘客的正常上下车。如果因列车故障导致进站停车后、列车门无法对准滑动门时,应急门能为乘客提供安全疏散通道。屏蔽门有一定的气密性,以防止站台侧和轨道侧气体相互的过度对流。

屏蔽门门体外轮廓线不侵入车辆限界。直线车站时,屏蔽门与车体最宽处的间隙不大于130mm。

根据具体车站墙面位置,车站端门单元的宽度可以不同,但端门单元活动门的净开度保证不小于1100mm,端门单元的固定门宽度将按照各车站建筑装修完成面至站台边缘实际尺寸进行设计。

屏蔽门的设计已考虑站台板2‰的坡度,屏蔽门顶线/底线与站台装修完成面的坡度将保持一致。

曲线站台,根据限界专业给出的屏蔽门外轮廓线与线路中心线的超宽值布置屏蔽门。

屏蔽门采用底部支承结合顶部悬挂安装方式。

屏蔽门产品在设计上已考虑安装、调节、拆卸简单方便,维修少。屏蔽门的所有部件均能承受设计荷载。

屏蔽门各功能位置,均设置有明显的安全标识和使用标识,方便乘客识别。屏蔽门具有很高的安全性和可靠性,有良好的绝缘和接地装置。

屏蔽门关闭后,为方便列车司机观察列车门与屏蔽门之间的情况,在屏蔽门尾端端头处设置一套站台瞭望光带。

屏蔽门不设特殊的防火要求,不作为车站防火分隔设施,但所采用的绝缘材料、密封材料和电线电缆等均为低烟、无毒、阻燃,且不含有放射性成分。

在既有站台加装屏蔽门系统,应对其基础进行计算和审核。

屏蔽门控制室门设置在站台公共区,以便维修人员维修及巡检。

屏蔽门设备室短边内侧长度不小于2900mm,长边内侧长度不小于4400mm。

6.4.3 主要技术参数

(1)蔽门总长度:135520mm(适用于6节编组的A型车)。

(2)屏蔽门总高度:3000mm(顶箱前盖板满足与建筑装修接口要求,此高度内不包括屏蔽门与车站顶梁结合用零件);门体总厚度:≤180mm。

(3)滑动门高度:2150mm;应急门高度:2150mm;端门高度:2150mm。

(4)每侧站台滑动门:30道(每道两扇);

每侧站台应急门:6道(每道两扇,每节列车对应一道);

每侧站台端门:2道。

(适用于6节编组、每节车辆每侧5扇车门的A型车)

(5)滑动门净开度:2000mm;

应急门净开度:≥1100mm;

端门净开度:≤1100mm。

(6)滑动门开启时间:2.5s±0.1s~3.5s±0.1s范围内可调;

滑动门关闭时间:3.2s±0.1s~4.0s±0.1s范围内可调;

(7)PSC接受命令至屏蔽门动作时间:≤0.3s;

门已关信号反馈到PSC的时间:≤0.3s;

DCU接受命令后解锁时间:≤0.3s;

每个DCU反馈状态、报警信息时间:≤0.5s。

(8)每扇滑动门关门力:≤150N;

每扇滑动门开关门阻止力:≤133N;

滑动门、应急门、端门手动解锁力:≤67N;

滑动门、应急门、端门解锁后的手动开门力:≤133N。

(9)滑动门的开启速度:0.10~0.75m/s。

(10)障碍物探测的最小厚度:10mm;障碍物探测次数:0~10次,可调。

障碍物探测后,滑动门打开的开度在宽度范围内可调。

障碍物探测后,重关门停顿延迟时间:0~10s,可调。

(11)滑动门关门时最大动能:≤10J;最后100mm行程范围内的动能:≤1J。

(12)噪声水平(站台侧):70dB(在距屏蔽门1m、站台地面1.5m高处,所测得的噪声目标值≤70dB)。

(13)屏蔽门门体与钢轨一点连接,以使与钢轨保持等电位。

(14)屏蔽门门体与站台土建结构采取绝缘措施,在500V直流试验电压下,门体与大地间的绝缘电阻≥0.5MΩ。

(15)门槛踏面在任何一道门的长度范围内,其平面度误差≤5mm。

(16)蓄电池节数采用冗余配置,系统默认配置为30节,在任一电池故障时可把故障蓄电池退出运行,剩余蓄电池正常运行,其容量能使屏蔽门控制系统在1h内对每侧滑动门开/关操作3次(包含3次)以上。

(17)耐压水平,按IEC标准执行(针对屏蔽门系统各电气设备单元)能承受2kV,1min的工频(50Hz)电压。

(18)充电浮充电装置及各发热元器件,在额定负载下长期运行时,其各部位的温升均不超过表6-4的规定。

(19)全线每道滑动门的平均无故障周期,不低于60万个开关门周期(每道门开/关一次为一个开关门周期)。

(20)系统运行强度满足:每天20h,每90s开/关一次,每年365天连续运行。

(21)屏蔽门系统应有足够的强度和刚度,在1.1m高处,垂直施加1500N的冲击力,作用在100cm^{2}面积上,不出现永久变形。

(22)整机及各部件寿命要求:

①屏蔽门整机实际使用寿命不小于 30 年;
②钢架结构、顶盒低碳钢结构件、下部支承结构钢结构,满足地铁工作环境下 30 年寿命要求。
③门体组合密封材料寿命不小于 5 年。
④皮带的使用寿命不小于 8 年。
(23)整机检修要求:
①在正常使用和保养条件下,5 年内无须更换任何零部件;
②皮带满足运行 10 个月检查调节一次张紧力的要求。

充电浮充电装置及各发热元器件温升限值　　　　　　表 6-4

部件或器件	极限温升(℃)	部件或器件	极限温升(℃)
整流管外壳	70	整流变压器、电抗器 B 级绝缘绕组	80
晶闸管外壳	55	铁芯表面温升	不损伤相接触的绝缘零件
电阻发热元件	25(距外表 30mm 外)	母线连接处:	
与半导体器件的连接处	55	铜与铜	50
与半导体器件连接的塑料绝缘线	25	铜搪锡—铜搪锡	60

6.4.4　系统组成

屏蔽门系统由机械和电气两部分构成,机械部分包括门体结构和驱动系统,电气部分包括电气控制系统和电源供电系统,如图 6-13 所示。

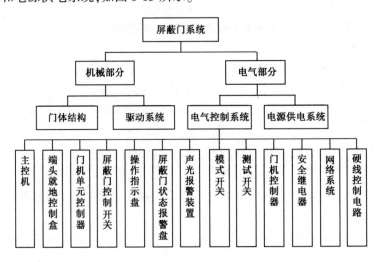

图 6-13　屏蔽门系统基本组成

门体结构为钢架结构,主要由承重结构、顶箱、滑动门、固定门、应急门、端门、玻璃和密封件等组成。

驱动系统,主要由电机、减速器和传动装置等组成。

控制系统,主要由主控机PSC(包括单元控制器PEDC及接口单元)、站台端头控制盘PSL、门机控制器DCU、屏蔽门操作指示盘PSA、声光告警装置、就地控制盒、屏蔽门与其他系统(如信号系统、综合监控系统等)的接口设备等组成。网络系统采用标准化、开放式、冗余设计双总线网络结构。

供电系统,由门机驱动电源UPS、控制电源UPS、驱动电源屏、控制电源变压器、蓄电池柜、配电柜以及各个门机单元内的就地供电单元(LPSU)等组成。

屏蔽门系统通过硬线与信号系统、综合后备盘(IBP)和站台端头控制盘(PSL)连接,接收信号系统、IBP和PSL发送的开/关门命令,并实时反馈屏蔽门的状态信息。系统与综合监控系统(ISCS)通过总线相连,为其提供必要的系统设备运行状态,并通过其向设备维修管理中心的屏蔽门UPS工作站提供UPS工作状态。信息传输速度快,系统安全性、可靠性、可维护性高。

屏蔽门系统是以单个车站为独立功能的集成系统,各个车站系统设备间不互联且独立工作。主控机(PSC)中的站台逻辑单元控制器(PEDC)采用双CPU主板设计,各个PEDC彼此间完全独立,从而实现各侧站台的分别控制。

屏蔽门系统监控装置,采用标准开放式通信协议,网络拓扑结构为总线形式,用来监视屏蔽门开/关、自动/旁路/测试等状态,及时监视通信网络系统和供电电源运行工况。

屏蔽门系统软件,包括系统软件平台、控制软件、应用软件、PSC软件包、DCU软件包、操作指示盘(PSA)软件包、网络信息传输、监视软件等。

6.4.5 安全装置

地铁列车采用接触网DC1500V供电,钢轨是电流的回流通路。由于整个回路中各部分都有阻抗,致使与钢轨直接接触的列车本身存在对地电压,称作跨步电压,通常不超过130V,但对乘客存在安全隐患。因此,为确保乘客安全,屏蔽门通常都采用与地绝缘、与钢轨等电位的措施,如图6-14所示。

对屏蔽门系统的接地要求是:

(1)屏蔽门控制设备外壳及电缆屏蔽层和金属管线的接地,采用电源系统PE线接地(安装在屏蔽门门体上的设备金属外壳及金属保护管除外)。

(2)安装在屏蔽门门体上的设备的外壳及金属保护管与门体同电位;屏蔽门门体与钢轨保持等电位,采用一点与钢轨直接连接的接地方式。

(3)屏蔽门工作接地接在车站综合接地装置上,车站综合接地装置由其他专业提供。

(4)每侧屏蔽门各单元间(可以一节车辆长度作为一个单元)可靠连接,总电阻不大于0.1Ω,单元之间能灵活隔断,便于测试。

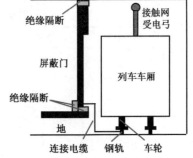

图6-14 屏蔽门绝缘示意图

屏蔽门与车门之间间隙过大时,为监测两者之间是否存在障碍物,设置光电保护装置。光电保护装置由发光器、受光器、控制器、报警灯、安装支架等组成。

光电保护装置主要技术参数载于表6-5。

光电保护装置主要技术参数　　　　表 6-5

序号	参数名称	参 数 值	序号	参数名称	参 数 值
1	检测范围	200m	9	最大开关频率	100Hz
2	光源	980nm 红外激光光源（1 类激光产品）	10	绝缘电阻	≥100MΩ
3	同步原理	线同步	11	防护等级	IP67
4	发散角	≤1.7′	12	环境湿度	RH≤95%
5	光束数量	6 束不可见红外激光,2 束红光准直激光	13	环境温度	−15 ~ +55℃
6	工作电压	≤36V(AC/DC)(由控制器提供)	14	抗光干扰能力	10000lx(角度≥5°)
7	功率	≤6W	15	外壳	硬质铝合金
8	发射—接收响应时间	≤5ms			

6.4.6 屏蔽门远程自动控制

屏蔽门的控制有六种方式:远程自动控制、车站级紧急操作、站台级紧急控制、站台端头控制、门级就地控制及门级手动操作。下面着重分析远程自动控制方式。

1) 屏蔽门系统与信号系统的接口

屏蔽门与信号系统的接口位置在屏蔽门设备室的 PSC 端子排,采用继电器硬线方式连接。信号系统关键信号采取四线双切回路提供给屏蔽门,屏蔽门采取四线双切回路接收。

信号系统与屏蔽门系统连接的输入/输出接口数量如下:每一侧站台一组,岛式站台和侧式站台两组,一岛二侧式站台和二岛式站台为四组,二岛一侧式站台为五组。

屏蔽门系统收到信号系统的指令到滑动门开始动作时间,在 0.3s 之内。

根据运营模式的实际需要,信号系统可以先开关屏蔽门后开关列车门的顺序操作屏蔽门和列车门,也可以同时开关屏蔽门和列车门。

屏蔽门系统(单元控制器)与信号系统之间的接口功能见表 6-6。表中,DCU 为门机控制单元,PEDC 为单元控制器,PSD 为屏蔽门,EED 为应急门。

屏蔽门系统与信号系统之间的接口功能表　　　　表 6-6

序号	动作名称	信号方向	信号系统动作	屏蔽门系统动作
1	门开命令	信号系统到屏蔽门系统	司机在驾驶室内进行开门操作,信号系统收到此信号后,发出开门命令给屏蔽门系统	从信号系统收到开门命令信号后,由单元控制器控制所有屏蔽门立即打开
2	门闭命令	信号系统到屏蔽门系统	司机在驾驶室进行关门操作,信号系统收到此信号后,将发出关门命令给屏蔽门系统	从信号系统收到关门命令信号后,由单元控制器控制所有屏蔽门立即关闭
3	门开/闭状态	屏蔽门系统到信号系统	PEDC(上下行单元控制器)接收至 DCU(门机控制器)的门开/关状态后,发送信号系统实现实时状态监督	DCU 收到 PEDC 开门命令,驱动电机打开屏蔽门后,向 PEDC 发出门开/闭状态信号

续上表

序号	动作名称	信号方向	信号系统动作	屏蔽门系统动作
4	PSD(屏蔽门)/ EED(应急门) 关闭	屏蔽门系统到信号系统	信号系统收到屏蔽门系统发出的 PSD/ EED 全部门关闭信号后,将允许发车	屏蔽门关闭后,所有 DCU 的门开/闭状态信号可串联构成 PSD/ EED 门关闭信号
5	PSD/ EED 互锁解除		信号系统收到 PEDC 发出的 PSD/EED 互锁解除信号后将允许发车	屏蔽门关闭后,信号系统因收不到 PSD/EED 关闭信号而不能发车时,司机可在站台上转动 PSL(站台端头控制盘)上 PSD/EED 互锁解除开关,PSL 向 PEDC 发送互锁解除信号

2) 屏蔽门的控制原理

图 6-15 是轨道电路信号系统控制屏蔽门开闭示意图。屏蔽门开关流程见图 6-16。

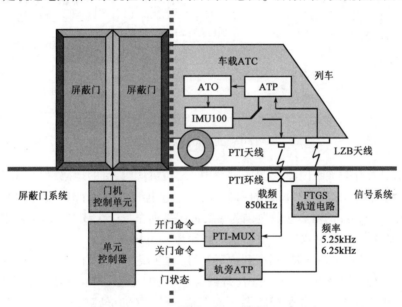

图 6-15　轨道电路信号系统控制屏蔽门开闭示意图

轨旁 PTI(列车位置标识)设备,由室内 PTI 机柜、室外 PTI 接收天线、Beacon 和 PTI 环线及连接电缆组成。室内 PTI 机柜由 IMU-100 模块、供电电源装置及连接 RTU 设备的数据传输模块等设备组成。

PTI 接收天线,在每个车站站台区上、下行线各设一个;在备用线站台区头、尾端墙处均设置一个,以实现站前折返。

IMU-100 模块是轨旁 PTI 设备的核心设备,其工作原理是:列车到达时,室外 PTI 接收天线 Beacon 接收列车信息,传至 IMU-100 模块。IMU-100 收到列车发送的输入信号后,对其相关数据进行处理。处理后的数据,一方面,通过 RTU 接口传送到 ATS,实现对列车的实时监控和到达识别;另一方面,收到的开关屏蔽门命令驱动 IMU-100 内部的输出继电器,通过控制 PSD 的动作继电器实现开关屏蔽门功能。

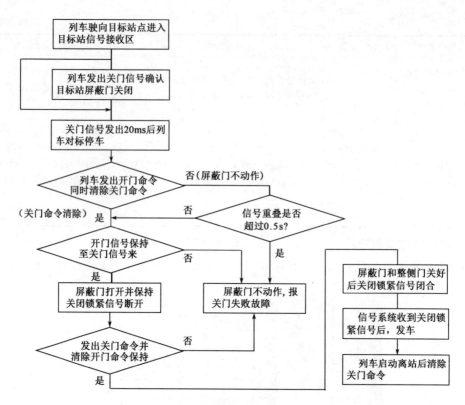

图 6-16 屏蔽门开关流程图

接收的信息有开关屏蔽门命令、列车的车次号、司机代码、目的地码、列车车底码等。Beacon 的作用是接收列车 PTI 天线发送的列车信息,通过电缆传输至 IMU-100 模块,实现列车—轨旁通信功能。Beacon 的可靠接收范围为 ±25cm(指列车 PTI 天线和 Beacons 中心之间的距离)。Beacon 的工作电源为 24V,接收信息的载频为 850kHz。

PTI 对屏蔽门的控制原理是:列车到达车站时,对屏蔽门发出"打开"和"关闭"信号;通过 ATP/ATO 车载单元,以及 PTI 天线和 PTI 环线传送给 PTI-IMU;产生信号以打开或关闭屏蔽门单元;轨旁 ATP 计算机采集屏蔽门状态的安全输入信号(如屏蔽门关闭),通过 ATP 轨旁单元,以报文的形式发送给列车,产生列车运行指示。

6.4.7 深圳地铁屏蔽门应用情况

截至 2016 年年底,深圳市已投入运营 8 条地铁线路。其中,7 条线(1、2、3、5、7、9、11 号线)184 座车站,由深圳市地铁集团有限公司负责运营管理。4 号线 15 座车站,由港铁轨道交通(深圳)有限公司负责运营管理。

深圳市地铁集团有限公司负责运营管理的各线屏蔽门应用情况见表 6-7。

11 号线每侧站台屏蔽门有 40 对、应急门有 16 扇,其余各线每侧站台屏蔽门有 30 对、应急门有 12 扇。

11 号线每侧站台屏蔽门总长度为 181.24m,其余各线在 136m 以下。

屏蔽门滑动门开启时间在 2~4s 之间，关闭时间在 2.5~4s 之间。

深圳市地铁集团有限公司负责运营管理的各线屏蔽门系统应用情况   表6-7

序号	设备名称	1号线	2号线	3号线	5号线	7号线	9号线	11号线
1	车站数(座)	30	29	30	27	28	22	18
2	每侧站台屏蔽门数(对)	30	30	30	30	30	30	40
3	每侧站台端门(扇)	2	2	2	2	2	2	2
4	每侧站台应急门(扇)	12	12	12	12	12	12	16
5	每侧站台屏蔽门总长度(m)	135.52	135.52	112.8	135.52	135.74	135.74	181.24
6	滑动门开启时间(s)	3~3.5	3~3.5	2~2.5	3~4	2.5~3.5	2.5~3.5	2.5~3.5
7	滑动门关闭时间(s)	3.5~4	3.5~4	2.5~3	3.5~4	3~4.77	3~4	3~4

第7章 环控与给排水分析

环控系统的核心功能是车站通风、区间隧道通风及火灾时防排烟,主要关键技术是防排烟、长区间隧道通风和节能。给排水系统分为给水系统和排水系统,给水系统包括为生产生活给水和消防给水两个系统,排水系统分为雨水、污水、废水三个系统,主要关键技术是消防给水和地下车站及区间的排水。

7.1 环控系统

7.1.1 国家标准规定

地铁地下线路是一座狭长的地下建筑,除各站出入口和通风亭与大气连通外,其他部分基本上与大气隔绝。因此,必须设置车站通风空调与隧道通风系统,简称环控系统,以对地铁地下线路的空气温度、空气湿度、气流速度和空气质量等空气环境因素进行控制,满足人员和设备对空气环境的需要。地铁地面车站和高架车站虽与室外连通渠道较多,但为满足人员和设备对空气环境的需要,也必须设置环控系统。

《地铁设计规范》(GB 50157—2013),对环控系统的"一般规定"主要是:

(1)地铁内部空气环境应采用通风、空调与供暖系统进行控制,控制范围包括地下车站、区间隧道、地面车站和高架车站等。

(2)环控系统应保证地铁内部空气环境的空气质量、温度、湿度、气流组织、气流速度、压力变化和噪声等,均能满足人员的生理及心理条件要求和设备正常运转的需要。

(3)环控系统应具有下列功能:

①当列车正常运行时,应保证地铁内部空气环境在规定标准范围内;

②当列车阻塞在区间隧道内时,应保证对阻塞区间进行有效通风;

③当列车在区间隧道发生火灾事故时,应具备排烟、通风功能;

④当车站内发生火灾事故时,应具备排烟、通风功能。

(4)通风系统应包括列车活塞通风、自然通风和机械通风。

(5)空调系统的相关采用规定:

①在夏季当地最热月的平均温度超过25℃,地铁高峰时间内每小时的行车对数和每列列车车辆数的乘积不小于180时,应采用空调系统;

②在夏季当地最热月的平均温度超过25℃,全年平均温度超过15℃,地铁高峰时间内每小时的行车对数和每列列车车辆数的乘积不小于120时,应采用空调系统。

(6)地下线路通风与空调系统制式,应结合地铁运力、当地气候条件、人员舒适性要求及运行和维护费用等因素,进行综合技术经济比较确定。

(7)环控系统应按地铁预测的远期客流量和最大的通过能力设计,设备宜按近期和远期配置,并宜分期实施。

(8)环控系统设计和设备配置应贯彻国家能源政策,践行运营节能原则,并宜利用自然冷、热源。

(9)地面建筑在满足工艺条件下,按《地铁设计规范》(GB 50157—2013)和国家现行有关建筑设计标准的规定设置环控系统。

《地铁设计规范》(GB 50157—2013)对环控系统主要技术指标的规定见表7-1,包括温湿度、新风量、风速、排烟和噪声五类指标。

环控系统主要技术指标　　　　　　　　　表7-1

分类	技术指标名称	技术指标设计值
温湿度	列车车厢不设空调时,区间隧道内空气夏季最高温度	不高于33℃
	列车车厢设置空调,车站不设置全封闭站台门时,区间隧道内空气夏季最高温度	不得高于35℃
	列车车厢设置空调,车站设置全封闭站台门时,区间隧道内空气夏季最高温度	不得高于40℃
	采用通风系统时,地下车站公共区夏季室内空气计算温度不高于室外5℃,且	不应超过30℃
	采用空调系统时,地下车站站厅公共区空气计算温度应低于室外2~3℃,且	不应超过30℃
	采用空调系统时,地下车站站厅公共区空气计算温度应低于室外1~2℃,相对湿度为	40%~70%
空气质量	区间隧道内的二氧化碳日平均浓度	应小于1.5%
	区间隧道内每个乘客每小时需供应的新鲜空气量	不应少于12.6m³
	当隧道内空气总压力变化值超过700Pa时,其总压力变化值	不得大于415Pa/s
	地下车站公共区的二氧化碳日平均浓度	应小于1.5%
	地下车站公共区空气中可吸入颗粒物的日平均浓度	应小于0.25mg/m³
	地下车站设备和管理用房内的二氧化碳日平均浓度	应小于1.0%
	地下车站设备和管理用房内空气中可吸入颗粒物的日平均浓度	应小于0.25mg/m³
新风量	地下车站设备和管理用房内每个工作人员每小时需供应的新鲜空气量	不应少于30m³
	采用通风系统时,每个乘客每小时需供应的新鲜空气量	不应少于30m³
	采用空调系统时,每个乘客每小时需供应的新鲜空气量	不应少于12.6m³
	空调新鲜空气量与总风量之比	不少于10%
风速	通风道和风井的风速	不宜大于8m/s
	站台下排风风道及列车顶部排风风道的风速	不宜大于15m/s
	风亭格栅的迎面风速	不宜大于4m/s
	风亭出口为垂直向上时,通过其平面格栅的风速	不宜大于6m/s
	站厅和站台的瞬时风速	不宜大于5m/s

续上表

分类	技术指标名称	技术指标设计值
风速	排烟口的风速	不宜大于10m/s
	排烟风干管采用金属管道时,管道内的风速	不宜大于20m/s
	排烟风干管采用非金属管道时,管道内的风速	不宜大于15m/s
排烟	地下站站厅、站台火灾时的排烟量	$1m^3/m^2 \cdot min$
	地下车设备管理用房、通道的排烟量	$1m^3/m^2 \cdot min$
	地下车站公共区和设备与管理用房排烟风机在250℃时能连续运转的时间	1h
	地面及高架车站公共区和设备与管理用房排烟风机在280℃时能连续运转的时间	0.5h
噪声	环控设备传至站厅、站台的噪声	不得超过70dB(A)
	环控设备传至各房间的噪声	不得超过60dB(A)
	地面风亭出口的噪声	符合现行国家标准
	环控机房的噪声	不得超过90dB(A)

7.1.2 系统基本组成

环控系统基本组成如图7-1所示,包括地下站及区间环控系统和高架站环控系统两部分。其中,地下站及区间环控系统,又由车站空调通风系统和隧道通风系统组成。

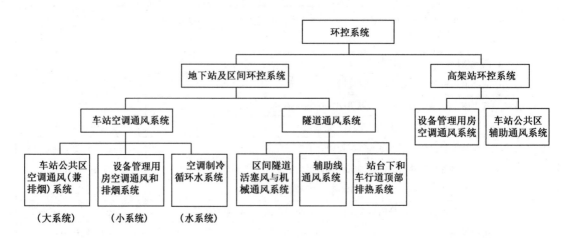

图7-1 环控系统基本组成

(1)车站空调通风系统包括:
①车站公共区空调通风(兼排烟)系统,简称大系统;
②设备管理用房空调通风和排烟系统,简称小系统;
③空调制冷循环水系统,简称水系统。
(2)隧道通风系统包括:
①区间隧道活塞风与机械通风系统;

②辅助线(列车出入线、联络线、存车线、折返线和渡线)通风系统；
③站台下和车行道顶部排热系统，简称 U/O 系统。
(3)高架站环控系统包括：
①设备管理用房空调通风系统；
②车站公共区辅助通风系统。

1)地下车站公共区空调通风系统

地下车站站厅层、站台层公共区空调通风系统，主要由组合式空调机组、回/排风机、排烟风机、新风机、各类风阀、消声器、风管及附件组成。其中，组合式空调机组、回/排风机采用变频运行。

公共区送、排风管按均匀送风设计，站厅层、站台层公共区采用上送/上回方式，站台层回风管靠近屏蔽门侧。送风管靠近楼扶梯侧，以防止屏蔽门结露。送风口采用百叶调节，使气流吹向乘用自动扶梯的乘客。

标准车站站厅层、站台层公共区一般分 4 个防烟分区，公共区回风管兼作火灾时排烟风管，设置专用排烟风机。公共区正常运行工况和排烟工况的转换，均通过控制相应的风阀来实现。

车站站厅层公共区发生火灾时，停止空调水系统，关闭回/排风机，关闭车站送风系统和站台层回/排风系统管路。启动排烟风机，由站厅层排风系统排除烟雾，经风井送至地面，使站厅层造成负压，新风经出入口从室外进入站厅，便于人员从车站出入口疏散至地面。

车站站台层公共区发生火灾时，停止空调水系统，关闭回/排风机，关闭车站送风系统和站厅层回/排风系统，启动排烟风机。为保证站厅到站台的楼梯和扶梯口处具有不小于 1.5m/s 的向下气流，打开车站两侧屏蔽门最远端的一组活动门，启动隧道风机进行辅助排烟。

2)地下车站设备区空调通风系统

地下车站设备区空调通风系统，主要由柜式空调机组、回排风机、送风机、排风机、各类风阀、消声器、风管及附件组成。

设置专用排烟风机或部分排风机兼作火灾时排烟风机，通过控制相应的风阀来实现通风、排烟模式。

3)地下车站空调制冷循环水系统

地下车站空调制冷循环水系统，主要由冷水机组、冷冻水泵、冷却水泵、冷却塔、反冲洗过滤器、各类水阀、水管及附件组成。其中，空调水泵采用变频运行。

高架站采用多联空调系统，无空调水系统。

各站重要设备房，同时设置备用空调，保证设备运行安全。

4)区间隧道通风系统

区间隧道活塞风与机械通风(TVF)系统(兼排烟系统、阻塞工况通风和早晚换气)，简称区间隧道通风系统，其 TVF 风机采用可逆转双速风机，早晚换气时采用低速运转，降低噪声对周围环境的影响。火灾运行时采用高速运转。

深圳地铁 5 号线，全长 40km，设地下车站 25 座，高架车站 2 座。全线车站主要环控设备规模见表 7-2。

深圳地铁5号线主要环控设备规模　　　　　　表7-2

序号	设备名称	单位	台数	备注
1	螺杆式冷水机组	台	51	每标准站2台,制冷量范围705~1709kW/台
2	变频多联空调系统	台(套)	194	用于2座高架站,含室外机组、室内机及全热交换器
3	分体空调器	台	504	主要用于车站车控室、信号机房等重要设备间后备冗余、车辆段办公室、维修间等
4	组合式空调机组	台	54	每标准站2台,风量范围40000~80000m³/h
5	柜式风机盘管	台	95	
6	风机盘管	台	253	
7	空调水泵	台	102	每台冷水机组对应冷冻泵、冷却泵各1台,配置变频电机
8	冷却塔	台	51	每台冷水机组对应1台冷却塔
9	反冲洗过滤器	台	26	每套制冷系统配置1台过滤器
10	TVF风机	台	113	额定风量66m³/s、50m³/s
11	UPE/OTE风机	台	52	额定风量55m³/s
12	Jet射流风机	台	106	额定风量10.8m³/s
13	车站(含车辆段)风机	台	825	
14	组合式电动风阀(大风阀)	台	566	隧道通风系统
15	各类小风阀	台	7785	含各类防火阀、电动及手动风量调节阀
16	金属外壳片式消声器	台	213	与隧道风机配套
17	结构片式消声器	台	276	与隧道风机配套
18	金属管壳式消声器	台	626	车站小风机消声设备
	合计	台	11892	

典型车站公共区空调通风系统原理见图7-2。

典型车站隧道通风系统原理见图7-3。

7.1.3　重要问题

在环控系统设计中,必须处理好以下六个重要问题:

1) 环控系统分区问题

地下站及区间环控系统分为两个相对独立的系统——车站空调通风系统和隧道通风系统,是因为屏蔽门将站台和执行区分开,使车站形成独立的制冷(或采暖)、除湿区。

2) 工作制式选择问题

地铁工程中,地下车站及区间除车站出入口、风亭及地下线路两端隧道洞口外,其他部分基本上与大气隔绝。车站两端分别设置新风井、排风井各1座及活塞风井2座,风井面积因通风量而异。地铁空调通风系统宜采用屏蔽门制式。

3) 系统节能运行问题

车站的公共区按全年空调工况运行计算,过渡季节实施通风换气,采用变频控制,工况不同时风量不同,以达到节能运行目的。

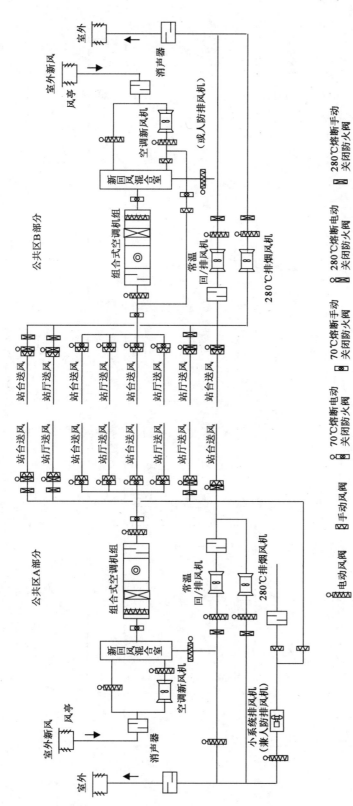

图7-2 典型车站公共区空调通风系统原理图

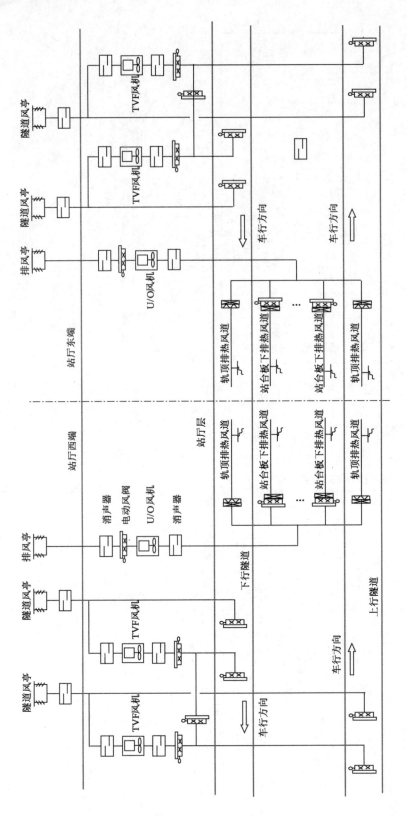

图7-3 典型车站隧道通风系统原理图

4) 正常工况使用问题

运营正常工况时,通风空调设备排除余热和余湿,为乘客在地铁车站创造一个往返于地面至列车内的过渡性舒适环境。通风空调设备通过送、回风管,对车站公共区空调通风。

5) 阻塞工况使用问题

区间夜间通风和区间隧道阻塞工况时,通过组合风阀转换开关控制,实现对区间的通风换气。隧道风机根据运行模式的要求,可进行正转或反转运行,以达到向车站和区间隧道送风排风的目的。

6) 火灾工况使用问题

车站发生火灾时,应对火灾区进行迅速而有效的机械排烟。当列车在隧道发生火灾时,应对发生火灾的隧道进行机械送风和机械排烟;引导乘客迎着气流方向撤离事故现场,消防人员顺着气流方向进行灭火和抢救工作。

7.1.4 设备性能剖析

1) 冷水机组

冷水机组具有较宽广的冷量调节范围,单机头冷水机组制冷量可在25%~100%范围内连续可调,双机头冷水机组制冷量可在12.5%~100%范围内连续可调。

名义工况时的温度条件:冷却水进水温度30℃,出水温度35℃;冷水进水温度12℃,出水温度7℃。

要求冷水机组运转平稳、可靠性高、易损件少、噪声低、液击不敏感。

冷水机组在制冷名义工况下进行试验时,其最大偏差应满足以下规定:

(1) 机组的制冷量不小于名义规定值95%,并不应小于设计制冷量;
(2) 制冷性能系数(即COP值)不小于机组名义规定值的95%;
(3) 冷水、冷却水的压力损失不大于名义规定值的105%;
(4) 冷水、冷却水的流量与名义规定值的偏差不得大于±5%。

机组在名义工况下的性能系数值(即COP值),全部大于国家标准《冷水机组能效限定值及能效等级》(GB 19577—2015)规定的2级以上水平。

机组应具有优秀的部分负荷特性。额定制冷量CC(kW) < 528,IPLV > 5.00;528 ≤ 额定制冷量CC(kW) ≤ 1163,IPLV = 5.50;额定制冷量CC(kW) > 1163,IPLV = 6.00。

名义工况时,全部机组的冷水、冷却水水压损失小于80kPa。

机组应采用星/三角或双三角启动方式启动,启动电流不应大于额定电流的3倍。

全部机组水侧可耐工作压力不应低于1.0MPa,冷媒侧也应满足使用要求。

机组的设计制冷量≤500kW时,A声压级不超过81dB(A);设计制冷量≥1000kW时,A声压级不超过84dB(A);其余均不超过83dB(A)。所有机组的振动值均不超过15μm/s。

制冷量≥560kW的机组应优先采用双机头冷水机组,且应具有保证机组。

机组使用寿命大于25年。

2) 变频多联空调系统

变频多联空调系统采用涡旋式或容积式制冷压缩机,配备中央控制器,安装于车站控制室内或车辆基地集中控制室,实现对系统室内机、室外机运行状态的控制和显示及故障报警等。室内机应设置有线控制器,实现对单台室内机的控制和显示。

系统采用臭氧破坏指数 ODD 为零的新型环保冷媒。

系统具有自我诊断功能,能迅速而准确地发现系统的内在问题;具有过电流保护、变频过载保护、高压开关等保护功能,并具备冷媒泄露和检测的自动报警或其他检测及保护措施;具有自动复位功能,以保证即使发生断电后,仍能自动恢复到先前的运转设置工况;具有抑制电磁干扰、抗电磁干扰的性能。

停运后再按运行/停止按钮,压缩机不会在 3~5min 内重新启动,以保护压缩机。

室内机运转噪声 <45dB,室外机运转噪声 <50~60dB(A)。

机组在名义工况下的性能系数值(即 COP 值),全部大于国家标准《冷水机组能效限定值及能效等级》(GB 19577—2015)规定的 2 级及以上水平。2 级指标为:额定制冷量 CC(kW)≤50,COP=3.00;额定制冷量 CC(kW)>50,COP=3.2。

冷媒配管长度为 100m 时,机组的性能系数不应低于名义工况下性能系数值的 80%。

室外机需具备后备运转功能,室外机中某一压缩机出现故障停机,不影响其他压缩机的正常工作;组合机组某一台压缩机出现故障停机时,其他室外机仍能正常运转,以保证空调系统不停机。由于空调系统长时间处于非满负荷运转状态,考虑到对压缩机的保护,要求室外机具备压缩机交替运转功能。

3) 空调水泵

冷冻水泵和冷却水泵均为单级单吸清水离心泵,水泵的最高使用压力为 1.2MPa,所有水泵能承受 1.5 倍工作压力的试验压力而不渗漏。

功率在 22kW 以上的空调水泵转速不超过 1500r/min,在额定工作点的噪声实测 ≤82dB(A)。水泵电机功率大于水泵在任何工作点所需轴功率的 1.1 倍。

电机在 15~50Hz 范围内可连续运行。电机的绝缘等级为 F 级,防护等级为 IP55。电源额定电压为 380V/50Hz。接线盒内连接动力电缆的端子应比正常配电容量端高 1~2 个等级。

叶轮制造材料为青铜或不锈钢。泵壳的材料为铸铁或承压能力更高的材料。泵轴采用 2Cr13 不锈钢。电机与泵由挠性联轴器连接,两半联轴器应有效固定。

4) 冷却塔

全部采用方形横流式超低噪声型玻璃钢冷却塔。冷却塔在额定转速工作条件下的试验结果满足下列要求:

(1) 在标准设计工况条件下,按水温降对比法求出的冷却塔实测冷却能力与设计冷却能力的百分比不得小于 95%。

(2) 标准工况时,电动机电流值不超过额定值,实测耗电比不大于 0.055kW/(m³/h)。

(3) 冷却塔噪声不得超过《玻璃纤维增强塑料冷却塔 第 1 部分:中小型玻璃纤维增强塑料冷却塔》(GB/T 7190.1—2008) 规定的噪声指标,并满足《环境保护产品技术要求 低噪声型冷却塔》(HJ/T 385—2007) 的规定。

(4) 冷却塔安装后,各站、段、场所在区域环境噪声标准满足《声环境质量标准》(GB 3096—2008) 的规定,详见表 7-3。

冷却塔的飘水率 ≤0.1%,不允许有明显的飘水现象。

城市五类环境噪声标准(等效声级 LA_{eq}：dB)　　表7-3

类　别	昼　间	夜　间	类　别	昼　间	夜　间
0	50	40	3	65	55
1	55	45	4	70	55
2	60	50			

5) 组合式空调机组

车站公共区风系统设备采用组合式空调机组,为框架模数复合结构形式,由金属网板式过滤净化消毒段、表冷挡水段、中间段、风机段、中间段、片式消声段和送风段共7个功能段组成,分左式、右式两种。

在组合式空调机组内,配置金属网板式初效过滤器、表冷器、风机、电机、消声器以及其他配件,送/回风机采用变频运行。

组合式空调机组在正常运行中的送风质量符合《公共场所集中空调通风系统卫生规范》(WS 394—2012)要求。

组合式空调机组在《组合式空调机组》(GB/T 14294—2008)规定条件下的试验结果满足以下要求：

(1) 机组风量的实测值≥额定值的95%；

(2) 机组出口全压实测值≥额定值的90%。

组合式空调机组内保持静压700Pa时,漏风率≤3%。

组合式空调机组消声段减噪量≥12dB(A)；且按《采暖通风与空气调节设备噪声声功率级的测定　工程法》(GB/T 9068—1988)方法C,测机组出口噪声≤75dB(A),按方法B测机组噪声≤78dB(A)。

组合式空调机组实测供冷量≥额定供冷量的93%。

6) 风机

(1) 可逆转轴流风机(TVF 风机)

风机在额定转速工作条件下进行试验时,其试验结果应满足下列要求：

①在规定的风机额定全压条件下,所对应的流量不低于规定值的95%；

②在规定的风机额定流量条件下,所对应的风机全压不低于规定值的95%；

③在规定的风机额定工况点处,所对应的效率不低于规定值的97%；

④在规定的风机额定工况点处,所对应的噪声值不高于规定值1dB(A)。

⑤风机的实测空气动力性能曲线与典型性能曲线的偏差,应满足下列规定：风机叶轮效率不得低于其对应点效率的3%,或风机叶轮静效率不得低于其对应点效率的2%。

风机正转工况下的风量、全压和轴功率,与逆转工况下基本一致,绝对差值均不超过2%；风机在标准状态下设计工况点处,正、逆转效率不低于75%。

风机(仅包括机械式防喘振装置,不包括钟形管)按圆面积计算静压比不低于60%。

风机在14s内从启动到额定转速,从正转到反转、从反转到正转的切换时间均小于60s,且启动电流不超过额定电流的7倍。

风机在高、低速运行时,刚性支承条件下,风机本体 X、Y、Z 三个方向具有较低的振动速度值,且均不应超过1.8mm/s。

风机高速运行时,正转进、出口和反转进、出口噪声的A声级均不超过110dB(A);低速运行时,正转进、出口和反转进、出口噪声的A声级均不超过102dB(A)。

为防止风机失速喘振,设有防喘振装置(机械式)。防喘振装置(机械式)能保证风机在风量低至20%的高/低速额定风量状态、频率不变条件下连续运行时均不会发生喘振。

(2)排热风机(UPE/OTE风机)

风机在额定转速工作条件下的主要技术性能满足下列要求:

①在规定的风机额定全压条件下,所对应的流量不低于规定值的95%;

②在规定的风机额定流量条件下,所对应的全压不低于规定值的95%;

③在规定工况点,实际效率不低于规定值的97%;

④在规定的风机额定工况点处,所对应的噪声值不高于规定值1dB(A)。

⑤风机的实测空气动力性能曲线与典型性能曲线的偏差,应满足下列规定:风机叶轮效率不得低于其对应点效率的3%,或风机叶轮静效率不得低于其对应点效率的2%。

风机按圆面积计算设计工况点效率≥85%,并应接近风机最高效率;在设计工况点处,风机实际效率与风机最高效率的偏差≤3%。

风机[仅包括防喘振装置(机械式),不包括钟形管、集流器等]按圆面积计算静压比不低于70%。

风机的设计制造能满足UPE/OTE风机在14s内从启动到额定转速;同时,能满足背压在6.3s内从+200Pa变化到-300Pa条件下继续正常运行要求,并且启动电流不超过额定电流的7倍。

风机在工频额定转速以下的全部速度范围内运行时,刚性支承条件下,风机本体X、Y、Z三个方向具有较低的振动速度值,且均不应超过4.7mm/s。

工频运转时,风机进、出口噪声应优于国家标准要求;同时,工频运转时风机进、出口噪声A声功率级,不超过103dB(A)。

为防止风机失速喘振,设有防喘振装置(机械式)。防喘振装置(机械式)能保证风机风量在低至20%的工频额定风量状态、工频频率不变的条件下连续运行时均不会发生喘振。

7.1.5 关键技术

1)防排烟技术

地铁通风空调系统的最大特点是要兼作防排烟系统,而且风道风机同时兼用。鉴于此,2014年4月发布的深圳市标准化指导性文件《地铁地下车站防火分区、烟气控制与人员疏散系统设计导则》(SZDB/Z 100—2014)规定如下:

(1)防烟设计

地铁车站站台发生火灾时,要保证本层到上层的楼梯和扶梯口处沿楼梯斜面方向向下风速不小于1.5m/s。若楼梯和扶梯口风速达不到规定要求,可打开防火层端部的屏蔽门,并开启隧道排烟机,以满足楼梯和扶梯口对风速的要求。

地铁车站内,下层站台与上层相连的楼梯和扶梯口四周,应视吊顶装修情况设置挡烟垂壁。每个防烟分区的吊顶镂空率不应低于33%。横向中心线挡烟垂壁两侧2m范围内不得采用实板。镂空部分的短边尺寸(或直径)不应小于6cm;当采用均匀钢丝网状镂空吊顶时,网格最短边长不小于1cm。对于实板间隔吊顶,当短边长度大于2m时,应设置不小于6cm的间隔。

通风空调系统应采取防火、防烟措施。当防烟排烟系统与通风空调系统合用时,通风空调系统应采取可靠的防火措施,且符合防烟排烟系统的要求,并具备火灾状况下的快速转换功能,其转换时间不超过60s。

地下车站设有防烟楼梯间、避难层(间、通道)时,其机械防烟应满足《人民防空工程设计防火规范》(GB 50098—2009)的相关要求。

(2)排烟设计

地铁的下列场所应设置机械排烟设备:地下车站的站厅和站台公共区;同一防火分区内的地下车站设备管理用房总面积超过200m^2,或面积超过50m^2,且经常有人停留的单个房间;最远点到地下车站公共区的直线距离超过20m的内走道;连续长度大于60m的出入口通道。

地铁车站站厅、站台发生火灾时的排烟量,应根据建筑面积按1$m^3/(m^2 \cdot min)$计算。当排烟设备负担两个以上防烟分区时,其排烟能力应根据其担负排烟的最大防烟分区的建筑面积按2$m^3/(m^2 \cdot min)$计算。

地铁车站站厅、站台公共区应设置补风系统。站台层起火时,可采取下列方式补风:通过直通室外的自然补风通道补风,通过出入口自然补风和相邻的下层机械补风。当设置机械补风时,其补风量不宜小于排风量的50%。

地铁车站发生火灾时,控制系统应关闭通风空调系统的无关功能。

经人工确认火灾并需启动隧道风机时,车站控制室应能开启屏蔽门靠近站台端部的一组滑动门。在确认安全的情况下,可开启全部滑动门,同时保证车站控制室能对其远控。

地铁车站站厅(台)着灾时,应优先采用起火点所在防烟分区进行排烟的排烟模式。每个防烟分区的排烟系统应与消防控制系统联动,同时应具备手动启动模式。

(3)防排烟设备

地铁车站站厅、站台公共区内的排烟口应均匀设置,其中设置于楼梯和扶梯口附近的排烟口,距楼梯和扶梯口挡烟垂壁的水平距离不应小于2m;对于站台层,设置于两端的排烟口距该端的屏蔽门端门不应大于5m。

地铁车站站台(厅)内用于排烟的风口位置应尽量布置在顶部。排烟口风速宜介于4~8m/s,不超过10m/s。机械送风管道、排烟管道和补风管道内的风速应符合下列规定:采用金属管道时,不宜大于20m/s;采用非金属管道时,不宜大于15m/s。

当站厅、站台公共区的通风空调系统的排/回风管与排烟管合用时,宜在排烟总管最靠近排烟风机的排烟口处安装火灾报警探测器。

挡烟垂壁的挡烟部件在温度为200℃(±15℃)、压差为25Pa(±5Pa)时,漏烟量应不大于25$m^3/(m^2 \cdot h)$。

单节挡烟垂壁的宽度不能满足排烟分区要求时,可用多节挡烟垂壁以搭接形式安装使用,且搭接宽度应满足:卷帘式挡烟垂壁应不小于100mm,翻转式挡烟垂壁应不小于20mm。

2)长区间隧道通风技术

(1)问题及其解决办法

依据《地铁设计规范》(GB 50157—2013),区间隧道内夏季的最高温度应符合下列规定:

①列车车厢不设置空调时,不得高于33℃;
②列车车厢设置空调,车站不设置全封闭站台门时,不得高于35℃;
③列车车厢设置空调,车站设置全封闭站台门时,不得高于40℃。

但是,《地铁设计规范》(GB 50157—2013)未对区间隧道长度作出界定,而当地铁区间隧道长度超过限定值时,则将难以满足上述规定的要求。

例如,深圳地铁3号线莲花村站至华新站,站间距离1933.6m,两站端部隧道通风口相距1780m。根据行车专业提供的资料,该区间行车时间为121s,均大于远期高峰时段的行车间隔105s,这就意味着在远期高峰时段内,该区间内可能出现两车追踪运行。当该区间出现同时阻塞两列车时,通过阻塞运行模拟计算发现:若开启阻塞列车后方车站的两台隧道通风机,开启阻塞列车前方车站的两台隧道排风机,则后方列车阻塞处温度将接近40℃,前方列车阻塞处温度将超过40℃,不满足《地铁设计规范》(GB 50157—2013)的要求。

解决上述长区间隧道通风问题的有效办法,是在长区间隧道中部设置中间风机房和直通地面的中间风井,发挥排烟、补风等作用。事实上,深圳地铁3号线采用这种方案后,开启阻塞列车前后方车站各两台隧道送风机,开启区间中间风机房两台隧道风机并联运排风,使得前、后方列车阻塞处温度降到35℃左右,满足了《地铁设计规范》(GB 50157—2013)的要求。

(2)长区间隧道长度界定

判断是否要设置中间风井,关键在于长区间隧道长度的界定。其界定方法有多种。从环控专业角度出发,把可能出现两车追踪运行的区间,定义为长隧道区间。

长区间隧道的长度,主要取决于列车在区间的运行时间与远期发车间隔。而影响列车运行时间的因素有信号制式、最大车速、车辆长度、列车启动、刹车加速度、曲线半径、线路纵坡等。

假如线路条件顺直不考虑限速,远期发车间隔2min。列车在区间运行时间为t_1,远期发车间隔为t_2。

若t_1小于t_2,说明两列列车不会在一个区间内同时出现,即不需要设置区间风井;

若t_1大于t_2,说明两列列车会在一个区间内同时出现,需要计算列车在两个车站的活塞风井之间的走行时间;

若t_1远大于t_2,说明两列列车会在一个区间内同时出现,即需要设置区间风井。

根据列车牵引计算模拟,采用6A编组80km/h的列车,区间大于2.04km,需设置区间风井的区间总长度见表7-4。

80km/h列车牵引计算统计　　　　表7-4

信号制式	v_{max}取值(km/h)	$0 \to v_{max}$ 时间(s)	$0 \to v_{max}$ 距离(m)	巡航71s 运行距离(m)	$v_{max} \to 0$ 时间(s)	$v_{max} \to 0$ 距离(m)	运行时间121s 区间总长度(m)
移动闭塞	75	27	312	1491	23	241	2044

根据列车牵引计算模拟,采用6A编组120km/h的列车,区间大于2.60km,需设置区间风井的区间总长度见表7-5。

120km/h 列车牵引计算统计图 表 7-5

信号制式	v_{max}取值（km/h）	$0 \rightarrow v_{max}$		巡航22s 运行距离(m)	$v_{max} \rightarrow 0$		运行时间121s 区间总长度(m)
		时间(s)	距离(m)		时间(s)	距离(m)	
移动闭塞	115	66	1393	682	33	525	2600

(3) 中间风井设置后消防工况分析

《地铁设计规范》(GB 50157—2013)规定:当需要设置区间通风道时,通风道应设于区间隧道长度的1/2处,在困难情况下,其距车站站台端部的距离可移至不小于该区间隧道长度的1/3处,但不宜小于400m。

参见图7-4,对长区间设置区间中间风机房后的消防工况分析如下:假设区间中间风机房把区间隧道沿行车方向分为两段,区间内出现A、B两车追踪运行,A车靠近A站,B车靠近B站。

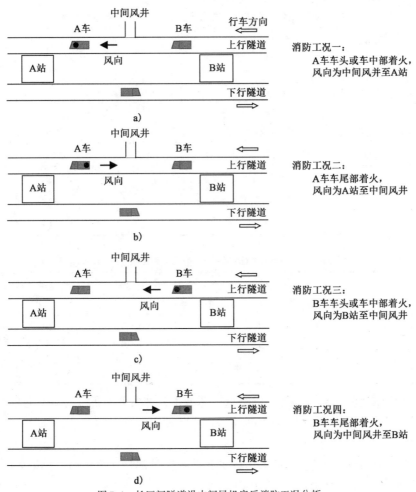

图 7-4 长区间隧道设中间风机房后消防工况分析

注:●为着火标志

有四种消防工况：

消防工况一,A车车头或车中部着火,通风系统的风向应从中间风井至A站。

消防工况二,A车车尾着火,通风系统的风向应从A站至中间风井。

消防工况三,B车车头或车中部着火,通风系统的风向应从B站至中间风井。

消防工况四,B车车尾着火,通风系统的风向应从中间风井至B站。

3) 节能技术

在地铁工程中,环控系统是依据地铁车站远期高峰客流进行设计的,但由于近、远期客流的巨大差异,设备的选型和配置及容量相对于近期客流均存在着极大的冗余,又由于地铁自身运行的特殊性,环控系统的送风、回排风、制冷系统存在负荷变化大且变化规律性强的特点。若能按照实际需求调节设备负荷,则可有效降低地铁运行成本,延长设备寿命。环控系统是整个地铁车站用电能耗的大户(占车站总用电量的50%)。

例如,上海地铁7号线岚皋站空调季节(约5个月)通风空调系统设备运行能耗统计见表7-6,通风季节(约7个月)通风空调系统设备运行能耗统计见表7-7。二者之和约为130万kW·h,可见该站通风空调系统设备运行能耗巨大。

上海地铁7号线岚皋站空调季节通风空调系统设备运行能耗　　　表7-6

设备名称	额定功率(kW)	小时能耗(kW·h)	设备数量(台)	日运行时间(h)	月耗电量(kW·h)	空调季节耗电量(kW·h)
大系统送风机	37	34.4/台(实测)	2	18	37152	185760
大系统排风机	22	23.2/台(实测)	2	14	19488	97400
空调制冷主机	124	110/台(实测)	2	12	79200	396000
冷却水泵	37	39/台(实测)	2	12	28080	140400
冷冻水泵	15	17.4/台(实测)	2	12	12528	62640
冷却塔风机	55	按额定容量95%计算	2	12	3762	18810
耗电量合计					180210	901050

上海地铁7号线岚皋站通风季节通风空调系统设备运行能耗　　　表7-7

设备名称	额定功率(kW)	小时能耗(kW·h)	设备数量(台)	日运行时间(h)	月耗电量(kW·h)	通风季节耗电量(kW·h)
大系统送风机	37	34.4/台(实测)	2	18	37152	260064
大系统排风机	22	23.2/台(实测)	2	14	19488	136416
耗电量合计					56640	396480

所以,采取行之有效的节能措施,以降低运营成本是非常必要的。地铁环控系统节能技术主要体现在变频节能运行、风水联动控制及综合节能控制三个方面。

(1) 变频节能运行

环控系统中的制冷压缩机、水系统一次泵和各种风机都是交流供电。供电频率较高时,它们的制冷(热)量、水量和风量就大;供电频率较低时,制冷(热)量、水量和风量就小。变频空调的核心是变频器。变频器通过对电流的转换来实现电动机运转频率的自动调节,它把50Hz的固定电网频率改为30~50Hz的变化频率,为变频节能运行提供了条件。

空调系统采用变频技术后带来的好处是:

①节能。由于变频空调通过内装变频器,随时调节空调机心脏——压缩机的运转速度,从

而做到合理使用能源。由于压缩机不会频繁开启,工作状态稳定,可使空调整体达到节能30%以上的效果。同时,这对噪声的减少和延长空调使用寿命,有相当明显的作用。

②噪声低。由于变频空调运转平衡,震动减小,噪声也随之降低。

③温控精度高。它可以通过改变压缩机的转速来控制空调机的制冷(热)量,室内温度控制可精确到±1℃,使人感到很舒适。

④调温速度快。当室温和调定温度相差较大时,变频空调一开机,即以最大的功率工作,使室温迅速上升或下降到调定温度,制冷(热)效果明显。

⑤电压要求低。变频空调对电压的适应性较强,有的变频空调甚至可在150～240V电压下启动,彻底解决了由于电网电压的不稳定而造成空调器不能正常工作的难题。

⑥环境温度要求低。变频空调对环境温度的适应性很强,甚至可在-15℃的环境温度下启动。

⑦一拖二智能控温。它可智能地辨别房间大小并分配冷(热)量,使大小不同的房间保持同样的温度。

⑧保持室温恒定。变频空调可根据房间冷(热)负荷的变化自动调整压缩机的运转频率。达到设定温度后变频空调以较低的频率运转,避免了室温剧烈变化所引起的不适感。当负荷小时运转频率低,此时压缩机消耗的功率小,同时避免了频繁开停,从而更加省电。

变频节能技术在地铁环控系统中应用情况如下:

①变风量空调通风技术(VAV,Variable Air Volume),通过对空调箱风机及回排风机配备变频控制器,由 EMCS(车站设备监控系统)通过变频器来控制风机的转速,根据空调区域内实际负荷的变化来调节空调送风量,实现变风量空调控制,从而达到控制空调区域内温度的目的。运营实践充分证明,VAV 系统运行稳定,节能效果十分明显。

②一次泵变频(变流量)节能技术(VPF,Variable-Primary-Flow System)。一次泵指空调水系统的一次泵,包括冷冻水泵及冷却水泵。根据负荷的变化,通过水泵变频技术调节一次泵水流量来大大降低冷冻水泵的能耗,以达到节能的目。VPF 系统技术的先进性、可靠性及经济性已逐步为市场所接受,对在所有能耗中制冷系统能耗所占比例最大的地铁车站来说,VPF 技术的节能效益非常明显。

③U/O 风机变频控制技术,是指车站轨道排风机根据各车站区间范围感温光纤测得的平均温度与预先设定值,进行对比后变频运行,从而达到节能的目。

④变频多联机组技术(VRV,Variable Refrigerant Volume),采用绿色环保冷媒 R410A,由一台或多台变频室外机并联成全变多联系统,8～48 匹间隔2匹容量自由搭配,适合各种大中型环境需求,具有直流变频、高效节能、控制灵活方便等特点。

(2)风水联动控制

地铁车站通风空调系统中的风系统和水系统是一对耦合系统,它们的匹配是实现节能的重要方向。采用行之有效的风系统和水系统协调控制策略,在保证地铁环境质量的同时,可有效降低车站通风空调系统的能耗。

①基于最佳输出能量的冷冻水负荷预测模糊控制

通过对空调冷冻水系统采用模糊预测算法,实现最佳输出能量的控制(参见图7-5)。

当气候条件或空调末端换热负荷发生变化时,空调冷冻水系统的供回水温度、温差、压差

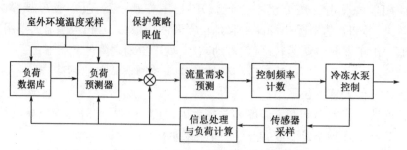

图 7-5　基于最佳输出能量的冷冻水负荷预测模糊控制原理框图
注：传感器采样内容为供水温度、回水温度、总管流量、供回水压差

和流量亦随之变化。中央控制器依据所采集的这些实时数据，并结合冷冻水的特性，动态计算冷冻水循环周期。同时，根据记录的历史负荷数据和室外环境温度采样，动态预测未来时刻空调末端换热负荷的变化趋势，并以此计算未来时刻冷冻水系统运行参数，包括冻水系统供回水温度、温差、压差和流量的最佳值，并以此调节各变频器的输出频率，实现对冷冻水的提前控制，使系统输出冷量与空调末端换热负荷需求相匹配，消除冷量供给的数量差和时间差，降低输送能耗。

主机能耗与冷冻水温度相关。将主机能耗、冷冻水泵能耗和冷却塔风机能耗统一考虑，在各种负荷条件下找到一个能保持系统效率最高时的冷却水温度，使整个系统效率最高。

②基于冷量需求预测的公共区空调风机控制

对车站公共区空调风机的调频控制，采用基于冷量需求动态预测的预测算法控制（参见图7-6）。

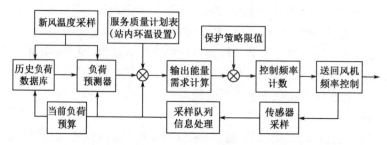

图 7-6　基于冷量需求预测的公共区空调风机控制原理框图
注：传感器采样内容为回风温度、送风温度、送风风量

系统通过对公共区各测点温度及 CO_2 浓度、各空气处理机组送风温度的检查，并结合系统的传热特性、历史负荷变化趋势及室外环境温度等因素，推测未来短时间内公共区的负荷，同时动态计算出系统循环周期和短时间内的冷量需求，并以此调节各送风机的频率，最大限度地降低系统能耗。

③车站通风空调系统水联动试验与应用

在车站通风空调系统中，由于水系统和风系统之间存在相互影响，二者既不能完全独立控制，也不能作为一个整体控制。因此，只有在算法设计时，通过一个末端组合式空调上的冷冻水阀，将二者有机地结合起来，既实现水系统和风系统的协调工作，又实现基于能量分配平衡的动态水力平衡控制。

试验车站的水系统分水器共有 4 根冷冻水管,分别给 4 个独立的空气处理机提供冷冻水,因此可通过调节各空气处理机上换热器的冷冻水阀来实现水力平衡。

试验站对 4 种控制模式下能耗及节能率进行了对比测试,见表 7-8。结果表明:通风季节,风机的节能率较高,可达 70% 以上;空调季节,同时风变频和水变频的节能率最高,可达 30% 以上;预计全年可节电 55 万 kW·h(见表 7-9)。

各种控制模式下能耗及节能率对比　　　　　表 7-8

控制模式	低负荷下运行一套冷水机组 (室外温度 25~30.5℃)				高负荷下运行两套冷水机组 (室外温度 31~35℃)			
	风系统能耗 (kW·h)	水系统能耗 (kW·h)	总能耗 (kW·h)	综合节能率 (%)	风系统能耗 (kW·h)	水系统能耗 (kW·h)	总能耗 (kW·h)	综合节能率 (%)
风工频/水工频	1318	2068	3386	—	1320	4175	5495	—
风变频/水工频	396	2049	2445	28	781	4183	4964	10
风工频/水变频	1309	1617	2926	14	1293	3475	4768	13
风变频/水变频	488	1415	1903	44	745	2980	3725	32

试验站年节约用电量估算　　　　　表 7-9

季节	运行时长(月)	原系统耗电量估算值(kW·h)	节能率(%)	节电量(kW·h)
通风季节	7	39.6 万	70	28 万
空调季	5	90.1 万	30	27 万
年节约用电量合计				55 万

上述试验成果被成功地应用在上海地铁 7 号线岚皋站。现场实际证明:改造后车站通风空调系统(含水系统和公共区空气处理系统)运行平稳,节能 30% 以上。

(3)综合节能控制

①冷水系统群控

冷水系统群控是利用自动控制技术对冷水机组及其下位辅机(冷水泵、冷却水泵、冷却塔、阀门)进行自动化监控,使制冷站内的设备达到最高效率的运行状态。

冷水系统采用基于冷水机组群控技术的一次泵变流量系统。群控系统和一次泵变流量系统共用一套 PLC(可编程序控制器),通过编程实现对冷水系统的各种操作。群控系统可监测冷水机组的运行状态和故障,并远程控制冷水机的启停,也可以监测冷水机组的冷水供回水压力及温度、冷却水供回水压力及温度、冷媒压力、油温、油压差等冷水机组内部参数,远程设定冷水、冷却水出水温度和运转电流限制。可监控冷水泵、冷却水泵及冷却塔的运行状态、手动/自动状态和故障状况,控制冷水泵、冷却水泵及冷却塔的启停,远程设定水泵、冷却塔运行台数及运转频率;监控制冷系统的电动蝶阀、压差旁通阀等。

群控系统能根据设备性能提供最优设备运行组合和优化每台冷水机负荷分配,能提供PID(比例积分微分调节)或更高级的智能控制算法,以便最大限度的根据负载需求实现节能运行,合理控制冷水机组运行台数,实现最低负荷运行。

群控系统能够实现各台水泵及冷水机组运行时间均衡,并在设备损坏时自动启用备用设备,并且具备断电恢复后自动启动的功能。

②综合节能控制

冷水群控系统通过通信方式与 BAS 系统(环境与设备监控系统)接口,接口界面在群控柜 PLC 总线接线端子处,接口界面简单清晰,功能明确。

群控系统的群控柜拥有对冷水系统的全部控制权,冷水机组群控柜设置就地触摸屏及各类开关按钮,所有的机组参数调节以及逻辑控制功能均在就地实现,BAS 系统通过通信接口对群控系统进行集成监视和控制(对机组关键参数状态进行监视,并对冷水机组进行启动、停机控制)。

由 BAS 系统采集车站新风温湿度参数,反馈给群控系统,用于控制双风扇冷却塔开启台数等。车站通风系统由 BAS 进行变频节能控制,BAS 系统采集车站通风系统的相关参数,用于确定风系统变频与水系统变频的优先及最优工况,并反馈给冷水群控系统节能变频控制的指令,实现风、水集成后的综合节能控制(又叫风水联动)。

7.1.6 空气净化设备

空气净化设备是环控系统的重要设备。地铁车站内的空气污染,主要来自站外的新风和站内密集的人流。因初效过滤器无法阻挡和消除站内主要污染源,长期运行后空调通风设备及管道内可能积累大量灰尘、粉尘或细菌、病毒,使空气流通送、回风管道时造成二次污染。在组合式空调机组初效过滤段与表冷档水段之间,用空气净化设备对车站空气进行净化消毒,则能有效地解决上述隐患。该空气净化设备系统结构和技术特点如下:

(1)采用蜂巢针棒状三区静电电场,由等离子体灭菌区、集尘区、回压区组成,如图 7-7 所示。

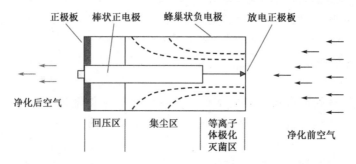

图 7-7 空气净化设备结构示意图

(2)集尘区采用蜂巢结构,蜂巢内径为 30mm,正、负极(正极为铜棒,负极为蜂巢集尘壁)间距达到 11mm,可使单位通风截面下集尘空间达到最大,增大了集尘量,延长了清洗周期(1~2 年)。

(3)放电区用铜棒做正电极,利用合金钢针进行放电,等离子体浓度高,破坏细菌电解质能力强,灭菌效率高。放电电极针端表面经过光学磨圆,使得灰尘无法黏附在上面,不会因影响放电的均匀性而产生大量臭氧。

(4)集尘为正六边形的蜂巢结构,内部构件(放电极、正极棒、正极板、负极板)均采用优质的金属材料冷轧制成,外框选用耐高温、耐高压的绝缘材料——结构坚固,可承受压力水流(≤0.4MPa)的反复冲洗,不易变形。

(5)模块化设计,便于清洗,不必将净化设备取出,可在系统内部直接冲洗,方便日常维护,且单体厚度为200mm,降低蜂巢结构集尘过程中的阻力(阻力≤30Pa)。

(6)实现自动联锁控制(与空调风机联动)、故障报警、清洗饱和报警等多种功能。

采用空气净化消毒装置后,既能满足《公共场所集中空调通风系统卫生规范》(WS 394—2012)及《公共场所集中空调通风系统卫生管理办法》(卫监督发〔2006〕53号)的相关要求,改善车站内空气质量,降低可吸入固体颗粒物(灰尘、粉尘)和微生物(细菌、病毒)等污染物对站内人员健康的影响;又能减少对组合式空调箱表冷器翅片清洗的工作量,降低因对表冷器翅片冲洗所造成的变形失效风险,同时节省空调通风管道的清洗费用。

7.2 给排水系统

7.2.1 国家标准规定

《地铁设计规范》(GB 50157—2013),对给排水系统的"一般规定"主要是:

(1)给水系统应满足生产、生活和消防用水对水量、水压和水质的要求,并应坚持综合利用、节约用水的原则。

(2)地铁给水水源应采用城市自来水。

(3)各类废、污水及雨水的排放,应符合国家有关排水标准和排水体制的规定。

(4)给水与排水设计应按现行国家标准《民用建筑节水设计标准》(GB 50555)的有关规定执行。

(5)给水设计应按现行国家标准《建筑给水排水设计规范》(GB 50015)的有关规定采取防水质污染措施。

(6)给水与排水系统宜按自动化管理设计。

(7)给水与排水系统金属管道应采取防止杂散电流腐蚀的措施。

(8)给水与排水系统管道保温材料应采用A级不燃材料,局部有困难时可采用B级难燃材料,并具有防潮、防腐、防蛀、耐老化和无毒的性能。

《地铁设计规范》(GB 50157—2013)对给排水系统主要技术指标的规定,归纳见表7-10。

给排水系统主要技术指标　　　　表7-10

系统名称	技术指标名称		技术指标设计值
给水及水消防系统	水源		自来水
	供水方式		直接供水或加压供水
	用水量标准	工作人员用水量(时变系数2.5~2.0)	30~60L/人班
		空调冷却系统补水与循环水量之比	1~2%
		冲洗水量(每次)	1~2L/m²
		地下站(含换乘站)消防栓用水量	20L/s
		地下站出入口通道、区间和折返线消防栓用水量	10L/s

续上表

系 统 名 称	技术指标名称		技术指标设计值
排水系统	排水量标准	生活排水量占生活用水量比例(时变系数2.5~2.0)	95%
		消防废水排水量	与用水量相同
		冲洗废水排水量	与用水量相同
		车站敞口风亭和出入口暴雨量	50年一遇
	排水方式		泵排,入市管网

7.2.2 系统基本组成

为执行上述规定,确定给排水系统的具体组成时,要解决好以下五个问题:

(1)车场要设废水处理、雨水回用系统。

(2)全线车站、区间、车场均首先采用城市自来水作为给水水源,生产、生活用水与消防用水分开设置。

(3)给水系统要保证各车站、区间、车场等用水点及消防对水质、水量、水压的要求,如水压不能满足要求则需进行增压。

(4)排水采取雨、污、废水分流,就近排放的原则,分别排入市政雨水管网和污水管网。

(5)各地下车站设密闭式污水提升装置,用来收集公共卫生间和员工卫生间的粪便污水,经排污泵提升至化粪池处理后排放。

给排水系统由给水及水消防系统、排水系统组成,前者又由生产用水、生活用水与消防用水三个系统组成,后者又由废水、雨水和污水三个系统组成,如图7-8所示。

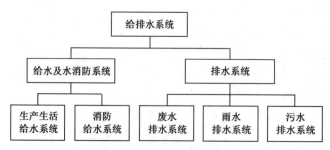

图7-8 给排水系统基本组成

废水处理系统采用"生化处理+曝气精滤+超滤膜过滤"的水处理设备,采用PLC控制。包括高效生态基接触氧化、曝气生物滤池、浮选过滤、中空纤维超滤膜组件等处理单元。

雨水处理系统采用"生化和曝气精滤"的水处理设备,包括曝气溶氧、生态基接触氧化、浮选去泡、渗井精滤、自动反冲洗功能。

7.2.3 给水系统流程

给水系统流程可用流程图来说明。

图7-9是设置消防泵房的高架车站给水系统流程图。图7-10是未设置消防泵房的地下车站给水系统流程图。图7-11是车辆基地给水系统流程图。

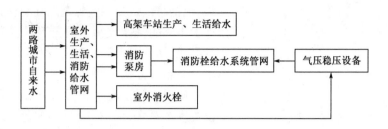

图 7-9 设置消防泵房的高架车站给水系统流程图

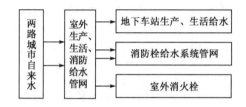

图 7-10 未设置消防泵房的地下车站给水系统流程图

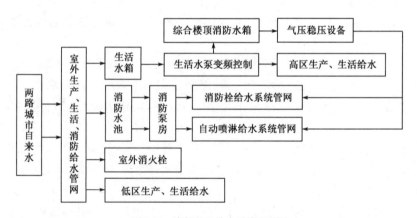

图 7-11 车辆基地给水系统流程图

7.2.4 关键技术与设备

1) 地下车站及区间排水系统

排水系统应做到顺直通畅,便于清疏,维修工作量小。地下车站的雨、污、废水多不能重力流排出,需设置排水泵站,雨、污、废水分类集中,污、废水排入城市污水管网,雨水排入城市雨水管网。

地下车站的排水系统包括但不限于集水池、潜水排污泵、就地控制箱、液位计、潜水电缆、手动隔膜泵、闸阀、管道、连接件和紧固件等。

卫生间污水的排出采用密闭式污水提升装置,其构成简化示意图见图 7-12。

集水箱容积(V)≥200L。集水箱应设有水平和垂直方向的进水口和出水口、通气口、泄水口,进水口管径(DN)≥100mm,出水口管径(DN)≥80mm,通气口管径(DN)≥50mm,泄水口管径(DN)≥50mm,进水口中心距地面高度(h)≤800mm。

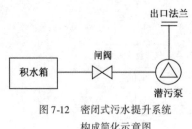

图 7-12 密闭式污水提升系统构成简化示意图

闸阀,包括暗杆式弹性座封闸阀和明杆式闸阀。

公共卫生间的密闭式污水提升系统设备宜采用双箱双泵布置方式,站务卫生间的密闭式污水提升系统设备宜采用单箱双泵布置方式。

地下车站及区间的废水和雨水采用潜污泵提升排出,在车站设置废水泵房、局部排水泵房(包括出入口扶梯和电梯井基坑、站台结构底板和碎石道床以及风亭的低洼集水坑等)以及雨水泵房(包括隧道出入段线洞口、露天式出入口、敞开式风亭、下沉式广场等)、区间隧道废水泵房,主要用于排除车站、隧道范围内的结构渗漏水、冲洗废水、消防废水、雨水。

潜污泵通常统一由综合监控系统(主要为 BAS)实施集中监控。

各类管道和阀门等的连接应配套柔性连接件和支撑件,并可承受潜污泵的最大工作压力而无破损泄漏。

控制方式:一般为现场水位自动控制和就地手动控制两种方式。

实行车站级和现场级二级管理:车站控制室一级监视,泵房内的终端控制器的二级监视管理,当终端控制器失灵时,在车站控制室由监视系统发现后,现场人工手动控制。车站主废水泵、露天出入口潜水泵除有以上两种控制方式外,还具有在车站控制室远程强制启动水泵的功能。

车站控制室内能显示排水泵工作状态、手/自动状态、故障状态和集水池水位状态。

露天出入口及垂直电梯等局部潜水泵设停泵水位、第一台泵启泵水位、第二台泵启泵水位及报警水位,车站主废水泵设停泵水位、第一台泵启泵水位、第二台泵启泵、超高报警水位。

密闭式污水提升装置设干式水泵两台,平时互为备用,一次轮换工作。具有现场水位自动控制、就地手动控制两种控制方式。收集箱内设停泵水位、第一台水泵启动水位、第二台水泵气泵水位、报警水位。

密闭式污水提升装置和局部排水泵用电负荷等级为二级,废水泵和雨水排水泵用电负荷等级为一级。

2) 消防给水系统

为保证不间断供水,水消防系统从附近不同的城市给水管网(不同管网或环状管网)上分别接入一条引入管,生产生活给水引入管与水消防引入管在室外水表井内分开。每一条给水接入管按通过 100% 消防用水设计秒流量计算,引入管上设置 Y 形过滤器、闸阀和倒流防止器。消防给水系统包括室内消火栓装置、消防水加压装置和自动喷水灭火装置。

室内消火栓装置,指由箱体、消火栓、水带、水枪、消火栓按钮等器材组成的固定式消防给水设备。分为Ⅰ型、Ⅱ型、Ⅲ型、Ⅳ型、Ⅴ型、Ⅵ型,其基本配置要求见表 7-11,可根据工程需求选用合适类型进行配置。

消防水加压装置,指由消防加压泵(喷淋系统与消火栓系统用)、稳压装置、气压罐、控制柜等组成,对消防水系统进行加压、稳压的设备。

自动喷水灭火装置,指由洒水喷头、供水管网和控制组件等组成,并能在发生火灾时自动喷水灭火的装置。

室内消火栓配置表　　　　　　　　　表7-11

类型	配置标准						安装部位	推荐箱体尺寸(mm)
	消火栓(个)	消防软管卷盘(套)	水带(条)	水枪(只)	消火栓按钮(只)	灭火器(只)		
Ⅰ型	1	1	1	1	1	4	公共区、设备区、出入口通道等	1800×700×240
Ⅱ型	1	1	1	1	1	4		1800×700×180
Ⅲ型	2	1	1	1	1	4	公共区等	2000×750×240
Ⅳ型	2	1	1	1	1	4	公共区等	2000×750×180
Ⅴ型	1	1	1	1	1	4	高架车站公共区等	2000×1100×320
Ⅵ型	1	无	无	无	无	无	隧道区间	无箱带盖,水带集中设置在车站站台,专用

灭火器与室内消火栓采用共箱布置,上部布置消火栓箱,下部布置灭火器,上下采用钢板分隔。外箱门可采用一个大门或分为上、下两个小门。灭火器箱内宜配置 MF/ABC5 磷酸铵盐干粉灭火器。

在地铁沿线车站、车辆基地、主变电所等市政水压力不满足消防要求的场所,应设置消防水加压装置。

在地下车站小型商铺内宜设自动喷水局部应用系统,其技术要求和设备配置以及检验要求应按照规范执行,用水宜与室内消火栓系统合用,喷水强度不小于 $6.0L/(min \cdot m^2)$,作用面积不大于 $100m^2$,持续喷水时间不少于 30min。采用快速响应喷头,喷头工作压力为 0.05MPa。

消防给水系统的核心设备是消防水泵,包括消火栓水泵及自动喷淋水泵。

消防水泵机组(包括水泵及控制装置)采用立式水泵。消火栓水泵(含电机)或消防喷淋水泵(含电机),1用(或两用)1备。配备稳压泵(含电机)2台,1用1备,配套稳压罐1个,消防水泵控制柜1台。

消火栓水泵的运行方式为:
(1)就地手动启动;
(2)车控室、控制中心远程手动启动;
(3)FAS系统硬线联动启动(消火栓按钮);
(4)压力传感器自动启动。

喷淋水泵的运行方式为:
(1)就地手动启动;
(2)车控室、控制中心远程手动启动;
(3)FAS系统硬线联动启动(压力开关)。

稳压水泵的运行方式为:
(1)就地手动启动;
(2)压力传感器自动控制启、停。

控制中心和车站控制室可以通过FAS系统对消防水泵实行监控,监视内容包括设备故障状态、运行状态、消防水池水位和系统手/自动状态,控制内容则包括 FAS 系统可直接控制消防水泵的启停。

消防主泵及稳压水泵用电负荷等级为一级负荷。

3) 中水回用系统

车辆基地采用中水回用系统,生产废水处理后,处理水质需要达到中水使用标准,按照《城市污水再生利用 城市杂用水水质》(GB/T 18920—2002)的规定执行。处理后的水循环使用,达到节能、减排、环保的要求。

图 7-13 是中水回用处理流程及设备组成示意图。

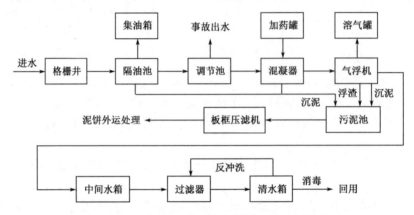

图 7-13　中水回用处理流程及设备组成示意图

含油废水主要是各检修车间定期检修、清洗零部件及冲洗车辆产生的废水,水质相对简单,COD(化学需氧量)和 BOD(生化需氧量)含量较小。采用"隔油 + 混凝 + 气浮 + 过滤 + 消毒"工艺,使出水水质达到《城市污水再生利用 城市杂用水水质》(GB/T 18920—2002)中城市绿化杂用水的标准限值后,用于车辆基地内绿化浇灌。

中水回用系统的设计处理能力为 77m^3/d,回用水需求量为 56.8177m^3/d。

车辆清洗废水处理中,各设备功能和特点如下:

(1) 格栅:阻隔大块漂浮物,防止阻塞水泵。格栅 2800mm × 800mm,栅距 10mm。坡度 76°,采用人工清掏方式。

(2) 斜板式隔油沉淀池:撤除浮油,浮渣在积累到一定厚度的时候,利用人工刮板将浮渣刮至浮渣槽排至集油箱,底部沉泥经管道排至污泥浓缩池,排入集油箱。

(3) 调节池:均衡水质水量,有效容积 37.5m^3,配有提升泵、事故排出泵各 2 台。在调节池提升泵扬水管上设在线监测仪,用以实时监测处理后水的 pH 值、COD_{Cr}值以及矿物油浓度值,从而及时掌握整个水处理站的运行情况,确保处理水达标后回用。

(4) 混凝器:设置搅拌器,进水后加药反应。加药装置由加药槽、加药泵、药剂、转自流量计组成,需聚合氯化铝(PAC)、聚丙烯酰胺(PAM),投加量一般为 20~40mg/L,PAC 投加浓度为 5%,PAM 投加浓度为 0.1%。4 台计量加药泵可实现加药的自动控制。

(5) 气浮设备:处理水量为 10m^3/h,带旋转式刮渣机,气浮池水位依托水量变化具有可调性(尾端设有可调节闸板)。气水回流比控制在 40%。调整溶气压力至 0.3~0.5MPa。上部浮渣及下部沉泥,经管道排至污泥浓缩池。出水由管道引至中间水箱。

采用旋转式刮渣机,刮板具有一定可调性,下方为毛刷,沥水性好。

采用气液两相溶气泵供气方式,气体在泵进口管道利用自身真空直接吸入,通过泵特殊叶轮结构,使得泵在建立压力的过程中,气液两相充分的溶解并达到高压饱和。

(6)中间水箱:设计有效容积$6m^3$,其中一部分水用于供气浮池的溶气气浮,大部分出水由水泵提升至过滤器。

(7)过滤器:进一步去除水中的微小颗粒和悬浮物。

(8)污泥浓缩池:气浮池的浮渣抽至污泥池后,其污泥通过螺杆泵打入板框压滤机生成泥饼,泥饼外运处理。

中水回用系统配备了pH值和在线油检测仪,以控制出水的pH值、COD_{Cr}值及含油量,使它们达标,达标出水直接排入车辆基地室外污水管网。该系统有手动和全自动两控制方式,保证含油废水处理站的正常生产活动。在综合监控室设有集中控制柜及监视台,能够显示工艺流程及各设备的运行状态、瞬时流量、累计流量、出水水质指标以及事故报警。

第8章 消防、安防及监控分析

地铁消防系统是一个重要而又特殊的系统。地铁防火涉及众多专业,实行自动消防和消防联动。综合安防系统集成视频监控、门禁和报警。综合监控系统集成火灾自动报警、环境与设备监控以及电力监控三个系统,互联视频监控等多个系统。综合安防和综合监控是地铁设备智能化的重要标志,其发展趋势是采用云计算、云存储及构建大型集成系统。

8.1 消防系统

8.1.1 地铁消防系统特征

地铁消防系统是地铁防灾救灾体系的重要系统之一,它涉及火灾风险危害分析、建筑防火、探测报警、安全疏散、防排烟、灭火救援、应急处置等诸多方面,并按照全线在同一段时间内发生一次火灾的原则进行设计与配置。

地铁消防系统在专业上是一个特殊的设备系统,它是由建筑、结构、环控、给排水、火灾报警、综合监控、供电、通信、安防、导向标识、自动售检票、乘客信息、站台门、自动扶梯及电梯等众多相关专业协同配置而成的大型系统。

8.1.2 地铁消防系统构成

地铁消防系统主要由火灾探测设备、火灾报警设备、灭火联动设备、防火联动设备及消防联动控制设备组成,如图8-1所示。

在地铁设置综合监控系统并对火灾自动报警系统(FAS)深度集成的情况下,除灭火联动功能外,火灾探测、火灾报警和防火联动功能则由综合监控系统实施。

根据《地铁设计规范》(GB 50157—2013)规定和工程经验,目前火灾探测设备主要是线型感温光纤火灾探测器、剩余电流式电气火灾探测器及测温式电气火灾探测器。火灾报警设备包括自动报警、手动报警以及通信和网络信息设备。目前灭火联动设备主要是水消防系统(含消火栓和喷淋水)、七氟丙烷气体自动灭火系统和干粉灭火器(手提式和推车式)。防火联动包括防火卷帘、防排烟、站台门、门禁、自动扶梯、售检票机、消防广播、火灾通信和应急照明。

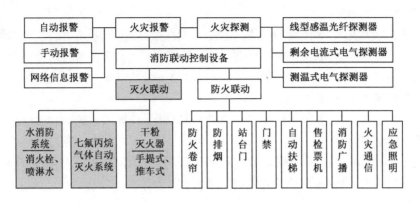

图 8-1　地铁消防系统构成图

8.1.3　车站建筑防火措施

车站建筑防火指在发生火灾时,对乘客、工作人员及设备提供保护措施。根据《地铁设计规范》(GB 50157—2013)规定,车站设置水消防系统和气体消防设备,并采取以下措施:

1) 消防分区

消防分区,包括防火分区、防烟分区和火灾探测分区,其分区示例见图 8-2。

(1) 车站防火分区

地铁车站站厅、站台公共区应划为一个防火分区。此外,车站其他部位的防火分区的最大允许建筑面积不应大于 $1500m^2$。站厅及站台层的两端设备区各设一个防火分区(合计 4 个),车站内实际拥有 5 个防火分区。两个防火

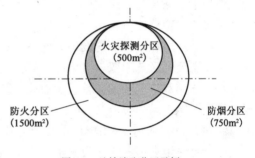

图 8-2　地铁消防分区示例

分区之间,采用耐火极限 3h 的防火墙分隔。有防火要求的房间及防火墙上,采用防火门、窗。

(2) 车站防烟分区

车站防烟分区系根据给排水、消防及环控专业要求设置。站厅、站台公共区地面至顶棚或顶板的高度不大于 6m 的场所,应划分为防烟分区。每个防烟分区的建筑面积不大于 $750m^2$,而且防烟分区要小于防火分区,并不得跨越防火分区。站厅、站台公共区内的楼扶梯口和站厅层的人行通道口,均设挡烟垂壁分隔。挡烟垂壁自平顶下吊不小于 500mm。

(3) 火灾探测分区

车站内的下述场合应分别单独划分火灾探测区域:站厅、站台的每个防烟分区,站厅层内的管理区(包括售票处)、值班室、办公室、车站控制室,各种设备用房、配电室、电缆隧道或夹层,站厅和物业区连接处。最大探测分区建筑面积约 $500m^2$。

2) 防排烟及通风系统

防排烟及通风系统可为地铁乘客和工作人员提供新鲜空气,在地铁内发生火灾时能迅速排出烟气,为乘客安全疏散创造条件。车站进风采自大气,排风直接排出地面。

(1) 车站公共区系统

当站台层发生火灾时,关闭站台层送风系统及站厅层回/排风系统,由站台层回/排风系统将烟雾经风井排至地面。同时,车站的 TVF 风机(隧道风机)相应启动,打开两侧屏蔽门的首、尾滑动门,以保证站厅、站台楼扶梯口部有不小于 1.5m/s 的向下气流,引导乘客由下向上通过楼梯连通道撤到站厅及地面。

当站厅层发生火灾时,关闭站厅层送风系统及站台层回/排风系统,由站厅层回/排风系统将烟雾经风井排至地面。

当发生火灾的列车停在车站范围内时,打开屏蔽门,启动设在车站两端的 TVF 风机排烟,地铁出入口自然进风,使乘客疏散的方向与气流方向相反。

(2) 区间隧道系统

当列车在区间隧道内发生火灾且停留在区间隧道内时,区间隧道一端的 TVF 风机向火灾区间送风,另一端的 TVF 风机将烟雾经过风井排出地面。综控制室确认火灾后,根据事故列车在区间隧道的位置、火源位置等决定通风方向,使乘客疏散的方向与气流方向相反,使疏散区始终处于新风区,以利于人员安全疏散。

(3) 车站设备及管理用房系统

3) 消防给水系统

消防给水系统与车站生产生活给水系统分开独立设置。为满足地铁消防用水要求,区间消防干管以少穿越或不穿越轨道为原则。

车站站厅层和站台层均设消火栓系统。站内消防水管干管为 DN150 立体环状管网。站厅层公共区选用双单口单阀带自救卷盘消火栓箱,沿墙两边布置,间距 25~30m。站台层公共区选用双口双阀带自救卷盘消火栓箱,岛式车站站台层主要设置在扶梯和楼梯口处,侧式车站站台层沿墙两边布置,间距 40~50m。站厅站台层设备管理用房、过道、环控机房及大于 20m 的出入口通道,采用单口单阀带自救卷盘消火栓箱。

站外每一给水引入管上设置消防水泵接合器,距接合器 15~40m 范围内设置与接合器供给水量相当数量的消火栓,当市政既有消火栓距接合器距离小于 40m 且方便使用时,可以利用市政既有消火栓。通向区间的消防给水管,在车站与区间分界处设电动阀门,区间为 DN150 消防给水管,设在隧道右侧(列车前进方向),分别与两端车站消防管道连通,形成环状。区间隧道采用单口单阀减压稳压消火栓,间距不大于 50m。

车站站台端部两侧,设 4 个消火栓箱,内有 25m 水带 2 根,多功能水枪 2 只。

4) 手提灭火器

全线配置数量足够的手提灭火器。地下车站公共区站厅、站台及设备管理用房均采用手提式干粉灭火器。在主变电站、车辆段、停车场等重要场所增配推车式干粉灭火器。

5) 气体灭火系统

5.6MPa 七氟丙烷气体自动灭火系统有组合分配式和单元独立式两种,实行全淹没自动灭火方式。气体自动灭火系统控制则纳入火灾自动报警系统中,实现资源共享。

气体灭火系统的设置范围是:地下车站的通信设备室、信号设备室、环控电控室、低压变配电室、降压变电所、混合变电所、高压开关柜室、低压开关柜室、整流变压器室、屏蔽门控制室等重要设备用房以及车辆段、停车场、主变电站的电气设备用房、物资总库以及不能采用水喷淋系统的其他重要设备用房。

车辆段、停车场的零散分布重要设备室(通信设备室、办公自动化设备室、联锁设备室等)设置2.5MPa无管网七氟丙烷气体自动灭火装置。

6) 通信系统

通信系统包含公务电话系统、专用电话系统、传输系统、无线系统、有线广播系统和电视监控(CCTV)系统。

公务电话系统具有特服呼叫功能,能将119特种业务呼叫自动转接至市消防局接警台。

专用电话系统在控制中心设有防灾调度台,灾害情况下可对车站进行调度指挥。

区间隧道中每隔150～200m设有轨旁电话机,可与两端的车站联系,也可接入公务电话系统进行通信。

控制中心环控调度员可与其下属使用环控调度用户组进行无线通信。列车司机通过无线系统,火灾紧急情况下可以和控制中心进行通话,进行应急处理。

当车站发生火灾等灾难时,广播系统可以兼作消防广播。事故救灾时,按照就近原则,站台播音盒为第一优先级,车站广播为第二优先级,控制中心广播为第三优先级,已事先将普通话、粤语、英语救灾广播录制在车站的广播控制盒中,在救灾时可以自动反复广播。

各车站与控制中心环控调度员均配有电视监视器,可选择任一画面观看。

7) 自动售检票系统

在车站发生紧急情况时,自动售检查票系统将下达紧急放行命令,车站内所有检票机将不对车票进行处理,同时检票机扇门全部打开,方便乘客紧急疏散。在紧急放行模式时,乘客不需要使用车票,就可以自由离开车站。

系统下达紧急放行的命令可以有三种方法:

(1)通过中央计算机下达命令(可与消防指挥中心联动);

(2)通过车站计算机下达命令(可与消防指挥中心联动);

(3)通过安装在车站控制室内的紧急按钮下达命令。

系统设置为紧急放行模式时,车站内的进站检票机都将显示"禁止进入"标志,所有的自动售票机均会自动退出服务。

车站自动售检票系统计算机将车站被设置为紧急放行模式的信息传送到中央计算机,中央计算机将向其他车站广播这一信息,并记录车站被设置为紧急放行模式的时间。

车站设置为紧急模式时,乘客不需要通过检票就可离开车站,所以系统将允许这些车票在一段时间内能正常使用,例如:在该车站购买的单程票能在所有车站使用,乘坐与车票票值相符的车程;在该车站进站的所有车票,在下一次进站时进站检票机将自动更新车票上的进出站标记,并不收取任何费用;当天设置紧急模式前,在其他车站进站而没有出站的所有车票,在下一次进站时进站检票机将自动更新车票上的进出站标记,并不收取任何费用。

8) 自动扶梯、垂直电梯

车站发生火灾紧急情况下,自动扶梯可用于紧急疏散乘客,但垂直电梯停止使用。

9) 火灾报警系统(FAS)及消防联动控制系统

地下车站、地下区间、控制中心大楼、车辆段和综合基地内的办公大楼、大型停车库和检修库、重要材料库及其他重要用房,按火灾报警一级保护对象设计;车辆段内的一般生产和办公用房,按火灾报警二级保护对象设计。

车站、车辆段、停车场、主变电站等设有火灾自动报警系统,地铁隧道内设置光纤感温火灾预警监测系统,车站电气设备设有电气火灾预警监测系统,构成全新的多功能智能化的火灾报警系统(FAS)。

火灾报警系统(FAS)采用防灾控制中心与车站级两级管理,并深度集成于综合监控系统,中央和车站级的监控管理功能由综合监控系统统一实现。

10) 列车防火措施

列车采用满足欧洲最新防火、低烟、低毒标准的材料,座椅全采用不锈钢,将安全和环保的要求保持与世界先进水平同步。每节车厢内设有2个灭火器,每个司机室内设有1个灭火器,并设有3个乘客紧急对讲装置,以便紧急情况下与司机取得联系。列车两端还设有紧急疏散门,以保证乘客安全。

11) 屏蔽门系统

屏蔽门系统在车站车控室 MCP 盘上设有 PCS 开关,其作用是在火灾情况下,可以根据确认的灾害情况,由值班人员开启或关闭屏蔽门。同时,屏蔽门系统在每侧站台间隔设有6挡应急门。对应每个车箱1挡,以便在列车不能准确停在正常位置时,可由乘客推动应急推杆打开屏蔽门。在屏蔽门系统完全故障的情况下,也可由乘客在轨道侧,按压开门钮后拉开屏蔽门的活动门。在屏蔽门系统双路供电均故障的情况下,UPS 电源可以满足在 1h 内连续开关5次屏蔽门的要求。

8.1.4 安全出口和疏散通道

深圳市标准化指导性文件《地铁地下车站防火分区、烟气控制与人员疏散系统设计导则》(SZDB/Z 100—2014)(以下简称《设计导则》),对安全出口和疏散通道有如下规定:

(1) 站厅站台的防火分区(有人区)至少要有2个安全出口,并直通室外地面。其他各防火分区的安全出口数量也不少于2个,并有1个直通室外地面。竖井爬梯出入口和垂直电梯不得作为安全出口。车站各种走道、通道、楼梯,必须保障人员安全疏散。疏散设施的位置、长度、宽度要合理设置。

(2) 对车站的设备与管理用房区域的安全出口、楼梯、疏散通道来说,应至少设置1个与相邻防火分区相通的防火门作为安全出口,设备与管理用房区安全出口和楼梯最小净宽度为1.2m,单面布置房间的疏散通道最小净宽度为1.2m,双面布置房间的疏散通道最小净宽度为1.5m。

(3) 设备与管理用房的门至最近安全出口的距离不得超过3.5m,位于封闭尽端的两侧通道至最近安全出口的距离不得超过17.5m。

(4) 站厅站台公共区的任一点距疏散楼梯口的距离不得超过50m。设有自动灭火的多线换乘共用站厅公共区时,其疏散距离可增加25%。

(5) 车站出入口通道长度不宜超过100m,地下通道宜少设弯道,疏散通道内不应设置影响疏散的障碍物。当地下出入口通道超过100m时,应采取措施满足消防疏散要求。

(6)车站内疏散通道的坡度不应大于12.5%,并应采取防滑措施。

(7)设于公共区的付费区与非付费区的栏栅,应设疏散门,并在疏散门布局上统筹兼顾疏散路径。

(8)在火灾等紧急情况下,可用自动扶梯进行人员疏散,此时站厅层的事故疏散时间的计算公式为:

$$T = t_0 + \frac{Q_1 + Q_2}{0.9[A_1(N-1) + A_2(B + F \times B')]} \leqslant 6\min \qquad (8-1)$$

式中:Q_1——远期和客流控制期中超高峰小时一列进站列车的最大客流断面流量(人);

Q_2——远期和客流控制期中超高峰小时站台上的最大候车乘客数(人);

A_1——自动扶梯通过能力[人/(min·台)];

A_2——人行楼梯通过能力[人/(min·台)];

N——自动扶梯总台数(台);

B——自动扶梯总宽度(m);

F——自动扶梯停运时与楼梯的通过能力折算系数,取0.6;

B'——停运自动扶梯宽度(m),当存在多种宽度扶梯时,为安全起见取最小值;

t_0——人的反应时间(min),通常为1min。

8.1.5 疏散引导设施

《设计导则》同时规定:

(1)车站内应设置疏散应急照明的部位是站厅、站台、车站设备与管理用房、自动扶梯、自动人行道和楼梯、疏散通道和安全出口。应急照明连续供电时间不少于1h。

(2)车站内应设置醒目的疏散指示标志的部位是站厅、站台、车站设备与管理用房、自动扶梯、自动人行道和楼梯口,人行疏散通道拐弯处、交叉口及安全出口,换乘通道内。

(3)楼梯和自动扶梯用于疏散时,应执行如下规定:

①人员疏散使用的楼梯和自动扶梯,其疏散能力按正常情况下的90%计算。

②站台上的人行楼梯和自动扶梯应按纵向均匀分布,且在站台内任何一点距最近楼梯和自动扶梯口或通道口的距离不得大于50 m。

③设于站台上的人行楼梯和自动扶梯的总数量,应按站台层的事故疏散时间不大于6min进行验算。

④自动扶梯用于疏散乘客的条件是:确保乘客安全,按一级负荷供电,能停驶并在90s内实现逆向运转。

8.1.6 消防联动

1)消防联动流程

现代地铁高度重视消防联动,其火灾报警及消防联动流程如图8-3所示。

发生火灾时,消防水泵、专用排烟风机等消防专用设备,由火灾自动报警控制系统直接联动控制。

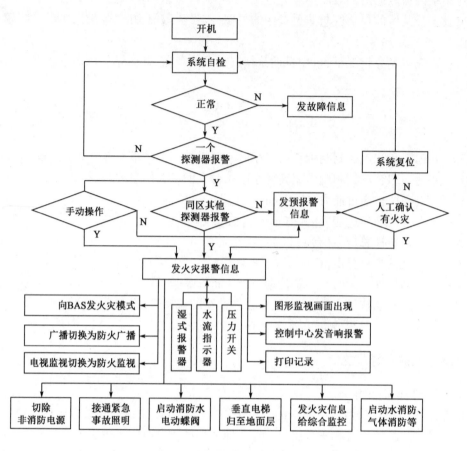

图 8-3　火灾报警及消防联动流程图

与此同时,火灾自动报警控制系统与电梯、非消防电源、自动售检票以及门禁系统等联动。对于正常工况和灾害工况共用的设备,由 BAS 进行监控,火灾时由 FAS 发出火灾报警信号,BAS 收到报警信号后,联动不同的防排烟模式,并且在 IBP 盘上也设有相关的模式启动按钮,以备在系统故障时,由人工触发启动排防烟设备。

由于水喷淋系统不是全线每座车站都设置,因此图 8-3 中标识的水流指示器、压力开关和湿式报警阀,应由给排水专业根据车站实际情况设置。

2) 气体火灾联动流程

气体火灾控制系统消防联动流程,如图 8-4 所示。

为确保安全可靠,手动自动转换采用机械开关。

手动自动转换时机是系统检修、人员进入气体灭火防护区时,置于手动位置。情况处理完成后,恢复到自动位置。

紧急止喷按钮使用时机是发生火灾误报、未能及时疏散人员、不允许放气灭火时,按下紧急止喷按钮。

第8章 消防、安防及监控分析

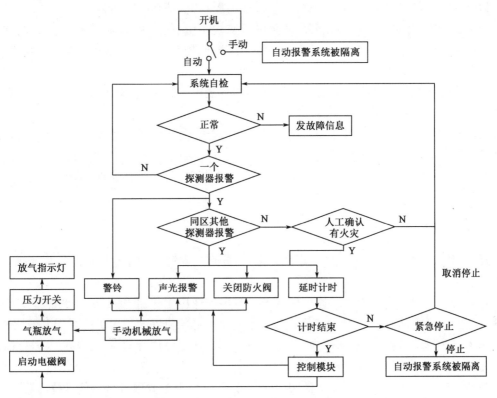

图 8-4 气体火灾控制系统消防联动流程图

8.2 综合安防系统

综合安防系统是集车站、车辆段及列车图像监控、门禁、紧急告警为一体的综合安全防范系统，由安防集成管理系统、图像监控系统、门禁系统、车场与高架区间入侵探测系统和紧急告警系统组成，如图 8-5 所示。

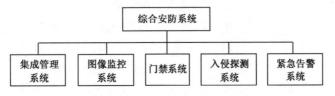

图 8-5 深圳地铁 5 号线综合安防系统组成

综合安防系统采用中央级、车站级和终端级三级结构。该系统硬件分为中心级和车站级两个层级，包括网络交换机、服务器、磁盘阵列、工作站、前端处理器、防火墙、仿真器、打印机、综合后备盘(FEP)和不间断电源(UPS)等。

8.2.1 集成管理系统

安防集成管理系统设置中央和车站两级。控制中心为一级控制，车站值班员为二级控制。

平常以车站值班员控制为主,在紧急情况下转换由控制中心调度员控制。

对内,安防集成系统集中控制管理闭路电视监视系统、门禁系统和紧急告警系统,并负责这些系统间的联动控制。对外,安防集成系统与综合监控系统(包括 BAS、FAS)等互联,实现与这些系统之间的联动。

安防集成系统面向的操作人员是控制中心的各调度员、车站、车辆段/停车场等站点的值班人员、列车司机、相关工作人员,以及求助乘客。

安防集成系统选用交通行业安防集成平台为核心管理软件,服务器和工作站为平台硬件,构成集成管理系统。实现本线控制中心命令、多任务环境应用、高级视频分析、虚拟切换数字矩阵、矢量电子地图、身份认证、预案编程、报警信息综合、设备信息管理、集中或本地图像存储、设备参数调整等运营管理要求。

8.2.2 闭路电视监视系统

运营、公安共享车站前端摄像机视频图像,但分别设置视频存储及控制设备,由运营、公安分别管理。

摄像机安装要减少或避免图像出现逆光。室内摄像机工作时,适应的最低照度应不小于 0.2lx。室外摄像机安装位置离地高度大于 3.5m,室内摄像机安装位置离地高度大于 2.5m。

出入口、主要通道安装摄像机为固定焦距和方向,视区域内无盲区,在 24h 内通过监视器能清楚地辨别出入人员面部特征。

梯轿厢内的摄像机应安装在电梯厢门前上方的一侧,并配置电梯楼层信号叠加器。

车站范围内安装的摄像机在监视范围无盲区,能清楚地显示监视范围内所有人员活动的情况,相邻摄像机监视图像能连续拼接。

其他区域安装的摄像机,通过监视器能辨别监视范围内的人员活动情况。

安装带有云台、变焦镜头的摄像机,云台、变焦停止操作后,摄像机在 3mm ± 0.5mm 内自动复位至原始设定状态。

摄像机回放图像质量不应低于 3 级的要求。

系统能切换图像,并能根据系统的配置,控制摄像机云台、镜头等。

系统具有日期、时间、摄像机位置等信息的字符叠加、

系统的时间与时钟系统同步。没有时钟系统时,误差应在 ±30s 以内。

系统建立视频智能行为分析装置,能对检票出入口和隧道出入口等重要部位通道实现移动人员和物体的视频智能行为分析,一旦发现问题可立即显示并报警。

每节车厢安装摄像机不少于 2 个,每列列车不少于 2 幅画面的图像实时发送至邻近的车站,图像延时应不大于 300ms。

系统终端采用数字录像设备,列车上进行运行全程图像记录,帧速不少于 25 帧/s,记录保存时间应不少于 7 天。其他部位进行 24h 图像记录,帧速不少于 25 帧/s,记录保存时间不少于 15 天。

摄像机拍摄区域建有告警系统的,视频监控系统要与告警系统实现联动。

视频监控系统可同时满足各线上行传送 9 路视频图像信号,进入运营管理办公室指挥中心数字视频监控设备,实现联网监视控制。

各线安防系统与运营管理办公室监控系统中心级的监视是相互独立的。

视频监控系统监视区域分为各线车站出入口外和过街通道内。出入口摄像机在车站外10m范围内无盲区,可清楚地显示所有人员活动情况。

视频监控系统可通过监控指挥中心工作台上各线的17英寸平板监控终端,选择人工单选或自动监视模式(对各线任意一个车站内的任一有关摄像机图像进行人工单选或自动监视),录像回放。可遥控各线车站室外一体化摄像机。能控制监控指挥中心室内9台21英寸平板监视器的监视图像,设置自动循环监视模式(可对已设置的固定组合监视区域进行自动循环监视),或人工监视模式(可对设定的监视区域进行人工选择监视),可接收、切换各线所辖车站内的有关监控图像,录像回放。中心监视系统监视器所显示的图像,能同时显示必要的汉字信息,主要包括各线名、车站站名、摄像点的区域编号、日期及时间等字符。

8.2.3 门禁系统

门禁系统全线联网,采用控制中心、车站两级管理模式。控制中心和车站均设置门禁计算机。车站值班员监视本站的所有门禁点状态。控制中心值班员监视本线路的门禁点状态。车辆段和停车场按一个车站考虑。主变电所,应纳入就近的车站门禁系统进行管理。

车站与控制中心通信中断时,车站门禁系统具有独立工作能力和数据存储能力,并能在通信恢复后自动上传访问记录。

门禁控制器在与门禁计算机通信中断时,具有独立工作能力和数据存储能力,并能在通信恢复后自动上传访问记录。

控制中心门禁访问记录和门禁状态数据存储时间不少于3个月,车站门禁访问记录和门禁状态数据存储时间不少于1个月,门禁控制器门禁访问记录和门禁状态数据存储时间不少于7天。

门禁系统采用地铁员工卡作为身份识别介质,并在门禁现场配备读卡器。系统能为地铁员工卡设置门禁访问权限,门禁读卡器只有识别到有访问权限的卡才会开门。

系统能与视频监控系统、出入口控制系统等联动。

门禁系统主要设置在管理区、设备区与公共区之间的通道门、重要的管理和设备用房的房门。

门禁系统满足消防和紧急疏散要求。具有紧急开门功能。紧急情况下,可以通过门禁计算机或紧急按钮打开电子锁。火灾时,必须打开的出入口门禁设有紧急控制按钮。

系统具有防破坏、防攻击及报警功能,能对设备运行状态和信号传输线路进行检验,对故障能及时报警。

系统应能24h不间断工作,不会因数据整理、数据备份等原因而停止工作。

8.2.4 紧急告警系统

售票问询处、票务室和车站控制室,设置可隐蔽报警的紧急告警装置。重要设备房可设置故障紧急告警装置。信号紧急停车按钮,纳入紧急告警系统监视范围。

紧急告警系统与电视监控和门禁系统联动,以提高监视效率。

车站控制室可实时显示告警信号及告警位置,告警延迟时间小于1s。

紧急告警系统能手动解除报警,具有24h工作能力,具有数据存储和查询功能。车站数据存储时间不少于3个月,控制中心数据存储时间不少于1年。

在沿线地面、高架区间,出入隧道口处周界报警系统与安防视频监视系统互联。告警信号及视频图像,纳入相关监控中心统一进行监控和管理。

8.3 综合监控系统(ISCS)

8.3.1 国家标准规定

关于综合监控系统,《地铁设计规范》(GB 50157—2013)的主要规定如下:

(1)地铁宜设置综合监控系统(ISCS),并应满足行车指挥、防灾安全和乘客服务等现代运营管理的需要。综合监控系统宜为实时监控与事务数据管理相结合的系统,应为线网运营控制中心提供相关信息。

(2)综合监控系统应采用集成和互联方式构成。

集成对象是电力监控、环境与设备监控和站台门等系统。

互联对象是广播、视频监控、乘客信息、时钟、自动售检票、门禁、防淹门、通信、集中告警等系统。

(3)综合监控系统可集成或互联列车自动监控系统(ATS)与火灾自动报警系统(FAS)。当集成ATS时,可建成以行车指挥系统为核心的综合监控系统。

(4)综合监控系统的基本功能是控制功能、监视功能、报警管理、趋势分析、报表生成、权限管理、系统组态、档案管理、系统维护和诊断。

(5)综合监控系统的联动功能是正常工况功能(启动日常进站广播、开关站等)、火灾工况功能(区间火灾防排烟模式控制、车站火灾应急广播、车站火灾场景的视频监控和乘客信息系统的信息发布)、阻塞工况功能(启动相关隧道通风设备)、紧急工况功能(启动信息共享、联动等)。

(6)综合监控系统的设置原则是:

①宜设置中央级综合监控系统和车站/车辆基地级(现场级)综合监控系统,并应通过网络设备将两级系统连接构成完整的综合监控系统。现场级应由被集成或互联系统的现场设备组成。

②中央级系统和现场级系统均应设置冗余局域网。

③车站控制室应设置综合监控系统综合后备盘。

④综合监控系统骨干网宜利用通信系统的专用传输网络或组建专用传输网络。

⑤宜设置网络管理系统和培训管理系统,并可根据需要设仿真测试平台。

根据上述规定,综合监控系统使用系统化方法,把分散的各自动化系统连接为一个有机整体,实现信息互通、资源共享,提高协调配合能力和全线自动化水平。

8.3.2 系统组成实例

实际工程的配置大同小异。表8-1列出了深圳地铁企业标准规定和深圳地铁1号线(续建)、2号线、5号线综合监控系统的基本组成。表中,★代表集成,◆代表互联。

第8章 消防、安防及监控分析

综合监控系统基本组成　　　　　　　表 8-1

代号	设备名称	企业标准 集成	企业标准 互联	深圳地铁1号线(续建) 集成	深圳地铁1号线(续建) 互联	深圳地铁2号线 集成	深圳地铁2号线 互联	深圳地铁5号线 集成	深圳地铁5号线 互联
A1	火灾自动报警系统(FAS)	★		★		★		★	
A2	环境与设备监控系统(BAS)	★		★		★		★	
A3	电力监控系统(SCADA)	★		★		★		★	
A4	发动机控制中心(MCC)					★			
B1	综合安防系统(ISDS)		◆		◆		◆		◆
B2	乘客信息系统(PIS)		◆		◆		◆		◆
B3	广播系统(PA)		◆		◆		◆		◆
B4	自动售检票(AFC)		◆		◆		◆		◆
B5	信号系统(SIG)		◆		◆		◆		◆
B6	时钟系统(CLK)		◆		◆		◆		◆
B7	屏蔽门(PSD)		◆		◆		◆		◆
B8	通信网管系统		◆		◆		◆		◆
B9	不间断电源(UPS)		◆		◆		◆		◆
B10	列车安防系统(TSDS)				◆				

值得指出的是,对屏蔽门是互联而不是集成;2号线集成了发动机控制中心(MCC),在国内属首创;1号线(续建)互联了列车安防系统(TSDS)。

根据国家标准规定和工程建设经验,目前综合监控系统实际集成的系统有火灾自动报警系统(FAS)、环境与设备监控系统(BAS))及电力监控系统(SCADA)。这三个集成系统及其监控对象系统如图8-6所示。

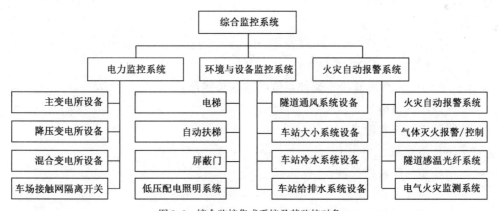

图 8-6　综合监控集成系统及其监控对象

综合监控系统的互联系统包括安防系统(ISDS)、乘客信息系统(PIS)、广播系统(PA)、自动售检票(AFC)、信号系统(SIG)、时钟系统(CLK)、屏蔽门(PSD)/安全门、通信网管系统、不间断电源(UPS)。互联系统是独立的系统。

综合监控系统在硬件结构上,分为中心级和现场级两个层级,由位于控制中心的中央级综合监控系统(CISCS)、位于各车站的车站级综合监控系统(SISCS)、位于车辆基地的车辆基地综合监控系统(DISCS),以及连接这几部分的骨干传输网络构成,如图8-7所示。

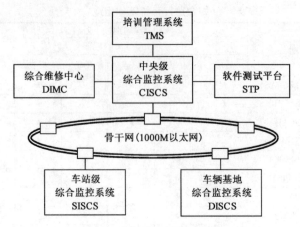

图 8-7 综合监控系统基本组成

在没有设置综合监控系统的地铁中,环境与设备监控系统(BAS)是一个独立的系统,实行中央和车站两级监控管理。

在设置综合监控系统的地铁中,环境与设备监控系统(BAS)被集成,叫车站设备自动监控系统,是综合监控系统的车站级(现场控制级)设备。

作为车站级设备,环境与设备监控系统的监控对象是:

(1)通风、空调与供暖系统,简称环控系统;
(2)给水与排水系统,简称给排水系统;
(3)应急电源(EPS)及不间断电源(UPS);
(4)照明系统;
(5)乘客导向标识系统;
(6)自动扶梯、电梯设备;
(7)站台门、防淹门系统等;
(8)温、湿度等环境参数的监测等。

作为车站级设备,环境与设备监控系统的基本功能是:

(1)车站及区间机电设备监控;
(2)执行防灾及阻塞模式;
(3)车站环境监测;
(4)车站环境与设备的管理;
(5)系统用能计量;
(6)设备节能运行管理与控制;
(7)系统维护。

8.4 环境与设备监控系统(BAS)

环境与设备监控系统(BAS,Building Automation System),又叫车站设备自动监控系统。环境与设备监控系统的监控范围是车站、区间、控制中心和车辆基地。

第8章 消防、安防及监控分析

环境与设备监控系统的监控对象是车站通风、空调与供暖设备、隧道通风设备、给排水设备、自动扶梯及电梯、站台门及防淹门、照明和导向系统、车站应急照明电源(EPS)、不间断电源(UPS)、车站环境参数(如温、湿度)等。

环境与设备监控系统设置的基本原则是分散控制、集中管理、资源共享。

环境与设备监控系统设置的具体原则是：

(1)独立设置。

(2)采用分层、分布式计算机控制系统,由中央监控管理级、车站监控级、现场控制级和相关通信网络组成。

(3)当设置综合监控系统时,环境与设备监控系统在车站级由综合监控系统集成,环境与设备监控系统车站级和中央级功能由综合监控系统实现。换言之,当有综合监控系统时,环境与设备监控系统只有现场控制级功能。

(4)环境与设备监控系统与火灾报警系统之间,应设通信接口。火灾工况时,由火灾报警系统发布火灾模式指令,环境与设备监控系统优先执行相应的控制程序。

(5)在火灾情况下,防烟、排烟系统与正常通风系统合用的设备,由环境与设备监控系统统一监控。

环境与设备监控系统的基本功能是：

(1)车站及区间机电设备监控

①中央和车站两级监控管理；

②环境与设备监控系统控制指令,能分别从中央工作站、车站工作站和车站综合后备盘人工发布或由程序自动判定执行,并具有越级控制功能；

③用户权限管理。

(2)执行防灾及阻塞模式

①接收车站自动或手动模式指令,执行车站防烟、排烟模式；

②接收列车区间停车位置、火灾部位信息,执行隧道防烟、排烟模式；

③接收列车区间阻塞信息,执行阻塞通风模式；

④监控车站乘客导向标识系统和应急照明系统；

⑤监视各排水泵房危险水位。

(3)车站环境监测

在车站公共区、车站控制室及重要设备用房设置温度及湿度传感器,能对环境相关参数进行监测。

(4)车站环境和设备管理

①对环境参数进行统计；

②对耗能数据进行统计和分析；

③对设备的运行状况、运行时间进行统计。

(5)系统用能计算

在各用能点设置计量装置,实现用能分类、分项及各用能系统和大功率设备的实时计量。

(6)设备节能运行管理

对通风、空调、供暖设备和照明系统进行能耗进行统计分析,控制系统设备优化运行。

(7) 系统维护

①监视全线环境与设备监控系统被控对象的运行状态,形成维护管理趋势预告等;
②环境与设备监控系统软件维护、组态、参数设置及操作界面修改等;
③环境与设备监控系统硬件设备故障判断与维护管理。

8.5 火灾自动报警控制系统(FAS)

火灾自动报警控制系统(FAS),由火灾探测报警系统、消防联动控制系统(包括气体灭火控制系统等)及电气火灾监测系统组成,如图 8-8 所示。

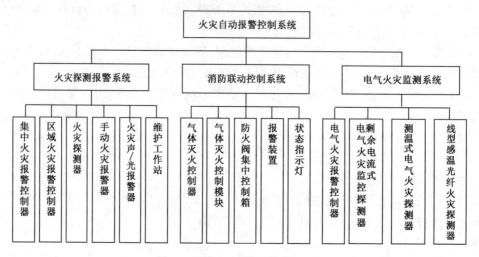

图 8-8 火灾自动报警控制系统组成

火灾探测报警系统,又由集中火灾报警控制器(含联动型控制器))、区域火灾报警控制器、火灾探测器、手动火灾报警器、图形显示装置、火灾声/光警报器、维护工作站等设备组成,用来实现火灾的探测、监视、报警及消防联动控制等功能。

消防联动控制系统,又由气体灭火控制器、气体灭火控制模块、防火阀集中控制箱、报警装置、状态指示灯等全部或部分设备组成,用来实现气体灭火防护区火灾的监视、报警以及安全隔离、灭火控制等功能。

电气火灾监测系统,又由电气火灾报警控制器、剩余电流式电气火灾监控探测器、测温式电气火灾探测器、线型感温光纤火灾探测器组成,用来实现电气配电柜的进出线、电缆、漏电流等电气火灾的探测、监视、报警等功能。

在没有设置综合监控系统的地铁中,火灾自动报警控制(FAS)是一个独立的系统,实行中央和车站两级监控管理。

在设置综合监控系统的地铁中,火灾自动报警控制(FAS)被集成,叫车站级火灾报警控制系统,是综合监控系统的车站级(现场控制级)设备。

车站级火灾报警控制系统组成,如图 8-9 所示。

在每个车站控制室设置一套火灾报警控制器和一套气体灭火控制器,在车站控制室的另外一端设置一套气体灭火控制器。这三套控制器通过 RS-485 通信卡联成网,实现对火灾报警和气体灭火报警的监控。该三套控制器中的任意两套控制器,通过 RS-232 串口连接到车站前置通信控制器中。

车站感温光纤系统的测温主机,通过硬线方式与车站火灾自动报警系统的输入模块相连,把系统测得的温度等信息传递给车站 FAS 系统。同时,感温光纤系统的测温主机用以太网的方式,直接与车站综合监控系统的交换机相连。

电气火灾监测系统的主机,用以太网的方式直接与车站综合监控系统的交换机相连。

车站火灾报警系统、气体灭火系统构成小 FAS,与感温光纤系统、电气火灾监测系统构成大 FAS,集成于车站综合监控系统。

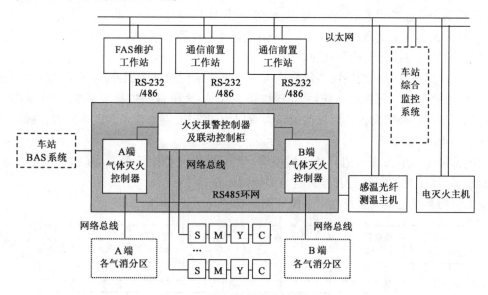

图 8-9　车站级火灾报警控制系统组成

8.6　电力监控系统(SCADA)

电力监控系统(SCADA,Supervision Control And Data Acquisition),用来对供电系统的变电所和牵引网进行实时数据采集和监视控制。

电力监控系统可以独立存在,也可以集成在综合监控系统之中。

电力监控系统独立存在时,是一个分布式自动化系统,包括控制中心系统(主站)、变电所自动化系统(子站)和传输通道三大部分,采用 1 个主站监控 N 个子站的方式。

电力监控系统集成在综合监控系统中时,被深度集成的还有机电设备监控系统(EMCS)与火灾自动报警系统(FAS)。互联有安防系统(ISDS)、乘客信息系统(PIS)、广播系统(PA)、自动售检票系统(AFC)、信号系统(SIG)、时钟系统(CLK)、屏蔽门系统(PSD)、通信网管(综合报警)、不间断电源(UPS)等子系统。

8.6.1　控制中心系统(主站)

控制中心系统(主站)的主要功能包括:

(1) 对全线监控对象的状态、参数等进行实时采集和处理,在电调调度员工作站上以图形、图像(变电所主接线、监控系统图等)等形式显示;

(2) 通过人工的方式向全线被监控对象或系统发送控制命令,实现设备控制(单控操作和程控、并控操作)功能;

(3) 提供全线交流系统图、全线直流系统图、全线接触网供电分段图等全线汇总画面实现全线相关设备的集中监控;

(4) 事件序列(SOE);

(5) 自定义程控卡片;

(6) 提供全线监控对象的报警、日志、趋势、权限管理、权限移交、报表等功能;

(7) 存储操作人员的各项操作记录。各项记录(如故障、设备维修、清洗等)可输出至打印机或磁盘等,并能进行历史档案管理。

主站由计算机系统和局域网两部分构成。计算机系统包括主服务器(实时服务器)、备用服务器(历史服务器)、操作员工作站、系统维护工作站、大屏幕模拟显示系统、UPS 及配电柜、打印机和记录仪等外围设备。局域网通常为双以太网结构,网络设备均冗余配置,网络交换机采用的 24~48 口交换机。

大屏幕模拟显示系统采用马赛克模拟屏(含控制器)、背投显示系统(含控制器)或 LED (LCD)显示系统(含控制器),其控制器与局域网相连。

电力监控系统主站网络结构示意图如图 8-10 所示。

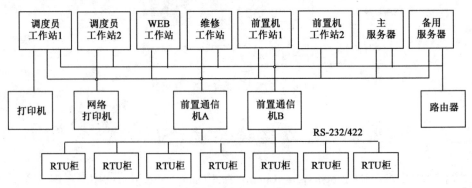

图 8-10 电力监控系统主站网络结构示意图

系统设两套功能相同的前置通信机(互为热备),经专用通信系统的传输系统,与被控站进行点对点远方通信。两个 RS-232/422 串口(一个备用),对应一个被控站。前置通信机至通信设备室用电缆连接。

主、备用服务器均能接收来自被控站的上传数据。主服务器故障时,系统自动切换到备用服务器上,并显示故障信息。

工作站同步反映服务器上的所有数据,包括图像、警报、遥控测量等,分别给调度员和维护员提供一个操作窗口。

8.6.2 变电所综合自动化系统(子站)

变电所综合自动化系统(子站)的主要功能包括:

(1)对变电所监控对象的状态、参数等进行实时采集和处理,在监控一体机上以图形、图像(变电所主接线、监控系统图等)等形式显示。

(2)通过人工方式向变电所被监控对象或系统发送控制命令,实现单控控制功能。

(3)提供变电所监控对象的报警、日志、趋势、权限管理、权限移交等功能。

(4)事件序列(SOE)。

(5)存储操作人员的各项操作记录。各项记录(如故障、设备维修等)可输出至打印机或磁盘等,并能进行历史档案管理。

变电所综合自动化系统是无人值守的分布式系统,采用集中管理、分散分布式结构布局,由间隔设备层、网络通信层、站级管理层三层组成,实现变电所供电设备(35kV、1500V、400V开关设备)的控制、监视及运行数据的测量。

间隔设备层的设备,包括装在各交流(35kV)开关柜、直流(1500V)开关柜内的间隔层保护测控装置,以及控制信号盘上集中安装的接触网电动隔离开关测控单元。0.4kV低压交流系统的保护测控装置,一般由开关和成套单位提供。

网络通信层,一般采用以太网模式或以太网与现场总线并存模式。站级管理层,一般由控制信号屏,以及设在其内的通信控制器、显示设备、音响报警装置、机架式UPS等设备组成。变电所自动化系统有三种控制方式:远动控制、所内集中控制、设备本体控制。

变电所综合自动化系统结构如图8-11所示。

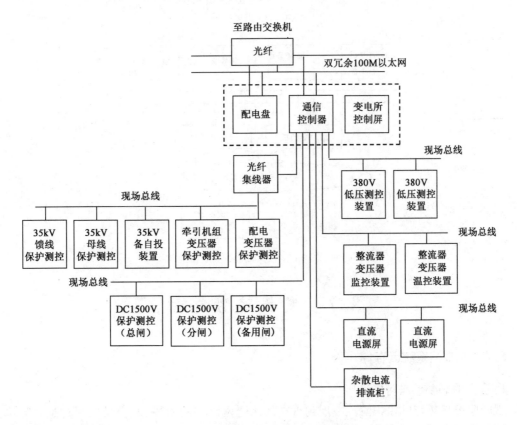

图8-11 变电所综合自动化系统结构

8.6.3 传输通道

变电所分布在地铁沿线,而沿线敷设有专用通信的传输系统,该传输系统为电力监控系统提供 2M E1 通道或 10/100M 以太网通道。

图 8-12 是 E1 通道连接。图 8-13 是以太网通道连接。

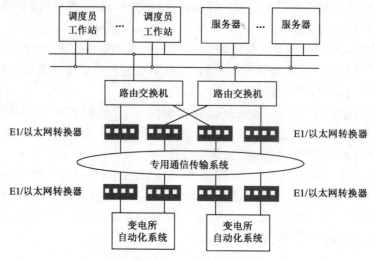

图 8-12　E1 通道连接

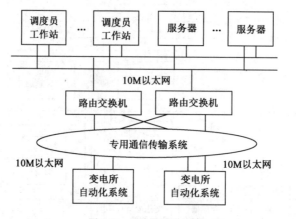

图 8-13　以太网通道连接

8.7　发展趋势探讨

8.7.1　监控系统云存储

1) 应用的必要性与可能性

视频监控从传统的模拟阶段发展到现在的高清网络视频阶段,监控录像一直是视频监控最主要的数据存储方式,其主要发展情况如下:

（1）监控分辨率从最早的 176×144 的 QCIF 格式到现在的 2K（2048×1080）、4K（4096×2160），图像分辨率增长了 350 倍。

（2）录像格式从最早的 H.261 和 MPEG 发展到现在 H.265，压缩技术虽然不断更新，压缩率不断增大，但因为图像分辨率的快速增长，压缩码流也在飞速增长，录像存储量也呈几何级的增长，对视频数据的处理需求和存储的能力要求也在成倍的增长。

（3）视频数据所包含信息量愈发变得丰富和庞大，高清视频比传统摄像机的数据量大了好几十倍甚至更多。

所以，传统的视频监控存储模式再也不能满足当今视频监控的要求。

2016 年 1 月 1 日起施行的《中华人民共和国反恐怖主义法》第三十二条明确规定："重点目标的管理单位应当建立公共安全视频图像信息系统值班监看、信息保存使用、运行维护等管理制度，保障相关系统正常运行。采集的视频图像信息保存期限不得少于九十日。"必须履行的场所包含政府机构、银行、城市大型活动场所、机场、火车站、城市轨道交通等重点目标。视频录像由 30 天以上调整为 90 天以上。

因此，为了突破现代地铁视频监控存储能力和处理效率的瓶颈，需要找到新的技术。

值得一提的是，近年来快速兴起并不断成熟的云计算技术和云存储技术，为我们突破瓶颈带来了难能可贵的发展契机。

2）云计算和云存储

云计算（Cloud Computing）是分布式处理（Distributed Computing）、并行处理（Parallel Computing）和网格计算（Grid Computing）的发展，是通过网络将庞大的计算处理程序自动分拆成无数个较小的子程序，再交由多台服务器所组成的庞大系统经计算分析之后将处理结果回传给用户。通过云计算技术，网络服务提供者可以在数秒之内，处理数以千万计甚至亿计的信息，达到和"超级计算机"同样强大的网络服务。云计算系统的建设目标是，将运行在 PC 上或单个服务器上的独立的、个人化的运算，迁移到一个数量庞大的服务器"云"中，由这个云系统来负责处理用户的请求，并输出结果。云计算是一个以数据运算和处理为核心的系统。

云存储是在云计算的概念上延伸和发展出来的一个新的概念，是指通过集群应用、网格技术或分布式文件系统等功能，将网络中大量各种不同类型的存储设备，通过应用软件集合起来协同工作，共同对外提供数据存储和业务访问功能的一个系统。当云计算系统运算和处理的核心是大量数据的存储和管理时，云计算系统中就需要配置大量的存储设备，那么云计算系统就转变成为一个云存储系统。所以，云存储是一个以数据存储和管理为核心的云计算系统。云存储可以帮助现代地铁视频监控系统突破管理、存储瓶颈。

视频云存储的物理拓扑结构如图 8-14 所示。

在主流的视频云存储系统的设计中，采用的核心技术如下：

（1）采用存储全域虚拟化技术对具有海量存储需求的用户提供透明存储构架，可持续扩容避免瓶颈限制，可以更有效的进行资源管理，灵活增减空间，达到最大限度地合理利用空间的效果；

（2）采用集群技术，解决单/多节点失效造成的业务中断问题，并通过负载均衡技术充分利用各存储节点的性能，提升系统的可靠性和安全性；

（3）采用离散存储技术，保障了用户高效读写和业务的持续性；

(4)采用统一完善的接口,降低对接成本、平台维护成本和用户管理的复杂度;

(5)采用开放的集成构架,可兼容业界各类标准的 iSCSI/FC 存储设备,保护用户现有存储投资资源;

(6)采用数据备份和容灾技术,保证云存储服务的安全稳定。

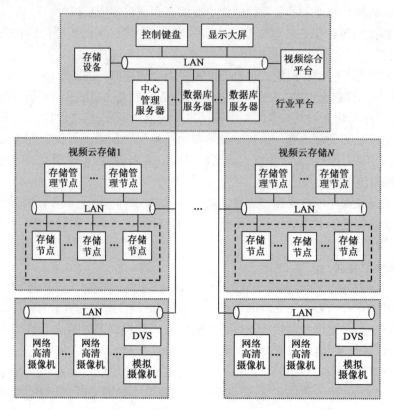

图 8-14　视频云存储的物理拓扑结构图

3)视频云存储的特点与展望

视频云存储的特点是:

(1)提供更大的存储容量,可在线升级扩展

云存储系统能够通过集群技术很容易获得 PB 级以上存储容量,存储扩展没有限制,可随时随地在线增加存储节点,以满足存储容量扩展需求。同时,容量与性能呈线性关系增长,对于客户端使用无须做任何操作或配置即可完成扩容。

(2)高性能数据存取打破瓶颈

传统存储设备的性能有上限,当达到时就会出现性能瓶颈。这个性能瓶颈在云存储系统中能够得到有效解决,通过云存储技术可将存储节点的带宽聚合,随着存储节点的增加可以实现带宽的线性增长,理论上带宽是无限的。同时,云存储系统中的数据文件是拆分成数据块进行条带化存储在多台物理存储节点上的,能够快速地并发访问数据。另外,云存储系统中数据存储是采用多副本策略存储的,可以实现热点数据的负载均衡访问。

(3)数据访问的安全性

云存储系统中数据是经过加密传输将数据存储上去的,用户并不知道数据存在哪个物理硬盘上,而且数据在存储设备上是按文件块存储的,无法直接进行访问,保证了用户数据的安全性和私密性。存储节点和硬盘上的数据是无法直接访问的。用户存储的数据只有自己有权限进行访问和管理,即使是系统管理员也无法读取用户数据。

(4)采用标准协议实现共享访问

云存储系统可以把一个存储池共享给多个用户进行访问,能够提供全局统一命名空间,提供标准的文件访问接口,支持主流的文件传输协议,同时支持 API 接口与应用程序更完美的结合实现最佳访问效率并可灵活地进行统一管理和共享。

(5)强大的冗余容错能力

云存储系统中数据是以块方式跨多个物理设备进行条带化存储的,同时根据策略自动创建多个副本,这样可以保证当单个或多个物理存储节点出现故障时数据是安全的。传统的存储系统最多只能允许 1~2 块硬盘故障数据不丢失,如果没有及时修复,将造成更多的硬盘故障数据丢失、无法恢复。

(6)数据安全性高,可靠性有保证

云存储系统中,所有存储节点是均等的,数据是条带化进行存储的,并且自动存放多个副本在不同的硬盘上。因此,数据安全性极高,可以实现系统中一半的硬件设备同时出现故障而数据访问不中断,数据不丢失,所以云存储系统具有极高的数据安全性和硬件系统冗余性,远远优于传统存储设备。

(7)云存储系统分级权限管理

云存储系统权限管理分为三级,一级是系统管理员,负责设备管理、监控和用户空间管理;二级是空间管理员,负责创建用户和组并分配相应的访问权限;三级是用户,只有用户才能够按权限对数据进行访问、修改。

(8)简易高效的集中管理

云存储系统是将存储相关的软硬件统一起来进行虚拟化管理,管理员通过云存储系统的管理系统即可对所有存储设备和服务功能进行配置、管理、监控,使用过传统存储设备的管理员可以很容易地进行云存储系统的管理,从而大大减少了系统管理的工作量,提高了服务质量和效率,同时降低了管理成本。

进入 21 世纪,云存储作为一种新的存储架构,在视频监控行业扮演着越来越重要的角色。云存储具有高扩展、易管理、高安全等特性,利用云存储,用户可以方便地进行容量、带宽扩展,而不必停止业务,或改变系统架构。同时,云存储还具有高安全、低成本、绿色节能等特点。基于云存储的视频监控解决方案是目前轨道交通视频监控的运用及发展方向。

8.7.2 构建大型集成系统

1)构建的必要性与可能性

目前,地铁智能化系统集成应用已经得到了很大的发展,但是各地的发展极不平衡。很庆幸的是,综合监控系统已实现了 BAS、FAS、SCADA 的集成,综合安防系统实现了视频监控、门禁、报警的集成,乘客信息系统实现了地面固定系统与车载移动系统的集成。但是综合监控系统、综合安防系统、乘客信息系统仍然是互联关系,它们有各自的服务器、工作站、网络,通过接口只能实现有限的信息共享,大量的服务器、工作站、网络等重复设置,部分信息无法共享,人为地造成"信息孤岛"。

在一条地铁线路上,综合监控、综合安防和乘客信息三个系统合计拥有大约500台服务器、工作站、交换机,既浪费建设资源,又浪费维修资源。这500多台设备都是专用设备,使用定制的专用软件,普通的IT工程师不能维护,需要经过专门的培训才能上岗,这些岗位的工资不可能高,很难留住人才。为了维护这500多台专用设备,花费的培训费用和人工成本,每年约1000万元。

计算机技术、云计算技术、大数据技术、自动化技术、地理信息技术(GIS)、信息处理技术、物联网(感知)技术、有线无线通信技术、建筑信息模型技术、集成应用技术等先进技术的出现与发展,为地铁构建大型智能化集成系统、实现统一平台提供了可能,完全可以达到互联互通、网络融合、信息交互、数据共享、功能协同、可视化管理等目标,完全可以有效地消除"信息孤岛",避免重复建设,节约资源与成本,优化管理与服务。

2) 大型集成系统的构建思路

随着通信技术和计算机技术的发展,采用云计算技术实施大型集成,综合监控系统、综合安防系统和乘客信息系统完全可以集成为一个大型系统(暂称"智能化集成系统")。

此外,把通信系统、自动售检票系统、信号系统、列车自动监控部分集成进来,在技术上是没有障碍的。电扶梯、屏蔽门、感温光纤、电气火灾等互联的机电设备,均可提供以太网接口和WEB监控介面,因此这些系统也完全可以集成到智能化集成系统中来,门禁、时钟等专用机电系统都在开发基于云计算的接口和软件。

研究与开发的成果表明,基于云计算的智能化集成系统在车站管理层面是免维护的,为即插即用设备。一条地铁线路的150多套服务器和工作站,锐减为8套服务器和8套工作站。

云计算中心可以设置在控制中心,也可以设置在车辆段和其他有网络的地方。为了节省运维成本,建议最好设置在控制中心。这样一来,车站管理层级设备的故障排除,任何非专业人员都可以完成。

电扶梯、屏蔽门、感温光纤、电气火灾等专业厂商,可以通过云计算中心的WEB服务器对各自所供设备进行远程维护,地铁公司维护人员只要关注云计算中心的设备即可。

第9章 接口分析

现代地铁工程,是一个复杂而庞大的综合性系统工程,几乎囊括了机电行业、电子行业、建筑行业的大部分设备,而且各部门、各专业相互依从、制约、联系,从而形成一个十分繁杂的接口体系。本章着重讨论接口定义和分类、地铁工程外部接口、地铁工程内部接口、设备技术接口标准以及各设备系统接口关系。

9.1 引 言

整个地铁工程质量的优劣、运行安全稳定与否,不仅取决于系统内设计、生产、安装、调试的质量和自身内部问题的解决,而且还取决于接口问题的处理。

通过接口体系的管理,使参加工程建设的各单位明确责任、清楚边界,在总的工期目标策划要求下,了解各自的任务、目标、期限,形成优化合理的、系统性的网络规划,实现数字化管理。

通过接口体系管理,协调各工作方的要求,避免产生纠纷、冲突、危机和重复工程,控制投资,使浪费减到最低程度。

值得指出的是,接口体系管理的基础和前提,乃是对接口的正确认知与划分。

实际上,"接口"这个外来的专业术语,最早出现在我国计算机行业,即20世纪50~60年代。随后,"接口"这个概念很快扩展到整个信息产业(IT),并逐渐被其他行业所引用,以至超越技术范畴,把常见的工作分工也当作接口。

因此,为了加强地铁工程接口体系管理,有必要对地铁工程接口,特别是机电设备接口,从技术上进行梳理和分析,以求达到规范表达和基本统一。

接口分析的基本思路是:首先,在明确接口定义和分类的前提下,梳理地铁工程的内外接口。接着,在介绍机电设备技术接口标准的基础上,分别讨论供电系统接口、信号系统接口、通信系统接口、综合监控系统接口、综合安防系统接口和其他系统接口。最后,以专用无线通信系统为典型,进行较为完整的系统性的接口分析。

9.2 接口定义和分类

9.2.1 "接口"释义

汉语"接口"一词,源自英文Interface,其译意十分广泛。

上海译文出版社《新英汉词典(增补本)》(1979年)认为,Interface是名词,在地理或地质领域,译为分界面;在其他领域,是指两个独立体系的相交处,或指在相交处进行相互作用、联系的方法。

国防工业出版社《英汉科技词典》(1985年)指出,Interface是名词也是动词。作为名词时,Interface有三种译法:

(1)交面、分面、共面、内面、面际、面间、面线、接口;

(2)连接体、连接装置、连接作用;

(3)相互关系、相互联系、相互作用。

作为动词时,Interface也有三种译法:

(1)对接、面接、邻接、衬接;

(2)接合、吻合;

(3)连接、连系。

Interface译法多样,适于不同领域及不同场合,但其核心含义是界面与连接。

我国科学技术名词审定委员会称,接口,英文Interface,有两种定义:

定义1:对实体行为特征的操作集的命名。此种定义所应用的一级学科是地理学,所应用的二级学科是地理信息系统。

定义2:由两侧特性定义的共享边界。接口可以在物理级、软件级或作为纯逻辑运算来描述。此种定义所应用的一级学科是通信科技,所应用的二级学科是通信原理与基本技术。

显然,接口的这两种定义仅限于地理学和通信科技领域的应用,未能反映地铁工程的现状与需求,应适当拓展与深化。

9.2.2 地铁工程技术接口的定义

在地铁工程中,主要有三类接口:现场管理接口、供货计划接口及技术接口。下面将着重讨论地铁工程的技术接口。

需要强调的是,在定义地铁工程技术接口时,既要抓住"界面与连接"这个核心,又要防止如下两种偏向:一种偏向是受限于传统概念,认为没有界面或连接就不算接口,而要适应地铁工程技术的发展加以拓展;另一种偏向是不分青红皂白,盲目扩大接口的涵盖范围,把什么问题都归结为接口,不利于问题真相的揭示与解决。

遵循这一原则,对地铁工程技术接口的定义为:在地铁工程两个系统之间或同一系统的两个部分(设备)之间,由两侧技术特性所规定的边界,称为技术接口,简称接口。

地铁工程技术接口的实质是,地铁工程内外之间或地铁工程内部,两个独立系统或设备之间相互关系的技术描述,是地铁工程系统或设备之间实现互联互通的技术基础。

地铁工程的技术接口关系,如图9-1所示。该图清楚地表明:

(1)机电设备的外部接口对象是城市供电管网和城市通信管网等。

(2)地铁车辆的外部接口对象是市政规划和建设预算等。

(3)土建和装修的外部接口对象是市政风水管线和地铁周边建筑等。

(4)机电设备和土建装修的工程内部接口关系在孔洞、基础和预埋件方面。

(5) 机电设备和地铁车辆的工程内部接口在强电和弱电方面。

(6) 地铁车辆和土建装修的工程内部接口关系在限界和轨道方面。

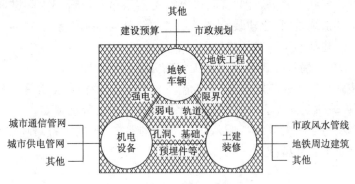

图 9-1　地铁工程的技术接口关系

9.2.3　地铁工程接口的分类

为便于工程设计、工程实施和工程管理,地铁工程接口通常有三种分类方法,即按技术专业分类、按接口特征分类及按外部内部分类。

1) 按技术专业分类

这种分类分法与地铁工程的构成相对应,分为三类:

(1) 机电设备接口。这类接口的主体是机电设备,接口对象是地铁车辆、土建装修和地铁外部设施,如图 9-2 所示。

(2) 地铁车辆接口。这类接口主体是地铁车辆,接口对象是机电设备、土建装修和地铁外部设施,如图 9-3 所示。

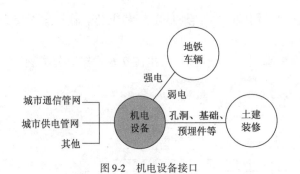

图 9-2　机电设备接口

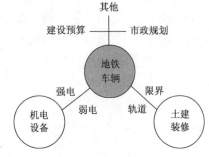

图 9-3　地铁车辆接口

(3) 土建装修接口。这类接口主体是土建装修,接口对象是地铁车辆、机电设备和地铁外部设施,如图 9-4 所示。

2) 按接口特征分类

按接口特征进行分类,如图 9-5 所示。

这种分类方法,是根据两系统之间是否有传输关系和界面,将接口分为传输型、分工型及服

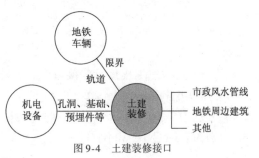

图 9-4　土建装修接口

从型三类:

(1)传输型接口,其特征是两系统之间有传输关系。

例如,机电设备与城市通信管网之间,机电设备与城市供电管网之间,机电设备与地铁车辆之间,机电设备各系统之间,土建装修与风水管线之间,都有传输关系——供电、供水、排水或传输各种信息,因此都属于传输型接口。

(2)分工型接口,其特征是两系统之间无传输关系但有界面存在。

例如,土建装修与周边建筑之间,虽无传输关系但有界面存在,因此属于分工型接口。

(3)服从型接口,其特征是两系统之间既无传输关系又无界面存在。

例如,车辆选型与路线设计都要服从市政规划的要求,弱电设备对环控系统由温湿度要求,它们的接口就属于服从型接口。

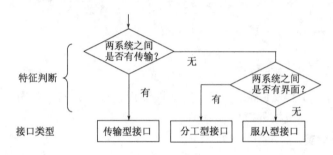

图9-5 按接口特征分类的接口类型

在地铁工程中,对机电设备来说,主要是传输型接口,也是我们关注的重点。

3) 按外部内部接口分类

对地铁工程接口而言,还可分为外部接口和内部接口两大类。

所谓外部接口,是指地铁工程与外部的接口。

所谓内部接口,是指地铁工程内部的接口,除机电设备、地铁车辆和土建装修三部分之间的接口外,还包括三部分各自内部的大量接口。

如果不考虑专业,但同时按接口性质及外部内部分类,则可绘出图9-6示接口分类图。

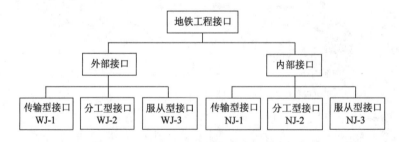

图9-6 按接口性质及外部内部的地铁工程接口分类图

表9-1是地铁工程接口按接口性质及外部内部分类的定义及分类表。

在图9-6和表9-1中,代码如下:外部传输型接口、外部分工型接口及外部服从型接口的代码,分别为WJ-1、WJ-2和WJ-3;内部传输型接口、内部分工型接口及内部服从型接口的代码,分别为NJ-1、NJ-2和NJ-3。

第9章　接口分析

地铁工程接口定义及分类表　　　　表 9-1

分类		代码	定　义	有无传输	有无界面	举　例
外部接口	传输型	WJ-1	地铁内外两个独立系统或设备之间,有明确的分工界面,用有线或无线方式按相应标准或规范连接起来,以实现能量或信息传输	有	有	①通信设备与城市通信管网的连接; ②地铁与城市供电系统的连接
	分工型	WJ-2	地铁内外两个独立系统或设备之间,有明确的分工界面及分工约定	无	有	地铁土建与周边建筑的界面及分工
	服从型	WJ-3	地铁内外两个独立系统之间,没有分工界面和传输,但一个系统对另一个系统有限制性要求,且必须服从	无	无	①车辆选型与路线设计服从市政规划的要求; ②市无线电管理委员会对频率使用的限制
内部接口	传输型	NJ-1	地铁内部两个独立系统或设备之间,按相应标准或规范,用有线或无线方式按相应标准或规范连接起来,以实现能量或信息传输	有	有	①信号设备与地铁车辆的连接关系; ②各机电设备间的连接关系
	分工型	NJ-2	地铁内部两个独立系统或设备之间,有明确的分工界面及分工约定	无	有	环控设备与土建的界面及分工(孔洞、基础、预埋件)
	服从型	NJ-3	地铁内部两个独立系统之间,没有分工界面和传输,但一个系统对另一个系统有限制性要求,且必须服从	无	无	弱电设备对环控系统的温湿度要求

9.3　地铁工程外部接口

9.3.1　地铁工程外部接口对象

地铁,作为大型市政工程,其建设必须接受政府各管理部门的指导、监督和检查,如线位及站位的确定需经规划部门的认可,客流疏导需与公共客运及铁路部门接口协调,电力、自来水、人防、消防及信息等均须接受相关职能部门的管理,工程建设中需拆迁已有的各种建筑物或管线设施均需进行大量的调研和协调工作。因此,地铁外部接口对象,主要有市和区规划、国土、市政、建设、财政、园林、环保、城管、交通、消防、人防、公共卫生、水务、安全监督管理、供电、燃气、供水、电信等公用事业有关部门。

9.3.2　地铁工程外部接口关系

地铁外部接口关系,即地铁内部专业与外部专业之间的接口关系,见表 9-2。
在该表中,有 * 号者,意味着有接口关系,否则没有接口关系。

地铁有关专业与外部接口关系表　　　　　　　表 9-2

外部专业	内部专业									
	线路	轨道	车站	车场	隧道	供电	通风空调	给排水及消防	通信	防灾
城市规划	*		*	*	*	*	*	*	*	
城市交通	*		*	*	*					
城市市政	*		*	*	*					
城市供电				*		*				
城市气象							*			
城市供水、排水			*	*	*			*		*
城市电信									*	*
城市环境、景观	*	*	*	*	*			*	*	*
城市消防			*	*				*		*
城市人防			*		*	*		*		*
地质、地震灾害	*		*	*	*					
铁路	*	*	*	*	*					
航空	*									
航运	*		*		*					
文物保护	*	*	*	*	*					
环境敏感区	*	*			*	*				

例如，与城市规划外部专业有接口关系的，有线路、车站、车场、隧道、供电、通风空调、给排水及消防、通信等多个内部专业，而与轨道、防灾无关。

又如，与城市气象外部专业有接口关系的，只有通风空调一个内部专业。

9.3.3　地铁工程外部接口内容

地铁工程外部接口主要内容，见表 9-3。

地铁工程外部接口主要内容　　　　　　　表 9-3

外部接口内容	外部接口对象（当地政府机关）	该政府机关职能
①审批文件项目建议书及批文附件、与项目有关的纪要和公文、可行性研报告批复意见、环评报告； ②土地使用与城市建设规划、轨道交通线网规划、城市道路规划红线； ③江河蓝线、洪水位； ④城市园林绿地； ⑤轨道交通的地面建筑（车站、出入口、风亭）、车辆基地的位置确定及用地，沿线地面建筑及基础资料，工程施工用地，弃土场地等用地规划落实； ⑥土地利用分布形态及发展限制； ⑦国家及地方有关建设法规	①规划局； ②发改委； ③档案局； ④住建局	①工程周围条件分析； ②工程线路、土建方案设计； ③商业开发的影响及效益分析； ④办理开工手续

续上表

外部接口内容	外部接口对象（当地政府机关）	该政府机关职能
①文物保护——重点文物； ②保护建筑房屋拆迁——工程范围内的建筑物拆迁等	①文化局； ②民政局； ③房管局	①沿线文物及重要保护性建筑物保护； ②各类不同用途房屋（含学校等文化设施）的拆迁审批； ③残疾人设施的设置要求等
①城市交通——车站位置的设置，与公交驳接方案； ②破坏道路的工程地段，施工期的道路交通组织（通行、封闭、分流、导流）； ③施工运输车辆通行路线的路段和时段等	①交通局； ②公安交警	①建设期的交通组织； ②运营期的交通组织
①城市道路——高架桥桥墩与城市道路的横断面的空间分配； ②道路净空控制高度	①规划与国土局； ②公路局； ③城建档案局	与城市道路的空间关系协调及确定
①城市供电电源（变电站）分布和供电条件； ②地下电缆、地面高压线等级及其走廊位置，安全控制距离和控制高程； ③气象、雷电及城市电网资料； ④主变电所规划要求	①规划局； ②气象局； ③供电部门	①供电系统方案设计； ②主变设置； ③气象参数资料
①城市供水、排水、供气——城市水源（水厂、水压、水质）； ②给水管、排水管接入条件； ③地下管线	①规划局； ②自来水产权单位； ③污水产权单位； ④煤气等产权单位	①本工程管线的布置协调； ②工程涉及的市政管线的拆迁改移
①城市电信——电话、地下电缆； ②无线电管理局的规定条件	①规划局； ②电信部门； ③无线电管理局	本工程管线的布置和协调工程涉及的市政管线的拆迁改移
①城市环境、景观城市道路不同地段的本底噪声和环保标准； ②车站与高架桥的造型和体量，与周边环境景观协调； ③敏感地段的性质和特殊要求	①环境保护局； ②规划局； ③国土资源局； ④住建局	①环境影响评估； ②地面及高架结构的外观设计； ③制订工程的减振降噪措施

注：表中接口对象是指当地市级政府机关。

9.4 地铁工程内部接口

9.4.1 地铁工程内部接口分类

在地铁工程设计中，地铁工程内部接口分类有三种分法：

第一种分法是按设备层级划分，分为地铁内部各系统间的接口、各系统内部子系统间的接口和子系统内部各设备间的接口。其中，最令人关注的是各系统间的接口。

第二种分法是按设计需求划分，分为基础条件接口、总体接口、工程与设备系统接口。

所谓基础条件接口，是指各系统专业为开展设计，而需要其他相关系统提供的基础条件方面的接口。

所谓总体接口，是指为使各系统专业保证设计的统一性、完整性、总体性，在总体技术管理下各相关专业通过协调形成的接口。

所谓工程与设备接口，是指系统专业之间或内部子系统之间，为保证具体工程项目及设备安装的实施而制定的接口。

第三种分法是按构成关系划分，可分为以下三类接口：

(1) 车辆与土建之间的接口

车辆，既要在设计之初最先确定，又是确定土建限界和设备限界的基础资料，更是进行后续工程设计的重要依据。

车辆与土建之间的接口，主要是限界和轨道。

(2) 车辆与设备之间的接口

车辆设备决定了供电系统、信号、通信等主要系统的选型，其接口主要是车辆内部系统。

车辆与设备之间的接口，主要是供电和弱电方面的接口。

(3) 设备与土建之间的接口

土建工程的建设先于设备系统安装，因此在土建工程建设过程中对设备孔洞的预留、管线的位置需做到位置准确、尺寸合适。

在土建施工前，设备需通过提资，明确设备安装所需空间大小、位置，尤其是空调专业和供电专业，大型设备用房往往成为决定车站工程体量的关键因素。

机电设备专业中，给排水、供电、通信网络需与市政网络资源连通，其余满足地铁系统内部使用，无特殊要求时，一般无须独立与外界网络发生联系。

设备与土建之间的接口，主要包括孔洞、基础和预埋件。

9.4.2 地铁工程内部接口关系

地铁工程涉及30多个内部技术专业，各主要系统专业内部之间技术接口相互交叉、错综复杂，具有明显的链式反应特征。因此，在地铁工程设计中，明确内部各专业之间的接口关系，是设计审图的重要内容，其目的是使各专业设计内容完整，相关专业之间的功能平衡、协调，接口界面明确、标准统一，使整个工程设计形成一个完整统一的系统工程。

地铁工程专业技术内部接口关系，见表9-4。

该表中，有★号者意味着有接口关系，否则没有接口关系。

例如，与城市规划内部专业有接口关系的，有城市交通、线路、运营管理、车站建筑、路基、桥梁、环控、控制中心、车场、物业和环保等多个内部专业。又如，与综合监控内部专业有接口关系的，只有FAS、环保和概预算等三个内部专业。

表 9-4

地铁工程专业技术内部接口关系表

各专业（系统）名称		01 城市规划	02 城市交通	03 地质勘察	04 线路	05 运营管理	06 轨道	07 车站建筑	08 车站结构及防水	09 路基	10 桥梁	11 区间隧道	12 环控	13 牵引供电	14 中低压供电	15 通信	16 信号	17 控制中心	18 AFC	19 BAS及综合监控	20 FAS	21 给排水消防	22 车辆	23 车场	24 物业	25 环保	26 概预算
01	城市规划		★																								
02	城市交通			★																							
03	地质勘察				★																				★	★	
04	线路					★	★		★	★	★	★												★	★		★
05	运营管理							★																★			★
06	轨道							★	★			★		★										★	★		★
07	车站建筑								★			★	★											★			★
08	车站结构及防水									★	★	★	★	★	★	★	★	★	★	★	★						★
09	路基											★															
10	桥梁											★															
11	区间隧道												★														
12	环控																										
13	牵引供电														★	★		★									★
14	中低压供电															★		★									★
15	通信																★	★	★					★			★
16	信号																	★	★					★			★
17	控制中心																		★	★	★						★
18	AFC																										
19	BAS及综合监控																				★						★
20	FAS																					★					
21	给排水消防																										★
22	车辆																							★		★	★
23	车场																								★	★	★
24	物业																									★	★
25	环保																										★
26	概预算																										

9.4.3 正确认识地铁工程接口

据统计,在地铁工程的安装、装修施工过程中,经常出现的工程问题有五大类 20 种,其问题描述和原因分析见表 9-5。从表中不难看出:

地铁工程安装、装修施工中的常见问题　　　　　表 9-5

类别	序号	问 题 描 述	原 因 分 析
A		装修承包商与甲供材料供货商责任面划分问题	
	1	广告灯箱背挂系统问题	接口问题(合同未做界面划分)
	2	天花吊顶(金属铝板)的安装问题	招标问题(装修与材料供应非一家承包)
B		设备安装与装修之间的主要接口问题	
	1	天花吊顶标高与管线冲突	安装设计问题(设计不细,审核不严)
	2	设备基础与设备实际安装位置及大小不符	接口问题(设备图与安装施工图不一致)
	3	设备区隔墙与穿墙管线冲突	施工工序问题(设备安装与装修的协调)
	4	车站公共区和设备区地面垫层标高低于预埋管线标高	安装设计问题(改进设计,以避免设计误差或施工误差带来的影响)
	5	消火栓箱与广告灯箱及 PIS 屏位置冲突	安装设计问题(设计疏忽)
	6	导向标识与风管等冲突	安装设计问题(设计不当)
	7	门禁与闭门器安装位置冲突	安装设计问题(未核实相关尺寸)
	8	风阀与预留孔洞尺寸不符	安装设计问题(因赶工,风阀按初步计设招标,致预留尺寸不准,应按施工图招标)
	9	电扶梯与周边装修的接口问题(如三角机房封闭、扶梯与栏杆间距、栏杆玻璃封闭)	安装设计问题(包括设计在内的各方,对相关规范和要求不太了解)
	10	设备检修空间不足及检修运输通道的问题	安装设计问题(设计考虑不周)
	11	PIS 屏与墙面石材缝隙收口处理问题	安装设计问题(设计考虑不周)
C		车站安装装修与土建工程的接口问题	
	1	消火栓箱及广告灯箱不能与装饰面齐平	土建施工跑模
	2	检修孔及风亭内的检修爬梯安装问题	接口问题(图纸界定不清),或土建遗漏
	3	结构板预留孔洞问题	接口问题(图纸界定不清),或土建遗漏
	4	隔墙的砌筑问题	接口问题(招标图界定不清)
D		设备安装与设备系统之间的接口问题	
	1	电扶梯控制线路接线的关系复杂、责任不清	招标问题(涉及四家,一个承包商为好)
	2	制冷设备系统控制线路的接线问题协调多次	安装设计问题(方案先进,但缺少经验)
E		系统专业与装修专业之间的接口问题	安装设计问题(设计管理与协调)

(1)因接口引起的问题有 5 种,占 25%;

(2)因招标引起的问题有 2 种,占 10%;

(3)因施工引起的问题有 2 种,占 10%;

(4)因设计引起的问题有 11 种,占 55%。

然而,在实际工作中,经常把上述问题统称为"接口问题"。上述案例表明,真正因接口引起的问题实际上仅占 1/4,而因设计引起的问题最多。因此,有必要正确认识地铁工程接口。

9.5 地铁设备技术接口通信协议(接口标准)

地铁设备技术接口使用的通信协议,简称接口标准。

目前,国际上制定通信接口标准的组织主要有:

国际标准化组织(ISO),制定的通信接口标准有 ISO 2110 等;

国际电信联盟(ITU)——权威部门,制定的通信接口标准有 ITU-T V.24(简写 V.24)等;

美国电子工业协会(EIA),制定的通信接口标准有 RS-232、RS-422 等。

地铁使用的接口标准,主要有以下 5 种:

(1) E1 接口;

(2) RS-232 接口;

(3) RS-422 接口;

(4) 以太网接口;

(5) 4 线 E/M 接口。

9.5.1 E1 接口

欧洲的脉码调制(PCM 编码)标准,称作 E1。我国采用这种标准。

E1 帧结构如图 9-7 所示。

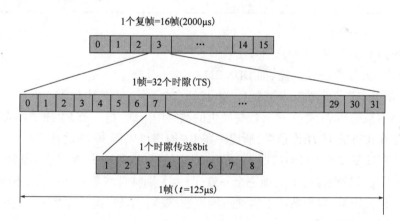

图 9-7 E1 帧结构

1 帧时长 125μs,由 32 个时隙(TS)组成。1 个时隙传送 8bit,共 256bit(= 32 × 8bit)。

16 帧组成 1 个复帧,1 个复帧的时长达 2000μs(2ms)。

每秒传送 8000 个帧,因此脉码调制(PCM)一次群 E1 的数据率就是 2.048Mbit/s(= 8000 × 256bit/s),亦即 1 个 E1 通道是一条 PCM 编码的 2.048M 链路。

E1 结构有成帧、成复帧及不成帧三种情况:

(1) 在成帧的 E1 中,第 0 时隙用于传输帧同步数据,其余 31 个时隙可用作话路或传输有效数据。

(2)在成复帧的 E1 中,除了第 0 时隙及第 16 时隙用于传输信令外,只有 1~15 以及 17~31 共 30 个时隙,可用作 30 个话路或传输有效数据。

(3)在不成帧的 E1 中,所有 32 个时隙都可用作话路或传输有效数据。

表 9-6 是 E1 接口定义,它表明 E1 接口有两种形式:

(1)非平衡式:阻抗 75Ω,用同轴线传输。

(2)平衡式:阻抗 120Ω,用五类线或超五类线传输。

根据 ITU-T G.703 标准,E1 接口有两种:2Mbit/s 的 E1 接口(又称 G.703 2M 接口)和 64kbit/s 的 E1 接口(又称 G.703 64k 接口)。

表 9-6　E1 接 口 定 义

形式	管脚号	功 能 定 义	信号方向	传输线	连接器
非平衡式	IN	信号收		同轴线	BNC 同轴连接器
	OUT	信号发			
平衡式	1	RX+(接收数据正)	输入	五类线或超五类线	方形连接器
	2	TX+(发送数据正)	输出		
	3	GND(地)			
	4	NC(空)			
	5	RX-(接收数据负)	输入		
	6	TX-(发送数据负)	输出		
	7	GND(地)			
	8	NC(空)			

1)2Mbit/s 的 E1 接口

2Mbit/s 的 E1 接口,有三种使用方法:

(1)将整个 2M 用作一条链路,如 DDN 2M;

(2)将 2M 用作若干个 64k 及其组合,如 128k、256k 等,这就是 CE1;

(3)E1 最本来的用法,是在作语音交换机的数字中继时,把一条 E1 通道作为 32 个 64k 来使用。但时隙 0 和时隙 16 用作信令,所以一条 E1 通道可以传 30 路话音。

使用注意事项是:E1 接口对接时,双方的 E1 不能有信号丢失/帧失步/复帧失步/滑码告警。双方在 E1 接口特性参数上必须完全一致,因为个别特性参数的不一致,不会在指示灯或者告警台上有任何告警,但会造成数据通道的不通/误码/滑码/失步等情况。这些特性参数主要有阻抗、帧结构、CRC 校验等。

G.703 2M 接口的功能是:在两个传输方向上,均能传送 2048kbit/s 信息信号和 2048kHz 定时信号,且能保持比特序列的独立性。

2048kbit/s 2M 接口是同向的,但接口间规定使用非对称线(如同轴线)和对称线(如超五类线)。因此,E1 接口有同轴线对接口和对称线对接口两种。

G.703 2M 的 E1 接口的输出口规范,见表 9-7。

G.703 2M 的 E1 接口的特性如下:

(1)标称比特率:2048kbit/s。

(2) 经接口传输的信号速率的最大容差：$\pm 50 \times 10^{-6}$。

(3) 2048kHz 定时信号和信息信号在同一方向上传输。

(4) 对于每一个传输方向，用一同轴线对或对称线对。

(5) 传输码型：HDB_3（三阶高密度双极性码）。

(6) 输入口规范：在 1024kHz 频率上，允许从输出口到输入口衰减 6dB；输入口的反射损耗最小为：12dB（51～102kHz），18dB（102～2048kHz）和 14dB（2048～3072kHz）。

(7) 接地：同轴电缆线对的外导体，或对称电缆线对的屏蔽在输出口接地，如果需要，在输入口也可接地。

表 9-7　G.703 2M 的 E1 接口的输出口规范

项目	参数	
波特率（kbit/s）	2048	
脉冲形状	标称为矩形。不管极性如何，有效信号的所有波形应符合 ITU-T G.703 所规定的波形样板	
每个传输方向的线对	一个同轴线对	一个对称线对
负载阻抗（Ω）	75，电阻性	120，电阻性
"信号"（有脉冲）的标称峰值电压（V）	2.37	3
"空号"（无脉冲）的峰值电压（V）	0±0.237	0±0.3
标称脉冲宽度（ns）	244	
脉宽中点处正负脉冲的幅度比	0.95～1.05	
标称半幅度处正负脉冲的宽度比	0.95～1.05	
在输出口的最大峰—峰抖动	抖动频率在 20Hz～100kHz 范围内，小于 1.5UI 抖动频率在 18Hz～100kHz 范围内，小于 0.2UI	

2) 64kbit/s 的 E1 接口

G.703 64kbit/s 接口有同向接口、中央时钟接口及反向接口三种类型。

如果在每个信息信号的传输方向上，接口的信息信号和与其相关的定时信号的传输方向都相同，则这种接口称为同向接口。

如果在每个信息信号的传输方向上，与接口的信息信号相关的定时信号都由同一个中央时钟供给，则这种接口称为中央时钟接口。接口相连的两个设备，分为主控设备和从属设备。

如果在信息信号由主控设备向从属设备传输的方向上，信息信号和与其相关的定时信号的传输方向相同，而在信息信号由从附属设备向主控设备传输的方向上，信息信号和与其相关的定时信号的传输方向相反，则这种接口称为反向接口。

上述三种类型的接口中，以同向接口最为常见，地铁无线通信也采用此类接口。

64kbit/s 的 E1 同向接口，其输出口规范见表 9-8。

标称比特率：64kbit/s。

经接口传输的信号速率的最大容差：$\pm 100 \times 10^{-6}$。

64kHz 和 8kHz 定时信号和信息信号在同一方向传输。

每一个传输方向用一平衡线对（一般采用变压器）。

输入规范:在 128kHz 频率上,允许从输出口到输入口衰减 3dB;输入口的反射损耗最小为:12dB(4～13kHz)、18dB(13～256kHz)、14dB(256～384kHz)。

接地:对称线对的屏蔽应在输出口接地。如果需要,在输入口也可接地。

64kbit/s 的 E1 同向接口的输出口规范　　　　　　　　　　　　表 9-8

项　目	参　数
波特率(kbit/s)	256
脉冲形状	标称为矩形。不管极性如何,有效信号的所有波形应符合 ITU-T G.703 所规定的波形样板
每个传输方向的线对	一个对称线对
负载阻抗(Ω)	120,电阻性
"信号"(有脉冲)的标称峰值电压(V)	1.0
"空号"(无脉冲)的峰值电压(V)	0±0.10
标称脉冲宽度(μs)	3.9
脉宽中点处正负脉冲的幅度比	0.95～1.05
标称串幅度处正负脉冲的宽度比	0.95～1.05
在输出口的最大峰—峰抖动	抖动频率在 20～20000Hz 范围内,小于 0.25UI

9.5.2　RS-232 接口

RS-232 是由美国电子工业协会(EIA)制定的、应用广泛的接口之一,RS 是英语"推荐"一词的缩写。

RS-232 又分 RS-232C 和 RS-232B,二者区别在于逻辑电平的范围不同:RS-232C 逻辑 1 电平为 -5～-15V,而 RS-232B 为 -5～-25V;RS-232C 逻辑 0 电平为 +5～+15V,而 RS-232B 为 +5～+25V。常用 RS-232 C,简称 RS-232。

RS-232 接口为串行接口。以交换机为例,交换机端为 25 针 RS-232 接口,操作维护终端为 9 针 RS-232 接口。具体连接方式如图 9-8 所示。

RS-232 本质上和 CCITT V.24 相同,只是信号引线的命名有些差异。RS-232 接口定义了 20 根线,每根线一个功能见表 9-9。

RS-232C 采用 D 型 25 芯接插件,其电气特性同 V.28,针脚排列见表 9-10。

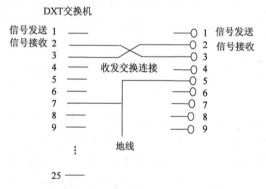

图 9-8　RS-232 接口的典型连接

RS-232C 的应用非常灵活,一般有全双向标准连接、简化连接及具有握手功能的连接三种方式。

9.5.3　RS-422 接口

RS-422 的全称为"使用串行二进制交换的数据终端设备和数据电路终接设备的通用 37 针和 9 针接口"。RS-422 接口向下兼容 RS-232 接口。

RS-232 接口 20 根线的定义　　　表 9-9

脚号	20 芯连接器针脚排列	
		RS-232 接口电路
1	AB	信号地线及公共回线
2	CE	振铃指示
3	CD	数据终端准备好
4	CC	数传机准备好
5	BA	发送数据
6	BB	接收数据
7	DA	发送器信号码元定时（DTE）
8	DB	发送器信号码元定时（DCE）
9	DD	接收器信号码元定时
10	CA	请求发送
11	CB	允许发送
12	CF	接收线路信号检测器
13	CG	信号质量检测器
14	CH	数据信号速率选择（DTE）
15	CI	数据信号速率选择（DCE）
16	SBA	第二信道发送数据
17	SBB	第二信道接收数据
18	SCA	第二信道请求发送
19	SCB	第二信道允许发送
20	SCF	第二信道接收线路信号检测器

RS-232C 接口 25 根线的定义　　　表 9-10

脚号	定　义	脚号	定　义
1	AA/保护地	15	DB/发送器信号码元定时（DCE 为源）
7	AB/信号地线及公共回线	17	DD/接收器信号码元定时（DCE 为源）
2	BA/发送数据	14	SBA/第二信道发送数据
3	BB/接收数据	16	SBB/第二信道接收数据
4	CA/请求发送（RTS）	19	SCA/第二信道请求发送
5	CB/允许发送（CTS）	13	SCB/第二信道允许发送
6	CC/数传机准备好（DSR）	12	SCF/第二信道接收线路信号检测
20	CD/数据终端准备好（DTR）	22	CE/振铃指示
8	CF/接收线路信号检测	21	CG/信号质量检测
24	DA/发送器信号码元定时（DTE）		

表9-11是RS-422 37针连接器的定义。

RS-422 37针连接器定义　　　　　　　　　表9-11

针号	接口电路	针号	接口电路
1	屏蔽	2	信号速率指示器
19	信号地线	16	信号速率选择器
4	发送数据A	37	发送公共参考点
6	接收数据A	20	接收公共参考点
7	请求发送A	22	发送数据B
9	允许发送A	24	接收数据B
11	数据方式A	25	请求发送B
13	接收器准备好A	27	允许发送B
5	发送定时A(DCE)	29	数据方式B
8	接收定时A	31	接收器准备好B
12	终端准备好A	23	发送定时B(DCE)
17	终端定时A	26	接收定时B
10	本地回路	30	终端准备好B
14	远地回路	35	终端定时B
3	—	21	—
18	测试方式	32	选择备用
28	在服务期	34	新信号
33	信号质量	36	备用指示器
15	入呼叫		

RS-422和RS-232C的不同之处主要有：

(1) 允许信号速率达2Mbit/s。

(2) 定义了RS-232C中没有包括的10个电路功能。

(3) 测试方式线(TM)是RS-422所特有的。它的作用在于DTE的输出通过DCE(调制解调器)，可以通过TM线，重新环回DTE。它提供了一个测试通信设备的途径。用这种方法，DTE可发出一串测试信号，用以检验通信设备是否有故障。

带有RS-422接收器的都要加衰减器。RS-232的发送器电压范围为±15V，而RS-422接收器允许的电压范围为±6V。

RS-232C/RS-422不同连接器的插针排列，见表9-12。

RS-422是单向、全双工通信协议，适合嘈杂的工业环境。

RS-422规范允许单个驱动器与多个接收器通信，RS-422数据信号采用差分传输方式，速率最高可达50Mbit/s。接收器共模范围为±7V，驱动器输出电阻最大值为100Ω，接收器输入阻抗可低至4kΩ。

RS-232C/RS-422 不同连接器的插针排列　　　　　　表 9-12

分　类	名　称	插针号 DB25 连接器	插针号 DB9 连接器	数据发送设备（DTE）	数据接收设备（DCE）
地线	信号地（SG）	7	5		
数据线	数据发送（Tx）	2	3	输出	输入
	数据接收（Rx）	3	2	输入	输出
控制与状态信号线	请求发送（RTS）	4	7	输出	输入
	允许发送（CTS）	5	8	输入	输出
	数据准备好（DSR）	6	6	输入	输出
	数据终端准备好（DTR）	20	4	输出	输入
	振铃指示	22		输入	输出
	线路检测	8		输入	输出
	信号质量	21		输入	输出
	DTE 准备好	23			
	DCE 准备好	18			
定时线	发送器信号码元定时（DTE 为源）	24		输出	输入
	发送器信号码元定时（DCE 为源）	15		输入	输出
	接收器信号码元定时（DCE 为源）	17		输入	输出
第二信道线	第二信道发送数据（Tx）	14		输出	输入
	第二信道接收数据（Rx）	16		输入	输出
	第二信道请求发送（RTS）	19		输出	输入
	第二信道允许发送（CTS）	13		输入	输出
	信号质量检测	12		输入	输出

9.5.4　RS-485 接口

RS-485 是双向、半双工通信协议，允许多个驱动器和接收器挂接在总线上，其中每个驱动器都能脱离总线。该 RS-485 满足所有 RS-422 的要求，而且比 RS-422 稳定性更强，具有更高的接收器输入阻抗和更宽的共模范围（-7～+12V）。

RS-485 接收器输入灵敏度为 ±200mV，这就意味着，若要识别符号或间隔状态，接收端电压必须高于 +200mV 或低于 -200mV。最小接收器输入阻抗为 12kΩ，驱动器输出电压为 ±1.5V（最小值）、±5V（最大值）。

RS-485 有两线制和四线制两种接线，四线制只能实现点对点的通信方式，现很少采用，而多采用两线制接线方式，这种接线方式为总线式拓朴结构，在同一总线上最多可以挂接 32 个节点。

RS-485 驱动器能够驱动 32 个单位负载，即允许总线上并联 32 个 12kΩ 的接收器。对于输入阻抗更高的接收器，一条总线上允许连接的单位负载数也较高。RS-485 接收器可随意组合，连接至同一总线，但要保证这些电路的实际并联阻抗不高于 32 个单位负载（375Ω）。

采用典型的 24AWG 双绞线时，驱动器负载阻抗的最大值为 54Ω，即 32 个单位负载并联 2 个 120 终端匹配电阻。

RS-485已经成为POS、工业以及电信应用中的最佳选择:其较宽的共模范围,可实现长电缆、嘈杂环境(如工厂车间、列车运行)下的数据传输;其更高的接收器输入阻抗,还允许总线上挂接更多器件。

在RS-485通信网络中,一般采用的是主从通信方式,即一个主机带多个从机。

RS-485接口插孔定义见表9-13。

RS-232、RS-422和RS-485三者的比较见表9-14。

RS 485 D-型接口插孔排列见表9-15和图9-9。

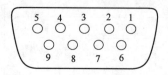

图9-9 RS-485 D-型接口插孔排列

RS-485接口插孔定义　　　　　　　　　　　　　　　表9-13

插孔号	连接主机端		连接从机端	
	信号代码	信号含义	信号代码	信号含义
3	B RXD −	接收数据	Z TXD −	发送数据
4	A RXD +	接收数据	Y TXD +	发送数据
5	Y TXD +	发送数据	A RXD +	接收数据
7	Z TXD −	发送数据	B RXD −	接收数据

RS-232、RS-422和RS-485三者的比较　　　　　　　　表9-14

比较项目		RS-232	RS-422	RS-485
工作方式		单端	差分	差分
节点数		1收、1发	1发、10收	1发、32收
最大传输电缆长度(英尺)		50	400	400
最大传输速率(kbit/s)		20	10000	10000
最大驱动输出电压(V)		±25	−0.25 ~ +6	−7 ~ +12
驱动器输出信号电平 (负载最小值)(V)	负载	±5 ~ ±15	±2.0	±1.5
驱动器输出信号电平 (空载最大值)(V)	空载	±25	±6	±6
驱动器负载阻抗(Ω)		3000 ~ 7000	100	54
摆率(最大值)		30V(μs)	N/A	N/A
接收器输入电压范围(V)		±15	−10 ~ +10	−7 ~ +12
接收器输入门限(V)		±3	±0.2	±0.2
接收器输入电阻(Ω)		3000 ~ 7000	4000(最小)	≥12000
驱动器共模电压(V)			−3 ~ +3	−1 ~ +3
接收器共模电压(V)			−7 ~ +7	−7 ~ +1

第9章 接口分析

RS-485 9 针 Sub-D 型连接器插针分配　　　　　表 9-15

针 号	代 号	含 义
1	屏蔽	屏蔽
2	M24	24V 输出电压参考点
3	RxD/TxD-P *	接收数据-/发送数据-P
4	CNTR-P	中继器控制信号
5	DGND *	数据参考点
6	VP *	终端电阻供电电压(5V)
7	P24	24V 输出电压
8	RxD/TxD-N *	接收数据-/发送数据-N
9	CNTR-N	中继器控制信号-N

9.5.5　以太网接口

以太网这个名字,起源于一个科学假设:声音是通过空气传播的,那么光呢? 在外太空没有空气光也可以传播。于是,有人说光是通过一种叫以太的物质传播。后来,爱因斯坦证明以太根本就不存在。鉴于此,以太网的命名也就是一个笑话。但以太网并不会消失,它正随着人们追求高速度而不断的进行蜕变。

以太网不是一种具体的网络,是一种技术规范。通用的以太网标准于 1980 年 9 月 30 日出台。

以太网是当今现有局域网采用的通用的通信协议标准。该标准定义了在局域网(LAN)中采用的电缆类型和信号处理方法。

以太网在互联设备之间以 10 ~ 100Mbit/s 的速率传送信息包,双绞线电缆 10 Base-T 以太网由于其低成本、高可靠性及高速率,而成为应用最为广泛的以太网技术。

1) 以太网

(1) 标准以太网

早期的 10Mbit/s 以太网称之为标准以太网。

以太网主要有两种传输介质,那就是双绞线和光纤。

所有的以太网都遵循 IEEE 802.3 标准。

下面列出是 IEEE 802.3 的一些以太网络标准,在这些标准中前面的数字表示传输速度,单位是"Mbit/s",最后的一个数字表示单段网线长度(基准单位是 100m),Base 为"基带"的意思,Broad 代表"带宽"。

10Base-5 使用粗同轴电缆,最大网段长度为 500m,基带传输方法;

10Base-2 使用细同轴电缆,最大网段长度为 185m,基带传输方法;

10Base-T 使用双绞线电缆,最大网段长度为 100m;

1Base-5 使用双绞线电缆,最大网段长度为 500m,传输速度为 1Mbit/s;

10Broad-36 使用同轴电缆(RG-59/U CATV),最大网段长度为 3600m,是一种宽带传输方式;

10Base-F 使用光纤传输介质,传输速率为 10Mbit/s。

(2) 快速以太网

快速以太网(Fast Ethernet),也就是人们常说的百兆以太网,它在保持帧格式、MAC(介质存取控制)机制和MTU(最大传送单元)质量的前提下,其速率比10Base-T的以太网提高了10倍。二者之间的相似性使得10Base-T以太网现有的应用程序和网络管理工具能够在快速以太网上使用。快速以太网是基于扩充的IEEE802.3标准。

100Mbit/s快速以太网标准又分为100BASE-TX、100BASE-FX、100BASE-T4三个子类。

① 100BASE-TX

这是一种使用五类无屏蔽双绞线或屏蔽双绞线的快速以太网技术。它使用两对双绞线,一对用于发送数据,一对用于接收数据。在传输中使用4B/5B编码方式,信号频率为125MHz。符合EIA586的五类布线标准和IBM的SPT一类布线标准。使用RJ-45连接器,最大网段长度为100m,支持全双工的数据传输。

② 100BASE-FX

这是一种使用光缆的快速以太网技术,可使用单模和多模光纤(62.5μm和125μm)。多模光纤连接的最大距离为550m,单模光纤连接的最大距离为3000m。在传输中使用4B/5B编码方式,信号频率为125MHz。它使用MIC/FDDI连接器、ST连接器或SC连接器。最大网段长度为150m、412m、2000m或更长至10km,这与所使用的光纤类型和工作模式有关。支持全双工的数据传输。特别适合于有电气干扰的环境、较大距离连接或高保密环境等情况。

③ 100BASE-T4

这是一种可使用三、四、五类无屏蔽双绞线或屏蔽双绞线的快速以太网技术。100Base-T4使用4对双绞线,其中的三对用于在33MHz的频率上传输数据,每一对均工作于半双工模式,第四对用于CSMA/CD冲突检测。在传输中使用8B/6T编码方式,信号频率为25MHz,符合EIA586结构化布线标准。使用RJ-45连接器,最大网段长度为100m。

(3) 千兆以太网

千兆位以太网是一种新型高速局域网,它可以提供1Gbit/s的通信带宽,采用和传统10M、100M以太网同样的CSMA/CD协议、帧格式和帧长,因此可以实现在原有低速以太网基础上平滑、连续性的网络升级。只用于点对点连接,连接介质以光纤为主,最大传输距离已达到70km,可用于MAN的建设。

由于千兆以太网采用了与传统以太网、快速以太网完全兼容的技术规范,因此千兆以太网除了继承传统以太局域网的优点外,还具有升级平滑、实施容易、性价比高和易管理等优点。

千兆以太网技术适用于大中规模(几百至上千台计算机的网络)的园区网主干,从而实现千兆主干、百兆交换(或共享)到桌面的主流网络应用模式。

2) 以太网传输介质

以太网可以采用多种连接介质,包括同轴缆、双绞线和光纤等。其中,双绞线多用于从主机到集线器或交换机的连接,而光纤则主要用于交换机间的级联和交换机到路由器间的点到点链路上。同轴缆作为早期的主要连接介质已经逐渐趋于淘汰。

注意区分双绞线中的直通线和交叉线两种连线方法。

以下连接应当使用直通电缆:

(1) 交换机到路由器以太网端口;

(2) 计算机到交换机；

(3) 计算机到集线器。

交叉电缆用于直接连接 LAN 中的下列设备：

(1) 交换机到交换机；

(2) 交换机到集线器；

(3) 集线器到集线器；

(4) 路由器到路由器的以太网端口连接；

(5) 计算机到计算机；

(6) 计算机到路由器的以太网端口。

3) 以太网接口的工作模式

有两种工作模式：半双工和全双工。

半双工传输模式实现以太网载波监听多路访问冲突检测。传统的共享 LAN 是在半双工下工作的，在同一时间只能传输单一方向的数据。当两个方向的数据同时传输时，就会产生冲突，这会降低以太网的效率。

全双工传输是采用点对点连接，这种安排没有冲突，因为它们使用双绞线中两个独立的线路，这等于没有安装新的介质就提高了带宽。在双全工模式下，冲突检测电路不可用，因此每个双全工连接只用一个端口，用于点对点连接。标准以太网的传输效率可达到 50% ~ 60% 的带宽，双全工在两个方向上都提供 100% 的效率。

以太网的工作原理是：采用带冲突检测的载波侦听多路访问（CSMA/CD）机制。在以太网中的每个节点，都可以看到网络中发送的所有信息，因此说以太网是一种广播网络。

当以太网中的一台主机要传输数据时，它将按以下工作步骤进行：

(1) 监听信道上是否有信号在传输。如果有，表明信道处于忙状态，就继续监听，直到信道空闲为止。

(2) 若没有监听到任何信号，就传输数据。

(3) 传输的时候继续监听，如发现冲突则执行退避算法，随机等待一段时间后，重新执行步骤(1)。当冲突发生时，涉及冲突的计算机会返回到监听信道状态。

每台计算机一次只允许发送一个包，一个拥塞序列，以警告所有的节点。

(4) 若未发现冲突则发送成功，所有的计算机在试图再一次发送数据之前，必须在最近一次发送后等待 9.6μs（以 10Mbit/s 运行）。

4) 以太网接口定义

以太网接口 100BASE-T，其中："100"代表局域网（LAN）的速度为 100Mbit/s，"BASE"代表基带传输，"T"代表 5 类双绞线。

物理接口：RJ-45。

执行标准：IEEE802.3。

协议描述：局域网（LAN）的结构主要有三种类型——以太网（Ethernet）、令牌环（Token Ring）、令牌总线（Token Bus）。作为这三种网的骨干网光纤分布数据接口（FDDI），它们所遵循的标准都以 802 开头，目前共有 11 个与局域网有关的标准，分别是：

IEEE 802.1——通用网络概念及网桥等；

IEEE 802.2——逻辑链路控制等；

IEEE 802.3——CSMA/CD 访问方法及物理层规定；

IEEE 802.4——ARC net 总线结构及访问方法,物理层规定；

IEEE 802.5——Token Ring 访问方法及物理层规定等；

IEEE 802.6——城域网的访问方法及物理层规定；

IEEE 802.7——宽带局域网；

IEEE 802.8——光纤局域网(FDDI)；

IEEE 802.9——ISDN 局域网；

IEEE 802.10——网络的安全；

IEEE 802.11——无线局域网。

100BASE-T 是由 DEC、Sun、Intel、3Com、SMC 等公司组成的高速以太网联盟提出的,其目标是加快 100BASE-T 的速度。许多厂商在 1994 年年底就开始推出与 100BASE-T 有关的产品。高速以太网联盟同时建立了工业标准的测试规程,用以保证各个厂商生产的 100BASE-T 产品的互操作性。

100BASE-T 的一个显著特点,是它尽可能地采用了 IEEE802.3 以太网的成熟技术。因而,它很容易被移植到传统的标准以太网环境之中。

100BASE-T 和传统的以太网的不同之处在物理层。原 10M 以太网的附属单元接口由新的媒体无关接口所代替,采用的物理媒体也相应地发生了变化。

为了在五类非屏蔽双绞线上传输超过 100Mbit/s 的数据流,100BASE-T 采用了多级电平方式 MLT-3,信道编码则采用了 4B/5B 编码方法。同时,为了方便用户网络从 10Mbit/s 升级到 100Mbit/s,100BASE-T 标准还包括有自动速度侦听功能,这个功能使一个适配器或交换机能以 10Mbit/s 和 100Mbit/s 两种速度发送,并以另一端的设备所能达到的最快的速度进行工作。

5) 以太网数据格式

以太网的帧是数据链路层的封装,网络层的数据包被加上帧头和帧尾,成为可以被数据链路层识别的数据帧(成帧)。虽然帧头和帧尾所用的字节数是固定不变的,但依被封装的数据包大小的不同,以太网的长度也在变化,其范围是 64～1518 字节(不算 8 字节的前导字)。

10/100M 以太网中的基本 IEEE 802.3 MAC 数据格式见表 9-16。

基本 IEEE802.3MAC 数据格式　　　　　　表 9-16

7	1	6	6	2	46～1500 bytes	4bytes
Pre	SFD	DA	SA	Length/Type	Data unit + pad	FCS

Preamble(Pre),7 字节。Pre 字段中 1 和 0 交互使用,接收站通过该字段知道导入帧,并且该字段提供了同步化接收物理层帧接收部分和导入比特流的方法。

SFD(Start-of-Frame Delimiter),1 字节。字段中 1 和 0 交互使用,结尾是两个连续的 1,表示下一位是利用目的地址的重复使用字节的重复使用位。

DA(Destination Address),6 字节。DA 字段用于识别需要接收帧的站。

SA(Source Addresses),6 字节。SA 字段用于识别发送帧的站。

Length/Type,2 字节。如果是采用可选格式组成帧结构,则该字段既表示包含在帧数据字段中的 MAC 客户机数据大小,也表示帧类型 ID。

Data,是一组 $n(46 \leqslant n \leqslant 1500)$ 字节的任意值序列。帧总值最小为 64 字节。

FCS(Frame Check Sequence),4 字节。该序列包括 32 位的循环冗余校验(CRC)值,由发送 MAC 方生成,通过接收 MAC 方进行计算得出以校验被破坏的帧。

9.5.6 4线 E&M 接口

4 线 E&M 接口,又叫四线话音通信接口,简写为 E/M,其主要技术特性如下:

接口线数量:4 根,收发为不同的线对;

信号及其频带:模拟信号,其频带为 300～3400Hz;

标称特性阻抗:600Ω 平衡;

反射损耗(回波损耗):≥15dB(300～600Hz),≥20dB(600～3400Hz);

发送电平:一般可根据与话音信道设备的远近,在 -20～0dBm 范围内可调;

接受灵敏度:一般可根据与话音信道设备的远近,在 -40～0dBm 范围内可调;

对地不平衡度:一般采用纵向变换损耗(LCL)表示,其典型值在 300～600Hz 范围内大于 40dB,在 600～3400Hz 范围内大于 46dB。

4 线 E&M 接口的信令协议是:采用 E/M 信令、直流/交频互控信令、单频 2600Hz/多频互控信令、单频 2600Hz 信令等。对于专用信道,也可以无信令。

9.6 供电系统接口

9.6.1 供电系统接口关系

供电系统接口关系,见图 9-10 和表 9-17。

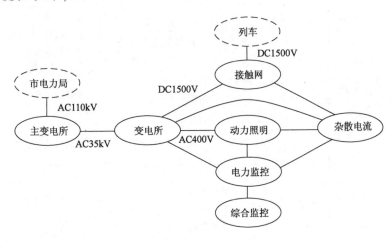

图 9-10 供电系统接口关系图

主变电所将市电力局送来的 110kV 三相交流电,降为 35kV 三相交流电。

供电系统的接口功能、位置、连接和标准　　　　　　　表 9-17

接口名称	连接方式与接口标准	功能要求	接口位置
变电专业与动力照明专业的接口	电气接口	动力照明专业提供交流电源给供电专业；供电专业提供 35kV 电源给动力照明专业	降压变电所或者跟随所隔离开关柜，变电所交流屏
电力监控专业与动力照明专业的接口		动力照明专业提供端子排给电力监控专业	变电所低压开关柜
杂散电流专业与动力照明专业的接口		动力照明专业提供电源给杂散电流传感器	杂散电流传感器电源端口
供电及电源系统专业与变电所专业的接口		牵引变电所设备安装容量的确定，牵引变电所及降压变电所的设计	各牵引降压混合变电所及降压变电所(含跟随所)35kV 环网进/出线开关柜接线端子
变电所专业与杂散电流专业的接口		杂散电流监测装置在变电所的设置，排流柜在各牵引变电所的设置，设备电缆敷设及分工配合	排流柜和钢轨电位限制装置一次电缆出线接线端子排、二次电缆接线端子排，杂散电流监测装置、单向导通装置二次电缆接线端子排，回流电缆转换箱变电所侧电缆转接母排
变电所专业与接触网专业的接口		接触网电动隔离开关、回流箱、均流箱的安装位置，DC1500V 电缆的敷设方式及路径，接触隔离开关操作机构电源要求，架空地线与变电所接地装置连接要求	正线及车辆段、停车场上网隔离开关 DC1500V 进线侧电缆连接端子，牵引变电所接地母排与接触网接地电缆连接端子，接触隔离开关操作机构电源和控制电缆进线端子
变电所专业与电力监控专业的接口		电力监控三遥信息的接入，调试工作，光缆、通信电缆敷设及分工配合	各变电所 35kV 开关柜内的监控单元通信接线端子
电力监控专业与接触网专业的接口		接触网电动隔离开关信息的接入	接触网隔离开关操作机构控制电缆连接端子
电力监控专业与杂散电流专业的接口		杂散电流监测系统的接入	控制信号屏信号端子排
综合监控系统与电力监控系统的接口	软件接口	电力监控系统与综合监控系统 FEP 之间的数据通信、接口标准及通信协议要求	各牵引降压混合变电所及降压变电所内控制信号屏监控单元的通信输出端子，车辆段供电车间复示系统监控单元的通信输出端子

变电所，包括降压变电所、跟随所、牵引变电所和牵引降压混合变电所。变电所将 400 V 三相交流电送给动力照明系统。

牵引变电所和牵引降压混合变电所,借助接触网或接触轨(第三轨)向列车输送1500V直流电。接触网,可以是刚性悬挂接触网,也可以是柔性悬挂接触网。

杂散电流抑制,与接触网(或接触轨)、变电所、动力照明和电力监控等系统(专业)都有接口关系。

电力监控系统获得的相关信息,要送给综合监控系统。

系统之间的连接,可以归纳为硬件连接与软件连接两大类。硬件连接是软件连接的基础。硬件连接通过使用连接电缆来实现。

连接电缆包括配电电缆、接地电缆和控制电缆(数据电缆)。用控制电缆(数据电缆)连接时,通常要执行相关的接口标准。

9.6.2 动力照明专业接口

动力照明专业的接口功能、接口位置、连接方式和接口标准,见表9-18。

动力照明专业的接口功能、接口位置、连接方式和接口标准　　　　表9-18

接口名称	连接方式与接口标准	功能要求	接口位置
通信接地	接地电缆	动力照明专业提供接地端子箱给通信专业	通信设备室接地端子箱
通信配电	配电电缆	动力照明专业提供交流电源给通信专业	弱电电源室双电源切换箱
信号接地	接地电缆	动力照明专业提供接地端子箱给信号专业	信号设备室
信号配电	配电电缆	动力照明专业提供交流电源给信号专业	信号设备室
AFC接地	接地电缆	动力照明专业提供接地端子箱给自动售检票	售票机房接地端子箱
屏蔽门接地	接地电缆	动力照明专业提供接地端子箱给屏蔽门专业	屏蔽门控制室
屏蔽门配电	配电电缆	动力照明专业提供交流电源给屏蔽门专业	屏蔽门控制室
气体消防接地	接地电缆	动力照明专业提供接地端子箱给气体消防专业	气瓶间接地端子箱
气体消防配电	配电电缆	动力照明专业提供交流电源给气体消防专业	气瓶间双电源切换箱
BAS控制	控制电缆	动力照明专业提供环控电控柜网关给BAS专业	环控电控室
BAS控制	控制电缆	动力照明专业提供智能照明系统网关给BAS专业	车站控制室
BAS控制	控制电缆	动力照明专业提供EPS监控端子排给BAS专业	蓄电池室
SCADA控制	控制电缆	动力照明专业提供端子排给供电专业	变电所低压开关柜
FAS控制	控制电缆	动力照明专业提供消防电动蝶阀端子排给FAS专业	照明配电室
FAS强启	电气接口	动力照明专业提供应急照明强制接通端子排给FAS专业	照明配电室
FAS切非	电气接口	动力照明专业提供三级负荷总开关分励脱扣器接线端子给FAS专业	变电所

续上表

接口名称	连接方式与接口标准	功能要求	接口位置
能源管理	电气接口	动力照明专业提供能源管理系统网关给BAS专业	车站控制室
综合监控接地	接地电缆	动力照明专业提供接地端子箱给综合监控专业	弱电电源室接地端子箱
通风空调配电及控制	配电电缆控制电缆	动力照明专业提供交流电源给环控设备	车站或区间环控设备端子箱
给排水配电	配电电缆	动力照明专业提供交流电源给给排水设备	水泵房
35kV供电电源	配电电缆	供电专业提供35kV电源给动力照明专业	降压所变压器或跟随所隔离开关柜
供电系统配电	配电电缆	动力照明专业提供交流电源给供电专业	变电所交流屏
杂散电流传感器配电	配电电缆	动力照明专业提供电源给杂散电流传感器	杂散电流传感器端口
电扶梯配电	配电电缆	动力照明专业提供交流电源给电扶梯专业	扶梯三角机房或电梯

动力照明专业的接口，包括下列系统的配电、接地或控制：通信系统、信号系统、乘客信息系统(PIS)、自动售检票系统(AFC)、站台门系统、车站客运设备、车站设备监控系统(BAS)、气体消防系统、火灾自动报警系统(FAS)、能源管理系统、电力监控(SCADA)、综合监控(ISCS)、环控系统(通风空调)、给排水系统、35kV供电电源、400V供电系统及杂散电流传感器。

9.6.3 供电系统与SCADA接口

供电各系统与数据采集和监视控制(SCADA)的接口，见表9-19。

供电各系统与数据采集和监视控制(SCADA)的接口　　　　表9-19

接口名称	接口位置	被监控系统侧	SCADA系统侧	连接方式与接口标准
高压开关柜保护系统	保护装置以太网口处	每套装置提供1路RJ-45以太网接口	提供1路光纤以太网接口	以太网,多模光纤速率10/100Mbit/s
400V开关柜保护系统	开关柜光电转换装置电口外侧	提供2路RS-485串口	提供2路RS-485串口	RS-485,多模光纤,速率19.2kbit/s
直流开关柜	开关柜边柜光电转换装置电口外侧	预留安装位置提供以太网接口	提供以太网接口	光纤,以太网
再生制动装置	再生制动通信端子排外侧	提供1路独立RS-485串口	提供1路独立RS-485串口	RS-485,屏蔽电缆,速率19.2kbit/s
单向导通装置	单向导通通信端子排外侧			RS-485,屏蔽电缆,速率9.6kbit/s
SCADA-配电变压器接口	配电变压器温控器端子排外侧			RS-485,屏蔽双绞线,速率9.6kbit/s

续上表

接口名称	接口位置	被监控系统侧	SCADA 系统侧	连接方式与接口标准
SCADA-整流变压器接口	整流变压器温控器端子排外侧	提供1路独立RS-485串口	提供1路独立RS-485串口	RS-485,屏蔽双绞线,速率19.2kbit/s
SCADA-整流器接口	整流器通信端子排外侧			
SCADA-杂散电流装置接口	排流柜通信端子排外侧			
SCADA-交直流屏接口	交直流屏通信端子排外侧			

9.6.4 供电系统与 PQSS 接口

供电系统 10kV 开关柜与电能质量管理系统(PQSS)的接口,见表 9-20。
供电系统 400V 开关柜与电能质量管理系统(PQSS)的接口,见表 9-21。
表中,ERTU 是指电能量采集终端。

PQSS 与 10kV 开关柜的接口　　　　表 9-20

功能要求	PQSS 系统侧	高压开关柜侧	连接方式与接口标准
在 PQSS 的 ERTU 和高压开关柜设备(表计)之间进行通信	ERTU 访问高压开关柜电能表计,采集电能表数据,传给控制中心	表计将电能传给电能量采集终端	RS-485,屏蔽电缆,速率9.6kbit/s

PQSS 与 400V 开关柜的接口　　　　表 9-21

功能要求	PQSS 系统侧	高压开关柜侧	连接方式与接口标准
在 PQSS 的 ERTU 和 400V 开关柜设备(表计)之间进行通信	ERTU 访问 400V 开关柜电能表计,采集电能表数据,传给控制中心	表计将电能传给电能量采集终端	RS-485,屏蔽电缆,速率9.6kbit/s

9.7 信号系统接口

9.7.1 信号系统外部接口概述

信号系统的外部接口,位于控制中心及各车站的信号设备室。控制中心与各车站的联系由信号传输系统完成,而后者是信号系统的内部系统,不属于外部接口。

研究表明,信号系统的外部接口,实际是列车自动监控系统(ATS)对以下 7 个系统的接口:专用无线通信系统(RAD)、综合安防系统(ISDS)、广播系统(PA)、乘客信息系统(PIS)、综合监控系统(ISCS)、屏蔽门/安全门和动力照明供电系统。如图 9-11 所示。

9.7.2　信号系统与专用无线通信系统的接口

信号系统与专用无线通信系统之间的接口,在列车自动监控系统(ATS)与专用无线通信系统(RAD)之间建立了信息通道。

ATS 向 RAD 传送下列信息:实时变化的乘务组号、服务号、序列号、车组号对照表信息,列车占用车辆段、停车场转换轨区段信息,出入段信号机的列车信号开放信息,列车到站和列车位置信息,列车进出联络线信息,列车折返信息和运行方向(上/下行)等信息。

RAD 接收上述信息并进行确认和处理,供控制中心调度员、车站值班员实施呼叫列车等各项调度功能。

ATS 与 RAD 的接口界面在控制中心的信号设备室配线架外线端。接口类型为 RS-422。

两系统连接使用串口通信电缆和 DB9 连接器。

ATS 负责信息接口牵头,RAD 负责提供从专用无线通信系统至 ATS 系统的配线架的连接线缆及安装。

ATS 与 RAD 接口位置在控制中心,连接方式如图 9-12 所示。

图中,黑色虚线上方为 ATS 侧设备,黑色虚线下方为 RAD 侧设备,RAD 铺设两根串口通信电缆至 ATS 设备配线架外侧。

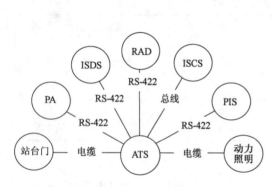

图 9-11　信号系统外部接口

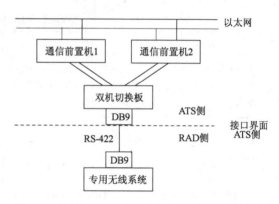

图 9-12　控制中心 ATS 和专用无线通信系统的连接方式

9.7.3　信号系统与综合安防系统的接口

信号系统与综合安防系统(ISDS)之间的接口,实际是列车自动监控系统(ATS)与综合安防系统(ISDS)之间的信息通道。

ATS 系统向综合安防系统发送 ATS 检测到的列车配置及当前位置信息(含正线及车场):

(1)实时变化的乘务组号、服务号、序列号、车组号对照表;

(2)列车占用车辆段、停车场转换轨区段信息以及出入段信号机的列车信号开放信息;

(3)列车到站和列车位置信息;

(4)列车进出联络线;

(5)列车折返信息和运行方向(上/下行)等信息。

综合安防系统接收上述信息并进行确认和处理。

ATS 系统与综合安防系统的接口界面在控制中心的信号设备室配线架外线端。接口类型为 RS-422。

信号专业 ATS 负责信息接口牵头并预留相应的接口,综合安防系统负责提供从综合安防系统至信号 ATS 系统的配线架的连接线缆及安装。

ATS 系统与综合安防系统接口的安装位置在控制中心,连接方式如图 9-13 所示。图中,黑色虚线上方为 ATS 侧设备,黑色虚线下方为 ISDS 侧设备,ISDS 系统铺设两根串口通信电缆至 ATS 设备配线架外侧。

9.7.4 信号系统与广播系统的接口

信号系统与广播系统(PA)之间的接口,实际是列车自动监控系统(ATS)与广播系统(PA)之间的信息通道。

ATS 系统向广播系统传送每个站台下一班列车的到站时间、列车跳停、末班车等信息。

广播系统接收上述信息并进行确认和处理。广播不向信号系统发送任何应用信息。

ATS 系统与广播系统的接口界面在控制中心的信号设备室配线架外线端。接口类型为 RS-422,连接器为 RB9。

ATS 系统与广播系统接口的安装位置在控制中心,连接方式如图 9-14 所示。图中,黑色虚线上方为 ATS 侧设备,黑色虚线下方为 PA 侧设备,PA 系统铺设一根串口通信电缆至 ATS 设备配线架外侧。

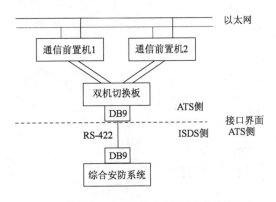

图 9-13 控制中心 ATS 和综合安防系统的连接方式

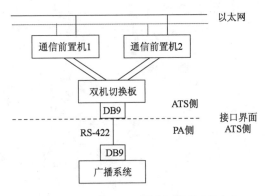

图 9-14 控制中心 ATS 和广播系统的连接方式

9.7.5 信号系统与乘客信息系统的接口

信号系统 ATS 向乘客信息系统(PIS),传送每个站台预计的至少 4 班列车到站时间、列车跳停信息和末班车信息。乘客信息系统接收信息并处理。两系统的接口界面在控制中心的信号设备室配线架外线端。接口类型为 RS-422,连接器为 RB9。

ATS 系统与乘客信息系统接口的安装位置在控制中心,连接方式如图 9-15 所示。

图中,黑色虚线上方为 ATS 侧设备,黑色虚线下方为 PIS 侧设备,PIS 系统铺设一根串口通信电缆至 ATS 设备配线架外侧。

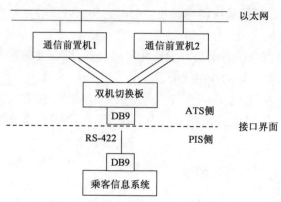

图9-15 控制中心 ATS 和 PIS 的连接方式

9.7.6 信号系统与综合监控系统的接口

信号系统与综合监控系统之间的接口,实际是列车自动监控系统(ATS)与综合监控系统(ISCS)之间的信息通道。

ATS 系统向综合监控系统发送列车位置信息、列车阻塞等信息,ISCS 系统则向信号系统发送监控和数据采集(SCADA)、火灾自动报警(FAS)等状态信息。

两系统的接口类型为以太网总线,接口界面在控制中心的信号设备室配线架外线端。

两系统连接使用双绞线及 RJ-45 连接器,传输带宽为 10M/100Mbit/s。

信号专业 ATS 负责信息接口牵头,ISCS 负责提供从综合监控系统至 ATS 系统的配线架的连接线缆及安装。

控制中心 ATS 与 ISCS 的连接方式如图 9-16 所示。

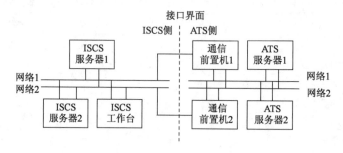

图9-16 控制中心 ATS 与 ISCS 的连接方式

图中,黑色虚线右侧为 ATS 侧设备,黑色虚线左侧为综合监控侧设备。黑色实线为网络1,灰色实线为网络2。ISCS 系统负责铺设两根双绞线至控制中心 ATS 设备配线架外侧,ATS 系统负责提供 RJ-45 连接器。

9.7.7 信号系统与屏蔽门/安全门的接口

信号系统与屏蔽门/安全门之间的接口方案及其所需实现的功能,接口双方须按照文件约定的要求进行设计,在研发与制造阶段编制详细接口规格书,在安装测试阶段确定接口测试规范。

计算机联锁(CBI)与停车制动(PB)接口,是信号系统与屏蔽门/安全门系统之间的控制接口。

CBI 向屏蔽门/安全门发送屏蔽门/安全门开门、关门命令,接收屏蔽门/安全门状态信息并处理。

屏蔽门/安全门向 CBI 发送屏蔽门/安全门关闭,且锁闭或屏蔽门/安全门互锁解除信息。

CBI 与 PB 的接口界面在各车站屏蔽门/安全门设备室配线架外线端。屏蔽门/安全门提供多芯外层绝缘标准电缆及接线端子,CBI 系统提供接线端子。

接口类型为硬件接口,DC24V。

信号专业 CBI 负责硬件接口牵头,屏蔽门/安全门专业负责屏蔽门/安全门硬件接口的设计和开发牵头,并负责提供从屏蔽门/安全门配线架至本站信号系统的配线架的连接线缆及安装。

车站 CBI 与 PB 的连接方式如图 9-17 所示。图中,黑色虚线右侧为 CBI 侧设备,黑色虚线左侧为 PB 侧设备。

9.7.8 信号系统与动力照明供电系统的接口

接口位置在车站或控制中心信号设备室内配电箱的出线端,配电接地方式如图 9-18 所示。图中,两黑色虚线之间为信号系统侧设备,两黑色虚线之外为动力照明供电系统设备。

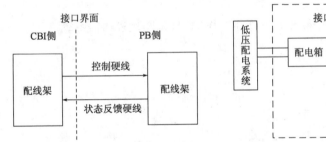

图 9-17 车站 CBI 与 PB 的连接方式

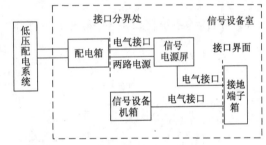

图 9-18 车站或控制中心信号配电—接地方式

动力照明供电系统向信号系统提供两路独立的 AC380V 电源,提供信号控制室内的接地端子箱。表 9-22 是信号系统接口汇总表。

信号系统接口汇总表　　　　　表 9-22

接口名称	接口类型	功能要求	接口位置
信号配电	电气接口	为信号系统提供交流电源	信号设备室
信号接地	电气接口	为信号系统提供接地端子箱	信号设备室
信号屏蔽门控制	硬件接口	实现屏蔽门/安全门的开与关的控制及对屏蔽门/安全门的状态进行监督	屏蔽门设备室
ATS 与无线通信	硬件软件接口	传送实时列车位置、识别号、车组号信息	OCC 信号机械室
ATS 与广播	硬件软件接口	提供列车接近、晚点等行车信息	OCC 信号机械室
ATS 与 PIS	硬件软件接口	提供列车到站显示、停站时间信息	OCC 信号机械室

续上表

接口名称	接口类型	功能要求	接口位置
ATS与安防	硬件软件接口	提供实时变化的乘务组号、服务号、序列号、车组号对照表,列车占用车辆段转换轨区段信息以及出入段信号机的列车信号开放信息,列车到站和列车位置信息,列车进出联络线、折返及运行方向(上/下行)信息等	OCC信号设备室
信号与传输	硬件软件接口	为信号各车站/段、中心提供主备光通道	通信机械室
ATS与时钟	硬件软件接口	为信号系统提供统一标准时钟	OCC通信机械室
ATS与综合监控	硬件软件接口	ATS提供列车位置、停车超时及信号设备状态信息给综合监控,ATS提供SCADA和实际客流及客流统计报告信息	OCC信号设备室
大屏幕与ATS	硬件软件接口	提供实时行车及相关信息	OCC的SCADA设备室
IBP盘与信号	安装接口	在IBP盘上预留信号按钮安装空间	各站车控室IBP盘

9.8 通信系统接口

9.8.1 通信专用传输系统接口关系

通信专用传输系统接口关系,如图9-19所示。图中,灰色圆代表通信系统。

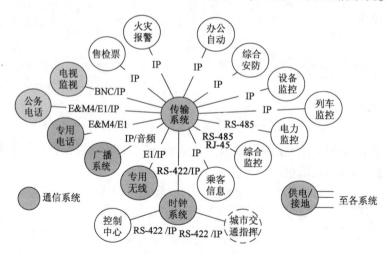

图9-19 通信专用传输系统的接口关系

通信系统,由以下8个子系统构成:专用传输系统、专用无线通信系统、广播系统、专用电话系统、公务电话系统、电视监视系统、集中告警系统及时钟系统。

由于各系统的设备集中配置在控制中心、车站和车场,它们之间的连接与传输需靠通信传输系统来完成。通信专用传输系统除承担各通信子系统的传输任务外,还要承担以下10个系统的传输任务:乘客信息系统、综合监控系统、综合安防系统、电力监控系统、自动列车监控系统、车站设备监控系统、火灾自动报警系统、自动售检票系统及办公自动化系统。通信专用传输系统采用的接口标准为 E1、IP(以太网)、RS-422、RS-485 和 RJ、45。供电和接地系统,与各系统都有接口关系。

9.8.2 通信系统内外接口

通信系统内外接口如图 9-20 所示。控制中心、车站、车场都有通信系统各子系统的设备。专用传输系统除安装在控制中心、车站、车场的节点设备外,还有用于远程传输的光纤。

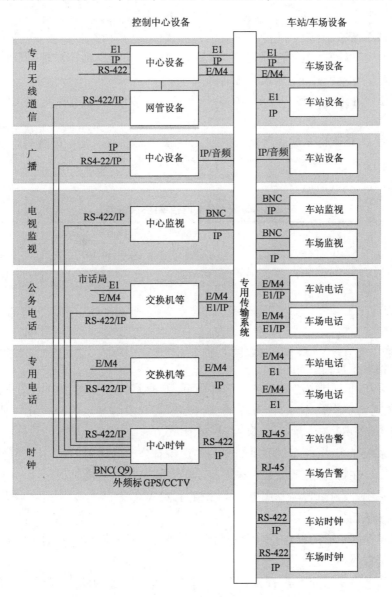

图 9-20 通信系统内外接口

1)专用无线通信系统接口

专用无线通信系统在控制中心的设备有集群交换机、以太网交换机、各种调度台、数字录音机、ATS 服务器、网管服务器、网管终端和打印机。

系统车站设备是基站(或中继器)、场强覆盖设备、固定台和便携台。

系统车场设备主要是运维调度台。

系统接口情况如下：

(1)集群交换机经 E1 或 IP 接口与公务交换机相连；

(2)网管服务器经 RS-422 或 IP 接口接收来自时钟系统的时间同步信息；

(3)控制中心设备、运维调度台和传输系统的接口是 E1、E/M4 和 IP(以太网)；

(4)基站(或中继器)经 E1 或 IP 接口与传输系统相连。

2)专用电话系统接口

专用电话系统在控制中心的设备有专用电话用户板、数字电话用户板、网管终端、录音调用终端、有来电显示的台式和壁挂式普通话机。

专用电话系统在停车场和一般车站的设备有专用电话用户板、有来电显示的台式和壁挂式普通话机。

在控制中心，专用电话系统通过网管终端，可对系统设备进行集中网管与维护。

专用电话系统和公务电话系统外部接口见表9-23。表中，综合配线架、数字配线架均位于控制中心、车站和车场的通信设备室。

专用电话系统和公务电话系统外部接口　　　　　表9-23

接口对象	接口功能	接口类型	传输速率(Mbit/s)	接口位置
专用传输系统	集中网管和录音	以太网	10/100	综合配线架
	数字中继	E1	2	数字配线架
时钟系统	时间同步	RJ-45	—	—
网络管理系统	电话系统声光报警	以太网	100	控制中心网管系统
通信电源系统	提供交流电源	接线端子	—	通信设备室

3)公务电话系统接口

公务电话系统在控制中心的设备有公务电话用户板、2B+D 数字电话用户板、计算机智能话务台(含查号/邮箱等)、中心计费系统、网管终端、有来电显示的台式和壁挂式多功能话机(装在运营管理用房)或普通话机(装在设备用房)。

公务电话系统在车站、停车场和维修中心的设备有公务电话用户板、有来电显示的台式和壁挂式普通话机。在管理用房，安装有来电显示的台式多功能话机。

公务电话系统外部接口，与专用电话系统相同，见表9-23。

4)广播系统接口

广播系统在控制中心的设备有播音控制台、广播机柜(含控制模块)、网管终端(包括打印机)、实时录音终端、连接缆线等。

系统在车站的设备有车站广播操作台、广播机柜(含功能模块)、客运广播控制盒、扬声器、连接缆线等。

系统接口情况见表9-24。

5)电视监视系统接口

电视监视系统由控制中心监视和车站现场监视两大部分构成。

广播系统外部接口   表 9-24

接口对象	接口功能	接口标准	接口界面	物理接口
通信传输系统	控制中心与各车站的语音和数据通信	10M 以太网（IP）TCP/IP 协议	通信设备室配线架外线端子排	RJ-45
网络管理系统	将广播系统故障信息传给网管终端	10M 以太网（IP）TCP/IP 协议	网络管理交换机侧	
时钟系统	接收时钟信息，修正广播时间设置	RS-422/IP 速率 9.6kbit/s	通信设备室配线架外线端子排	
综合监控系统	与各级综合监控的信息和数据交换	RS-422		
列车自动监控系统(ATS)	接收 ATS 信号，播出列车到站信息	RS-422	—	
电话录音系统	实时录音	2 线录音音频接口 2 线广播音频接口 I/O 接口	—	I/O 接口为 RJ-11
电源系统	供电、接地	AC220V,32A	—	配电电缆

电视监视系统控制中心的设备有以太网交换机、调度值班员监视器、调度值班员控制终端、视频服务器、磁盘阵列、画面分隔器、网管服务器、网管终端、解码器、录像回放终端等。

电视监视系统在车站的设备有摄像机(固定摄像机和一体化快球摄像)、隔离地变压器、多功能控制器、多级调用管理器、4 画面处理器、视频服务器、数字编码器、以太网交换机、网管主机、电源机箱、车站值班员监视器、车站站台彩色液晶监视器、车站值班员控制终端等。

电视监视系统在车辆段机房和调度大厅的设备有摄像机(固定摄像机和一体化快球摄像)、隔离地变压器、多功能控制器、多级调用管理器、4 画面分割器、视频服务器、磁盘阵列、光端机、数字编码器、以太网交换机、网管主机、电源机箱等。

电视监视系统在停车场的设备有摄像机(固定摄像机和一体化快球摄像)、隔离地变压器、多功能控制器、多级调用管理器、4 画面处理器、视频服务器、光端机、数字编码器、以太网交换机、网管主机、电源机箱等。

电视监视系统在变电所的设备有固定摄像机、隔离地变压器、多功能控制器、多级调用管理器、数字编码器、视频服务器、磁盘阵列、以太网交换机、网管主机、电源机箱等。

电视监视传输通道，包括视频传输通道和网管传输通道。车站视频传输通道需要 62 路 6Mbit/s 实时图像及 8 路 4Mbit/s 录像回放，共 404Mbit/s 带宽。控制中心带宽为 202Mbit/s。

电视监视系统接口见表 9-25。

电视监视系统接口   表 9-25

接口对象		接口功能	接口类型	传输带宽(Mbit/s)	接口数量
综合监控系统		视频图像调用	10/100M 以太网	404	控制中心、各车站、车场各 1 个
通信系统	视频上传	视频与控制传送	1000M 光以太网	404	
	数字	网管信息传送	100M 电以太网	10	
控制中心模拟视频		闭路电视连接大屏	BNC	—	控制中心 16 个
网络管理系统		监视与网管接入	RJ-45	—	控制中心 3 个
电源和接地系统		供电、接地	空开	—	—

6）时钟系统接口

时钟系统提供统一的标准时间和定时同步信号，并同时送给控制中心、车站、车场和城市交通指挥中心。

时钟系统在控制中心设一级母钟（主备方式）、网管终端和子钟。

时钟系统在各车站、车场和区间变电所设二级母钟（主备方式）和子钟。

时钟系统外部接口见表9-26。表中，TCC 为轨道交通指挥系统，LCC 为临时控制中心，BITS 为通信建筑综合定时供给系统。

时钟系统外部接口　　　　　　　　表 9-26

接口对象		接口功能	接口类型	传输速率	接口位置
专用传输系统	一二级母钟通道	收一级母钟标准时间	以太网（IP）	10/100Mbit/s	通信设备室
	网管传输通道	OCC 和 LCC 间传输	以太网（IP）	RJ-45	综合设备室网管室
	传输系统 BITS	一级母钟供同步信号	以太网（IP）	RJ-45	—
TCC 时钟系统		提供时钟校准信号	RS-422	—	TCC 综合设备室
网络管理系统		给网管传告警信息	以太网（IP）	10/100Mbit/s	OCC 综合设备室
电源和接地系统		AC220V 供电接地	接线端子	—	各综合设备室

7）集中告警系统接口

集中告警系统设备分别设在控制中心、各车站和车场。它接收时钟系统以 NTP 协议提供的时间同步信号，接口标准为 RS-422。它与专用传输系统的接口标准为 E1。

通信系统中各子系统的有关故障告警信息，汇聚在集中告警系统终端上显示。及时收集全线通信设备故障告警信息，实现不同等级故障的分级显示，能够声光告警、记录和打印。

集中告警处理系统 OTS-VIEW 与各个子系统间的接口，采用以太网接口互联，如图9-21所示。

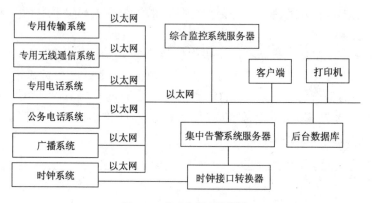

图 9-21　集中告警系统框图

9.9　综合监控系统接口

由于综合监控系统（ISCS）的构成有集成和互联两种方式，因此综合监控系统的接口对象汇总见表9-27。该表分别列出了《地铁设计规范》（GB 50157—2013）的规定要求，以及深圳地铁 2 号线和 5 号线的实际情况。

综合监控系统(ISCS)接口对象汇总表   表 9-27

接口对象		《地铁设计规范》(GB 50157—2013)		深圳地铁 2 号线		深圳地铁 5 号线	
代号	系统名称	集成	互联	集成	互联	集成	互联
X1	电力监控系统(SCADA)	○	—	★	—	◆	—
X2	环境与设备监控系统(BAS)	○	—	★	—	◆	—
X3	火灾自动报警系统(FAS)	○	—	★	—	◆	—
X4	站台门(PSD)	—	—	★	—	◆	—
X5	电动机控制中心(MCC)	—	—	★	—	—	—
X6	列车自动监控系统(ATS)	—	○	—	★	—	◆
X7	综合安防系统(ISDS)	—	—	—	★	—	◆
X8	通信集中告警系统(OTS)	—	○	—	★	—	◆
X9	专用传输系统(TS)	—	○	—	★	—	◆
X10	广播系统(PA)	—	○	—	★	—	◆
X11	乘客信息系统(PIS)	—	○	—	★	—	◆
X12	时钟系统(CLK)	—	○	—	★	—	◆
X13	自动售检票系统(AFC)	—	○	—	★	—	◆
X14	大屏幕系统	—	—	—	★	—	◆
X15	不间断电源(UPS)	—	—	—	★	—	◆
X16	门禁系统(ACS)	—	○	—	—	—	—
X17	防淹门	—	○	—	—	—	—
X18	轨道交通指挥中心(TCC)	—	○	—	★	—	◆
X19	接地系统	○	—	★	—	◆	—

需要说明的是:

(1)在集成接口对象方面,深圳地铁 2 号线多一个电动机控制中心(MCC),其余三者相同。

(2)在互联接口对象方面,深圳地铁 2 号线和 5 号线相同,多了综合安防系统(ISDS),而《地铁设计规范》(GB 50157—2013)列的是门禁系统(ACS)和防淹门。

(3)在互联接口对象方面,深圳地铁 2 号线和 5 号线还有大屏幕系统和不间断电源(UPS),而《地铁设计规范》(GB 50157—2013)未列这两个。

下面,以深圳地铁 2 号线综合监控系统作为典型案例进行接口分析。

图 9-22 是深圳地铁 2 号线综合监控系统组成框图。

图 9-23 是深圳地铁 2 号线中央级监控系统(CISCS)组成框图。

图 9-24 是深圳地铁 2 号线车辆段监控系统(DISCS)组成框图。

图 9-25 是深圳地铁 2 号线车站监控系统(SISCS)组成框图。

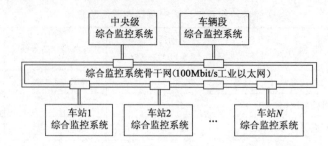

图 9-22　深圳地铁 2 号线综合监控系统组成框图

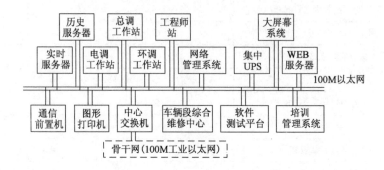

图 9-23　深圳地铁 2 号线中央级监控系统(CISCS)组成框图

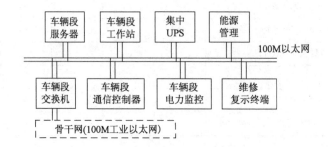

图 9-24　深圳地铁 2 号线车辆段监控系统(DISCS)组成框图

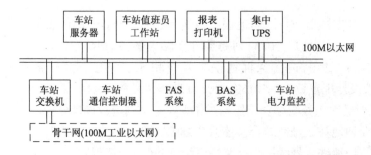

图 9-25　深圳地铁 2 号线车站监控系统(SISCS)组成框图

第9章 接口分析

深圳地铁2号线综合监控系统共有17个接口对象,即电力监控系统(SCADA)、环境与设备监控系统(BAS)、火灾自动报警系统(FAS)、站台门(PSD)、电动机控制中心(MCC)、列车自动监控系统(ATS)、综合安防系统(ISDS)、通信集中告警系统(OTS)、专用传输系统(TS)、广播系统(PA)、乘客信息系统(PIS)、时钟系统(CLK)、自动售检票系统(AFC)、大屏幕系统、不间断电源(UPS)、轨道交通指挥中心(TCC)和接地系统。

9.9.1 综合监控系统与电力监控系统接口

在控制中心和车站车场,分别将电力监控系统的以下信息发送至综合监控系统:

(1)控制与操作信息,包括遥控、断路器故障跳闸远方复归、保护投退、保护定值组切换、供电系统闭锁和通道测试等信息。

(2)显示信息,包括人机界面、接地状态、趋势显示、变电所自动化系统运行状态等信息。

(3)报警、查询等信息。

接口位置在屏蔽门控制器通信接口处,每个车站1个接口。

接口类型为RS-485,用通信电缆连接。

9.9.2 综合监控系统和环境与设备监控系统接口

综合监控系统(ISCS)对环境与设备监控系统(BAS)的接口功能,分中心级和车站级。

中心级的接口功能是:

(1)对全线BAS监控对象的状态、参数实施采集和处理,在环控调度员工作台上以图形、图像(设备系统图、环控模式图)等形式显示;

(2)用自动或人工方式向全线BAS监控对象或系统发送控制命令,实现设备控制(点动控制、模式控制与时间表控制)、参数设置和调节功能;

(3)提供全线隧道系统图、全线大系统关键设备画面、全线冷水系统画面等全线汇总画面,实现全线相关设备的集中监控;

(4)提供全线BAS监控对象的报警、日志、趋势、权限管理、权限移交、报表等功能;

(5)存储操作人员的各项操作记录,各项记录(故障、维修、清洗等)可输出至打印机或磁盘等,并进行历史档案管理。

车站级的接口功能是:

(1)对车站BAS监控对象的状态、参数实施采集和处理,在操作员工作台上以图形、图像(设备系统图、环控模式图)等形式显示;

(2)用自动或人工方式向全线BAS监控对象或系统发送控制命令,实现设备控制(点动控制、模式控制与时间表控制)、参数设置和调节功能;

(3)提供车站BAS监控对象的报警、日志、趋势、权限管理、权限移交、报表等功能;

(4)存储操作人员的各项操作记录,各项记录(故障、维修、清洗等)可输出至打印机或磁盘等,并进行历史档案管理。

接口位置在BAS通信接口处,每个车站1个接口。

接口类型为以太网,用通信电缆连接。

9.9.3　综合监控系统与火灾自动报警系统接口

综合监控系统(ISCS)对火灾自动报警系统(FAS)的接口功能,分中心级和车站级。

中心级的接口功能是:

(1)综合监控系统接收并储存全线消防设备(火灾报警设备、气体灭火设备、感温光纤设备、电气火灾设备)的主要运行状态,接收全线车站、车辆段、主变电站的火灾报警,并显示报警部位,包括火灾报警、监视报警、设备故障报警、网络故障报警;

(2)存储操作人员的各项操作记录,各项记录(故障、维修等)可输出至打印机或磁盘等,并进行历史档案管理。

车站级的接口功能是:

(1)接收并储存车站消防设备(火灾报警设备、气体灭火设备、感温光纤设备、电气火灾设备)的主要运行状态,接收全线车站、车辆段、主变电站的火灾报警,并显示报警部位,包括火灾报警、监视报警、设备故障报警、网络故障报警;

(2)存储操作人员的各项操作记录,各项记录(故障、维修等)可输出至打印机或磁盘等,并进行历史档案管理。

接口位置在BAS通信接口处,每个车站1个接口。

接口类型为RS-485,用通信电缆连接。

9.9.4　综合监控系统与屏蔽门接口

1)与屏蔽门UPS系统接口

屏蔽门控制器将屏蔽门UPS系统设备状态信息及系统故障信息发送至综合监控系统,屏蔽门UPS预留与综合监控系统的通信接口。综合监控系统在车控室,实现对屏蔽门UPS系统设备状态信息的监视功能。

综合监控与屏蔽门UPS系统的接口位置在屏蔽门UPS通信接口处。

接口类型为RS-485,用通信电缆连接。

2)与屏蔽门控制器接口

屏蔽门控制器将其设备状态信息及系统故障信息发送至综合监控系统,预留与综合监控系统的通信接口。综合监控系统在车控室,实现对屏蔽门系统设备状态的监视功能。

接口位置在屏蔽门控制器通信接口处,每个车站1个接口。

接口类型为RS-485,用通信电缆连接。

9.9.5　综合监控系统与电动机控制中心接口

综合监控系统对电动机控制中心的接口功能是数据采集与处理、显示、联锁、控制、运行参数设置、报警等功能。

接口位置在电动机控制中心通信接口处,每车站1个接口。接口类型为RS-485,用通信电缆连接。

综合监控系统完成对冷水系统的启动、停止控制,并在车控室显示冷水系统相关设备的工作状态及故障状态。冷水机组实现综合监控系统下达的控制指令,并按照冷水系统的控制流程控制冷水系统相关设备的启停,向综合监控系统反馈包括冷水机组在内的冷水系统各个设备的运行状态信息及故障信息。

接口位置在冷水机组控制柜通信接口处。接口类型为 RS-485,用通信电缆连接。

9.9.6 综合监控系统与列车自动监控系统接口

列车自动监控系统(ATS)向综合监控系统(ISCS)发送列车位置、列车阻塞等信息,ISCS 则向 ATS 发送监控和数据采集(SCADA)、火灾自动报警(FAS)等状态信息。

两系统的接口类型为以太网总线,接口界面在控制中心的信号设备室配线架外线端。

两系统连接使用双绞线及 RJ-45 连接器,传输带宽为 10M/100M。

9.9.7 综合监控系统与综合安防系统接口

综合安防系统由下述 5 个部分组成:安防集成管理系统、图像监控系统、门禁系统、车场与高架区间入侵探测系统及紧急告警系统。综合安防系统采用中央级、车站级和终端级三级结构。如图 9-26 所示。

综合安防系统经专用传输系统,将其设备状态信息及系统故障信息,发送至综合监控系统,预留与综合监控系统的通信接口。

综合监控系统在车控室实现对安防系统设备状态的监视功能。

接口位置在综合监控前端处理盘(FEP)通信接口处,每个站点 1 个接口。

接口类型为 RS-485 和 E/M4,用通信电缆连接。

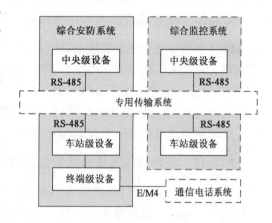

图 9-26 综合安防系统组成框图

9.9.8 综合监控系统与通信集中告警系统接口

集中告警系统与各通信子系统采用以太网接口互联,其组成框图如图 9-27 所示。

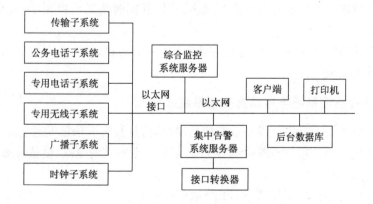

图 9-27 集中告警系统组成框图

集中告警系统集中汇集并分级显示各通信子系统全线设备的故障告警信息,具有声光告警、记录、打印等功能。

集中告警系统将其设备状态信息及系统故障信息发送至综合监控系统(服务器),预留与综合监控系统的通信接口。综合监控系统在控制中心实现对集中告警系统设备状态的监视功能。

接口位置在集中告警通信接口处,车辆段、停车场每处1个接口。

接口类型为RS-485,用通信电缆连接。

9.9.9　综合监控系统与专用传输系统接口

综合监控系统设备集中配置在控制中心、车站和车场,它们之间的连接与传输需靠通信系统的专用传输系统来完成。

接口位置在专用传输系统各站点的通信接口处,每个站点1个接口。

接口类型为RS-485,用通信电缆连接。

9.9.10　综合监控系统与广播系统接口

综合监控系统完成对广播系统设备状态和故障信息的监视,并在紧急情况下向广播系统发布相应的灾害广播模式指令。广播系统将其设备状态信息和故障信息上传至综合监控系统,并在紧急情况下接受综合监控模式指令,按照预定的内容进行广播。

接口位置在广播主机通信接口处,每个站点1个接口。

接口类型为RS-485,用通信电缆连接。

9.9.11　综合监控系统与乘客信息系统接口

乘客信息系统(PIS)将其设备状态信息和故障信息上传至综合监控系统,并在紧急情况下接受并显示综合监控发布的信息。综合监控应完成对PIS设备状态和故障信息的监视,并在紧急情况下向PIS发布信息。

接口位置在综合监控前端处理盘(FEP)通信接口处,每个站点1个接口。

接口类型为RS-485,用通信电缆连接。

9.9.12　综合监控系统与时钟系统接口

时钟系统提供统一的标准时间和定时同步信号,并同时传送给控制中心、车站、车场和城市交通指挥中心。

综合监控系统与时钟系统设备,配置在控制中心、车站和车场,它们之间的连接与传输需靠通信传输系统来完成。

9.9.13　综合监控系统与自动售检票系统接口

自动售检票系统(AFC)将其设备状态信息、故障信息及客流信息发送至综合监控系统,预留与综合监控系统的通信接口。综合监控系统在车控室实现对AFC设备状态信息的监视功能,并监视客流信息。

接口位置在综合监控前端处理盘(FEP)通信接口处。

接口类型为RS-485,用通信电缆连接。

9.9.14 综合监控系统与大屏幕系统接口

综合监控系统将其需要在大屏幕上显示的所有信息上传至大屏幕系统,预留与大屏幕系统的通信接口。大屏幕系统能显示综合监控的相关信息及界面。

接口位置在综合监控前端处理盘(FEP)通信接口处,每个站点1个接口。

接口类型为RS-485,用通信电缆连接。

9.9.15 综合监控系统与电源整合系统接口

电源整合系统向综合监控系统上传其工作状态信息、电池报警信息和电源整合电池放电时间信息,综合监控系统每隔一段时间检测通道信息。

接口位置在综合监控前端处理盘(FEP)通信接口处。

接口类型为RS-485,用通信电缆连接。

9.9.16 综合监控系统与轨道交通指挥中心接口

综合监控系统向轨道交通指挥中心(TCC)提供设备监控系统(BAS)的信息,包括站厅和站台的平均温度、站厅和站台的平均湿度、排烟风机运行状态、站内客运设备服务状态和车站公共区照明状态。

接口位置在综合监控前端处理盘(FEP)通信接口处。

接口类型为RS-485,用通信电缆连接。

9.9.17 综合监控系统与接地系统接口

接地系统为综合监控系统提供接地条件,接地系统的弱电接地端子箱预留综合监控系统接地端子。

接口位置在接地系统弱电接地端子箱接地端子处,每个站点1个接口。

接口类型为硬线接口,用接地电缆连接。

9.10 综合安防系统接口

综合安防系统,由安防集成管理、图像监控、门禁、入侵探测和紧急告警等五个系统组成,采用中央级、车站级和终端级三级结构。

9.10.1 中心级安防系统接口

中心级安防系统组成框图,如图9-28所示。

在控制中心,设置5个视频监控终端。中心调度员既可在监控终端双屏显示器上,又可在大屏幕上,看到车站和列车的图像。中心视频监控系统通过通信专用传输系统,可任意抓拍各车站摄像机的数字视频信号,最多20路。20路编码的数字视频信号经48口网络交换机进入控制中心。控制中心可提供模拟视频和数字视频两种显示方式。控制中心能对视频信号进行存储、控制和管理。

中心级安防系统与 48 口网络交换机的接口为 IP，内部传输采用以太网。

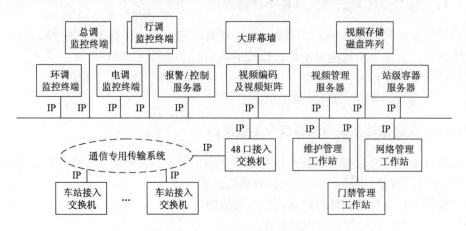

图 9-28　中心级安防系统组成框图

9.10.2　车站级安防系统接口

车站级安防系统组成框图，如图 9-29 所示。

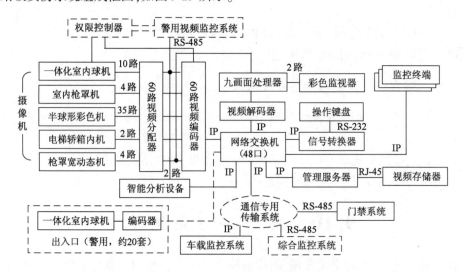

图 9-29　车站级安防系统组成框图

每个车站配置数十个摄像机，包括球机、一体化半球机、电梯用半球机、宽动态摄像机和日夜型彩色摄像机。

摄像机的模拟视频信号进入 60 路视频分配器，该分配器具有一进四出、带字符叠加功能，其输出分为三路：警用视频监控系统、60 路数字视频编码器和智能分析设备

视频编码器输出的视频信号，进入 48 口网络交换机。车载监控系统和门禁系统的视频信号，经通信专用传输系统，也进入该交换机。之后，系统对这些视频信号进行解码、处理、显示与存储。

车站级安防系统的接口情况是：

(1) 系统对警用视频监控系统的接口为 IP 或 BNC;
(2) 网络交换机和车载监控系统对通信专用传输系统的接口为 IP;
(3) 通信专用传输系统对车载监控系统和门禁系统的接口为 IP;
(4) 系统内部传输采用以太网。

9.10.3 门禁系统接口

门禁系统(ACS)是对重要通道进行管理的系统,是综合安防系统的组成部分。门禁系统采用两层结构,即中央级门禁管理层和车站级门禁管理层。门禁系统接口见表9-28。

门禁系统接口 表9-28

接口对象	接口功能	接口标准/类型	接口位置
综合监控系统	对除票房室外所有门禁房进行管理	RS-485	车控室综合后备盘
火灾自动报警系统	火灾时紧急释放相关区域门禁电锁		门禁就地控制器处
自动售检票系统	对进出站台票房室人员进行管理		AFC 等设备室配线柜
站台门系统	对进出站台端门人员进行管理		站台门端门处
专用传输系统	保证两管理层间的信息传输	以太网或 RS-485	通信设备室配线架
接地系统	保证接地电阻不大于1Ω	硬线连接	AFC 等设备室接地端子

中央级门禁管理层设备装在控制中心和车场,由中央门禁服务器、门禁授权工作站、门禁管理工作站、通信设备、台式读卡器、打印机等构成,负责全线门禁系统设备的管理、维护和监控。

车站级门禁管理层设备装在车站、车辆段、停车场和区间门禁系统管理区,由车站门禁管理工作站、通信设备等构成,负责各管理区域门禁现场设备的管理、维护和监控。门禁主控制器与现场门禁控制器间采用单环网方式连接,接口标准为 RS-485。

中央级门禁管理层和车站级门禁管理层,通过专用传输系统进行通信。

9.11 其他系统接口

9.11.1 通风空调系统接口

通风空调系统设备包括冷水机组、冷却塔、水泵、水泵变频风扇、反冲洗过滤器、电动蝶阀、电动二通调节阀、组合空调器、静电消毒装置、柜式空调柜、风机盘管、变频多联空调、分体空调、全热交换器、隧道风机、排热风机、射流风机、排烟风机、回排风机、送风机、排风机、电动风阀。

接口关系是动力照明专业负责为空调通风设备提供电源,空调通风专业负责提供需要配电的设备名称、位置和用电要求。

接口位置在空调通风设备控制箱的接线端子排。

空调通风系统接口见表9-29。

空调通风系统接口　　　　　　　　表9-29

接口名称	接口类型	接口功能	接口位置
环控设备配电	电气接口	提供冷水机组、冷却塔、水泵、反冲洗过滤器、电动蝶阀、组合空调器、柜式空调柜、风机盘管、变频多联空调、分体空调、全热交换器、隧道风机、排热风机、射流风机、排烟风机、回排风机、送风机、排风机、电动风阀等环控设备位置、用电容量、变频、双速等	设备电源接线端子
冷却塔补水	安装接口	提出冷却塔补水量要求	集水盘
屏蔽门风压要求	安装接口	提出屏蔽门耐风压要求	屏蔽门
防火阀位置	安装接口	提供防火阀位置	防火阀接线端子

9.11.2 给排水系统接口

给排水系统接口见表9-30。给排水系统设备包括生活给水泵,消防给水泵,污水泵,雨、废水泵,污水处理设备和电动阀。

给排水系统接口　　　　　　　　表9-30

接口名称	接口类型	接口功能	接口位置
给排水设备配电	电气接口	动力照明专业为给排水设备配电	接线端子
气消设备配电	电气接口	动力照明专业为给排水设备配电	气瓶间双电源切换箱
气消接地	电气接口	动力照明专业为给排水设备配电	气瓶间接地端子箱
FAS与水消防设备	硬件接口	FAS专业满足水消防设备控制要求	车控室
BAS与给排水设备	硬件接口	综合监控专业满足给排水设备监控要求	水泵控制箱所在设备房
FAS与气消设备	硬件接口	FAS专业满足气消设备控制要求	气瓶间

接口关系是动力照明专业负责为给排水设备提供电源,给排水专业负责提供需要配电的设备名称、位置和用电要求。接口位置在给排水设备控制箱的接线端子排。

9.11.3 车站客运设备接口

动力照明专业与电扶梯的接口位置在客运设备的控制箱进线端,接口关系如图9-30所示。

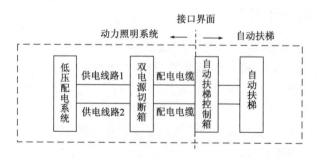

图9-30　动力照明专业与电扶梯的接口关系

车站客运设备接口见表9-31。

车站客运设备接口　　　　　　　表 9-31

接口名称	接口类型	接口功能	接口位置
电扶梯配电	电气接口	动力照明专业提供交流电源给电梯扶梯专业	扶梯三角机房或电梯
电梯内视频监控	安装接口	通信专业安防系统对垂直电梯内进行实时视频监控	电梯控制柜端子排
综合监控	软件接口	监视电扶梯运行状态	电扶梯机房
FAS	硬件接口	满足电扶梯在灾害情况下的控制	电扶梯机房
综合监控	硬件接口	在 IBP 盘上实现紧急停止控制	车控室 IBP 盘

车站客运设备包括电梯、自动扶梯、自动人行道和轮椅升降机。

接口关系是动力照明专业向电扶梯专业提供两路独立的一级负荷，两路输入、两路输出，三相五线制 AC380V 电源；电扶梯专业向动力照明专业提出负荷用电要求。

9.11.4 站台门系统接口

站台门包括屏蔽门和安全门。

接口关系是动力照明专业向站台门专业提供两路独立的 AC380V 电源，提供列车司机屏蔽门瞭望光带电源插座；站台门专业向动力照明专业提供负荷用电要求。接口位置在站台门控制室双电源切换箱的出线端。

站台门接口见表 9-32。

站　台　门　接　口　　　　　　　表 9-32

接口名称	接口类型	接口功能	接口位置
站台门设备室温湿度	其他接口	该专业负责向通风空调专业提供站台门设备室的通风空调要求	站台门设备室
站台门耐风压	其他接口	通风空调专业需向该专业提供列车及隧道风产生的最大风压指标	站台门设备室
站台门灾害模式下开启模式	其他接口	提供灾害模式下屏蔽门边门开启要求	站台门设备室
站台门接地	电气接口	动力照明专业提供接地端子箱给屏蔽门专业	站台门设备室
站台门配电	电气接口	动力照明专业提供交流电源给屏蔽门专业	站台门设备室
信号站台门控制	硬件接口	实现站台门开与关的控制及对其状态监视	站台门设备室
站台门系统监视	软件接口	监视站台门系统设备状态信息及故障信息	屏蔽门控制室
站台门控制	硬件接口 安装接口	在 IBP 盘上预留屏蔽门按钮安装空间，提供紧急控制屏蔽门功能	车控室 IBP 盘
站台门 UPS 监视	安装接口	监视站台门 UPS 电源状态信息及故障信息	站台门 UPS 室

9.11.5 自动售检票系统接口

自动售检票系统（AFC）采用三级组网、四层构架，其总体构架如图 9-31 所示。

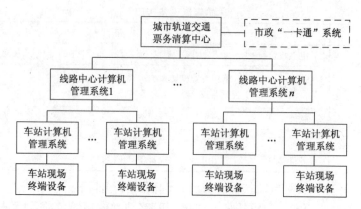

图 9-31 自动售检票系统总体构架图

城市轨道交通票务清算中心(ACC)为第一级,与市政"一卡通"系统相连。线路中心计算机管理系统(LC)为第二级,位于控制中心。车站计算机管理系统(SC)和车站现场终端设备(自动售票机、半自动售票机和自动检票机)为第三级,位于车站。

自动售检票系统接口情况如下:

(1)车站级自动售检票系统与综合监控系统(ISCS)接口:前者通过后者实现紧急放行,并向后者反馈客流、设备状态和报警等信息,接口标准为 RS-485 或 10/100M 以太网(IP)。

(2)中心级、车站级自动售检票系统与通信系统的专用传输系统接口:此传输系统为两级自动售检票系统提供信息传输通道,接口标准为 RS-485 或 10/100M 以太网(IP)。

(3)自动售检票系统与动力照明系统接口:动力照明系统提供一级负荷电源,接口类型为接线端子硬线连接。

(4)自动售检票系统与备用电源接口:备用电源为 DC220V,接口位置在车站综合电源室自动售检票系统 UPS 柜外侧。

(5)自动售检票系统与时钟系统接口:时钟系统为本系统提供标准时间信息,接口标准为 RS-422。

(6)自动售检票系统与接地系统接口:接线端子硬线连接,位置在变电所接地母排。

9.11.6 环境与设备监控系统接口

环境与设备监控系统(BAS),负责在全线正常、阻塞及火灾工况下,对常规设备(通风空调、冷水、给排水、照明、车站客运等)进行运行状态监控和控制管理。

环境与设备监控系统(BAS),采用集成于综合监控系统(ISCS)方案,实行中央级和车站级两级管理模式。

中央级主要负责全线 BAS 的日常调度、控制模式和运行统计等工作。ISCS 负责中央级硬件配置和功能实现。

车站级主要负责本站设备的单点控制、执行中央级控制模式、编辑临时时间表控制、显示各种工作状态与报警等工作。BAS 负责车站级硬件配置和功能实现。

车站级设备装在车站和车场,由控制设备、现场传感器、维护工作站和维护终端组成。

1)地下车站 BAS 系统构成与接口

地下车站 BAS 系统结构如图 9-32 所示。

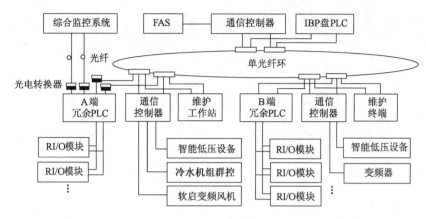

图 9-32　地下车站 BAS 系统结构图

在地下车站两端环控电控室内,各设一套可编程逻辑控制器(PLC),互为主备。两端 PLC 之下设置冗余现场总线(双总线),将各类远程 I/O(入/出)、具有智能通信口的现场设备和现场小型控制器等统一接入,分别对车站两端的常规设备进行监控管理。

车站 BAS 主控制器与 FAS 有接口:在火灾模式下,BAS 根据 FAS 下达的火灾模式指令,启动相关设备。

在 PLC 主端设维护工作站,在 PLC 从端设触摸屏,二者用以太网连接。

在车站及其所辖区间的环控机房、照明配电室、车站各类水泵房或水泵附进、区间水泵房、区间风机房、电扶梯附进,设置用于现场监控的远程 I/O(RI/O)模块。主从控制器通过双总线连接 RI/O 模块。

在设备房、公共区、风管、风亭等处,设置温度、湿度、二氧化碳浓度传感器。

主从控制器经双总线通过通信控制器与环控电控室环控机房变频器、冷水机房冷水机组群控柜相连,实现对相关设备的监控。

主端主备冗余 PLC,分别通过 2 个 10/100M 以太网接口,接入车站综合监控系统交换机,实现与综合监控系统的冗余方式通信。

主控制器通过单光纤环与从控制器相连。

在车站控制室,综合后备盘(IBP)的统一布设,由综合监控系统完成,以实现对全站所有被控设备的监控管理功能及全站的模式监控功能。

2)高架车站 BAS 系统构成与接口

高架车站 BAS 系统结构如图 9-33 所示。

在高架车站,设置一套冗余的 BAS 控制器。车站所有监控设备,通过现场控制层总线,连接到 BAS 控制器。冗余控制器通过 2 个 10/100M 以太网接口,分别接入车站综合监控系统冗余交换机。

冗余控制器经冗余现场总线,通过通信控制器,与 FAS 相连。

同地下车站相比,高架车站去掉了一端的 PLC,其他配置与地下车站一致。

3)车辆段/停车场 BAS 系统构成与接口

为监控车辆段/停车场内通风空调、给排水、动力照明等设备,在综合楼、维修楼、水处理楼各设一台非冗余控制器,在停车场设一台非冗余控制器。现场总线为非冗余配置。

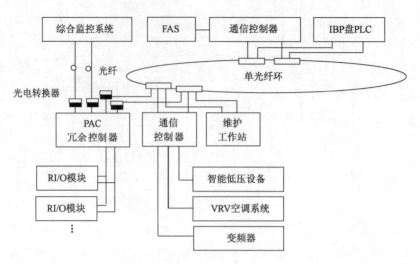

图 9-33　高架车站 BAS 系统结构图

为实现对车辆段/停车场 BAS 的监控,控制器通过冗余以太网接口,与综合监控系统相连。

车辆段 BAS 系统结构如图 9-34 所示,停车场 BAS 系统结构如图 9-35 所示,区间 BAS 系统结构如图 9-36 所示。

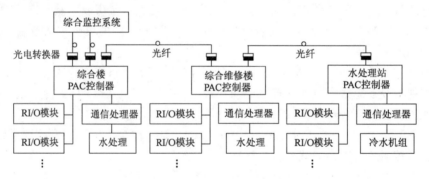

图 9-34　车辆段 BAS 系统结构图

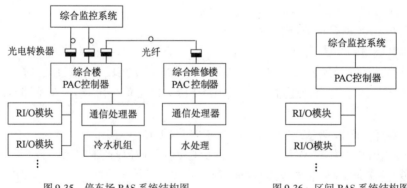

图 9-35　停车场 BAS 系统结构图　　　　图 9-36　区间 BAS 系统结构图

第10章 传输分析

地铁传输系统是一个能承载语音、数据和视频的多业务传输平台,其功能是迅速、准确、可靠地传送控制中心、车辆段和各车站之间的各种信息。本章讨论有关传输系统的重要概念、基本组成、传输制式、拓扑结构、信息保护、环路自愈和节点设备,剖析专用通信、民用通信、警用通信和信号的四个传输系统。

10.1 概 述

10.1.1 传输定义

传输,是指将能量或信息由一点输送到另一点或另外多点的物理过程。在地铁工程中,能量就是电能,能量的输送实际是电能的输送,简称输电,包括高压输电、中压输电和低压输电。地铁信息包括语音信息、文字信息、数据信息、图片信息和视频信息等。

地铁信息传输的主要特点是:
(1)属于弱电信息传输。
(2)有明确的接口界面。
(3)有具体的物理连接——有线方式或无线方式。
(4)遵循相应的接口标准或连接规范。

这四个特点,充分地体现在地铁机电设备传输型接口所完成的信息传输任务中。例如,站台屏蔽门自动开闭的控制信息,来自信号系统正线计算机,属于弱电信息,接口界面在配线架外线端,采用标准电缆有线方式连接,遵循相应的安装连接规范。

10.1.2 传输要素

如图 10-1 所示,一个真正有用的传输,包含 4 个要素:
(1)用于交流的信息;
(2)用于发送信息的发送器;
(3)用于传输信息的传输介质或传输信道;
(4)用于接收信息的接收器。
信息和发送器可统称为信源,接收器又叫信

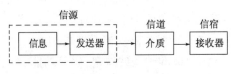

图 10-1 传输四要素

宿,信源和信宿之间是信道(介质)。例如,在信号系统对站台屏蔽门的开闭控制中,24V 直流电压就是控制信息,发送器是信号系统正线计算机,传输介质是标准电缆,接收器是站台屏蔽门。

10.1.3 标准规定和总体要求

国家标准《地铁设计规范》(GB 50157—2013),针对地铁传输系统有以下规定:

(1)地铁应建立以光纤通信为主的专用通信传输系统,并应满足地铁专用通信各子系统和信号、综合监控、电力监控、防灾、环境与设备监控和自动售检票等系统信息传输的要求。

(2)传输系统应采用基于光同步数字传输制式或其他宽带光数字传输制式,并应满足各系统接口的需求。传输系统容量应根据各系统对传输通道的需求确定,并应留有余量。

(3)采用基于光同步数字传输制式的专用通信传输系统,宜利用网同步设备作为外同步时钟源,并应采用主从同步方式实现系统同步。

(4)传输系统应利用不同径路的两条光缆构成自愈保护环。

(5)干线光缆容量应满足地铁通信、信号、综合监控等系统对光纤容量的需求,并应结合远期发展预留余量。

(6)地铁光缆网的建设宜根据线网规划和建设需求,统筹规划光缆数量、容量和光缆径路。

(7)通信电缆、光缆在区间隧道内宜采用沿隧道壁架设方式,进入车站宜采用隐蔽敷设方式;高架区段电缆、光缆宜敷设在高架区间通信槽道内或托板托架上;地面电缆、光缆的敷设宜采用管道或槽道敷设方式。

(8)通信电缆、光缆应与强电电缆分开敷设。光缆与电力电缆同路径敷设时,宜采用非金属加强芯。

(9)通信电缆、光缆管道埋深,管道顶部至路面不宜小于 0.8m,特殊地段不应小于相关规定。

(10)通信电缆、光缆管道和其他地下管线及建筑物间的最小净距,应符合相关规定。沿墙架设电缆、光缆与其他管线的最小净距应符合相关规定。

(11)地下线路的通信主干电缆、光缆应采用无卤、低烟的阻燃材料,并应具有抗电气化干扰的防护层。

(12)地上车站站内宜采用无卤、低烟的阻燃电线和电缆,地上区间的通信主干电缆、光缆还应具有防雨淋和抗阳光辐射能力。

(13)在地铁沿线敷设的光缆、电缆等管线结构,应选择符合杂散电流腐蚀防护的材质、结构设计和施工方法。

(14)地铁敷设光缆不宜设屏蔽地线,但接头两侧的金属护套及金属加强件应相互绝缘,光缆引入室内应做绝缘处理,并应做光缆终端。

(15)干线光缆的光纤应采用单模光纤。

国家标准的上述规定,涵盖功能、容量、接口、性质、安全、管理和建设等七个方面,可以归纳为对传输系统的以下总体要求:

(1) 系统功能应满足各系统信息的传输要求,传输信息包括话音、数据、图像等。
(2) 系统容量要满足需求并留有余量。
(3) 应满足各种系统的接口需求。
(4) 应是以光纤通信为主体的宽带传输网络。
(5) 应利用两条光缆构成自愈保护环。
(6) 应配置网络管理系统和公务联络系统。
(7) 系统通信电缆、光缆的选择与敷设应符合相关规定。

10.1.4　地铁传输系统特点

按用途划分,地铁目前有5个传输系统:专用通信传输系统、民用通信传输系统、警用(公安)通信传输系统、信号传输系统及乘客信息传输系统,如图10-2所示。其中,前三个都是独立的传输系统,后两个不是独立的传输系统。

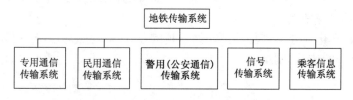

图10-2　地铁传输系统

地铁传输系统的主要特点是"六化":

1) 传输系统专业化

五个传输系统分别属于不同专业:专用通信传输系统属专用通信专业,民用通信传输系统属民用通信专业,警用(公安)通信传输系统属公安通信专业,信号传输系统属信号专业,乘客信息传输系统属乘客信息专业。

2) 传输业务多元化

每个传输系统都能承载涵盖宽带视频在内的多种业务,包括语音、文字、数据、图片、视频等信息,只因需求差异而多少不一,并以专用通信传输系统承载业务最多。

3) 传输信号数字化

信号是信息传输的载体。信号有模拟信号和数字信号,而数字信号的优点是抗噪声性能好,易于进行差错控制,易于进行信息加密,中继传输噪声不积累,便于同计算机连接,可以实现综合业务。因此,尽管数字信号占用的频带比模拟信号宽,但地铁传输信号依然全部数字化。

4) 远程传输光纤化

地铁机电设备配置呈链状(或带状)结构,并相对集中在控制中心、车辆基地和各车站,它们相距甚远,近则几十米几百米,远则几公里几十公里。为了防止或减少损耗,5个传输系统的远程传输都实现了光纤化。

5) 车地传输无线化

车地传输无法有线化,只能无线化,目前主要用在信号传输系统和乘客信息传输系统。它们都工作在2.4GHz免费频段,但信号传输使用喇叭天线和泄漏波导(垂直传播),乘客信息传输使用车载和轨旁定向天线(水平传播)。

6) 传输接口标准化

5 个传输系统的电接口和光接口,全部采用国际通行的标准接口,其中使用最多的是 E1 接口(用于时分信号)和以太网接口(用于 IP 信号)。

10.2 重要概念

10.2.1 信息和信号

信息形式,多种多样,诸如语音、文字、数据、图片、视频等。

信息传输,需由信号作为载体。

信号特征,既有连续与离散之分,又有模拟和数字之别,如图 10-3 所示。因此,信号有两种分类方法:

一是按是否连续划分,有连续信号(如音频信号、移频键控信号)和离散信号(如脉冲调制信号、单极性脉冲信号)两类;

二是按是否数字化划分,有模拟信号(如音频信号、单极性脉冲信号)和数字信号(如移频键控信号、单极性脉冲信号)两类。

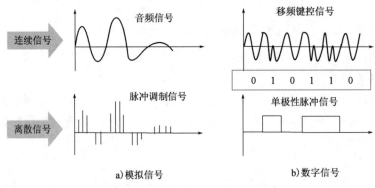

图 10-3 信号波形

地铁传输系统,常用光纤或电磁波作传输介质,而传输介质实际传输的是载有原始信息的数字信号。因此,模拟信号在送到传输介质之前,必须进行模数变换和编码,变成数字信号。

10.2.2 基带和基带传输

基带,英文 Baseband,是指发射端发出的没有经过调制(频谱变换)的原始信号所固有的频率带宽,叫做基本频带,简称基带。

基带信号,就是发射端发出的直接表达了要传输的信息的信号,比如说话的声波就是基带信号。

基带信号,根据原始信号的特征,可分为数字基带信号和模拟基带信号;数字信源发出的基带信号叫做数字基带信号,模拟信源发出的基带信号叫做模拟基带信号。地铁传输介质所传输的是数字基带信号。

将基带信号进行直接传输,称作基带传输。此时,所传信号的频谱从零频附近开始,具有低通形式。

基带传输使用双绞线或同轴线作传输介质,广泛应用于近距离传输,例如从计算机到监视器、打印机等外设的信号就是基带传输的。大多数放在临近的设备之间就使用基带传输。常见的设计标使用的也是基带信号。

基带传输还适用于使用光纤作传输介质的远距离传输,例如从地铁控制中心到各车站的信号就是用光纤进行基带传输的。

数字信号是对连续变化的模拟信号进行抽样、量化和编码产生的,称为脉冲编码调制(PCM)。这种电的数字信号,叫做数字基带信号。

除基带传输外,还有频带传输。所谓频带传输,是指将基带信号经过调制(频谱变换)后再进行传输。此时,所传信号的频谱不再是从零频附近开始,而是以调制载频为中心展开。频带传输适用于近距离传输,例如地铁车地无线传输就是频带传输。

10.2.3 信号带宽

信号带宽,指信号本身固有的带宽。

对模拟信号来说,其信号带宽指信号频谱所占有的频率范围,或指信号频谱中最高频率。例如,通常音频电话的频率范围为 300～3300Hz,则其信号带宽为:

$$B = 3300\text{Hz} = 3.3\text{kHz}$$

对数字信号而言,其信号带宽的大小与编码方式密切相关。

例如,常用二元码及其功率谱,如图 10-4 所示。从中可知:

(1) 单极性不归零码功率谱的第一个过零点在 $f=f_B$ 处,若按过零点带宽定义,则单极性不归零码的谱零点带宽为 $B=f_B$,单位为 kHz 或 MHz。

(2) 单极性归零码功率谱的第一个过零点在 $f=2f_B$ 处,若按过零点带宽定义,则单极性归零码的谱零点带宽为 $B=2f_B$,单位为 kHz 或 MHz。

实际上,奈奎斯特准则指出:如果时间间隔为 π/ω($\omega=2\pi f \Rightarrow 2f=\omega/\pi$),通过理想通信道传输窄脉冲信号,则前后码元之间不产生相互串扰。因此,对于二进制数据信号的最大数据传输速率 R_{max} 与通信信道带宽 B($B=f$,单位 Hz)的关系,可以写为:$R_{max}=2f$ bit/s。

对二进制数据,若信道带宽 $B=f=3$kHz,则最大数据传输速率为 6kbit/s,增加 2 倍。对 N 进制数据,最大数据传输速率可增加 N 倍。

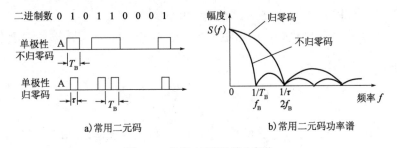

图 10-4 常用二元码及其功率谱

10.2.4 信道带宽

信道带宽,指传输系统所具有的带宽。

传输系统信道有两种：

(1) 模拟信道——用于传输模拟信号。

(2) 数字信道——用于传输数字信号。

模拟信道带宽，指模拟信道能够通过的最低频率(f_1)和最高频率(f_2)之间的频率范围。最低频率和最高频率都是由信道的物理特性决定的。带宽按下式计算：

$$B = f_2 - f_1 \tag{10-1}$$

数字信道带宽，指数字信道能够达到的最大数据速率，即信噪比为0dB时信道的最大数据速率。

10.2.5 传输速率

数据传输速率(Data Transfer Rate)，是指单位时间内传送数据码元的个数。它是衡量系统传输能力的主要指标，通常使用下述两种定义：

1) 比特传输速率

比特(bit)是二进制数字(binary digit)的缩写，一个比特即为一个二进制码"0"或"1"。比特又是信息量的单位，其定义为：在一个二进制序列中，"1"和"0"的出现概率相等，且前后码元独立。

当信号码元为二进制时，则每个二进制码元的信息量为1比特。此时，每秒钟通过信道传输的码元数称为比特传输速率，简称传输速率或比特率，记作rb，单位比特/秒(bit/s)。

比特传输速率又叫数据传输速率。

2) 波特传输速率

当信号码元为M进制时，每一码元所载的信息量为$\log_2 M$比特(这里$\log_2$是以2为底的对数)。此时，每秒通过信道传输的码元数称为波特传输速率，简称波特率，记作rs，单位波特(Bd)。

波特传输速率又叫调制速率。

地铁传输主要使用的是第一种传输速率，即比特传输速率，常用单位是千比特/秒(kbit/s)及兆比特/秒(Mbit/s)。

10.2.6 传输速率和信道带宽的关系

传输速率和信道带宽，可以通过香农定理互相转换。

香农定理指出：在有随机热噪声的信道上传输数据信号时，数据传输最大速率与信道带宽B、信噪比$\dfrac{S}{N}$的关系为：

$$R_{\max} = B \times \log_2\left(1 + \frac{S}{N}\right) \tag{10-2}$$

式中，$R_{\max}$的单位为bit/s，带宽B的单位为Hz，信噪比$\dfrac{S}{N}$通常以dB(分贝)数表示。

需要强调的是：$\log_2\left(1 + \dfrac{S}{N}\right)$为无量纲，带宽单位是Hz、kHz和MHz，相应的速率位是bit/s、kbit/s和Mbit/s。

例如，通常音频电话的信号带宽是3000Hz，而一般传输链路典型的信噪比是30dB，即

$\frac{S}{N} = 1000$,因此有 $R_{max} = 3000 \times \log_2(1 + 1000)$,近似等于 30kbit/s。

或将式(10-2)改写为:

$$\frac{R_{max}}{B} = \log_2\left(1 + \frac{S}{N}\right) \tag{10-3}$$

据式(10-3)可以得到不同信噪比下最大传输速率与信道带宽的比值,见图 10-5 和表 10-1。从中不难看出:

(1)最大传输速率与信道带宽的关系,与信噪比密切相关。总的趋势是:在信道带宽一定时,信噪比愈高,最大传输速率愈大。或者说,在信噪比一定时,最大传输速率与信道带宽之间是正比关系。

(2)由于 $\log_2\left(1 + \frac{S}{N}\right)$ 总是 1,因此最大传输速率总是≥信道带宽。

(3)当信噪比为 30dB 时,最大传输速率在数量上是信道带宽的 10 倍。

(4)仅在信噪比为 0dB 时,最大传输速率在数量上才与信道带宽相等。

由此可见,定义信道带宽等于最大传输速率是有条件的,而条件就是信噪比为 0dB。

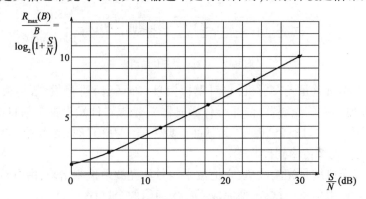

图 10-5 不同信噪比下最大传输速率与信道带宽的比值

不同信噪比下最大传输速率与信道带宽的比值　　　　　表 10-1

$\frac{S}{N}$(dB)	0	5	12	18	24	30
$\frac{S}{N}$	2	4	16	64	256	1024
$\log_2\left(1 + \frac{S}{N}\right)$	1	2	4	6	8	10
$\frac{R_{max}(B)}{B}$	1	2	4	6	8	10

10.3　传输系统基本组成

10.3.1　传输系统组成

原理上,传输系统由传输设备、传输复用设备和传输介质三部分组成,如图 10-6 所示。

图 10-6　传输系统组成

传输设备,包括传输发送设备和传输接收设备。传输发送设备将携带信息的基带信号,转换为适合在传输媒介传输的信号,例如光信号或电信号。光信号的收发由光端机完成,电信号的收发由微波收发机完成。传输接收设备将收到的信号还原为携带信息的基带信号。

传输复用设备,用于在一路传输媒介中传输多路信息。传输复用设备将多路信息进行复用与解复用。常用的传输复用系统有准同步数字序列(PDH)、同步数字序列(SDH)和多业务传输平台(MSTP)。

传输介质,用来在发送端和接收端之间传输信号。常用的传输介质有双绞线、同轴电缆和光缆。现代地铁的远程传输用光端机收发光信号,用光纤作传输媒介。

10.3.2　点对点传输系统基本组成

点对点光纤传输原理如图 10-7 所示。其输入信号是基带信号,输出信号是复原的基带信号,因此这种传输又称作基带传输。

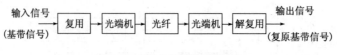

图 10-7　点对点光纤传输原理图

在发射端,光端机就是光发射机,它对模拟信息(如话音)进行模/数转换,用转换后的数字信号去调制发射机中的光源器件(半导体激光器),光源器件发出携带信息的光波。数字信号为"1"时,光源器件发射一个"传号"光脉冲。数字信号为"0"时,光源器件发射一个"空号"(不发光)。光波经光纤传输到接收端。

在接收端,光端机就是光接收机,它把数字信号从光波中检测出来,由电端机进行数/模转换,恢复成原来的模拟信息。这样,便完成了一次通信的全过程。

10.3.3　地铁传输系统基本组成

地铁传输系统,实际由光纤骨干网、节点设备和网管中心组成,如图 10-8 所示。

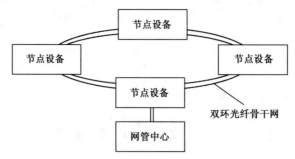

图 10-8　现代地铁传输系统基本组成

其中,光纤骨干网包括收发两端的光端机和双环光纤,节点设备包括分插复用设备(ADM)、用户接口设备(PCM)和配线架。

10.4 传输介质

10.4.1 光纤

光纤主要用于远距离传输,如控制中心到各车站、车站与车站间的传输。双绞线与标准电缆用于近距离传输,例如控制中心范围内或车站范围内的传输。

光纤有多模光纤与单模光纤两类。多模光纤传输损耗大、传输功率大、带宽窄、比单模光纤粗、价格便宜,主要用于短距离通信和窄带通信。单模光纤传输损耗小、传输功率小、带宽宽、价格稍高,主要用于远距离通信和宽带通信。据估计,单模光纤的使用量接近90%,地铁所使用的绝大部分都是单模光纤。

单模光纤的结构,可用光纤截面图来形象说明,如图10-9所示。

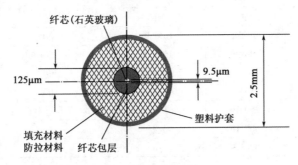

图10-9 光纤截面图

(1)纤芯材料为石英玻璃,标称直径$9.5\mu m$。
(2)纤芯包层材料与纤芯相同,但它的折射率小于纤芯折射率,标称直径$125\mu m$。
(3)护套材料为塑料,外径$2.5mm$。
(4)纤芯包层和塑料护套间是填充材料和防拉材料(如尼龙纤维)。
有的光纤没有这些材料,包层外就是塑料护套。
(5)光纤的弯曲半径应大于3cm。

光纤通信的常用波长是1310nm和1550nm。这是因为,可见光波长是390~760nm,但在光纤中,光的传播介质不是空气而是石英玻璃。在1000~1650nm波长范围内,石英玻璃对光的衰减最小。而且,在该范围内还有两个低衰减"窗口",即1000~1350nm和1450~1800nm,它们分别是1310nm和1550nm所在的"窗口"。

光纤优点如下:
(1)传输频带宽、通信容量大:光波频率比微波频率高$10^3 \sim 10^4$倍,所以通信容量均可增加很多。
(2)损耗小:在波长1550nm附近,衰减可低至0.2dB/km,已接近理论极限值。
(3)尺寸小、重量轻。
(4)不受电磁干扰。
(5)制造材料丰富。

10.4.2 双绞线

双绞线是由一对相互绝缘的金属导线绞合而成。采用这种方式,不仅可以抵御一部分来自外界的电磁波干扰,而且还可以降低多对绞线之间的相互干扰。

根据有无屏蔽层,双绞线又分非屏蔽双绞线(UTP)和屏蔽双绞线(STP)。非屏蔽双绞线的阻抗为100Ω,屏蔽双绞线的阻抗为150Ω。

屏蔽双绞线因为电缆的外层有一层铝泊包裹用以减小辐射,制作比较麻烦,价格较非屏蔽双绞线贵。所以,常用的是非屏蔽的五类和超五类双绞线。

双绞线按绞线对数,可分为2对、4对、25对双绞线。

各类双绞线技术性能和适用范围,见表10-2。

各类双绞线技术性能和适用范围　　　　　　　　　　表10-2

类别	代号	带宽	传输速率	最大传输距离(m)	适用范围
一类线	CAT1	750kHz	—	—	语音传输
二类线	CAT2	1MHz	4Mbit/s	—	语音及低速数据传输
三类线	CAT3	16MHz	10Mbit/s	100	十兆位以太网
四类线	CAT4	20MHz	16Mbit/s	100	十兆百兆位以太网
五类线	CAT5	100MHz	100Mbit/s	100	百兆千兆位以太网
超五类线	CAT5E	155MHz	1000Mbit/s	300	千兆位以太网
六类线	CAT6	250MHz	高于1Gbit/s	不超过100	高于千兆位以太网
超六类线	CAT6A	500MHz	10Gbit/s	—	新线,待定
七类线	CAT7	600MHz	10Gbit/s	—	新线,待定

超五类非屏蔽双绞线,是对五类屏蔽双绞线部分性能改进而来,不少参数,如近端串扰、衰减串扰比、回波损耗等都有所提高,但其传输带宽仍为100MHz。

超五类屏蔽双绞线(STP),阻抗150Ω,传输速率高于100Mbit/s(最大峰值155Mbit/s),最大传输距离105m。

超五类双绞线也是采用4个绕对和1条抗拉线,线对的颜色与五类双绞线完全相同,分别为白橙、橙、白绿、绿、白蓝、蓝、白棕和棕。裸铜线径为0.51mm(线规为24AWG),绝缘线径为0.92mm,非屏蔽双绞线电缆直径为5mm。

虽然超五类非屏蔽双绞线也能提供高达1000Mbit/s的传输带宽,但是往往需要借助价格高昂的特殊设备的支持。因此,通常只被应用于100Mbit/s的快速以太网。

10.4.3 同轴电缆

同轴电缆(Coaxial Cable),是指有两个同心导体,而导体和屏蔽层又共用同一轴心的电缆。最常见的同轴电缆由绝缘材料隔离的铜线导体组成,中心导体为铜线,屏蔽层为铜网,整个电缆用阻燃的塑料(聚氯乙烯或特氟纶材)作护套。

同轴电缆按用途,可分为基带同轴电缆和宽带同轴电缆,如图10-10所示。

基带同轴电缆,又称网络同轴电缆,阻抗50Ω,用于数字传输。因多用于基带数字传输,故叫基带同轴电缆。基带同轴电缆又分细缆和粗缆。基带同轴电缆仅仅用于数字传输,数字传输率可达10Mbit/s。

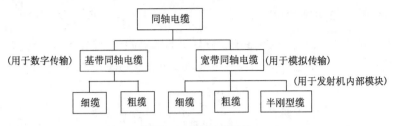

图 10-10　同轴电缆分类

宽带同轴电缆，又称视频同轴电缆，阻抗 75Ω，用于模拟传输。因视频频带较宽，故叫宽带同轴电缆。"宽带"这个词来源于电话业，指比 4kHz 宽的频带。然而在计算机网络中，"宽带电缆"却指任何使用模拟信号进行传输的电缆。

宽带同轴电缆，也分细缆和粗缆两种，以及使用极少的半刚型同轴电缆和馈管。

细缆，RG-58，直径 0.26cm，最大传输距离 185m，阻抗 50Ω，使用时与 50Ω 终端电阻、T 型连接器、BNC 接头与网卡相连，不需要购置集线器等设备，适合架设终端设备较为集中的小型以太网络。

粗缆，RG-11，直径 1.27cm，最大传输距离 500m，阻抗 75Ω。由于直径相当大，因此它的弹性较差，不适合在室内狭窄的环境内架设，而且 RG-11 连接头的制作方式也相对要复杂许多，并不能直接与计算机连接，它需要通过一个转接器转成 AUI 接头，然后再接到计算机上。由于粗缆的强度较大，最大传输距离也比细缆长，因此粗缆的主要用途是扮演网络主干的角色，用来连接数个由细缆所结成的网络。

10.4.4　无线介质

地铁工程使用的无线传输介质，主要是甚高频、特高频和超高频三个频段，见表 10-3。

地铁使用的无线电频段和波段命名　　　　　　　　表 10-3

序号	频段名称	频率范围 （含上限不含下限）	波段名称	波长范围 （含上限，不含下限）
1	甚高频（VHF）	30～300MHz	米波	1～10m
2	特高频（UHF）	300～3000MHz	分米波	1～10dm
3	超高频（SHF）	3～30GHz	厘米波	1～10cm

甚高频频段又叫米波波段，频率 30～300MHz。特高频频段又叫分米波波段，频率 300～3000MHz，米波。超高频频段又叫厘米波波段，频率 3～30GHz。

地铁工程使用的辐射器材主要是天线、泄漏电缆和泄漏波导三种。

10.5　复用技术

传输系统的传输制式，同复用技术密切相关。因此，在讨论传输制式前，应了解准同步数字序列（PDH）、同步数字序列（SDH）及多业务传输平台（MSTP）三种复用技术以及光纤波分复用的工作原理。

10.5.1 准同步数字序列(PDH)

准同步数字序列(PDH),一般指基于时分复用的脉码调制复用(PCM)。这是模拟话音信号数字化的最常用的一种方法,包括采样、量化、编码及时分复用等四个步骤,如图 10-11 所示。

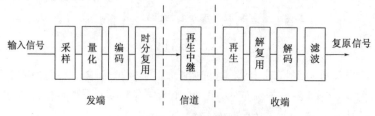

图 10-11 脉冲编码调制通信原理图

模拟话音信号是一种连续信号,其幅度随声压变化。采样,就是以一定的时间间隔采取模拟信号的样值,所得脉冲序列称作脉冲调幅(PAM)信号,如图 10-12 所示。

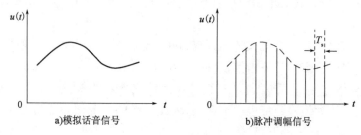

图 10-12 模拟话音和脉冲调幅信号

根据采样定理,采样频率至少为音频的 2 倍时,离散的采样值则可代表连续信号。若话音信号的最高频率为 f_m = 3400Hz,而采样频率 $\geq 2f_m$ = 6800Hz 时,则可用一串离散采样值代表原来信号。通常取采样频率为 8kHz,对应的采样周期为 T_s = 125μs。

量化,就是用若干量化单元(量化级 Δ)去代表采样值的幅度,即用量化级去量度采样值,以测定采样值为多少个量化级。

采样值量化时,取两个相邻量化级的中间值,例如采样值在 Δ 与 2Δ 之间,则量化值取 1.5Δ。量化值与原样值是有区别的,这就是量化误差,或叫量化噪声,最大量化误差为 0.5Δ。

编码,就是将量化值用二进制代码来表示。编码方式,分线性编码和非线性编码两种。

线性编码,指均匀量化级编码。图 10-13 为三位话音线性编码图。图中,有 8 个量化级。

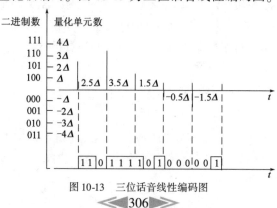

图 10-13 三位话音线性编码图

因 $2^3=8$，故 8 个量化级需三位二进制代码进行编码。二进制代码的第一位为极性码，1 为正，0 为负。二进制代码的后两位为幅度码。线性编码的缺点是大小信号的量化噪声相同，小信号的量化噪声大。

非线性编码将大信号分粗，小信号分细，使小信号的量化噪声小、大信号的量化噪声大，从而在同样量化级下比线性编码的信噪比提高。

复用有两种，时分复用和脉码调制复用。关于时分复用，可以脉冲调幅信号为例来说明。利用两个采样脉冲间的间隔，传送其他各路信号。采样脉冲愈窄，采样脉冲间隔就愈大，可复用的路数就愈多。图 10-14 是二路模拟信号时分复用原理图。

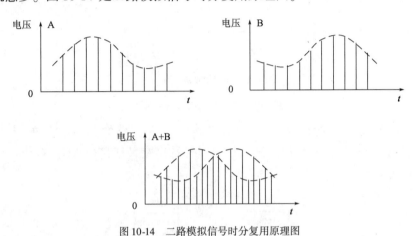

图 10-14　二路模拟信号时分复用原理图

对于脉码调制复用(PCM)而言，一次群设备将 30 路(随路信令)或 31 路(共路信令)话路时分复用为一个一次群，四个一次群复用为二次群，依次形成高次群。

表 10-4 列出了脉码调制复用(PCM)性能。

脉码调制复用(PCM)性能　　　　　　　　　　　　　　　　表 10-4

脉码调制复用群次	速率(Mbit/s)	容量(路)	脉码调制复用群次	速率(Mbit/s)	容量(路)
一次群(E1)	2	30	三次群(E3)	34	480
二次群(E2)	8	120	四次群(E4)	144	1920

10.5.2　同步数字序列(SDH)

与准同步数字序列(PDH)不同，同步数字序列(SDH)全网采用统一时钟，故使低次群复用为高次群时，无须插入附加 bit。SDH 具有速率高、容量大、可从高次群中提取低次群信号、组网方便等优点。SDH 在不同的同步转移模式下，各次群速率见表 10-5。

SDH 各次群速率　　　　　　　　　　　　表 10-5

同步转移模式(STM)	群速率	同步转移模式(STM)	群速率
STM-1	155Mbit/s	STM-64	10Gbit/s
STM-4	622Mbit/s	STM-256	40Gbit/s
STM-16	2.5Gbit/s		

SDH 终端复用设备(TM)，用于 SDH 链路的终端部分，具有复用/解复用、保护、数字交叉连接(DXC)、提供网管接口等功能。

在线路,将 SDH 的 STM-N 光信号进行光电装换;在支路,将 2Mbit/s、140Mbit/s 速率的脉码调制复用(PCM)支路信号映射复用进入 STM-帧,也可将 SDH 低次群帧复用进入高次群帧,反之亦然。在 STM 的线路,一般接有主备 2 根光纤。

STM-1、STM-4、STM-16 终端复用设备框图,见图 10-15。

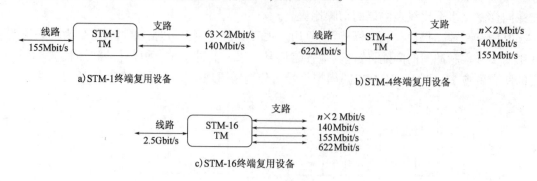

图 10-15 SDH 终端复用设备框图

SDH 分插复用设备(ADM),串接在 SDH 链路中,可从过路的 SDH 信号中,分插沿途车站所需的支路信号。ADM 也具有复用/解复用、保护、数字交叉连接(DXC)、提供网管接口等功能。图 10-16 为 SDH 分插复用设备(ADM)框图。

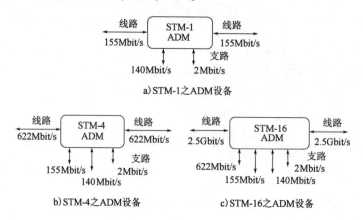

图 10-16 SDH 分插复用设备(ADM)框图

数字交叉连接设备(DXC),具有复用/解复用功能,可以看作是计算机软件(网管软件)控制的配线架,也可以比喻为大铁路的编组站。

DXC 按最高进出线速率和最低交叉速率来进行分类和命名。一般表示为最高进出线速率/最低交叉速率,而速率用数字代表:0 代表 64kbit/s,1 代表 2Mbit/s,2 代表 8Mbit/s,3 代表 34Mbit/s,4 代表 155Mbit/s,5 代表 622Mbit/s,6 代表 2.5Gbit/s。

图 10-17 为数字交叉连接设备(DXC)框图。

10.5.3 多业务传输平台(MSTP)

基于 SDH 技术的多业务传输平台(MSTP),是在传统 SDH 上增加了以太网帧和异步传输模式(ATM)信元的承载功能和二层交换功能。

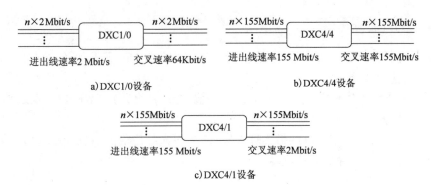

图 10-17 数字交叉连接设备(DXC)框图

1) 以太网透明传输功能

以太网业务点对点透明传输功能的实现过程,如图 10-18 所示。

在源节点中,将以太网帧或互联网协议(IP)包进行封装与帧定位,并影射到虚容器(VC)中去。在经 SDH 复用处理、VC 交叉连接与传输后,在目的节点相应的 VC 通道中取出,还原成为原来的以太网帧或 IP 包。

针对以太网业务的不同带宽需求,可用 VC 的不同级联方式予以满足。

以太网透明传输功能传输带宽的最小粒度为 2Mbit/s。

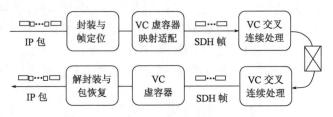

图 10-18 MSTP 中以太网透明传输功能的实现

2) 以太网二层交换功能

以太网二层交换功能的实现过程,如图 10-19 所示。

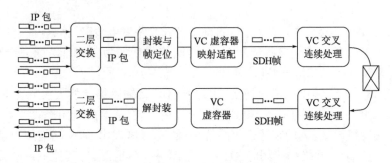

图 10-19 MSTP 中以太网二层交换功能的实现

在源节点中,将以太网数据影射到虚容器 VC 之前,先进行以太网二层交换(汇聚)处理。通过二层交换,把多个以太网业务流复用到同一条以太网传输链路中,以减小传输带宽的最小粒度,达到节约局端端口和网络带宽资源的目的。

10.5.4 光纤波分复用

光纤波分复用(WDM),实质是在光域上的频分复用(FDM),只是因为光域上一般用波长来代替频率,故称为波分复用。

为在同一根光纤中实现多路光信号的同时传输,光纤波分复用(WDM)在发送端使用合波器,在接收端使用分波器。

光纤波分复用充分利用光纤的低损耗波段,使一根光纤传输的信息容量增加一倍至数倍,进而减少光纤用量,大大降低建设成本。

10.6 传 输 制 式

可供地铁使用的传输制式,主要有开放式传输网络(OTN)、同步数字序列(SDH)、多业务传输平台(MSTP)和分组传输网(PTN)四种。

10.6.1 开放式传输网络(OTN)

开放式传输网络(OTN)采用时分复用技术,属于同步传输体系,但其帧结构与传统的 SDH 不同,帧的长度为 31.25μs,帧速为 32000 帧/s。在国内地铁工程中有过应用,但因制式特殊,存在技术独有性、厂商唯一性和国产化程度低等问题,正在淡出国内地铁市场。

OTN 网络的每一帧被划分为 384 个比特组(相当于 384 个时隙),每个比特组中的比特数分别为 3、12、48 及 192,从而决定了各级 OTN 网络的传输带宽 36Mbit/s、150Mbit/s、600Mbit/s 及 2500Mbit/s。这种特殊的帧结构,使得 OTN 具有以下特点:

(1)OTN 采用一次复用机制,不仅可以满足低速和高速信息的接入,而且占用的开销比特数少,不到 2%。

(2)能够支持点到点、点到多点及总线等类型的连接。

(3)能够通过软件实现带宽分配,满足不同的业务需要。

(4)可综合不同的网络传输协议,集成了多种用户接口,包括音频、数据接口(如 RS-232/RS-422/RS-485、2/4W、E/M、2B+D、E1、100Mbit/s 以太网)、视频(M-JPEG、MPEG-2)及宽带广播等接口。

(5)网络自愈能力强,系统可靠性高;节点或光纤线路发生故障,网络可以自动恢复。

(6)网络管理功能强,具有自我诊断能力,对网络中任何故障都能告警;网络管理机可在网络中任何一个节点接入,对全网进行管理。

(7)对视频信道的传输可以信道切换,相对于 SDH 传输网络就能大大节省系统带宽。

(8)OTN 在地铁及其他专用系统得到了广泛应用,具有丰富的运用经验。

OTN 是专用网络设备,运用在地铁等系统中,能充分体现出 OTN 网络用户接口丰富的特点。但在较大、较复杂的网络中应用时,OTN 也存在一些不足,如与其他体系的传输网络组网时互联能力稍差;且 OTN 的传输制式特殊,为独家产品,设备国产化程度低,完全依靠进口。

10.6.2 同步数字序列(SDH)

同步数字序列(SDH)传输制式,完全不同于准同步数字传输制式(PDH),其主要特点是:

(1)采用同步复用方式和灵活的复用映射结构,使低阶信号和高阶信号的复用/解复用一次到位,大大简化了设备的处理过程;

(2)SDH 网与现有 PDH 网完全兼容,并可容纳各种新的数字业务信号;

(3)具有全世界统一的网络接点接口,对各网络单元的光接口有严格的规范化要求,从而使得任何网络单元在光路上互通,实现横向兼容性;

(4)在帧结构中安排了丰富的开销比特,使网络的运行、管理、维护和指配能力大大加强,促进了智能设备和先进网管系统的发展;

(5)使 PDH 的 1.544Mbit/s 和 2.048Mbit/s 两大体系在 STM-1 等级上获得,实现了数字传输体制的世界标准;

(6)采用先进的分插复用器(ADM)、数字交换连接(DXC)等设备,使组网能力和自愈能力大为增强,降低了网络的管理维护费用;

(7)提出了一系列较完整的标准,使生产单位和应用均有章可循,同时便于国际互通。

在上述特点中,最核心的是同步复用、网管能力以及统一的光接口和标准。

10.6.3 多业务传输平台(MSTP)

多业务传输平台(MSTP)技术源于 SDH,经过多年发展,已经囊括 PDH、SDH、以太网、ATM、RPR 等技术于一体,它可通过多业务汇聚方式实现业务的综合传送,通过自身对多类型业务的适配性实现业务的接入和处理,非常适应多业务和多种技术相融合的应用场合,在国内地铁工程中的应用比较成熟与广泛。

从目前公用网和专用网的业务使用情况来看,在近期 TDM 业务仍占相当份额、数据业务不断发展的情况下,在步入能保证服务质量(QoS)的可控制、可管理的纯 IP 宽带传输网之前,密切关注以 SDH 为基础的多业务平台组网技术的使用和发展,应该是稳妥的可持续发展策略的一种正确选择。

MSTP 技术的不足之处是,MSTP 虽然能提供各种以太网接口以及 L2 交换功能,但其本质上仍是基于 TDM 的技术,动态分配信道带宽的能力较差,不太适合具有"突发业务"特点的数据业务。因此,MSTP 的市场定位应该是以 TDM 业务为主、以数据业务为辅。

10.6.4 分组传输网(PTN)

四种传输制式技术性能比较见表 10-6。

传输制式技术性能比较表　　　表 10-6

比 较 项 目	OTN	SDH	MSTP	PTN
TDM 业务(SDH 技术)	强	较弱	强	强
IP 业务(以太网技术)	较强	一般	强	强
网络管理功能	功能强大	一般	功能强大	功能强大
标准化水平	生产商	国际/国内	国际/国内	国际/国内
产品成熟程度	好	一般	好	在发展中
国产化率	无	高	高	高
国内地铁应用情况	淡出	无	多	无
价格	较高	低	较低	高

从业务能力、网络管理功能、标准化水平、产品成熟程度、国产化率、国内地铁应用情况以及设备价格等因素综合考虑,一般选用 MSTP。

10.7 局 域 网

在计算机通信领域,任何发送或接收信息的硬件或软件进程,称作实体。一个计算机系统,包含若干个实体,还可以带一个或多个其他系统。

计算机网络,是将若干个系统连接起来,并可在各系统间收发信息的系统。

计算机网络分类方法有多种,按网络范围大小划分,有局域网(LAN)、城域网(MAN)及广域网(WAN)。地铁工程中的计算机网络,属局域网(LAN)。

局域网(LAN),是指在较小的地理范围内,将各种数字设备(主要是计算机和终端),借助通信设备和线路连接起来的计算机网络。

局域网的主要特点是:

(1)共享传输通道:多个系统连接到同一个通信媒体,共享同一个传输通道。

(2)地理范围有限:通常仅为一个单位服务,只在一个相对独立的局部区域联网,如一座大楼或一座地铁车站,覆盖范围一般在 10~10km 之内。

(3)传输速率高:一般为 1~100Mbit/s 或 1000Mbit/s,能支持计算机之间的高速通信,延时较少。

(4)误码率低:一般在 10^{-11} ~ 10^{-8} 之间,可靠性较高。

(5)多采用分布式控制和广播式通信:在局域网中,各站是平等关系而不是主从关系,可进行广播通信(一站发,所有站收)或组播通信(一站发,指定的几个站收)。

(6)采用多媒体访问控制技术:由于共享传输通道,且通道可为不同的传输媒体所用,局域网要解决多源、多目的地链路管理问题,故必须采用多媒体访问控制技术。

以太网是最早的局域网,也是典型的总线型局域网。

表 10-7 列出了以太网物理层基本特性。

以太网物理层基本特性 表 10-7

物理层	10BASE-5	10BASE-2	10BASE-T	10BASE-F	10BASE-36
传输介质	50Ω 粗同轴电缆	50Ω 细同轴电缆	双绞线	多模光缆	75Ω 同轴电缆
网络拓扑结构	总线型	总线型	星型	星型	总线型
传输方法	基带	基带	基带	基带	宽带
速率(Mbit/s)	10	10	10	10	10
最大网段数	5	5	5	5	2
最大网段长度(m)	500	185	100	2000	1800
站间最小距离(m)	2.5	0.5	0.5	0.5	0.5
连接器	BNC	DB-15	RJ-45	ST	DB-15
站数/网段	<100	<30	2(NIC 中继)	2(光中继)	100

表中的连接器,BNC 为卡口连接射频同轴连接器,RJ-45 为水晶头网卡连接器,DB-15 为内扣压线式连接器(双排或多排),ST 为光纤快速连接器。

目前,地铁使用 10BASE-T 以太网,其基本特性是:双绞线传输介质,星型拓扑结构,基带传输,速率10Mbit/s,最大网段数为 10,最大网段长度100m,站间最小距离0.5m,连接器为 RJ-45(水晶头网卡连接器),站数/网段为 2。

10.8 拓扑结构

传输网络拓扑结构,包括物理拓扑与逻辑拓扑。物理拓扑,是指传输网络节点以及连接各节点的传输介质的实际分布和连接方式。逻辑拓扑,是指信息流在网络中的流通途径。

物理拓扑结构有总线型、混合型和网状型三类。其中,总线型、星型、环型是三种最基本的拓扑结构,如图 10-20 所示。

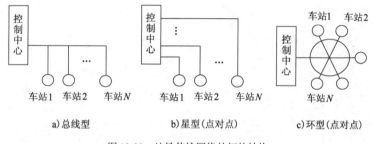

图 10-20 地铁传输网络的拓扑结构

10.8.1 总线型拓扑结构

总线型拓扑结构,是一种基于多点连接的拓扑结构,是将网络中的所有设备通过相应的硬件接口直接连接在共享的共同传输线(总线)上。

总线型拓扑结构的优点是:所需电缆数量较少;结构简单,无源工作,可靠性较高;易于扩充。缺点是:总线的传输距离有限,通信范围受到限制;故障诊断和隔离比较困难;分布式协议不能保证信息的及时传送,不具有实时功能,站点必须有介质访问控制功能,从而增加了站点的硬件和软件开销。总线型拓扑结构,适用于计算机数目相对较少的局域网络,通常这种局域网络的传输速率在 100Mbit/s,网络连接选用同轴电缆。

总线型网络结构是目前使用最广泛的结构,适用于信息管理系统和办公自动化系统领域。以太网是典型的总线型局域网,采用 IP 方式传输,故又叫 IP 传输。

10.8.2 星型拓扑结构

星型拓扑结构,是一种以中央节点为中心,把若干外围节点连接起来的辐射式互联结构。各节点与中央节点通过点与点方式连接,中央节点执行集中式通信控制策略,因此中央节点相当复杂,负担也重。星型拓扑结构适用于局域网,以双绞线或同轴电缆作连接线路。在中心放一台中心计算机,每个臂的端点放置一台计算机,所有的数据包及报文通过中心计算机来通信,除了中心计算机外每台计算机仅有一条连接,这种结构需要大量的电缆。

以星型拓扑结构组网,其中任何两个站点进行通信都要经过中央节点控制。中央节点的主要功能有:为需要通信的设备建立物理连接;为两台设备通信过程中维持这一通路;在完成通信或不成功时,拆除通道。

10.8.3 环型拓扑结构

环型拓扑结构中,各节点通过环路接口连在一条首尾相连的闭合环形传输线路中,环路上任何节点均可以请求发送信息。请求一旦被批准,便可以向环路发送信息。环形网中的数据可以是单向传输也可是双向传输。信息在每台设备上的延时时间是固定的。由于环线公用,一个节点发出的信息必须穿越环中所有的环路接口,信息流中目的地址与环上某节点地址相符时,信息被该节点的环路接口所接收,而后信息继续流向下一环路接口,一直流回到发送该信息的环路接口节点为止。环型拓扑结构,特别适合实时控制的局域网。

传输网络双环结构示例如图 10-21 所示。每车站一个节点,逐站相连或隔站相连,组成环网。

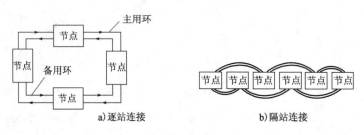

图 10-21 双环结构环形网络

10.9 信息保护与环路自愈

10.9.1 信息保护方式

如图 10-22 所示,传输系统对信息的保护有两种方式:

一种是 1+1 保护方式:在发送侧,主备通道传送同一业务;接收侧根据信号质量优劣,选择其中一个通道进行接收。

另一种是 1:1 保护方式:在发送侧,主用通道传送主要业务,备用通道传送额外业务。当主用通道故障时,主用通道中的主要业务倒向备用通道传送,额外业务在故障下不受保护。

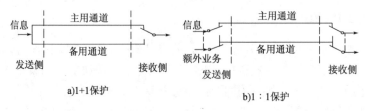

图 10-22 信息保护原理图

地铁传输系统主要采用1+1保护方式。

10.9.2 环路自愈方式

光纤自愈环的保护方式,有以下5种:二纤单向通道环保护环、二纤双向通道保护环、二纤单向复用段保护环、二纤双向复用段保护环、四纤双向复用段保护环。它们的性能比较载于表10-8。

环路保护方式特性比较表 表10-8

比较项目	二纤单向通道保护环	二纤双向通道保护环	二纤单向复用段保护环	二纤双向复用段保护环	四纤双向复用段保护环
节点数	K	K	K	K	K
线路速率	STM-N	STM-N	STM-N	STM-N	STM-N
环传输容量	STM-N	STM-N	STM-N	K/2 × STM-N	K × STM-N
APS协议	不用	不用	用	用	用
保护倒换时间(ms)	30	30	30	50~200	50~200
节点成本	低	低	低	中	较高
抗节点失效能力	无	无	无	有	有
系统的复杂性	最简单	简单	简单	较复杂	复杂
应用业务类型	业务集中型	业务集中型	业务分散型	业务分散型	业务分散型

从表10-8中不难看出,前两种适用于业务集中型。后三种因采用自动保护倒换协议(APS),且时隙可以重复使用,故适用于分散型业务,而地铁传输系统所承载的业务很大一部分是数据业务,属于分散型业务,所以应在后三种方式中选择。

同时,为满足可靠性要求,地铁传输系统必须具备"抗节点失效能力",又应在后两种方式中选择。但值得注意的是,由于受保护倒换机制的限制,这两种方式复用段保护环的环上节点不能多于16个。

后两种方式各有优点与不足,第五种方式的环传输容量高一倍,带宽更宽,但光纤数多了一倍,成本和复杂性也明显增高,而第四种方式的环传输容量和带宽也能满足要求。因此,地铁传输系统有两种选择:

(1)选用第五种方式——四纤双向复用段保护环方式(如北京地铁7号线);

(2)选用第四种方式——二纤双向复用段保护环方式(如深圳地铁5号线)。

二纤双向复用段保护环工作原理如图10-23所示。

当图10-23中BC节点间光纤被切断时,两根光纤同时被切断。B节点和C节点的倒换开关动作,接通S1/P2光纤和S2/P1光纤,利用虚容器(VC)技术,将S1/P2光纤传输的业务转移到S2/P1光纤的保护VC中,将S2/P1光纤传输的业务转移到S1/P2光纤的保护VC中。

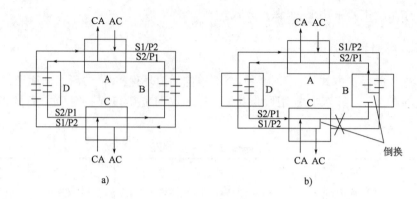

图 10-23 二纤双向复用段保护环工作原理图

10.10 节点设备

10.10.1 分插复用设备

分插复用设备是传输系统的核心设备。图 10-24 是 STM-16 分插复用设备构成示意图。

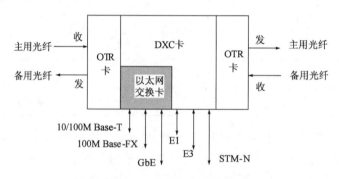

图 10-24 STM-16 分插复用设备构成示意图

OTR 卡是进行光电转换的光电收发卡,每块 OTR 卡分别与主用光纤、备用光纤相连。

DXC 卡是数字交叉连接卡,OTR 卡与 DXC 卡之间是电接口。其最小交叉粒度为 2Mbit/s,用来完成复用、解复用和交叉功能,数字交叉连接速率见表 10-9。

数字交叉连接速率表　　　　　　　表 10-9

速率代号	0	1	2	3	4	5	6
速率	64kbit/s	2Mbit/s	8Mbit/s	34Mbit/s	155Mbit/s	622Mbit/s	2.5Gbit/s

以太网交换卡通过 DXC 卡与以太网总线相连。以太网总线容量根据业务需要,可以提供 10M、100M、1G 以太网端口。该卡具有分组数据汇集和交换功能。

10.10.2 用户接口设备

用户接口设备(PCM)结构示意如图 10-25 所示。

用户接口设备(PCM)的数字交叉连接卡(DXC),通过 E1 接口与分插复用设备(ADM)相连。一个用户接口卡的端口连接模拟电话(POTS)、数字电话(2B+D)、2/4W E&M 和广播等，另一个用户接口卡的端口连接 RS-232、RS-422 和 RS-485 等。

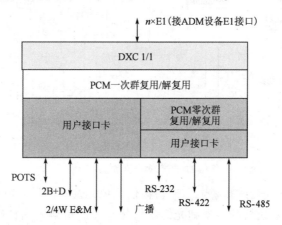

图 10-25　用户接口设备(PCM)构成示意图

将分插复用设备(ADM)和用户接口设备(PCM)串接起来，便构成分插复用设备加用户接口设备的原理框图，如图 10-26 所示。

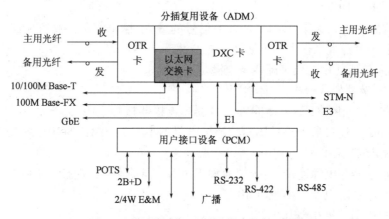

图 10-26　复用设备加用户接口设备的原理框图

在传输网中，用户终端和传输线路并不直接相连，而是通过配线架相连。使用配线架的目的是便于调线、配线及故障时改线。配线架分主配线架、数字配线架及光配线架。

因此，传输节点设备应当包括配线架、分插复用设备及用户接口设备。

图 10-27 是传输节点设备应用示例。图中左端是光配线架，它与光纤相连。从左至右依次为光配线架、终端复用设备、数字配线架、业务接点设备(上面是电话交换机，下面是异步传输模式交换机)、主配线架(接电话用户线)或数字配线架(接宽带业务线)。

10.10.3　配线架

1) 总配线架(MDF)

总配线架，是指一侧连接交换机外线、另一侧连接交换机入口和出口的内部电缆布线的配线架，用以接续内、外线路。

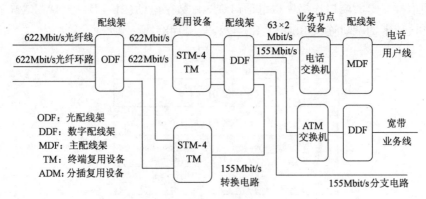

图 10-27 传输节点设备应用示例

总配线架由机架、保安接线排、测试接线排、保安单元及其他附件组成。

常用的总配线架有双绞线配线架和光纤配线架。双面机架采用特殊铝型材做材料,安装方便,有机架式和机柜式两种结构,便于扩容。单面机架融汇双面机架的优点,节约机房空间,全部操作均在正面进行,避免长跳线过多、混乱不堪的情况,使维护更简单。全模块结构,配置安装灵活方便。

2) 数字配线架(DDF)

数字配线架(DDF),速率 2~155Mbit/s 信号的输入、输出都可终接在 DDF 架上,这为配线、调线、转接、扩容都带来很大的灵活性和方便性。

地铁传输系统所使用的数字配线架应满足以下要求:

(1) 采用 19 英寸架式结构,架体封闭。

(2) 连接单元采用 75Ω 不平衡同轴连接器。连接器接触电阻:外导体不大于 2.5mΩ,内导体不大于 10mΩ。连接器内外导体间的绝缘电阻不小于 1000MΩ/500V,在 50Hz1000V 电压下作用 1min 无击穿、无飞弧。

(3) 同轴连接器与电缆连接后,抗拉力大于 50N。同轴连接器能插拔 1000 次。

(4) 回线间串音防卫度不小于 70dB。

(5) 介入损耗不大于 0.5dB。

(6) 回波损耗不小于 18dB。

(7) 能嵌入 MDF、RJ-45 24 口标准模块。

(8) 机架有良好的工作地和防护接地。

3) 光纤配线架(ODF)

光纤配线架,是光传输系统中的重要配套设备,用于光缆终端的光纤熔接、光连接器安装、光路的调接、多余尾纤的存储及光缆的保护等。

地铁传输系统所使用的光纤配线架应满足以下要求:

(1) 标称工作波长 1310nm。

(2) 尾纤的 2m 截止波长应不大于 1240nm。

(3) 光缆引入机架时,其弯曲半径应不小于 15 倍光缆直径。

(4) 无论在何处,纤芯、尾纤的弯曲半径应不小于 37.5mm。

(5) 连接器采用 FC 型,包括两端带活动连接器的尾纤和适配器,连接损耗不大于 0.5dB,

反射衰减不小于40dB。

(6) 机架防护接地装置与光缆中地线的截面积应大于6mm²。

(7) 机架防护接地装置与机架绝缘，绝缘电阻不小于1000MΩ/500V，耐压不小于3000V（直流）。

10.11 专用通信传输系统

10.11.1 系统总体构成

北京地铁7号线专用通信传输系统总体构成，如图10-28所示。

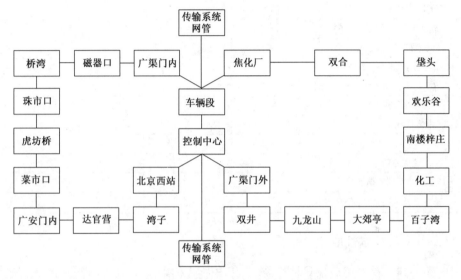

图10-28 北京地铁7号线专用传输系统总体构成

系统采用基于SDH的MSTP（内嵌RPR）传输制式来构建光纤传输系统。全线共25个站点，组成2个10Gbit/s四纤双向复用段保护环，承载业务27项。接口为E1和以太网（IP）两种类型，传输方式以局域网为主，其次是点对点。

环一由控制中心、备用控制中心（焦化厂车辆段）、北京西站、湾子站、达官营站、广安门内站、菜市口站、虎坊桥站、珠市口站、桥湾站、磁器口站、广渠门内站12个通信站点组成一个10Gbit/s四纤双向复用段保护环。

环二由控制中心、备用控制中心（焦化厂车辆段）、广渠门外站、双井站、九龙山站、大郊亭站、百子湾站、化工站、南楼梓庄站、欢乐谷景区站、垡头站、双合站、焦化厂站13个通信站点组成一个10Gbit/s四纤双向复用段保护环。

两环相交于控制中心、焦化厂车辆段（备用控制中心）。

10.11.2 系统承载业务

深圳地铁一期工程、深圳地铁2号线、深圳地铁5号线和北京地铁7号线，专用通信传输系统承载业务情况，见表10-10，最多承载了16项业务。

专用通信传输系统承载业务　　　　　　　　　　　　　　　　　表10-10

序号	承载业务	深圳地铁一期工程	深圳地铁2号线	深圳地铁5号线	北京地铁7号线
1	专用电话系统	○	○	○	○
2	专用无线通信系统	○	○	○	○
3	公务电话系统	○	○	○	○
4	有线广播系统	○	○	○	○
5	闭路电视监控系统	○	—	○	○
6	时钟系统	○	○	○	○
7	电力监控系统(SCADA)	○	—	—	○
8	自动售检票系统(AFC)	○	○	○	○
9	列车自动监控系统(ATC)	○	○	○	○
10	车站设备监控系统(EMCS)	○	—	—	—
11	办公自动化系统(OA)	○	○	○	○
12	火灾自动报警系统(FAS)	○	○	○	○
13	综合安防系统	—	○	○	○
14	综合监控系统	—	○	○	○
15	乘客信息系统(PIS)	—	○	○	○
16	门禁系统	—	—	—	○
17	政务通信系统	—	—	—	○
18	其他运营管理数据或信息	○	○	○	—
	合计	13	12	9	14

10.11.3　主要技术性能

深圳地铁一期工程专用通信传输系统,采用开放式传输网络(OTN)制式和光纤数字环路自愈网络结构,由深圳地铁1号线环路传输设备组成。在逻辑上,环路的传输业务连接至行车调度控制中心,由位于控制中心的控制设备对环路进行管理。

1号线各车站之间利用2芯光纤,采用跳接的方式,隔站相连,组成自愈光纤双环网络,互为备份。

深圳地铁一期工程专用通信传输系统承载业务13项,接口主要有E1、RS-422和RJ-45三种类型,传输方式以点对点为主,其次是共线。其主要技术性能载于表10-11。

深圳地铁一期工程专用通信传输系统主要技术性能　　　　　表10-11

序号	承载业务	信道数量	接口类型	传输速率	信道类型	接口界面
1	公务电话	各车站30路	2线	64kbit/s	点对点	MDF 内线侧
2	专用电话	各车站5路				
3	电力调度电话	各车站1路				
4	数字电话	各车站2路	4线			
5	自动售检票	各车站1路	E1,RJ-48 120Ω	2.2048Mbit/s (简称2Mbit/s)	点对点	E1接口卡引出电缆

续上表

序号	承载业务	信道数量	接口类型	传输速率	信道类型	接口界面
6	电力监控	各车站 3 路	RJ-45	10/100Mbit/s	共线	传输设备以太网卡面板
7	设备监控					
8	办公自动化					
9	信号系统	各车路 2 路 一主一备	RS-422	64kbit/s	点对点	MDF 内线侧
10	无线集群	各车站 2 路	E1，RJ48 120Ω	2.2048Mbit/s（简称 2Mbit/s）	点对点	传输设备 E1 接口卡引出缆
11	时钟数据	各车站 1 路	RS-422	64kbit/s	共线	MDF 内线侧
12	UPS 电源	各车站 1 路	RS-422	64kbit/s	点对点	MDF 内线侧
13	网管告警信息	1 路	RJ-45	10Mbit/s	点对点	MDF 内线侧
14	网管时钟同步	1 路	RS-232	64kbit/s	点对点	服务器接口面板
15	广播控制通道	语音各站 2 路 控制各站 1 路	语音音频电缆 控制 RS-422	语音 15kHz 控制 64kbit/s	共线	MDF 内线侧
16	广播监听	各车站 1 路	E&M 音频电缆 2 线	64kbit/s	点对点	MDF 内线侧
17	闭路电视监控	视频各站 10 路 控制各站 1 路	视频 BNC 控制 RS-422	视频 10Mbit/s 控制 64kbit/s	共线	视频在设备视频卡面板，控制在 MDF 内线侧

公务电话、专用电话和数字电话业务，控制中心和各个车站是点对点连接。数字电话的接口类型为 S0(2B + D)，4 线。

无线集群业务，各车站通过 E1 接口实现。E1 的连接方式为点对点的非星型连接，在每个车站提供 2 个 E1 接口，分别连接上一个车站和下一个车站；在控制中心提供 4 个 E1 接口，与无线交换机的 4 个 E1 接口相连。

信号系统(ATC)业务，通过传输模块，实现控制中心至各站的 RS-422 点对点星型连接。采用主、备用通道传输。在控制中心侧，传输模块可提供 36 个端口。

电力监控(SCADA)和设备监控(EMCS)业务共享一个以太网，传输系统另外为上述两个系统提供一个备用以太网通道，形成主、备两条通道。同时，与控制中心建立 RS-422 点对点连接。

办公自动化(OA)业务独立占用一个以太网通道，共 3 个以太网通道。物理接口为 RJ-45。

自动售检票(AFC)业务的连接通过 E1 接口实现，控制中心与每个车站点对点方式连接。

时钟业务实现，是通过传输模块，建立控制中心到各个车站的 RS-422 共线方式连接。

由时钟系统向传输系统网管提供时钟同步信号，用于网管系统与整个地铁时钟的同步。

广播业务通过传输系统相关模块的语音通道实现。在控制中心，该模块将模拟语音信息转换为数字信息，并传送到各个车站。各车站将数字信息还原成模拟信息，通过放大器播放信息。该业务的连接为总线方式，控制中心作为主站点，各个车站作为副站点。

广播的控制通道由 RS-422 接口实现，利用两个 RS-422 端口实现共线。

监听业务,由车站和控制中心点对点连接。

闭路电视监控业务实现,是利用视频模块,监控的视频通道利用共线方式实现。在控制中心,每个监视器分配12Mbit/s带宽,只有在监视器上显示的图像才占用带宽,没有显示的图像则不占用带宽,图像占用的最大带宽为120Mbit/s。

监控的控制通道,利用视频模块上的RS-422接口,再通过RS-422和RS-485的转换器实现RS-485接口。共线连接方式,各个摄像机的控制通过地址码实现摄像机的寻址。

北京地铁7号线正线环网专用通信传输系统主要技术性能见表10-12。

北京地铁7号线正线环网专用通信传输系统主要技术性能 表10-12

序号	业务类型		接口类型	传输速率	传输方式	带宽需求
1	公务电话系统	中继通道	E1	2Mbit/s	点对点	48×2Mbit/s
2		备用中继通道	10/100Base-T	100Mbit/s	E-LAN	1×100Mbit/s
3		网管及计费通道	10/100Base-T	10Mbit/s	E-LAN	1×10Mbit/s
4	专务电话系统	中继通道	E1	2Mbit/s	点对点	48×2Mbit/s
5		备用中继通道	10/100Base-T	10Mbit/s	E-LAN	1×10Mbit/s
6		网管及计费通道	10/100Base-T	100Mbit/s	E-LAN	2×100Mbit/s
7	无线通信系统	中继通道	10/100Base-T	100Mbit/s	E-LAN	2×100Mbit/s
8		降级备用中继通道	10/100Base-T	100Mbit/s	E-LAN	2×100Mbit/s
9		调度台通道	10/100Base-T	10Mbit/s	E-Line,14号线,控制中心至车辆段	3×10Mbit/s
10	闭路电视监视系统	专用通信视频调用通道	1000Base-Sx	1000Mbit/s	E-LAN	1×1000Mbit/s
11		公安通信视频调用通道	1000Base-Sx	1000Mbit/s	E-LAN	1×1000Mbit/s
12		录像备份通道	1000Base-Sx	1000Mbit/s	E-LAN	1×1000Mbit/s
13		KVM控制通道	10/100Base-T	100Mbit/s	E-LAN	2×50Mbit/s
14	广播系统	正线语音通道	10/100Base-T	10Mbit/s	E-LAN	2×50Mbit/s
15		车辆段网管通道	10/100Base-T	10Mbit/s	E-Line,控制中心至车辆段	2×10Mbit/s
16	时钟系统		10/100Base-T	10/100Base-T	E-LAN	2×10Mbit/s
17	电源监控系统		10/100Base-T	10/100Base-T	E-LAN	2×10Mbit/s
18	政务通信系统	中继通道	E1	2Mbit/s	点对点	8×2Mbit/s
19		网管通道	10/100Base-T	10Mbit/s	E-LAN	1×10M
20	信号系统	电源监控通道	10/100Base-T	10Mbit/s	E-LAN	1×10Mbit/s
21		维修通道	10/100Base-T	10Mbit/s	E-LAN	1×10Mbit/s
22		列车自动监视ATS通道	10/100Base-T	10Mbit/s	E-Line,控制中心至车辆段	2×10Mbit/s
23		列车自动控制ATC通道	10/100Base-T	100Mbit/s	E-LAN	4×100Mbit/s

续上表

序号	业务类型	接口类型	传输速率	传输方式	带宽需求
24	乘客信息系统(PIS)	1000Base-Sx	1000Mbit/s	E-LAN	2×600Mbit/s
25	综合监控系统(ISCS)	1000Base-Sx	1000Mbit/s	E-LAN	2×500Mbit/s
26	门禁系统(ACS)	10/100Base-T	100Mbit/s	E-LAN	1×100Mbit/s
27	自动售检票系统(FAS)	10/100Base-T	100Mbit/s	E-LAN	2×100Mbit/s
合计			以太网业务合计:6860Mbit/s	TDM E1 业务合计:208Mbit/s	
有效带宽		使用带宽	保护带宽	带宽余量	
10Gbit/s		6.9Gbit/s	10Gbit/s	3.1Gbit/s	

其主要技术特点是：

(1) 采用设备级、网络级、系统级等多层次保护机制，可靠性高达 99.999%，业务无条件 50ms 内保护切换；

(2) 可视图形化操作，端到端配置，网络平滑扩展，提供网络规划、建设和运维一站式解决方案；

(3) 智能化、IP 化、语音、数据、图像和视频业务的全面承载，提供多种接口；

(4) 支持 2M 光接口，内置波分，支持 200km 以上的超长距离传输方案；

(5) 灵活的系统容量设计，提供 120G、240G、360G 多种交叉容量配置选择，支持 360G 分组交换；

(6) 先进的 RPR 技术，独创的业务跨环技术，支持 L2/L3 层组播，一板多用设计；

(7) 先进的设计理念，槽位插板无对偶限制，支持 9 种类型的业务传送安全机制；

(8) 绿色环保，低于业界同类设备功耗 40%，满足 RoHS 标准。

10.12 民用通信传输系统

10.12.1 系统功能

1) E1 业务功能

对于 E1 业务而言，由 MSTP 设备直接提供 75Ω 的接口上架(DDF 架)，采用二纤复用段共享保护环实现电信级的业务保护。

2) 以太网业务功能

以太网业务大多是总线型业务类型，点到点以太网业务是总线型以太网业务的一种特殊情形。为了提高业务的可靠性，采用了 SDH 层面保护和以太网层面保护相结合的重叠保护。

3) 网管功能

从网络结构的角度看，MSTP 网管系统通过交换机与控制中心网关网元提供的 Q 接口相连，接入全网并对整个 MSTP 网络实现管理。

4) 保护功能

对设备，采用了 1+1 的保护方式。

对网络，采用二纤复用段保护环。

对以太网业务，运用 PNNI 信令进行虚通道的保护、以太网层面的快速生成树保护等。

10.12.2 系统构成

深圳地铁 2 号线民用通信传输系统总体构成如图 10-29 所示。

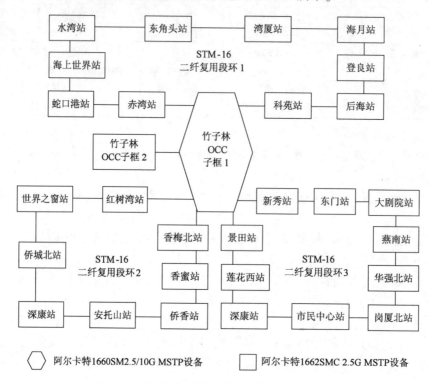

图 10-29　深圳地铁 2 号线民用通信传输系统总体构成

民用通信传输系统由传输平台和节点设备组成,系统总体构成如图 10-30 所示。

该系统包括 3 个二纤复用段环:传输系统首期工程,由二纤复用段环 1 所连 10 站点组成;东延线工程,由二纤复用段环 2 所连 8 站点和二纤复用段环 3 所连 10 站点组成。每个站点均采用 1662SMC 2.5G 设备组网。

每个车站安装 1 套 1662SMC 设备,其典型配置为:4 块 2.5G 的 S16.1 光板,组成 2 个二纤自愈环;1 块 21×2M 业务板卡和 1 块 21×2M 接入板,共 21 个 2M 接入(含 30% 以上预留);2 块 ISA-ES16 板和 1 块 ISA-ES4 板,提供 36 个 10/100M 以太网电口(含 30% 以上预留)和 1 个 1000M 光口。

车辆段安装 1 套 1662SMC 设备,其典型配置为:4 块 2.5G 的 S16.1 光板,组成 2 个二纤自愈环;1 块 63×2M 业务板卡和 1 块 63×2M 接入板,共 63 个 2M 接入(含 30% 以上预留);2 块 ISA-ES16 板和 1 块 ISA-ES4 板,提供 36 个 10/100M 以太网电口(含 30% 以上预留)和 1 个 1000M 光口。

控制中心有两个子框,即 OCC-1 和 OCC-2,分别安装 1 套 1660SM 设备。

OCC-1 典型配置为:4 块 2.5G 的 L16.1 光板,组成 2 个二纤自愈环(复用段保护环);1 块 2.5G 的 S16.1 光板,与 OCC-2 的 2.5G 的 S16.1 光板相连;3 块 63×2M 业务板卡和 8 块 21×2M 接入板,共 168 个 2M 接入;3 块 ISA-ES16 板,提供 42 个 10/100M 以太网电口。

OCC-2 典型配置为:4 块 2.5G 的 L16.1 光板,组成 4 个二纤自愈环;1 块 2.5G 的 S16.1 光板,用来与 OCC-1 的 2.5G 的 S16.1 光板相连;3 块 63×2M 业务板卡和 8 块 21×2M 接入板,

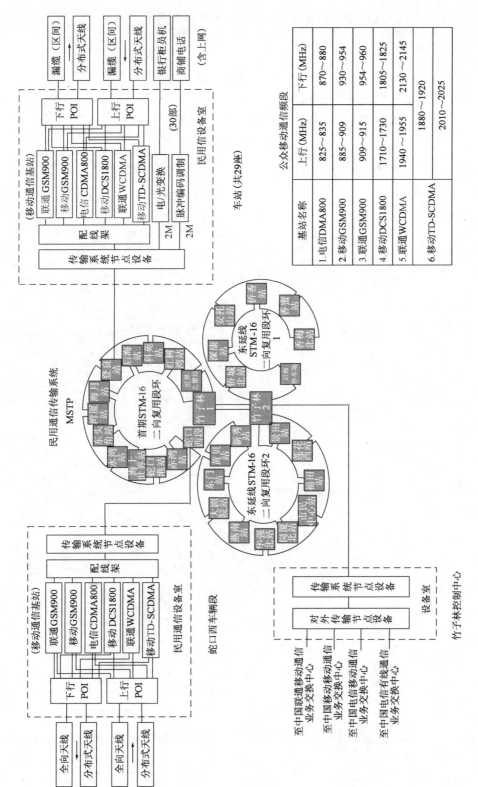

图10-30 深圳地铁2号线民用通信系统总体构成图

共 126 个 2M 接入；3 块 ISA-ES16 板，提供 42 个 10/100M 以太网电口。

10.12.3 技术指标

MSTP 传输系统中心节点设备 1660SM R5 主要技术指标见表 10-13。

MSTP 传输系统接入设备主要技术指标见表 10-14。

表 10-13 MSTP 传输系统中心节点设备 1660SM R5 主要技术指标

（一）光接口技术指标					
应用编码	S-16.1	L-16.1	应用编码	S-16.1	L-16.1
工作波长（mm）	1270～1360	1280～1335	S 和 R 点间光通特性		
S 参考点发送器特性			衰减范围（dB）	0～12	10～24
光源类型	SLM	SLM	最大色散（Ps/nm）	100	255
谱宽 最大 RSM 谱宽	—	—	S 点最小回波损耗（dB）	24	24
谱宽 最大 −20dB 谱宽（nm）	1	1	S 和 R 最大离散反射系数（dB）	−27	−27
谱宽 最小边模抑制比（dB）	30	30	R 参考点接收器特性		
平均发射功率 最大（dBm）	0	+2	检测器类型	lnGaAsPIN	lnGaAsAPO
平均发射功率 最小（dBm）	−5	−2	最小灵敏度（dBm）	−18	−27
平均发射功率 最小消光比（dB）	8.2	8.2	最小过载（dBm）	0	−8
			最大光通道代价（dB）	1	1
			R 点最大反射系数（dB）	−27	−27
（二）系统误码性能（SDH）					
速率（kbit/s）	2048	34368/44736	139264/1555520	622080	2488320
ESR	2.02×10^{-5}	3.78×10^{-5}	8.06×10^{-5}	7×10^{-5}	3×10^{-4}
SESR	1.01×10^{-6}	1.01×10^{-6}	1.01×10^{-6}	1.01×10^{-6}	1.01×10^{-6}
BBER	1.01×10^{-7}	1.07×10^{-7}	1.01×10^{-7}	5.04×10^{-7}	5.04×10^{-8}
（三）网络接口的抖动性能（SDH）					
速率（kbit/s）	网络接口限值		测量滤波器参数		
速率（kbit/s）	B1UIpp	B2UIpp	f_1	f_3	f_4
速率（kbit/s）	$f_1 \sim f_4$	$f_3 \sim f_4$			
STM-1（光）	1.5（0.75）	0.075（0.075）	500Hz	65kHz	1.3MHz
STM-16（光）	1.5（0.75）	0.075（0.075）	5kHz	1MHz	20MHz
（四）设备输入口的抖动性能（SDH）					
频率 f（Hz）			抖动幅度（峰峰值）		
$10 < f \leq 12.1$			622UI		
$12.1 < f \leq 500$			$7500f^{-1}$ UI		
$500 < f \leq 5000$			$7500f^{-1}$ UI		
$5000 < f \leq 100000$			1.5UI		
$1 \times 10^5 < f \leq 1 \times 10^6$			$1.5 \times 10.5f^{-1}$ UI		
$1 \times 10^6 < f \leq 2 \times 10^7$			0.15UI		
（五）其他指标					
尺寸			19 英寸标准机箱，高 6U，外形尺寸 482mm×250mm×266mm（宽×高×深）		
重量			满配 17kg		
功耗			621W		
MTBF			约 26 年		
系统可用性			可用性≥99%，平均修复时间≤2h		

MSTP 传输系统接入设备主要技术指标　　　　表 10-14

类别	项目		指标	类别	项目	指标
（一）POTS远端用户线	编码		A 律	（四）音频接口	四线收	14dBr/600Ω（-14 ～ +17.5dBm，可调）
	比特率		64kbit/s		四线发	+4dBr/600Ω（-27.5 ～ +4dBm，可调）
	DC 环路最大阻抗		2000Ω		电平调节步长	0.5dBm
	有效传输带宽		300 ～ 3400Hz/600Ω		过载电平	3.14dBm
	频率特性	300 ～ 400Hz	-0.3 ～ -0.1dB		脉冲失真	≤2.5dB
		400 ～ 2400Hz	-0.2 ～ 0.1dB		编码规则	开路"1"，接地"0"
		2400 ～ 3400Hz	0 ～ 0.7dB		阻抗	600Ω
	对地不平衡度	300 ～ 600Hz	40dB		M 线检测灵敏度	5mA
		600 ～ 3400Hz	46dB		E 线输出电流	≥50mA
	空闲信道噪声		< -67dB	（五）高保真音频接口	输入接口	平衡，0dBm/600Ω
	铃流电压		25Hz±3Hz，75V±15V		输出接口	平衡，0dBm/600Ω
（二）POTS局端用户线	编码		A 律		过负荷电平	+11dB·m
	比特率		64kbit/s		标称带宽	40 ～ 15000Hz
	DC 环路最大阻抗		2000Ω		信噪比	≥70dB
	有效传输带宽		300 ～ 3400Hz/600Ω		非线性失真	≤ -70dB
	频率特性	300 ～ 400Hz	-0.3 ～ -0.1dB	（六）数据接口	异步低速数据接口	50 ～ 19200bit/s
		400 ～ 2400Hz	-0.2 ～ 0.1dB		64k 同向接口	64kbit/s±100ppm（符合 ITU-T G703 建议）
		2400 ～ 3400Hz	0 ～ 0.7dB		同步低速数据接口	速率：8kbit/s，16kbit/s，32kbit/s，64kbit/s
	对地不平衡度	300 ～ 600Hz	40dB		V.35 数据接口	速率：N·64kbit/s（N=1-32）；DCE 工作方式；电气特性符合 V.35 标准规定
		600 ～ 3400Hz	46dB	（七）信令接口	信令方式	第 16 时隙随路信令，符合 ITU-T G703 建议
	空闲信道噪声		< -67dB	（八）设备供电	电源	-48V（-36 ～ -72V）
（三）群路接口	接口码型		HDB3		功耗	<150W
	标称比特率及容量		2048kbit/s±50ppm		铃流模块最大输出功率	30W
	标称波形幅度		2.37V±0.237V/75Ω（不平衡）		同时振铃用户数	60 个，每个用户振铃器等效铃流功率 0.5W
（四）音频接口	总失真		符合 ITU-T G703 建议	（九）其他指标	尺寸	19 英寸标准机箱，高 6U，外形尺寸 482mm×250mm×266mm（宽×高×深）
	频率特性		符合 ITU-T G703 建议		质量	满配 17kg
	电平特性		符合 ITU-T G703 建议		功耗	控制中心 1260W，车站 150W
	有效传输带宽		300 ～ 3400Hz/600Ω		MTBF	约 410000h
	音频传输方式		二线/四线		系统可用性	可用性≥99%，平均修复时间≤2h
	二线收		0dBr/600Ω（-14 ～ +17.5dBm，可调）			
	二线发		-3.5dBr/600Ω（-31.5 ～ 0dBm，可调）			

10.12.4 传输带宽估算

脉码调制(PCM)各次群所对应的速率与话路数见表10-15。

脉码调制(PCM)各次群所对应的速率与话路数　　　　表10-15

参数名称	一次群(E1)	二次群(E2)	三次群(E3)	四次群(E4)
速率(Mbit/s)	2	8	34	144
话路数(路)	30	120	480	1920

同步数字序列(SDH)各次群所对应的传输速率见表10-16。

同步数字序列(SDH)各次群所对应的传输速率　　　　表10-16

SDH各次群名称	STM-1	STM-4	STM-16	STM-64	STM-256
传输速率(带宽)	155Mbit/s	622Mbit/s	2.5Gbit/s	10Gbit/s	40Gbit/s

假定传输系统的无线通信和专用电话信道均为E1方式,分别有31个节点(车站28个、控制论中心1个、车辆段1个及停车场1个),其中16个节点在东环、15个节点在西环。

根据目前地铁各个系统传输带宽需求量,可计算出传输系统的传输容量,见表10-17。东环总带宽约需4634Mbit/s,西环总带宽约需4630Mbit/s。考虑MSTP对业务的承载方式和承载能力,在工程实际配置中可适当减少各个系统的业务带宽的需求,加上传输设备自身开销占用的带宽及一定系统容量带宽预留。那么,传输系统采用10Gbit/s MSTP的节点设备。

传输带宽估算举例　　　　表10-17

业务名称	信息类别	信道方式	接口类型	东环带宽(Mbit/s)	西环带宽(Mbit/s)
无线通信基站	语音+信令	点对点	E1	16×2	15×2
专用电话通道	语音+信令	点对点	E1	16×2	15×2
E1通道带宽小计				64	60
无线通信网管	数据	总线	FE	10	10
公务电话通道	数据	总线	FE	100	100
专用电话网管	数据	总线	FE	10	10
无线调度台	数据	总线	FE	2×10	2×10
广播系统	数据	总线	FE	10	10
时钟系统	数据	总线	FE	10	10
UPS网管系统	数据	总线	FE	10	10
办公自动化系统	数据	总线	FE	100	100
AFC系统	数据	总线	FE	2×100	2×100
信号系统	数据	总线	FE	100	100
综合安防系统	数据	总线	GE	1000	1000
乘客信息系统	数据	总线	GE	1000	1000
综合监控系统	数据	总线	GE	2×1000	2×1000
以太网通道带宽小计				4570	4570
传输网带宽总计				4634	4630

据计算的传输系统带宽需求,宜采用 STM-64 MSTP 设备。

10.12.5 系统功能

1) 接口类型

包括 2M 电口、155M 光口、100/1000M 以太网光/电口。

2) 业务类型

深圳地铁 2 号线公众传输系统能传输下列各类信息:

公众无线通信系统(155M 光口):GSM900MHz(移动、联通)

　　　　　　　　　　　　　　　CDMA800MHz(电信)

　　　　　　　　　　　　　　　DCS1800MHz(移动)

　　　　　　　　　　　　　　　WCDMA(联通)

　　　　　　　　　　　　　　　TD-SCDMA(移动)

　　　　　　　　　　　　　　　TD-LTE(移动)

　　　　　　　　　　　　　　　FDD-LTE(联通、电信)

银行柜员机:2M。

商铺电话:2M。

3) E1 业务的实现

由 MSTP 设备直接提供 75Ω 的接口上架(DDF 架),采用二纤复用段共享保护环实现电信级的业务保护。

4) 以太网业务的实现

将以太网业务通过 GFP 封装到 SDH 虚容器中进行传输,采用 SDH 层面保护和以太网层面保护相结合的重叠保护。

5) 网管功能

公众传输网络在竹子林 OCC 设置管理终端设备,负责对本系统进行集中管理。传输网络管理设备具有自诊断功能,可进行故障管理、性能管理、配置管理、安全管理。

10.13　警用通信传输系统

警用通信系统,又叫公安通信系统,包括 8 个部分:警用传输系统、警用无线通信系统、警用有线电话系统、警用信息网络系统、警用图像监控系统、地铁派出所信息化系统、地铁安检核录系统,以及警用电源及接地系统。

警用传输系统是公安专网的核心,主要为市公安局及其公交分局、各线派出所、各线警用分控中心、各线警务站提供所需信息的传输通道。

10.13.1 系统功能

警用传输系统,主要提供警用无线通信、有线电话、时钟、网管等系统信息的传输通道,而警用计算机网络主要负责警用视频监视系统及公安办公信息的传输。系统功能是:

(1)满足相关系统传输容量的要求,为相关系统提供接入所需传输带宽的电路接口(如

2M 的 E1 接口)。

(2)具备在沿线各站点灵活分出、插入信息的功能。

(3)网络结构应以自愈环方式组网,在网络出现故障时能自动切换,切换时不应影响正常使用,确保传输系统可靠性。

(4)关键设备板卡备份,故障时具有自动切换和路由选择功能。

(5)采用模块化设计,使用灵活,易于扩展,且提供的每一种接口均是独立模块。

(6)系统具有自诊断功能,可进行故障管理、性能监视、系统管理、配置管理和安全管理,并具有集中告警维护、统一管理的网络管理功能。

(7)网络管理终端应采用友好的图形化人机界面,监视主要模块和用户接口模块的工作状态、直观地进行告警显示,可提供声光报警功能,能方便地对节点、传输通道进行配置和管理,可输出各种维护管理数据。

(8)系统具有扩展性,并能平滑升级。系统容量不仅满足初期需求,还应预留远期需求。预留扩展余量应不小于 30%。

(9)传输网络应提供较好的兼容性能。

10.13.2 传输制式

在满足警方两种业务要求前提下,从业务能力、网络管理功能、标准化水平、产品成熟程度、国产化率、国内地铁应用情况以及设备价格等因素综合考虑,警用线传输系统的传输制式拟选用 MSTP——基于 SDH 的多业务传送平台。

10.13.3 系统方案

1)系统传输技术

警用传输系统所传输的无线通信、有线电话、时钟、网管等系统信息,均为 TDM(时分复用)业务,因此采用 SDH(同步数字序列)传输技术。

警用传输系统采用 SDH 技术后,利用网同步设备作外同步时钟源,系统内采用主从同步方式。

警用传输系统采用骨干层加汇聚层的双层构架方案。各线传输设备组环后接入 2.5G 骨干层,所有业务统一汇聚至市公安局。

警用传输系统应采用光纤数字通信设备。光传输系统使用的光纤设于不同路径的光缆中,从物理和逻辑上构成自愈环并能自动切换,切换时不应影响正常使用,确保传输系统可靠性。

警用传输系统能对网内传输的各种信息进行保护,以确保信息传输的安全可靠。

2)传输带宽估算

以深圳地铁 7 号线为例进行估算,见表 10-18。

深圳地铁 7 号线传输带宽估算表　　　　表 10-18

业务名称	信息类别	信道方式	接口类型	带宽需求	端口数	东环带宽	西环带宽
无线通信	语音+信令	点对点	E1	2Mbit/s	31	16×2Mbit/s	15×2Mbit/s
程控电话	语音+信令	点对点	E1	2Mbit/s	31	16×2Mbit/s	15×2Mbit/s
合计							148Mbit/s

7号线警用传输系统在每个地铁站有3个E1接口(含备份1个),用于警用无线通信基站。

7号线警用传输系统的无线通信节点共31个,其中车站28个、控制中心1个、车辆段1个、停车场1个。每个节点3个E1接口(含备份1个),共需传输带宽$31×3×2Mbit/s=186Mbit/s$。

7号线警用传输系统的有线电话节点共31个,包括派出所电话28个、分控中心8个、警务室(设分控中心的车站除外)20个、车辆段1个、停车场1个。

SDH各次群传输速率如下:

(1)STM-1:155Mbit/s。

(2)STM-4:622Mbit/s。

(3)STM-16:2.5Gbit/s。

(4)STM-64:10Gbit/s。

(5)STM-256:40Gbit/s。

7号线派出所设在车辆段,每个车站为一个站点,站点设在警务室。

7号线各级业务需求如下:

(1)各警务室(地铁车站公安值班室):2M端口至少使用2个、预留4个。

(2)派出所(各治安中队):2M端口至少使用4个、预留4个。

(3)公交分局(地铁公安分局):2M端口至少使用6个、预留8个。

(4)近期至少使用2M链路118个,远期预留120个。

为满足这些业务需求,7号线警用传输系统的举措是:

(1)采用容量为622Mbit/s的SDH光缆传输系统。

以派出所为中心,配置STM-4的SDH传输设备组成左右两个二纤复用段保护环,提供622Mbit/s带宽容量,以满足语音、以太网、2M电路、155M电路等基本业务需求。

(2)在沿线各车站及派出所新设622Mbit/s的SDH设备1套,提供至少8端口以太网接口并具有二层交换能力。

每个站点设1套622M光纤复用设备(ADM),ADM输出$16×2M$。一路为$2×2M$,经光网络单元(ONU)至电话机(交换机)。另一路为$14×2M$,其中之一至350MHz基站,其他备用。

(3)利用2个622M传输容量的传输环路,采用隔站跳接的方式构成传输子系统网络。

(4)保护方式采用双纤单向通道1+1保护结构(关键部件双备份配置)。系统应设主、备用通道,网络以环形方式组网,并构成自愈环,在网络出现故障时,主、备用通道间应能自动切换,切换时不应影响正常使用。

(5)派出所与市公交分局之间,用光纤相连。利用2条警用72芯光缆(上下行隧道)进行传输,并借助一、二期既有光纤与市公安局连通。

10.13.4 警用光缆

为满足警用传输系统和警用信息网络系统需求,沿地铁左、右侧区间线路各敷设一条72芯光缆,作为主干光缆。

为连接光纤直放站,在相应区间敷设24芯光缆。

光缆在区间隧道内沿墙架设在电缆托架上,进入车站可采用电缆管墙防护方式或采用电缆托架敷设,地面可采用电缆托架敷设方式或敷设于电缆槽、管道及其他方式。

警用光缆应满足下列要求:

(1)采用铠装充油型光缆,光缆采用多纤芯、松套管、层绞式结构。

(2)采用现行《通信用单模光纤 第1部分:非色散位移单模光纤特性》(GB/T 9771.1—2008)规定的二氧化硅 B1 类 G.652 单模光纤。光纤有关的几何尺寸、光学、传输特性,应满足 ITU-T 有关建议。

(3)光缆结构与防护层,应具有防电蚀、防鼠咬、阻燃等特性。隧道光缆采用外护层为低烟、无卤、防白蚁产品,高架、地面及引入控制中心的光缆采用外护层为低烟、无卤、防紫外线、防白蚁产品,管道用光缆采用普通型。

(4)光缆使用寿命在 30 年以上。

10.14 信号传输系统

10.14.1 系统功能

地铁信号系统普遍采用准移动闭塞制式和移动闭塞制式。

移动闭塞系统信号系统设备基本构成如图 10-31 所示。

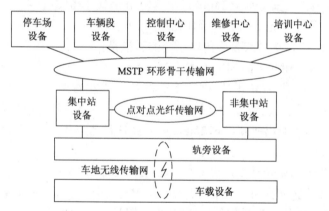

图 10-31 移动闭塞系统信号系统设备基本构成

基于无线通信的移动闭塞(CBTC)制式的信号系统,在功能上由下述 5 个子系统构成:列车自动防护/列车自动运行(ATP/ATO)子系统,计算机联锁(CBI)子系统,列车自动监控(ATS)子系统,数据通信(DCS)子系统(又称传输子系统或信号传输系统),维护支持(MSS)子系统。其中,ATP/ATO、MSS 和 ATS 子系统为集中式系统,CBI 为分布式系统。

在信号系统中,传输系统的功能体现在三个方面:

(1)设备集中站设备与控制中心设备之间的数据与信息传输;

(2)设备集中站设备与非设备集中站设备之间的数据与信息传输;

(3)车载设备与轨旁设备之间的数据与信息传输。

10.14.2 系统构成

信号传输系统,又叫数据通信系统(DCS),由环形骨干传输网、点对点光纤传输网及车地无线传输网三部分构成。骨干网结构示意图如图 10-32 所示。

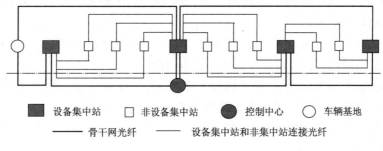

图 10-32　信号传输系统骨干网结构示意图

1) 环形骨干传输网

骨干网是光纤传输网,采用基于同步数字序列(SDH)的多系统传输平台(MSTP)技术。骨干网用于控制中心、车辆基地和设备集中站之间的连接,为自愈型双环结构。

骨干网不与非设备集中站直接相连,非设备集中站经光纤与设备集中站相连。

例如,深圳地铁 2 号线(蛇口线)连接城市东西发展主轴,是特区内第二条东西向轨道交通客运主通道。全长约 36km,共设 29 座地下车站,其中设备集中站 10 座,非设备集中站 19 座,平均约 3 座车站或 3.6km 有 1 座设备集中站。此外,有车辆基地 2 座(分别是车辆段和停车场),控制中心与其他线合用。2 号线设备配置情况如下:

设备集中站装有冗余交换机(2 台)、计算机联锁(CBI)、切换单元、区域控制器(ZC)、线路控制器(LC)、数据存储单元(DSU)、维修诊断工作站(SDM)、本地列车自动监控(LATS)、综合后备盘(IBP)、轨旁电子单元(LEU)、计轴机柜、继电器机柜和分线盘。

集中站的分线盘与装在轨旁的下述设备相连:有源信标、屏蔽门控制器、转辙机、信号机、计轴器、发车指示器(PDI 或 DTI)和自动折返按钮(ATB)等。

集中站的一台冗余交换机和轨旁无线设备(TRE)相连。

车辆基地装有冗余交换机、切换单元、本地列车自动监控(LATS)、ATS 工作站(2 个)、操表机(2 台)、联锁机、驱采机、接口柜和分线盘。

分线盘与下述设备相连:转辙机、信号机、轨道电路、洗车线设备室接口电路和试车线设备室接口电路等。

控制中心装有信号主交换机、大屏幕接口计算机、数据服务器、应用服务器、网管工作站(NMS)交换机、维修诊断工作站(SDM)、骨干网网管计算机(GTW)(2 台)、骨干网节点设备、骨干网网管工作站、以太网网管工作站、前置通信机(FEP)、维护支持子系统(MSS)交换机、MSS 维护工作站、调度员工作站(3 个)、总调度工作站、时刻表编制工作站、ATS 维护工作站。

2) 点对点光纤传输网

非设备集中站与骨干网不直接相连,而是经光纤与设备集中站相连,且为点对点结构。实际上,是非集中站的发车指示控制器与集中站的一台冗余交换机相连。2 号线非集中站设备配置情况如下:

非设备集中站装有综合后备盘(IBP)、DTI 控制器和分线盘。

分线盘与装在轨旁的下述设备相连:屏蔽门控制器、信号机、计轴器、发车指示器(PDI 或 DTI)。

除上述地面设备外,还有 2 套车载设备,分别装在列车车头和车尾,包括车载 ATP/ATO 设备、交换机、移动无线设备(MRE)、数据记录单元(DLU)、车载天线和信标天线。

3)车地无线传输网

车地无线传输网,又叫车地无线通信系统,用于车载设备与地面设备之间的双向无线数据传输,由轨旁无线局域网(WLAN)和车载无线设备组成。

轨旁无线局域网(WLAN),由若干轨旁设备构成,每个轨旁设备包括轨旁无线接入点(AP)、耦合单元、泄漏波导管。泄漏波导管用来实现无线信号覆盖。

车载无线设备,由车载无线天线、车载无线调制解调器构成。调制解调器采用正交频分复用(OFDM)扩频技术。

车地无线传输网,采用冗余结构,由红网和蓝网组成。

10.15 车地无线传输技术体制

目前,移动无线通信技术发展很快,现代地铁车地无线传输主要有 WLAN 和 TD-LTE 两种技术体制。

10.15.1 WLAN 技术体制

1997 年,第一代 802.11 标准 802.11 发布,至今已有 20 年。在此期间,已经发展和普及的四代 Wi-Fi 系统(801.11,802.11b,802.11a/g,802.11n)中,每一代 802.11 的标准都在大幅度地提升其速率。第五代 802.11ac 标准,其速率质的飞跃更是一个亮点,它通过 5GHz 频带进行通信,理论上能够提供最多 1Gbit/s 带宽进行多站式无线局域网通信,或是最少 500Mbit/s 的单一连接传输带宽。目前,国内的信号系统和乘客信息系统的车地无线传输均采用 Wi-Fi 技术,并主要采用 802.11a、802.11g、802.11ac 等技术标准。

设备包括无线接入点 AP、天线、工业交换机、无线客户端等。采用胖 AP 组网方式,每台 AP 单独进行配置。隧道交换机采用光纤连接,而车载交换机采用网线(屏蔽线)连接,构成小型局域网。采用环形保护结构,该保护结构采用 DT-ring 冗余技术,能在 50ms 内检测到网络中所有设备的状态。

10.15.2 TD-LTE 技术体制

TD-LTE 采用我国拥有核心自主知识产权的时分复用 4G 移动通信技术标准,目标是建立一个能够获得高传输速率、低时延,支持增强型多媒体广播组播业务、基于包优化的可演进的无线接入架构。为了达到此目标,TD-LTE 系统采用接近于全 IP 化的扁平化网络结构,集成了适用于宽带移动通信传输的众多先进技术,如正交频分复用(OFDM)、多输入多输出(MIMO)、混合自动重传请求(HARQ)、自适应调制编码(AMC)、小区间干扰协调(ICIC)等。产品成熟度较高,可选择范围较大。

郑州地铁 1 号线及深圳地铁 11 号线的乘客信息系统车地无线传输,就是用 TD-LTE 技术同频组网。使用 10MHz 专用频率资源(1795~1805MHz):上行规划带宽 6Mbit/s,用于回传视频监控图像;下行规划带宽 8Mbit/s,用于乘客信息系统车载图像直播。

控制中心级子系统布置核心网设备,负责与中心服务器、视频服务器通过以太网交换机接口,接收视频信息并将相关信息通过 TD-LTE 无线网络传输到列车上。

轨道子系统在车站站台布置 LTE 基站的 BBU 和 RRU 设备,覆盖站台周边区域,根据无线信号覆盖的要求,在隧道区间布置 RRU 设备延伸无线覆盖,实现与车载无线设备之间的无线数据通信。各 LTE 基站通过百兆以太网接入车站网络交换机,通过通信传输系统提供的通道与控制中心连接。

在每列车的车头、车尾各设置 1 套车载无线设备(TAU),通过车载交换机与车载控制器和 LCD 控制器相连,接收由控制中心提供的 1 路实时视频信息和向控制中心发送 2 路实时的车厢监控信息。

10.15.3　两种体制的比较与展望

WLAN 体制的优点:技术成熟稳定,风险小,有利于降低工程成本。

WLAN 体制的缺点:传统的 802.11a/b/g/n 由于使用 2.4G 公用频段系统,容易受到外来系统(运营商 Wi-Fi、手机 Wi-Fi 和蓝牙等)的干扰。区间 AP 部署密集,达每 200m 一个,越区切换频繁,导致轨旁设备多、可靠性低、越区切换数据吞吐能力显著下降。不支持多种业务的优先级调度,高速移动性能差,目前在 100km/h 以内。

但是,随着技术的革新,802.11ac 标准已成为最新的 WLAN 标准,与传统的 802.11a/b/g/n 相比,可支持更宽的频宽绑定、更多的空间流、更先进的调制技术以及更灵活的 MIMO 机制,从而可以提供更高的数据传输带宽,这也使得多路车厢监控视频同时上传、车地无线多业务承载成为可能。同时,已经不再支持 2.4G 频段。这种规范一方面避免了工作在 2.4G 上受到的种种困扰,另一方面从标准上推动了支持 5G 频段的终端的普及。

从根本上讲,解决信号系统车地通信的安全性还是需要采用专用频段,以及更加先进的通信技术。2015 年 3 月,工业和信息化部发布了《关于重新发布 1785～1805MHz 频段无线接入系统频率使用事宜的通知》。该文件明确指出 1.8G 频段可用于交通(城市轨道交通等)领域。采用专用频段的 DVB-T 或 TD-LTE 技术,能够避免高架线路周边电磁环境及地铁自身乘客信息系统对信号系统的干扰,其传输带宽能够满足全自动运行的需要。

我国率先制定 LTE 宽带集群(B-TrunC)标准,TD-LTE 能够支持多媒体集群调度功能,比 DVB-T 系统的发展潜力更大,具有高带宽、时延短、频谱配置灵活且利用率高、良好的 QoS 等级调度、支持高移动性等优点。

WLAN 技术体制与 TD-LTE 技术体制都得到了长足发展,根据各自不同的优势,它们都将在地铁后续设备系统建设中发挥不同的作用。802.11ac 作为当前最新的 5G 的 WLAN 标准,支持更宽的频宽绑定,提供更高的数据传输带宽,将是乘客信息系统的首选方案。

TD-LTE 技术利用其专用频段的优势,采用 A、B 网冗余组网,综合承载信号系统 CBTC、列车紧急文本下发业务、车辆状态信息业务等将是后续发展的方向,为保障城市轨道交通安全运营提供技术支撑,形成我国在城市轨道交通通信技术和装备方面的优势。

第11章 可靠性分析

地铁设备的可靠性是保证地铁安全运营的重要基础,是实现设备功能的重要前提,是系统质量的重要标志。本章从轨道交通 RAMS 和设备可靠性技术基础切入,阐明地铁故障、事故与灾害的概念,论述运营设备故障管理技术,并对地铁设备的全线及典型系统故障进行统计分析,对可靠性进行定量分析。

11.1 轨道交通 RAMS 概述

无数经验告诉我们,安全性和可用性是保证轨道交通运行质量的重要基础。或者说,安全性和可用性是衡量轨道交通运行质量的重要标志。

2008 年 3 月 24 日,国家质量监督检验检疫总局和国家标准化管理委员会联合发布国家标准《轨道交通 可靠性、可用性、可维修性和安全性规范及示例》(GB/T 21562—2008),并从 2008 年 11 月 1 日起实施。该标准等同于国际标准 IEC 62278:2002,IDT,以下简称《规范》。

《规范》所规定的方法,与国家标准 GB/T 1900 系列标准的质量管理内容保持一致。因此,《规范》是分析地铁设备可靠性的指导性文件。

可靠性、可用性、可维修性、安全性是轨道交通的"四要素",《规范》使用它们英语词汇的字头 RAMS 来代替,称作轨道交通 RAMS。

11.1.1 轨道交通 RAMS 与轨道交通运行质量

轨道交通 RAMS 是轨道交通系统的长期工作特性。在轨道交通系统的整个生命周期内,它可通过应用已建立的工程概念、方法、工具和技术来实现。

轨道交通运行质量,取决于轨道交通 RAMS 和轨道交通其他特性。所谓其他特性,是指轨道交通系统的运行频度、运行规律性和费用结构等。

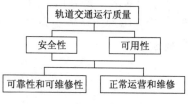

图 11-1　RAMS 各要素之间的关系

在轨道交通系统环境中,RAMS 各要素之间的关系,如图 11-1 所示。它表明:

(1)轨道交通的运行质量,建立在可用性和安全性的基础之上。

(2)安全性和可用性,又建立在可靠性和可维修性,以及长期正常运营活动和有效维修工作的基础之上。

任何设备都不可能绝对可靠,一旦有了故障,应能及时维修,即具有可维修性。这样,包含可靠性和可维修性在内的可用性概念,便应运而生。

(3)可用性和安全性相互关联。如果对二者要求的冲突管理不善,必将妨碍获得可信的系统,使运行质量受到严重影响。

事实上,若放宽对安全性的要求,则会降低可用性的水准。若强化了对安全性的要求,则会限制可用性的程度。

因此,只有满足了可靠性和可维修性的所有要求,并控制正在进行的、长期的维修工作、运营活动及系统环境,才能达到运行期间的安全性和可用性目标。

11.1.2 可用性技术概念基础

可用性的技术概念基础是可靠性、可维修性、运营和维修,如图 11-2 所示。

可靠性内容包括:
(1)规定应用和环境下,所有可能的故障(失效)模式;
(2)每个故障(失效)发生的概率,或每个故障(失效)出现的概率;
(3)故障(失效)对系统功能的影响。

可维修性内容包括:
(1)执行计划维修的时间;
(2)故障检测、识别和定位的时间;
(3)失效系统的修复时间(计划之外的维修)。

运营和维修内容包括:
(1)系统生命周期内,全部可能的工作模式和必要维修;
(2)人为因素问题。

图 11-2　可用性的技术概念基础

11.1.3 安全性技术概念基础

安全性的技术概念基础,体现在以下五个方面:
(1)在所有运行、维修和环境模式下,系统中所有可能的危害。
(2)每个危害的特征,以及危害后果的严重表示。
(3)安全性/安全相关的故障(失效),包括:
①导致失效的全部系统失效模式(安全相关的失效模式),它是全部可靠性失效模式的子集;
②每个安全相关失效模式发生的概率;
③在应用中,可能导致事故的事件(即导致事故的危害)的顺序和/或并发率、失效、工作状态、环境条件等;
④应用中,每个事件、失效、工作状态和环境条件等出现的概率。
(4)系统的安全相关部件的可维修性,包括:
①与安全相关失效模式或危害有关系统中,子系统或其部件维修的方便性;
②系统安全有关部件在维修工作期间内发生错误的概率;

③系统恢复到安全状态的时间。

(5) 系统操作和系统安全相关部件的维修,包括:

①人为因素对系统安全相关部分的有效维修及系统安全运营的影响;

②用于对系统安全相关部分的有效维修及系统安全运营的工具、设备和工序;

③有效的控制、处理危害并减轻危害后果的措施。

11.1.4 RAMS 的影响源

所有失效,都会对 RAMS 尤其是对可靠性产生负面影响。对轨道交通 RAMS 的影响,主要源自系统、运营和维修三个环境或三种失效,如图 11-3 所示。

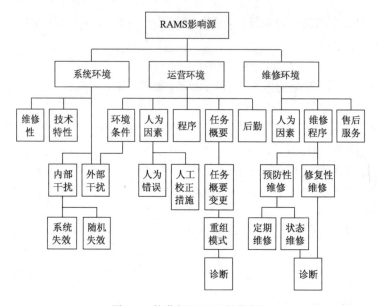

图 11-3 轨道交通 RAMS 的影响源

1) 系统环境(失效)

系统环境(失效),指系统生命周期中,任何阶段的系统内部失效。

系统环境(失效),包括系统的技术特性、维修性和内外干扰等三个方面。其中,内部干扰可以导致系统失效和随机失效。

如果系统出现内部失效,即使它仍运行于应用和环境范围之内,但也势必对系统性能产生某些影响。

系统失效原因,包括要求错误、设计与实现不充分、制造缺陷、内在缺陷、软件错误、工作指令不足、指令不充分、人为错误等。

随机失效原因,包括工作模式问题、环境问题、应力降级、磨损、过应力等。

2) 运营环境(失效)

运营环境(失效),指在运营过程中,强加给系统的失效。

运营环境(失效),包括环境条件、人为因素、程序、任务概要和后勤等五个方面。其中,人为因素指人为错误和人工校正措施,任务概要可以变更与重组。

3）维修环境（失效）

维修环境（失效），指在维修过程中，强加给系统的失效。

维修环境，包括人为因素、维修程序和售后服务等三个方面。其中，维修程序有预防性维修和修复性维修，预防性维修又分定期维修和状态维修。

应当指出，上述三个环境或三种失效之间还会相互影响。

11.2 设备可靠性导论

2005年6月28日，我军总装备部批准发布军用标准《可靠性维修性保障性术语》（GJB 451A—2005），以下简称《术语》。《术语》于2005年10月1日实施，用来取代1990年发布的国军标GJB 451—1990。《术语》为可靠性、故障等常用术语作出了权威性定义，是进行地铁设备可靠性分析的基础性文件。

11.2.1 可靠性基本定义

根据《术语》的定义，可靠性指产品在规定条件下和规定时间内，完成规定功能的能力。这里的产品，可以泛指任何系统、设备和元器件。这就是可靠性的基本定义。

显然，产品可靠性定义的三要素是规定条件、规定时间和规定功能。

规定条件，包括使用时的环境条件、使用条件和维修条件。例如同一型号的地铁维修用车在高速公路和在崎岖路上行驶，其可靠性的表现就不会一样。

规定时间，是指产品规定了的任务时间。随着产品任务时间的增加，产品出现故障的概率将增加，而产品的可靠性则会下降。例如，地铁泄漏电缆要求几十年内可靠工作。

规定功能，是指产品规定了必备的功能和技术指标。这里所说的完成规定功能，是指完成所有功能。所要求产品功能的多少和技术指标的高低，直接影响到产品可靠性指标的高低。

在可靠性三要素中，最重要、最核心的要素是规定功能。

除可靠性的基本定义外，工程上还常常用到基本可靠性、软件可靠性、维修、维护、系统等术语，它们的定义如下：

（1）基本可靠性，是指产品在规定的条件下，无故障的持续时间或概率。

（2）软件可靠性，是指在规定条件下和规定时间内，软件不引起系统故障的能力。

（3）维修，是指为使产品保持或恢复到规定状态所进行的全部活动，包括维护和修理。

（4）维护，是指为使产品保持规定状态所采取的措施，如润滑、加燃料、加油和清洁等。（同义词：保养）

（5）维修性，是指在规定条件下并按规定程序和手段实施维修时，产品在规定的使用条件下，保持或恢复能执行规定功能状态的能力。

（6）可维修性，是指在规定条件下，使用规定程序和资源进行维修时，对于给定使用条件下的产品，在规定时间区间内能完成指定的维修工作的能力。

（7）预防性维修，是指为了防止功能降低、减少失效率而实施的定期或根据预定判据进行的维修。

(8) 可用性,是可靠性和可维修性的一个集合术语,指在要求的外部资源得到保证的前提下,产品在规定条件下和规定时刻或时间区间内,处于可执行规定功能状态的能力。

(9) 可信性,是可靠性、维修性和维修保障等性能的一个集合术语,用来描述可用性及其影响因素。

(10) 安全性,是指免除不可接收的风险影响的特性。

(11) 系统,可定义为用一定方法组织起来,获得特定功能的子系统和部件的集合。这些功能分配给系统中的子系统和部件,且系统的性能和状态随着子系统或部件的功能的改变而改变。系统对输入作出响应,以产生指定的输出,同时与环境相互影响。

11.2.2 可靠性常用参数定义

在《术语》中,可靠性常用参数定义如下：

1) 可靠度

可靠性的概率量度,称作可靠度,英文 Reliabilite。

2) 成功概率

产品在规定条件下成功完成规定功能的概率,称作成功概率,英文 Probability of Success。

3) 故障率(失效率)

在规定条件下和规定时间内,产品的故障总数与寿命单位总数之比,称作故障率,英文 Failure Rate。故障率又叫失效率,这是可靠性的一种基本参数。

4) 使用寿命

产品使用到无论技术上还是经济上都不宜再使用,而必须大修或报废时的寿命单位数,称作使用寿命,英文 Service Life。

5) 可靠寿命

规定的可靠度所对应的寿命单位数,称作可靠寿命,英文 Reliable Life。

6) 平均故障间隔时间 (MTBF)

在规定条件下和规定时间内,产品的寿命单位总数与故障总数之比,称作平均故障间隔时间,英文 Mean Time Between Failure(MTBF)。这是可修复产品的一种基本可靠性参数。

7) 平均修复时间(MTTR)

在规定条件下和规定时间内,产品在规定的维修级别上,修复性维修总时间与该级别上被维修产品故障总数之比,称作平均修复时间,英文 Mean Time to Repair(MTTR)。这是维修性的一种基本参数。

8) 虚警率(FAR)

在规定期间内发生的虚警数与同一期间故障指示总数之比,称作虚警率,英文 False Alarm (FAR)。

9) 故障检测率(FIR)

用规定方法正确检测到的故障数与故障总数之比,称作故障检测率,英文 False Isolation Rate(FIR)。

11.2.3 故障基本定义

在《术语》中,故障的基本定义如下:

1) 故障

产品不能执行规定功能的状态,称作故障,英文 Fault/Failure。通常指功能故障。

2) 失效

产品丧失完成规定功能的能力的事件,称作失效,英文 Failure。

3) 软件故障

软件功能单元不能完成规定功能的状态,称作软件故障。

4) 软件失效

由于软件故障导致软件系统丧失完成规定功能的能力的事件,称作软件失效。

在实际应用中,特别是对硬件产品,故障和失效很难区分,故一般统称故障。在地铁建设工程和运营管理中,这两种叫法都在采用。

11.2.4 可靠性的定量描述

可靠性是一项重要的质量指标,只是定性描述显得不够,必须使之数量化,这样才能进行精确的描述和比较。可靠性的定量表示有其自己的特点,由于使用场合的不同,很难用一个特征量来完全代表。

1) 可靠度 R 或可靠度函数 $R(t)$

产品的可靠度是指产品在规定条件下和规定时间内,完成规定功能的概率。

假设规定的时间为 t,产品的寿命为 T,在一批产品中的寿命有的 $T>t$,也有的 $T\leqslant t$,从概率论角度可以将可靠度表示为 $T>t$ 的概率,即:

$$R(t) = P(T > t) \tag{11-1}$$

在数值上,某个时间的概率可用试验中该事件发生的频率来估计。

2) 失效概率或积累失效概率 $F(t)$

失效概率是表征产品在规定条件下和规定时间内,丧失规定功能的概率,也称为不可靠度。它也是时间 t 的函数,记作 $F(t)$,显然:

$$F(t) = P(T \leqslant t)$$

它在数值上等于 1 减可靠度,也就是说,产品从 0 开始试验(或工作)到时刻 t,失效总数 $r(t)$ 与初始试验(或工作)产品总数 N_0 之比,即:

$$F_{(t)} = \frac{r(t)}{N_0} \tag{11-2}$$

积累失效概率 $F(t)$ 与可靠度 $R(t)$ 的关系式为:

$$F(t) = 1 - R(t) \tag{11-3}$$

3) 失效密度或失效密度函数 $f(t)$

失效密度是表示失效概率分布的密集程度,或者说是失效概率函数的变化率。它在数值上等于在时刻 t,单位时间内的实效数 $\Delta r/\Delta t$ 与初始试验(或工作)产品总数 N_0 的比值,即:

$$f(t) = \frac{\Delta r}{N_0 \Delta t} \tag{11-4}$$

同样，当 N_0 很大时，也可用微商的形式来表示。其所描述的曲线称为失效密度曲线，它与横坐标轴之间的面积恰好等于1。也就是说，失效密度这个随机变量在$(0,\infty)$范围内的概率等于1。用积分式表示有：

$$\int_0^\infty f(t)\mathrm{d}t = \int_0^t f(t)\mathrm{d}t + \int_t^\infty f(t)\mathrm{d}t = 1 \tag{11-5}$$

4）平均故障间隔时间（MTBF）

一个系统的平均故障间隔时间的计算公式为：

$$\mathrm{MTBF} = \frac{1}{\lambda_s} = \frac{1}{\sum_{i=1}^N \lambda_i} \tag{11-6}$$

式中：λ_s——系统故障率（又叫失效率）；

λ_i——系统每一独立部件的故障率。

5）平均寿命 μ

平均寿命对不可修复或不值得修复的产品和可修复的产品有不同的含义。对于不可修复的产品，其寿命是指产品发生失效前的工作时间或工作次数。因此，平均寿命是指寿命的平均值，即产品在丧失规定功能前的平均工作时间，通常记作 MTTF（Mean Time To Failure）。对可修复的产品，寿命是指两次相邻故障间的工作时间，而不是指产品的报废时间。因此，对这类产品的平均寿命是指平均无故障工作时间，或称平均故障间隔时间，记作 MTBF（Mean Time Between Failures）。但是，不管哪类产品，平均寿命在理论上的意义是类似的，其数学表达式也是一致的。

假设被试产品数为 N_0，产品的寿命分别为 $t_1, t_2, \cdots, t_n$，则它们的平均寿命为各寿命的平均值，即：

$$\mu = \frac{1}{N_0}\sum_{t=1}^{N_0} t \tag{11-7}$$

一般来说，电子元器件的平均寿命愈长，在短时间内工作的可靠性愈高。但是，可靠性与寿命虽然密切相关，又不是同一概念，不能混为一谈。不能认为可靠性高，寿命就长；也不能认为寿命长的可靠性就必然高，这与使用要求有关。通常所指的高可靠，是指产品完成要求任务的把握性特别高；而长寿命，是指产品可以很长时间工作而性能良好。如海、地缆线通信设备所用元器件要求使用20年而性能良好，体现了长寿命；导弹工作时间不一定长，但工作时间内（几秒、几分或半小时）要求高度可靠，万无一失，这就体现为高可靠。

11.2.5　故障曲线

在设备运行寿命周期内，不同设备故障率随时间的变化呈不同分布类型。根据故障分布类型，可以估计设备的可靠性参数，以便采用合理的检测方法和维修方针。

复杂设备的故障分布类型主要有下列6种（参见图11-4）：

类型 A：浴盆曲线型，约占寿命周期全部故障的 4%。

类型 B：故障递增型，约占寿命周期全部故障的 2%。

类型 C：故障缓增型，约占寿命周期全部故障的 5%。

类型 D：故障由增至缓型，约占寿命周期全部故障的 7%。

类型 E:故障恒定型,约占寿命周期全部故障的 14%。
类型 F:故障递减型,约占寿命周期全部故障的 68%。

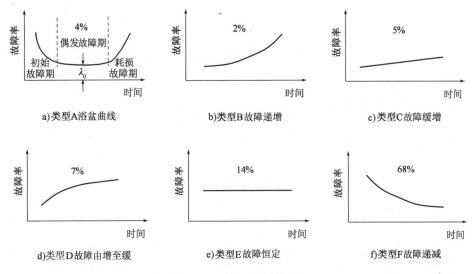

图 11-4　复杂设备的故障曲线

其中,类型 A 的图形很像浴盆,故称浴盆曲线。它清楚地表明,在设备运行的寿命周期内,故障率变化可分为三个阶段:

第一阶段为初始故障期,又叫早期故障期,指新设备(或大修后的设备)安装调试过程至移交试用阶段。由于设计制造缺陷、零部件加工质量和人工操作失当等原因,致使这个阶段的故障较多,问题暴露充分,但随着调试进展和故障排除,设备运转会逐渐正常,故障率会逐步下降。

第二阶段为偶发故障期,又叫随机故障期。在这个阶段,故障明显减少,设备进入正常运行阶段。这阶段发生的故障,一般是使用不当、维护不当、工作条件(包括负荷、温度、环境)劣化等原因,或由于材料缺陷、控制失灵、结构不合理等设计、制造问题所引起的。

这个阶段的故障率 λ_0 比较稳定,其倒数 $1/\lambda_0$ 就是平均故障间隔时间 MTBF。例如,若每小时的故障率为万分之一,则平均故障间隔时间为 1 万 h。

第三阶段为耗损故障期,又叫设备老化期。在这个阶段,随着使用时间延长,设备因磨损、腐蚀、疲劳、老化等逐渐加剧而失效,设备故障增多,运行效能下降,排除故障的难度和时间逐渐增大,维修费用上升。此时,应改变维修方式(如更换)或进行技术改造,方能恢复运行效能。否则,若继续使用,可能造成事故。

三个阶段所对应的故障分布类型,分别是:第一阶段为故障递减型,第二阶段为故障恒定型,第三阶段为故障递增型。

六种类型中,故障率稳定或缓慢上升的后三种类型占总故障率的 89%,而前三种类型占总故障率的 11%。

所谓复杂设备,是指具有多种故障分布类型的设备,整个地铁设备就属于复杂设备。这些设备的故障分布基本符合最后一种类型(类型 F),在运行期间故障率恒定不变,但故障是随机发生的。

之所以要强调设备的检测和诊断,是因为设备故障的随机性越强,越要进行检测和诊断。设备检测和诊断,有停机检测诊断和运行中检测诊断之别,也有在线检测诊断和离线检测诊断之分。

11.3 地铁故障、事故与灾害

11.3.1 地铁故障分类定义

根据故障起因或故障后果的不同,《术语》规定了17种分类故障。为方便起见,将它们的名称和定义汇集于表11-1。

分类故障定义　　　　　　　　　　　　　　　　　表11-1

代号	名称	定　　义	备注
F1	单点故障	会引起系统故障,且无冗余或替代的操作程序作补救	地铁常见
F2	灾难故障	导致人员伤亡、系统损坏、重大财产损失的故障	地铁常见
F3	系统性故障	由某一固定因素引起、以特定形式出现的故障。只能通过修改设计、制造工艺、操作程序或其他关联因素消除	地铁常见
F4	偶然故障	偶然因素引起的故障(其重复风险可忽略不计,只能通过概率或统计方法来预测)	
F5	渐变故障	产品性能随时间推移逐渐变化的故障。一般可通过事前检测或监控来预测,有时可用预防性维修来避免	
F6	间隙故障	产品发生故障后,不经修理而在有限时间内或适当条件下自行恢复功能的故障	
F7	共同故障	不同产品由共同原因引起的故障	地铁常见
F8	隐蔽功能故障	正常使用的人员不能发现的功能故障	
F9	潜在故障	产品或其组成部分即将不能完成规定功能的可鉴别的状态	
F10	多重故障	由两个或两个以上独立故障所组成的故障组合,它可能造成其中任一故障不能单独引起的后果	
F11	重复故障	同一产品在同样的或等效的使用方式中,出现两次或两次以上的故障,且引起故障的机理相同	地铁常见
F12	从属故障	由另一产品故障引起的故障,又叫诱发故障	地铁常见
F13	独立故障	不是另一产品故障引起的故障,又叫原发故障	
F14	非关联故障	已证实是未按规定条件使用而引起的故障,或已证实仅是某项将不采用的设计所引起的故障,否则为责任故障	
F15	早期故障	产品在寿命的早期,因设计、制造、装配的缺陷所引起的故障,其故障率随寿命单位数的增加而降低	地铁常见
F16	耗损故障	因疲劳、磨损、老化等原因所引起的故障,其故障率随寿命单位数的增加而增加	地铁常见
F17	软件故障	软件功能单元不能完成规定功能的状态	地铁常见

地铁常见故障是下列 9 种：单点故障、灾难故障、系统性故障、共同故障、重复故障、从属故障、早期故障、耗损故障及软件故障。其中，出现较多的故障是早期故障、软件故障、耗损故障及惯性故障（重复故障）。

目前地铁使用的"惯性故障"一词，是从铁路引用过来的，实际就是"重复故障"，二者涵义相同。

11.3.2 地铁运营事故事件分类

根据国务院令第 493 号《生产安全事故报告和调查处理条例》的有关规定，运营事故按照事故的性质、损失及对运营造成的影响，分为特别重大事故、重大事故、较大事故、一般事故四类。

1) 特别重大事故

运营事故造成下列后果之一的为特别重大事故：人员死亡 30 人以上，人员重伤 100 人以上，直接经济损失 1 亿元以上。

2) 重大事故

运营事故造成下列后果之一的为重大事故：人员死亡 10 人以上 30 人以下，人员重伤 50 人以上 100 人以下，直接经济损失 5000 万元以上。

3) 较大事故

运营事故造成下列后果之一的为较大事故：人员死亡 3 人以上 10 人以下，人员重伤 10 人以上 50 人以下，直接经济损失 1000 万元以上，起重机械整体倾覆和压力容器、压力管道爆炸的特种设备事故。

4) 一般事故

运营事故造成下列后果之一的为一般事故：人员死亡 1 人以上 3 人以下，人员重伤 1 人以上 10 人以下，直接经济损失 100 万元以上 1000 万元以下，起重机械主要受力结构件折断或者起升机构坠落的，电梯困人 2h 以上的特种设备事故，政府消防部门出具《火灾调查报告》认定为一般事故的。

事件造成的人员伤害和直接经济损失未达到事故界定标准的，称为安全事件。根据事件造成的损害程度或对运营造成的影响程度，安全事件分为一至五级。

11.3.3 地铁致灾因素

地铁是一个在时空上分布很广的开放式动态系统，影响其运营安全的因素错综复杂。对国内外地铁事故典型案例的总结分析表明，地铁运营安全的致灾因素可归纳为四类：自然因素、人为因素、车辆因素和设备因素，详见图 11-5。

自然因素，指地震、水灾、雷电、台风等。

人为因素，指地铁工作人员（列车司机、调度人员、乘务员、维修保养人员等）安全意识不强、操作失误，以及乘客失误和危险分子的恐怖袭击。

车辆因素，指车辆故障，包括脱轨、车钩破损脱落、齿轮箱吊挂装置脱落、运行中轮轴不转动、转向架位移、转向架严重破损、列车切轴、车体倾斜撞墙等。

设备因素，包括线路设备故障、供电设备故障、通信信号设备故障、车站车场设备故障和车载设备故障。

1)线路设备故障

例如,轨道故障(含钢轨断裂、无缝线路钢轨折断、碎石道路无缝线路胀轨跑道、道岔故障)、碎石道床线路路基下沉、接触轨故障等。

2)供电设备故障

例如,变电站内部事故(指牵引变电站、降压变电站设备故障)、变电站外部事故(含区间电缆故障、洞内电缆故障、火灾、大范围停电等)。

3)通信信号设备故障

例如,信号电缆中断、专用通信设备故障、通信电缆中断(含用户电缆中断、综合电缆中断、中继电缆中断、光纤光缆中断等)。

4)车站车场设备故障

例如,站厅设备故障、电梯故障、屏蔽门故障、给排水故障等。

5)车内设备故障

例如,列车车厢内灯管爆裂、内侧玻璃意外脱落、车门故障等。

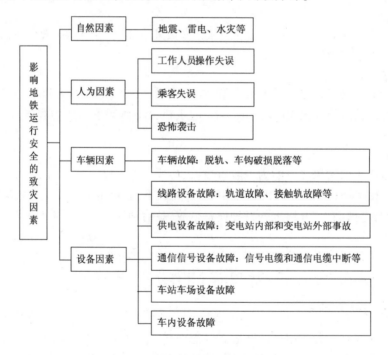

图 11-5　影响地铁运营安全的致灾因素

11.4　运营设备故障管理技术

11.4.1　相关定义

1)运营设备

运营设备指与地铁行车、客运服务有关的设备、设施。

2）故障

故障指在任何情况下，设备不能正常运行，失去应有的功能或存在影响设备正常运行隐患的现象。

3）较大设备故障

较大设备故障指对运营（行车和客服）造成较大影响的设备故障。

4）延误

延误指由于设备故障导致列车未按照运行图规定的时间到达终点。

5）遗留故障

遗留故障指调度指挥中心维调故障记录中当日未完成处理的故障。

6）典型故障

典型故障指设备运行中发生的或设备检修、维护、故障处理中违反操作规程、安全条例、处置不当、检修不良等造成的对正常运营生产有较大影响的设备故障。

7）惯性故障

在一个月内，设备系统同类故障重复多次发生，高于本系统设备平均故障率达100%以上，且短期内（原则上为一个月）无法通过现有手段解决的技术难题，称为惯性故障。

8）故障工单

故障工单指运营生产信息管理系统中的故障处理工单，是故障处理流转的载体，工单处理流程包括故障信息报送、处理分派、工单领料、处理结果反馈及工单关闭等。

9）运营事故

设备故障造成停产和经济损失达到规定标准时，称为运营事故。

10）平均故障时间（MTBF）

在单位时间内（一般以年为单位），一台或多台相同设备的累计工作时间与故障总次数之比，叫做平均故障时间（MTBF），也称平均故障间隔，它是衡量设备可靠性的尺度。

$$\text{MTBF} = \frac{\text{单位时间内累计工作时间}(h)}{\text{单位时间内故障总次数}(n)}$$

11）故障管理

故障管理指对故障要素（故障部位、现象、程度、时间频率和原因等）进行全面有效的监测、诊断、分析、控制，并采取相应措施，以消除故障。

故障管理内容有故障记录、故障统计、故障分析、计划处理、计划实施、效果检查、成果登记、信息反馈。

11.4.2　地铁设备的可靠性工作

无论是军用产品还是民用产品，都非常视产品的质量与可靠性，地铁设备也不例外。

设备的可靠性工作是一个系统工程，贯穿于设备的研制、制造、验收、使用、报废等全过程，包括可靠性管理设计、可靠性试验验收和可靠性分析处置等三个方面。

对地铁的建设者、运营者和管理者来说，地铁设备的可靠性工作主要在可靠性分析与处置方面。

所谓可靠性分析，主要是指故障的统计与分析，目的是找出设备的质量缺陷、故障隐患及其原因所在。

所谓可靠性处置,主要是指根据可靠性分析结果,进行预防性维修、故障排除和质量反馈。质量的反馈对象是设备制造商、设备供应商和地铁工程设计单位。质量反馈意见,是提高产品质量、改进工程设计的重要依据。

对地铁的设备制造商和设备供应商来说,应当承担地铁设备可靠性的设计和试验方面的责任。这方面的专著较多,滋扼要介绍如下:

可靠性设计,就是根据用户对产品可靠性的需求,确定可靠性的定性和定量要求,在产品技术设计中同时考虑性能指标和可靠性指标,综合运用性能和可靠性设计技术,使设计输出达到可靠性要求,并为生产阶段实现可靠性要求以及检验阶段验证可靠性奠定基础。

可靠性设计技术主要有可靠性模型及冗余技术,可靠性分配和预计技术,故障树分析(FTA)技术,故障模式、影响及危害性分析(FMECA)技术,电子元器件的选用和降额设计技术,容差设计技术,环境防护设计技术,潜在通路分析,设计评审技术等。

可靠性试验,包括可靠性工程试验和可靠性统计试验。可靠性工程试验,由研制过程中的各种可靠性增长试验、产品在寿命早期的环境应力筛选试验组成。可靠性统计试验,有可靠性鉴定试验和可靠性验收试验。

可靠性试验,可以是试验室内的试验,也可以是现场试验,其目的在于发现产品在管理、设计及元器件、零部件、原材料等生产工艺方面的各种缺陷,为改善产品的完好性、提高任务完成率、减少维修费用及后勤保障费用提供信息,并确定是否符合可靠性定量要求。

11.4.3 设备故障分类分级

目前,国内地铁设备故障尚无分类分级的统一标准,基本情况是:
(1)主要根据对安全、运营秩序、服务质量造成影响的程度进行分类,但未分级;
(2)对运营以外的生产生活设备(如办公自动化设备)的故障暂未分类分级;
(3)对防灾减灾设备(如防雷设备)的故障暂未分类分级;
(4)对较大设备故障,按影响程度通常分为三类,主要方案有两种:一种只考虑影响行车的故障,另一种同时考虑影响行车和影响客服的故障,例如深圳地铁。

深圳地铁对三类故障的规定如下:
Ⅰ类故障,指未对运营服务造成影响,且在故障发生 24h 内可以修复的故障。
Ⅲ类故障,指下列故障之一的故障:
①造成 5min 晚点的设备故障;
②修复设备耗时在 72h 以上,对安全、行车、服务造成影响的设备故障(非设备维护责任单位原因造成的导致备品备件采购时间及无作业条件除外);
③导致单个系统半个车站或半个区间的设备停止工作,对安全、行车、服务造成影响的设备故障;
④对乘客服务和行车造成严重影响,须运营总部分析、定责的其他设备故障。
Ⅱ类故障,指除Ⅰ类、Ⅲ类故障以外的其他故障。

11.4.4 责任部门及职责

1)设备设施部(或类似部门)
负责组织由设备问题导致的或其他需运营公司层面组织分析的较大设备故障的调查分

析;建立故障台账,按规定考核责任单位;归档管理故障调查分析报告,跟踪整改措施落实情况,规范运营生产信息管理系统故障工单的相关操作。

2) **安全技术部(或类似部门)**

负责组织设备问题及人为失误(操作不当、违章作业等)共同导致的或其他需运营公司层面组织分析的较大设备故障的调查分析,基于故障责任划分,对相关责任单位进行考核。

3) **调度指挥中心(或类似部门)**

负责故障信息接报、分类、传递和处理跟踪;建立运营生产信息管理系统中的故障工单;根据需要提供故障概况,参与故障调查分析;提供运营日报、维调日报,并对其中换备车、备用车替开、抢修等较大设备故障进行精确描述,明确抢修令下发标准。

4) **乘务中心、客运部(或类似部门)**

负责按规定报送故障信息;根据需要提供故障概况,参与故障调查分析。

5) **各设备维保中心(或类似部门)**

负责故障处理;运营生产信息管理系统工单管理;故障统计分析;进行故障调查分析,提交故障分析报告;配合设备设施部或安全技术部开展故障调查分析。

11.4.5 工作程序及内容

1) **故障信息报送**

故障信息报送需调度电话通知和创建运营生产信息管理系统故障工单同步进行。

(1) 调度电话通知

发生影响行车或严重影响服务质量的故障后,现场作业人员或者其他人员应当立即向 OCC 调度员报告,OCC 调度员接到报告后应立即通知相关维保单位专业调度及时处理。

发生其他故障后,故障现场作业人员或其他人员应立即通知各专业调度,由各专业调度安排处理。

(2) 创建运营生产信息管理系统故障工单

所有故障信息都需要通过运营生产信息管理系统建立工单,故障填报人员应准确指明故障设备,选择故障码和故障现象,需要补充故障现象的,在故障详情中进行故障信息描述。故障信息描述应简明、精准。

站务人员、检修人员发现的故障,由故障发现人创建故障工单并提交至相应专业生产调度;影响行车或严重影响客运服务质量的故障,创建故障工单后提报至 OCC 调度,由 OCC 调度给出维调号,转相关专业调度处理。

故障处理涉及两个以上专业的,故障发现人可创建关联工单报相关专业调度处理。OCC 调度、各专业调度发现故障处理涉及两个以上专业的,也可创建关联工单。

OCC 各调度及电客车司机发现的除车辆专业以外的故障,由 OCC 维修调度负责创建故障工单,车辆专业故障由车辆检修调度创建工单。

各专业检修人员在工作中发现的故障,可创建自检故障工单或填写快速故障工单,不需要通过专业调度处理,自行填写故障处理相关信息。

2) **故障处理要求**

处理设备故障时,要遵循"先通后复"的基本原则,尽快恢复设备正常的运行状态。在处理过程中,要严格执相关规定和防护措施,防止扩大影响范围或发生意外事故。

若发生严重影响运营的救援、清客下线等重大设备故障,在检查设备状况、查找故障原因时,维保中心必须在安全技术部、设备设施部到达现场后,才能操作设备,不得自行重启、复位。

为了准确分析故障原因和责任,处理较大设备故障后,应保留好数据记录、检修记录及现场拍照记录等原始资料,在不影响运营和安全的前提下,应保护好现场。

故障处理由各专业调度负责安排,并与故障处理人员一起做好故障工单的相关信息记录,包括故障现象、故障类型、处理情况、领料情况、响应时间、处理时间、通复时间等。

故障处理完毕后,需及时回复处理情况,故障工单由各专业调度审核后关闭,各专业调度对工单的准确性、信息完整性负责,工单关闭前需经过创建人确认。

各专业检修人员在工作中发现故障时,可创建自检故障工单或填写快速故障工单,不需要通过专业调度,自行填写故障处理相关信息。自检故障工单的审核、关闭,按各中心具体要求执行。

3) 故障调查分析

较大设备故障都需进行故障调查,由故障设备维保中心填写故障分析报告。根据故障类型和性质,由设备设施部或安全技术部组织召开故障分析会。

(1) 故障调查

故障调查人员有权向故障发生部门及其他有关部门和个人了解情况,提取有关资料,查阅有关作业记录(包括各级修程和作业标准、相关工艺、技术措施落实情况,查对故障设备或部件质量保证周期,查看相关履历数据等)、台账资料、人员培训记录、管理制度等,各有关部门应予以积极配合,任何部门和个人不得找理由拒绝、阻碍、干扰故障调查人员的正常工作。设备故障调查需进行技术鉴定的,由调查人员负责组织进行,有关部门予以配合。

故障调查基本原则:调查人员需本着"以事实为依据,客观公正"的原则进行调查;被调查单位或个人应积极配合调查工作,全面分析自身是否存在问题,不得出现拖延、推诿等情况。

(2) 故障分析报告

发生较大设备故障后,故障设备维保中心应立即在中心内部组织进行故障调查分析,且调查分析应在故障发生后24h内完成。故障专业调度需要在相关故障工单里填写故障影响,并点击转分析,由中心相关人员在系统内填写《运营设备故障调查分析及整改情况报告》,相关中心需继续跟踪,落实整改措施,形成报告闭环。

故障原因分析应从直接原因、管理原因、其他原因等几方面进行。其中,直接原因主要指设备滋生设计缺陷、质量问题等;管理原因包括检修、培训不到位,规章制度不健全,隐患整治、问题整改不彻底,预防措施不完善等;其他原因包括违章操作、处置不当、环境因素等。

调查分析报告中故障原因分析不清晰、责任划分不明确、整改措施不到位等问题,由设备设施部督促相关中心完善。

后续分析或执行整改过程中,发现故障原因、整改措施等需要更改的,相关中心应重新填写调查分析报告。

(3) 故障分析会

Ⅰ类较大设备故障和故障原因复杂、影响面广、涉及多个中心/部门的其他Ⅲ类及以上较大设备故障,除设备维保中心进行内部分析、填写分析报告外,设备设施部或安全技术部还应组织召开故障分析会,进行深入调查分析。

故障分析会需要调度指挥中心、乘务中心以及相关设备维保中心配合提供资料的,相关中心应如实提供。需要委外维保单位、承包商等配合的,应由该单位的归口管理部门/中心搜集报送相关资料。

调查分析应按照"四不放过"的原则分析故障原因,分清故障责任,提出处理意见和整改措施。

11.4.6 故障统计分析

故障统计分析按线网管理要求定期(周、月、季、年)、分线进行统计,各设备维保中心应对统计期发生的各类设备故障分类进行统计、梳理、分析,制订相应的应对措施,检查前期各项整改措施的落实情况和效果。

故障统计分析应采用合适的统计分析方法,针对当期各专业故障趋势、故障模式变化等进行深入分析,制订对策措施。

定期故障统计分析由各设备维保中心完成,报送设备设施部。设备设施部对分析结果持异议时,可督促设备维保中心再次分析。

11.4.7 遗留故障处理

各中心需重视遗留故障的及时处理。遗留故障由相关中心生产调度负责跟踪、安排处理,处理情况及时回复调度指挥中心。

故障遗留时间超过72h以上的,设备设施部需加强盯控,并督促相关中心及时进行处理并将处理结果录入运营生产信息管理系统中。对暂时无法彻底解决的故障,由各中心填写原因并提交设备设施部相关专业室审核通过后,转入问题库进行跟踪管理。

各中心应按计划时限要求处理遗留故障,超过计划时限,仍未完成整改或整改效果不良的,责任中心应说明原因并重新制定处理时限,无正当理由未按时完成处理的,由设备设施部按典型故障考核。

11.4.8 故障跟踪管理

运营公司定期召开维保质量例会,对当期发生的设备故障进行梳理、分析,查清设备故障产生的原因和趋势,制订应对措施;通报各项措施的落实情况和效果及遗留故障处理情况,部署下一阶段的重点工作。分析会要形成会议纪要,下发相关部门、中心。

设备设施部负责根据设备故障分析会、维保质量例会等制订的整改措施督促相关部门、中心进行落实,跟踪整改效果,并分类建立设备故障台账,长期保存,为设备故障分析和考核提供详实数据支撑。

11.5 典型线路设备故障统计分析

某地铁线路分三期工程建设。前两期工程于2011年6月全线开通试运营,线路总长约41km,设30座车站。其中,一期工程设车场1座、半地底站1座、架空站15座;二期工程全部为地底路线,设停车场 1 座和车站 14 座。列车采用 B 型车、6 车编组和第三轨供电,最高运行速度为 85km/h。

全线设备包括 FAS、安全门/屏蔽门、车载信号、低压专业设备、电扶梯、视频监控、PIS、通风空调、交换通信、给排水、变电系统、气体消防、无线通信、卷帘门、门禁、BAS、接触轨、正线信号、AIS、广播、ATS、SCADA、传输系统、轨道专业设备、车辆段联锁设备、时钟设备等。

11.5.1 全线设备故障总体统计及分析

2014 年上半年,全线共发生设备故障 2961 件(其中自行接报及检修中发现的故障 534 件,实际发生的运用故障为 2427 件),平均每月发生 494 件,每天约 16 件。与 2013 年上半年相比,同比减少 20.93%。2014 年全线上半年故障统计,如图 11-6 所示。

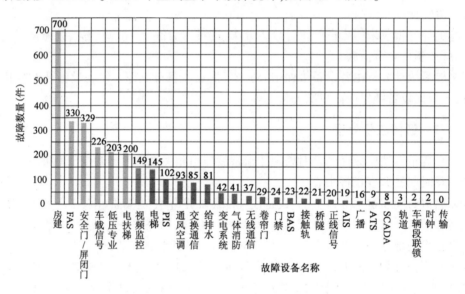

图 11-6 某地铁线路 2014 年上半年故障统计图

该图清楚地表明:

(1)故障最多的是房建专业(700 件),但主要是渗漏水、装修与门锁等建筑方面问题,不是设备问题。

(2)故障较多的前十个设备专业依次是 FAS(330 件)、安全门/屏蔽门(329 件)车载信号(226 件)、低压专业设备(203 件)、电扶梯(200 件)、视频监控(149 件)、电梯(145 件)、PIS(102 件)、通风空调(93 件)及交换通信(85 件)。

(3)质量表现较好的四个专业分别为传输系统(0 件)、车辆段联锁系统(2 件)、时钟系统(2 件)及轨道专业(3 件)。

全线设备故障原因和故障现象,见表 11-2、表 11-3 和图 11-7。它们清楚表明:

(1)主要原因是设备质量问题(设计与制造问题),占 49%。其中,部件及材料问题占 38.7%,软件问题占 10.3%。

(2)次要原因是操作不当、安装及施工不良,合占 26.6%。

(3)第三原因是环境影响,占 22.8%。

第11章 可靠性分析

设备故障原因分析　　　　　　　　　　　　　　　表11-2

故障统计时段	故障原因(件)						
	部件或材料问题	软件问题	安装及施工不良	操作不当	维修不良	环境影响	原因不明
2014年1月	185	55	66	69	4	87	2
2014年2月	140	40	77	46	3	55	2
2014年3月	142	26	63	84	5	67	1
2014年4月	194	60	72	82	8	145	0
2014年5月	248	50	70	50	3	177	3
2014年6月	239	74	42	64	13	144	4
半年 累计	1148	305	390	395	36	675	12
半年 占比(%)	38.7	10.3	13.2	13.4	1.2	22.8	0.40

半年前5个设备故障较多专业的故障现象　　　　　表11-3

序号	专业名称	故障现象
1	FAS	烟感频繁误报警
2	安全门/屏蔽门	DCU死机,门体动作延时
3	车载信号	TOD显示亮度变低或黑屏,速度传感器故障,列车DATB折返时启动失败,板卡插头烧毁及板卡故障,交点信号限速超出土建限速,列车冲标
4	低压专业设备	绝缘被破坏,跳闸频发
5	电扶梯	阻碍梯级啮合,自动扶梯自保护停梯

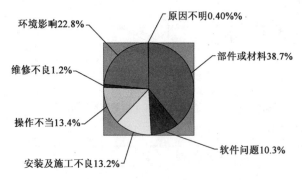

图11-7　设备故障原因分析

11.5.2　全线设备故障趋势分析

2013年全年全线设备总故障、2014年上半年全线设备总故障和2014年上半年应用故障,如图11-8所示。

从整体上看,全线2014年上半年月总故障数变化较平稳,平均值比2013年全年总故障下降明显(达102件)。2014年上半年应用故障比总故障低88件。

从单月故障看,设备质量表现较差的是4~6月份,其中5月份为上半年故障最多的月份,主要原因是受台风、暴雨季节等影响,造成部分终端及房建设施渗漏水情况增多。

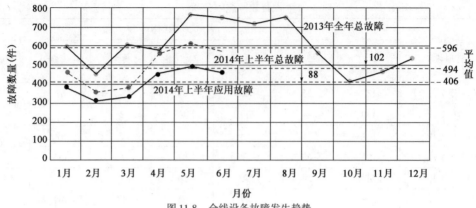

图 11-8　全线设备故障发生趋势

11.5.3　重要设备故障统计分析

1) 通信系统全年月故障统计分析

图 11-9 是全线通信系统 2013 年全年月故障折线图(一),描述视频监控、乘客信息和有线交换三个系统的月故障。图 11-10 是全线通信系统 2013 年全年月故障折线图(二),描述无线

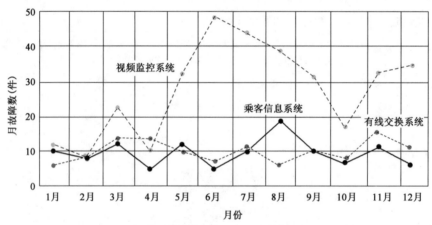

图 11-9　通信系统全线 2013 年全年月故障折线图(一)

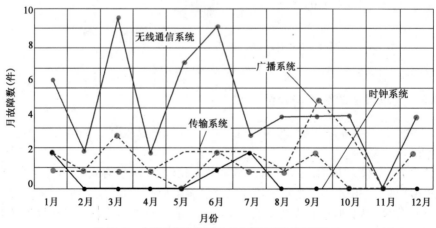

图 11-10　全线通信系统 2013 年全年月故障折线图(二)

通信、广播、时钟和传输四个系统的月故障。

图11-9、图11-10清楚地表明：

(1)视频监控系统月故障的起伏比较明显，变化范围在10~50件之间。

(2)乘客信息系统和有线交换系统月故障的变化相对平缓，变化范围在7~20件之间。

(3)无线通信系统月故障的起伏虽然较大，但数值不高，一般在2~10件之间。

(4)广播、时钟和传输系统月故障的起伏不大，数值较低，一般在0~2件之间。

2)供电系统全年月故障统计分析

图11-11是全线供电系统2013年全年月故障折线图。

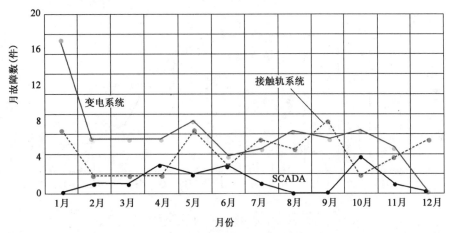

图11-11 全线供电系统2013年全年月故障折线图

图11-11清楚地表示：

(1)变电系统第一个月的故障有17件，随后下降并趋于平缓，在6件左右变化。

(2)接触轨系统月故障的起伏比较平稳，变化范围在2~8件之间。

(3)SCADA(监控和数据采集)月故障起伏也较平稳，变化范围在0~4件之间。

3)信号系统全年月故障统计分析

图11-12是全线信号系统2013年全年月故障折线图。

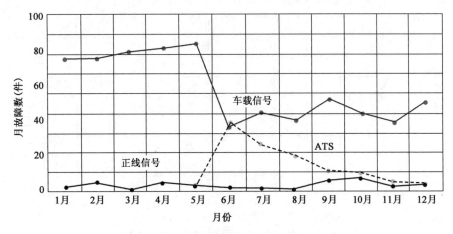

图11-12 全线信号系统2013年全年月故障折线图

图 11-12 清楚地表明：

(1) 车载信号的月故障最多,且呈现前段高后段低的趋势,1~5 月在 80 件左右变化,6~12 月在 45 件左右变化。

(2) 正线信号的月故障最低且起伏平稳,每月不超过 8 件,平均值仅 3.6 件。

(3) ATS(列车自动监控)全年月故障呈山峰趋势,1~5 月最低(在 2 件以下),9~12 月稍低(在 3~11 件之间),6~8 月凸起(在 37~50 件之间)。

4) FAS 全年月故障统计分析

图 9-13 是全线火灾自动报警系统 2013 年全年月故障折线图。

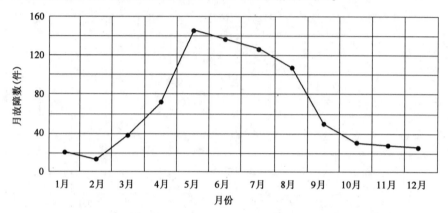

图 11-13　全线火灾自动报警系统 2013 年全年月故障折线图

图 9-13 清楚地表明：

(1) 在地铁系统设备中,火灾自动报警系统的故障率最高,月故障可超过 140 件,平均值在 80 件左右。

(2) 火灾自动报警系统月故障像一座山包,全年 5~8 月高(在 100 件以上),1~4 月低且呈上升趋势(多数在 40 件以下),9~12 月稍低且呈下降趋势(多数在 35 件以下)。

5) 车站设备全年月故障统计分析

图 11-14 和图 11-15 是全线车站设备 2013 年全年月故障折线图。

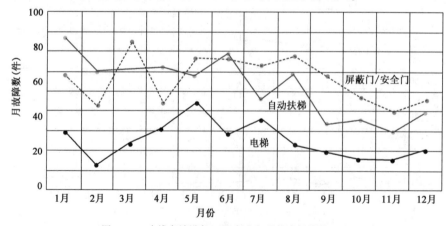

图 11-14　全线车站设备 2013 年全年月故障折线图(一)

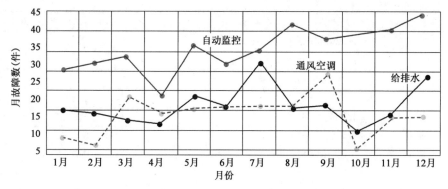

图 11-15　全线车站设备 2013 年全年月故障折线图(二)

图 11-14、图 11-15 清楚地表明：

(1)在地铁车站设备中,屏蔽门/安全门的故障率最高,月故障可超过 80 件,平均值为 62 件,这意味着全线平均每天可发生 2 次屏蔽门/安全门故障。

(2)在地铁车站设备中,自动扶梯的故障率次高,月故障可达 86 件,平均值为 58 件,这意味着全线平均每天可发生近 2 次自动扶梯故障。

(3)在地铁车站设备中,电梯的故障率居第三位,月故障可达 49 件,平均值为 28 件,这意味着全线平均每天可发生近 1 次电梯故障。

(4)在地铁车站设备中,给排水的故障率居第四位,月故障可达 30 件,平均值为 18 件,这意味着全线平均每天可发生 0.6 次给排水故障。

(5)在地铁车站设备中,通风空调的故障率居第五位,月故障可达 29 件,平均值为 16.5 件,这意味着全线平均每天可发生 0.55 次通风空调故障。

(6)在地铁车站设备中,自动监控的故障率居第六位,月故障可达 13 件,平均值为 5 件,这意味着全线平均每天可发生 0.17 次自动监控故障。

11.5.4　惯性故障统计分析

2011～2014 四年间,全线各类惯性故障 9772 件,具体见表 11-4。

全线惯性故障数量统计表(单位:件)　　　　　表 11-4

序号	系统名称	故障现象	2011～2014 年	2014 年上半年
1	车载信号	列车过标/不精确站停	625	60
		丢失安全零速	237	2
		TOD 黑屏	48	2
		速度传感器故障	93	5
2	正线信号	OC 板卡故障	56	0
		冲突点突变	29	0
		CCME 板卡自动重启	39	2
3	视频监控	BNC 接头制作不良	432	16
		前端枪机或镜头故障	149	41
4	无线通信	车载台送话器破损	23	0
5	接触轨	滑触线 H 型钢脱焊错位	83	4

续上表

序号	系统名称	故障现象	2011~2014年	2014年上半年
6	变电	35kV 环网电缆接头外露	72	2
7		35kV 沈开开关柜辅助开关锈蚀	29	29
8	SCADA	动力变温控器通信中断	9	9
9		开关无法远程遥控	30	30
10	房建	装修故障	1008	189
		渗漏水	846	150
		房建门锁故障	1567	254
		玻璃破损	99	12
		卫生间	700	95
11	桥隧	土建结构渗漏水故障	187	17
12	安全门/屏蔽门	DCU 故障	297	2
		行程开关故障	137	8
		闸锁故障	95	6
		模式开关故障	91	5
		PEDC 故障	46	6
13	电(扶)梯	电梯摄像头失效故障	92	12
		扶梯安全保护开关动作停梯故障	337	20
		扶梯 PLC 及触点粘连故障	259	13
14	FAS	烟感/手报报脏	1412	228
15	气体	烟感报脏	203	21
16	通风空调	VRV 空调室外机低压报警	8	0
		冷水机组故障	11	0
		冷却塔故障	8	0
		空调风柜故障	28	10
		风机盘管故障	14	1
17	卷帘门	锁芯损坏	54	12
18	低压配低	配电开关跳闸故障	83	11
		EPS 充电模块故障	21	10
		EPS 电源显示故障	4	1
19	ACS	门禁在 AIS 显示离线或无法操作	75	2
20	AIS	AIS 值班工作站蓝屏或黑屏	83	10
21	AIS/BAS	工作站系统死机	53	0
	合计		9772	1297

2014 年上半年，全线各类惯性故障 1297 件，占上半年故障总数的 43.8%，主要集中在房建、FAS、车载信号、屏蔽门及电扶梯等专业。

2014 年上半年主要惯性故障情况如下：

(1) 正线信号专业发生 2 件,为 CCME 板卡自动重启故障。
(2) 车载信号专业发生 2 件,为 TOD 黑屏故障。
(3) 视频监控(CCTV)专业 16 件,为 BNC 接头制作不良故障。
(4) 通风空调专业 10 件,为空调风柜轴承故障。
(5) 安全门/屏蔽门专业 6 件,为 PEDC 故障。
(6) 电扶梯专业 20 件,为扶梯安全保护开关动作停梯故障。
(7) FAS/气消专业 228 件,为烟感/手报报脏故障(清洁、复位或更换后恢复正常)。
(8) 变电专业 2 件,为 35kV 沈开开关柜辅助开关锈蚀引发的故障。
(9) 接触轨专业 4 件,为滑触线 H 型钢脱焊错位。
(10) SCADA 专业 5 件,为软件问题导致系统故障。

11.5.5 影响行车重点设备故障统计分析

2014 年上半年,全线共发生延误列车的故障 23 件,其中延误 2～5min 16 件、延误 5～15min 6 件、大间隔(延误 15min 以上)1 件、下线(退出服务)5 列,均较 2013 年上半年有所下降。具体见表 11-5。

影响行车设备故障数统计表(单位:件)　　　　表 11-5

影响程度	延误 2～5min	延误 5～15min	大间隔	下线
2014 年上半年	16	6	1	5
2013 年上半年	23	11	1	16
环比	-7	-5	0	-11

11.6 典型系统故障统计分析

专用无线通信系统采用 TETRA 体制,核心设备进口,构成如下:
(1) 装在控制中心的设备,包括无线调度台(4 台)、调度台控制器、控制交换机、网络交换机、通信接口服务器、自动列车监控服务器、无线子系统集中网管、交换机网管、中继器监测终端、-48V 电源、室外天馈线(装在控制中心楼顶,用于覆盖车辆段)、双工器、数字录音机、打印机等。
(2) 装在各车站的设备,包括基站或中继器(每个车站 1 台,共 19 台)、固定台(每个车站 1 台,共 20 台)、便携台(若干)、室内天馈线(每个车站 1 套)等。
(3) 装在车辆段的设备,包括信号值班调度台、基站、固定台、便携台(若干)等。
(4) 装在隧道壁上的设备,主要是泄漏电缆(收发共用一缆)及相关设备。
该系统于 2004 年年底开通,以下是 2005～2007 年三年该系统故障的统计和分析。

11.6.1 系统故障综合分析

1) 故障时间分布

图 11-16 是专用无线通信系统故障时间分布图,图 11-17 是专用无线通信系统故障排列图。

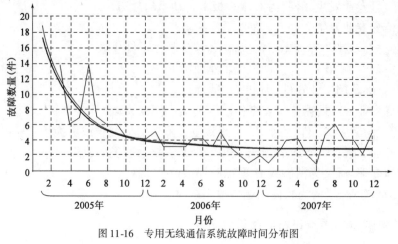

图 11-16 专用无线通信系统故障时间分布图

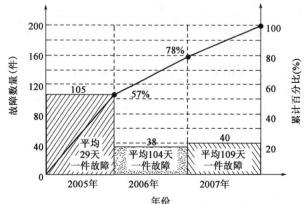

图 11-17 专用无线通信系统故障排列图

从图中 11-16 可以看出：

(1) 2005 年 1 月到 2007 年 12 月三年间，系统共发生故障 183 件，且呈下降趋势。

(2) 2005 年 1 月故障数最高，为 19 件/月；2005 年 2 月、2005 年 4 月和 2005 年 6 月次高，为 14 件/月；2006 年 11 月、2007 年 1 月和 2007 年 6 月最低，为 1 件/月。

(3) 从 2006 年 2 月起，月故障数进入相对稳定期，月平均故障数在 3 件左右。

(4) 2005 年故障最多，为 105 件，占 57%，平均 2.9 天一件故障。

(5) 2006 年故障明显下降，为 38 件，占 21%，平均 10.4 天一件故障。

(6) 2007 年故障较 2006 年略有上上升，为 40 件，占 22%，平均 10.9 天一件故障。

2) 故障设备类别

表 11-6 是专用无线通信系统故障设备分类表。

专用无线通信系统故障设备分类　　　　　　　表 11-6

序号	设备名称		设备故障数及所占比例						
			2005 年		2006 年		2007 年		三年合计
1	1 号线调度台	调度台	23 件	52 件	3 件	8 件	6 件	11 件	25 件	71 件
2	4 号线调度台		11 件	50%	0 件	21%	2 件	27.5%	21 件	38.8%

续上表

序号	设备名称		设备故障数及所占比例							
			2005年		2006年		2007年		三年合计	
3	环控调度台	调度台	2件	52件 50%	1件	8件 21%	0件	11件 27.5%	3件	71件 38.8%
4	维修(主任)调度台		0件		0件		0件		2件	
5	车辆段信号楼调度台		16件		2件		1件		17件	
6	调度台控制器DSC		0件		2件		2件		3件	
7	控制交换机DXTip		1件/0.9%				3件/7.5%		4件/2.2%	
8	网络交换机TCP/IP-SW									
9	无线TCS服务器		4件/4%		1件/2.6%				5件/2.7%	
10	自动列车监控服务器ATS	综合机柜	14件/13.3%		11件/28.9%		3件/7.5%		28件/15.3%	
11	NMS服务器(800MHz中继器监测终端)				1件/2.6%		1件/2.5%		2件/1.1%	
12	双工器									
13	-48V电源									
14	数字集群系统网管	网管								
15	无线子系统集中网管				1件/2.6%		2件/5%		3件/1.64%	
16	800MHz基站		2件/1.9%						2件/1.1%	
17	800MHz中继器		1件/0.9%		1件/2.6%		1件/2.5%		3件/1.64%	
18	800MHz车载台		28件/26.7%		13件/34.2%		14件/35%		55件/30%	
19	800MHz固定台		3件/2.8%				3件/7.5%		6件/3.3%	
20	800MHz便携台						2件/5%		2件/1.1%	
21	800MHz泄漏电缆									
22	室内天馈线									
23	室外天馈线				1件/2.6%				1件/0.5%	
24	录音机				1件/2.6%				1件/0.5%	
	合计		105件/100%		38件/100%		40件/100%		183件/100%	

从表11-6可以看出:

(1)三年间,24类设备中有18类出过故障,占75%,有6类未出故障,占25%。未出故障的设备是网络交换机、数字集群系统网管、双工器、-48V电源、泄漏电缆和室内天馈线。

(2)三年间,故障较多的设备是:

①调度台,有71件故障,占38.8%。此处所说调度台是下列设备的总称:列车调度台、环控调度台、维修(主任)调度台、车辆段信号楼调度台和调度台控制器。

②800MHz车载台,有55件故障,占30%。

③自动列车监控服务器ATS,有28件故障,占15.3%。

④其他设备(15类)有29件故障,仅占15.9%。

专用无线通信系统三年故障设备分布如图 11-18 所示。

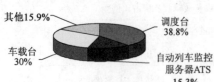

图 11-18　专用无线通信系统三年故障设备分布图

（3）三年间,调度台的累计故障数分别为 52 件、8 件、11 件。

（4）三年间,自动列车监控服务器 ATS 的累计故障数分别为 14 件、11 件、3 件。

（5）三年间,800MHz 车载台的累计故障数分别为 28 件、13 件、14 件。

专用无线通信系统三年设备故障对比如图 11-19 所示。

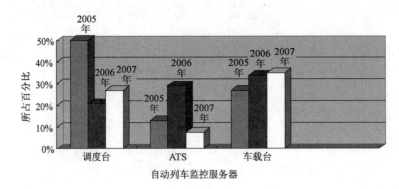

图 11-19　专用无线通信系统三年设备故障对比图

3）故障产生原因

表 11-7 是专用无线通信系统故障原因分析汇总表。图 11-20 是专用无线通信系统三年故障原因分布图。

专用无线通信系统故障原因分析汇总表　　　　表 11-7

年份(年)	故障分类统计								合计
	软件问题	硬件问题	连接问题	外部接口问题	使用问题	工程问题	维护问题	其他问题	
2005	68 件	19 件	6 件	4 件	6 件	2 件			105 件
	65%	18%	5.7%	3.8%	5.7%	2%			
2006	22 件	11 件	3 件	1 件				1 件	38 件
	58%	29%	8%	2.6%				2.6%	
2007	13 件	17 件	6 件		2 件		1 件	1 件	40 件
	32.5%	42.5%	15%		5%		2.5%	2.5%	

从中可看出：

（1）产生故障的原因有 8 个方面：软件问题、硬件问题、连接问题、外部接口问题、使用问题、工程问题、维护问题及其他问题。

软件问题的现象是 ATS 服务器死机、调度台死机（软件无法启动）、调度台接收信息失败、调度台收不到车载台呼叫、调度台与车载台间无法正常通话、显示信息错误、DSC 模块内部程序滞乱等。

第11章 可靠性分析

硬件问题的现象是基站报警、中继器异常、调度台计算机硬盘坏、调度台液晶显示器黑屏、车载台控制盒白屏、车载台控制盒坏、车载台主机坏、送话器坏、扬声器坏、机械锁坏、线路板老化等。

连接问题的现象是车载台主机与控制盒连线接错、通信接口服务器 TCS 与 CDD 连线断、无线 VDU 与交换机接口松动、PTT 盒与计算机连接串口故障、车载台主机内部接线故障、DIAA 组件接触不良、电缆连接器松动、电容松动、线路脱焊等。

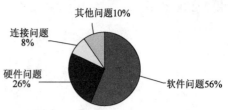

图 11-20　专用无线通信统三年故障原因分布图

外部接口问题的现象是自动列车监控服务器 ATS 送给调度台的信息出错、调度台与通信接口服务器 TCS 的信息交换出错。

使用问题的现象是调度台误操作、车载台误操作、便携台误操作。

工程问题的现象是未按设计连接专用电源,使信号楼调度台因照明停电而停电。

维护问题的现象是调度台控制器 DSC 机柜内风扇因未清洁加油而产生异响。

其他问题是 OCC 楼顶天线一个防雷单元被雷击坏,因皇岗站 OTN 调试而造成无线故障严重批量告警。

(2)产生故障的主要原因有三:软件问题 103 件,占 56%;硬件问题 47 件,占 26%;连接问题 15 件,占 8%。其他原因 18 件,仅占 10%。

图 11-21 是专用无线通信系统三类设备三年故障原因对比图,它说明:

(1)三年间,软件问题造成故障所占当年故障数的百分比在逐年下降,分别为 65%(故障 68 件)、58%(故障 22 件)、32.5%(故障 13 件)。

(2)三年间,硬件问题造成故障所占当年故障数的百分比在逐年上升,分别为 18%(故障 19 件)、29%(故障 11 件)、42.5%(故障 17 件)。

(3)三年间,连接问题造成故障所占当年故障数的百分比也在逐年上升,分别为 5.7%(故障 6 件)、8%(故障 3 件)、15%(故障 6 件)。

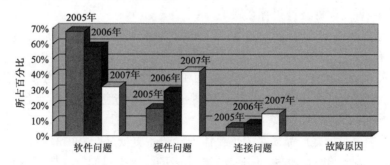

图 11-21　专用无线通信系统三类设备三年故障原因对比图

4)故障排除时间

图 11-22 是深圳地铁一期工程专用无线通信系统故障排除时间。

从图中可以看出:

(1)三年间,每年累计的故障排除时间逐年下降,分别为 179.5h、130h 和 89h。排除一个故障的时间有长有短,最长 8h,最短 1h。

(2) 三年间,每年排除一件故障的平均时间呈短、长、较短态势,分别为 1.69h/件、3.33 h/件和 2.17h/件。

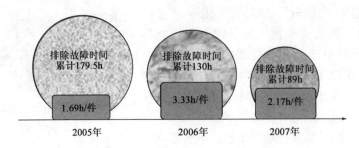

图 11-22　专用无线通信系统故障排除时间

11.6.2　结论与思考

(1) 该专用无线通信系统,以进口设备为主,进行了二次开发,既有硬件又有软件,产品复杂程度居中,故障记录比较完整,将其作为故障分析的典型对象是合适的。

(2) 在 2005 年 1 月至 2007 年 12 月的三年间,系统的故障情况是:

①共发生 183 次故障,但总的趋势是下降的:2005 年 1 月故障数最高,达 19 件;2007 年 1 月和 2007 年 6 月最低,每月 1 件;2006 年 2 月起,开始进入相对稳定期,每月平均 3 件左右。

②2005 年故障最多,平均 2.9 天一件故障;2006 年明显下降,平均 10.4 天一件故障;2007 年略有上升,平均 10.9 天一件故障。

③故障总数排在前三位的设备分别是调度台,共 71 件,占 38.8%;车载台,共 55 件,占 30%;自动列车监控服务器 ATS,共 28 件,占 15.3%;三者合计故障数占总故障数的 84.1%。其他设备故障仅占 15.9%。

④引发故障的主要原因是软件问题,占 56%;硬件问题,占 26%;连接问题,占 8%。其他原因合计占 10%。软件问题十分突出,所占当年故障数的百分比虽在逐年下降,但死机等现象依旧重复发生,说明软件设计仍存在缺陷。

⑤排除一个故障的平均时间,2005 年为 1.69h,2006 年为 3.33h,2007 年为 2.17h,说明排除故障的能力有待进一步提高。

(3) 对二次开发完成的系统设备,其稳定性和可靠性需要长时间的考验,需要不断改进完善,才能满足合同性能指标的要求,因此,即使过了质保期,仍应限期要求承包商对软件进行换版或升级,对硬件进行针对性整改。

(4) 产品故障率高低是产品质量的重要体现。产品质量是产品固有的,是设计出来的、制造出来的,不是检验或验收出来的,更不是维护出来的。维护只能发现故障、排除故障、防止或减少因维护不到位而产生新的故障,维护不可能从根本上提高产品质量。因此,必须把好设计关,并且在设备制造的各个环节按规程严格控制和管理,这对于保证产品的质量和可靠性是极为关键的。

(5) 专用无线通信系统故障虽然较多,其实际的稳定性与可靠性低于技术规格书要求,但因故障发现及时、排除及时,未对运营造成大的影响。

(6) 机电设备质保期一般为 36 个月。到期后,为了降低设备故障率,应提高设备维修率,努力延长设备使用寿命,从而更好地保证运营任务的顺利进行。

11.7 可靠性的定量分析

11.7.1 计算公式

可靠性的定量描述有多个参数。用 $R(t)$ 表示的可靠度和用 λ 表示的故障率(失效率),都是对可靠性的概率量度。当 λ 为常数时,可靠度与故障率(失效率)的关系为:

$$R(t) = e^{-\lambda t} \tag{11-8}$$

可靠性的定量描述主要涉及三种系统,即串联系统、并联系统和串并联混合系统。

1) 串联系统

假设一个系统由 n 个子系统组成,当且仅当所有的子系统都能正常工作时,系统才能正常工作,这种系统称为串联系统,如图 11-23 所示。

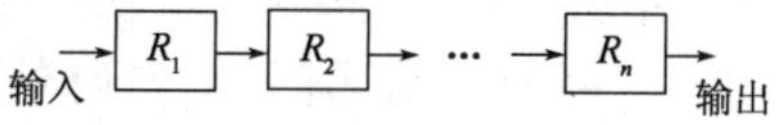

图 11-23 串联系统

设系统各个子系统的可靠性分别用 R_1、R_2、…、R_n 表示,则系统的可靠性为:

$$R = R_1 \times R_2 \times \cdots \times R_n \tag{11-9}$$

如果各个子系统的故障率(失效率)分别用 λ_1、λ_2、…、λ_n 表示,则系统的失效率为:

$$\lambda = \lambda_1 + \lambda_2 + \cdots + \lambda_n \tag{11-10}$$

系统越多,可靠性越差,故障率(失效率)越大。

2) 并联系统

假如一个系统由 n 个子系统组成,只要有一个子系统能够正常工作,系统就能正常工作,如图 11-24 所示。

设系统各个子系统的可靠性分别用 R_1、R_2、…、R_n 表示,则系统的可靠性为:

$$R = 1 - (1 - R_1) \times (1 - R_2) \times \cdots \times (1 - R_n) \tag{11-11}$$

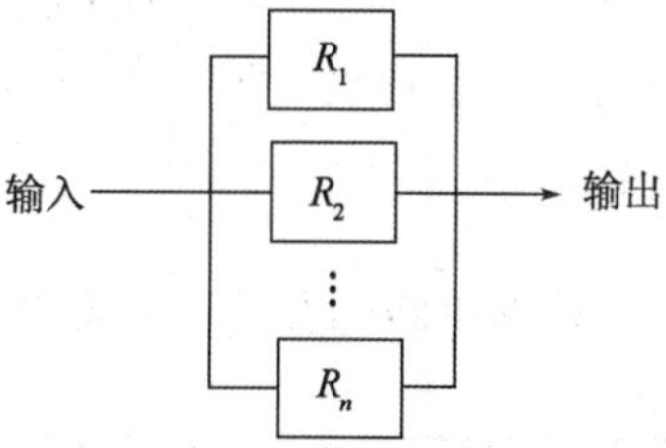

图 11-24 并联系统

在并联系统中只有一个子系统是真正需要的,其余 $n-1$ 个子系统都被称为冗余子系统。该系统随着冗余子系统数量的增加,其平均无故障时间也会增加。

换言之,对并联系统来说,只要有一个子系统能用,系统就没有问题。而对串联系统来说,就是一个子系统有问题,系统就会瘫痪。

3) 串并联混合系统

串并联混合系统,实际上就是对串联系统与并联系统的综合应用。

假定,如图 11-25 所示,某大系统按功能可划分为前后两段。前段由两个子系统并联构成,可靠性分别为 R_1 和 R_2。后段也由两个子系统并联构成,可靠性分别为 R_3 和 R_4。前段与后段串联,为串并联混合系统。

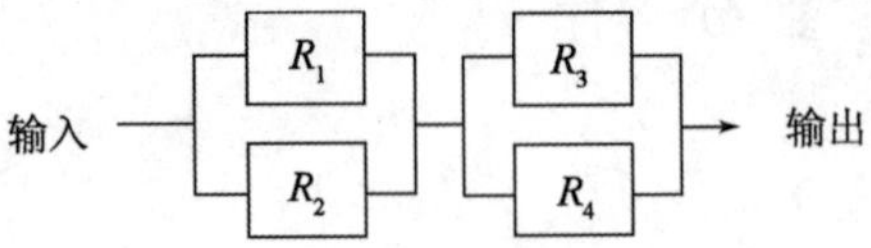

并假设 R_1、R_2、R_3、R_4 均为 0.9,则前段可靠性和后段可靠性分别为:

$$1 - (1 - R_1) \times (1 - R_2) = 0.99$$

图 11-25 串并联混合系统

大系统可靠性为:

$$R = 0.99 \times 0.99 = 0.9801$$

11.7.2 分析案例一:屏蔽门系统可靠性定量分析

现将屏蔽门系统作为可靠性定量分析的案例。

地铁列车编组有"4 动 2 拖"和"6 动 2 拖"两种形式。从严考虑,以"6 动 2 拖"列车编组进行屏蔽门系统的可靠性分析。此时,每辆 5 对车门,每列列车有 8 辆车,每侧共 40 对门车门。因此,站台每侧的屏蔽门应为 40 对。

典型屏蔽门系统可靠性框图,见图 11-26。

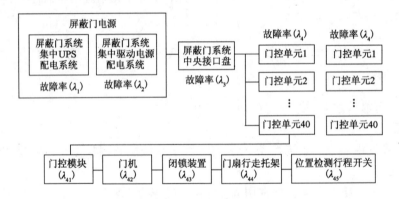

图 11-26 典型屏蔽门系统可靠性框图

典型屏蔽门系统主要部件故障率统计,见表 11-8。

典型屏蔽门系统主要部件故障率统计　　　　表 11-8

主要部件	故障率	每套双扇滑动门故障率(次/h)	每侧站台故障率 数量	每侧站台故障率 故障率(次/h)	总故障率 数量	总故障率 故障率(次/h)	分析所用数据来源
屏蔽门集中 UPS 配电系统	λ_1	1.404×10^{-6}	1	1.404×10^{-6}	8	11.232×10^{-6}	供应商(制造商)
屏蔽门集中驱动电源配电系统	λ_2	0.528×10^{-6}	1	0.528×10^{-6}	8	4.224×10^{-6}	供应商(制造商)

续上表

主要部件	故障率	每套双扇滑动门故障率(次/h)	每侧站台故障率 数量	每侧站台故障率 故障率(次/h)	总故障率 数量	总故障率 故障率(次/h)	分析所用数据来源
屏蔽门系统中央接口盘	λ_3	1.202×10^{-6}	1	1.202×10^{-6}	8	9.616×10^{-6}	类似产品现场数据
屏蔽门系统门控单元	λ_4	3.915×10^{-6}	80	316.08×10^{-6}	600	2370.6×10^{-6}	供应商(制造商)
门控模块	λ_{41}	1.245×10^{-6}	80	99.6×10^{-6}	600	747.0×10^{-6}	类似产品现场数据
门机	λ_{42}	0.805×10^{-6}	80	64.4×10^{-6}	600	483.0×10^{-6}	类似产品现场数据
闭锁装置	λ_{43}	0.647×10^{-6}	80	51.76×10^{-6}	600	388.2×10^{-6}	类似产品现场数据
门扇行走托架	λ_{44}	0.245×10^{-6}	80	20.32×10^{-6}	600	152.4×10^{-6}	类似产品现场数据
位置检测行程开关	λ_{45}	1.000×10^{-6}	80	80.00×10^{-6}	600	600.00×10^{-6}	供应商(制造商)

已知系统平均故障间隔时间(MTBF)计算公式为：

$$\mathrm{MTBF} = \frac{1}{\lambda_s} = \frac{1}{\sum_{i=1}^{N} \lambda_i}$$

式中：λ_s——系统故障率；

λ_i——系统每一独立部件的故障率。

因此，屏蔽门系统的故障率(失效率)λ 可按下式计算：

$$\lambda = \lambda_1 + \lambda_2 + \lambda_3 + \lambda_4 = \lambda_1 + \lambda_2 + \lambda_3 + (\lambda_{41} + \lambda_{42} + \lambda_{43} + \lambda_{44} + \lambda_{45}) \quad (11-12)$$

将表 11-10 中数据代入此式，可得 $\lambda = 2395.672 \times 10^{-6}$。

继而可得屏蔽门系统的平均故障间隔时间为：$\mathrm{MTBF} = 1/\lambda = 417.4\mathrm{h}$。

11.7.3 分析案例二：主变电所可靠性定量分析

110/35kV 主变电所系统，由进线单元、母线联络、馈线单元、所用电单元以及防雷和接地等五类单元构成，如图 11-27 所示。

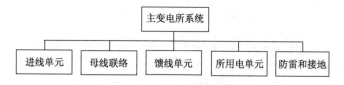

图 11-27 主变电所系统构成

进线单元包括进线手动隔离开关、进线气体绝缘开关柜、电流互感器、电压互感器、断路器、手动隔离开关、逻辑控制器、保护和控制继电器和电缆及其附件。

母线联络包括连通母线、母联气体绝缘开关柜、电流互感器、断路器、手动隔离开关、逻辑控制器、保护和控制继电器。

馈线单元包括馈线气体绝缘开关柜、电流互感器、电压互感器、断路器手动隔离开关、逻辑控制器、保护和控制继电器、线路测试设备、电缆及其附件。

所用电单元包括交流屏、直流屏、充电装置、电池组。

防雷和接地单元包括防雷设备、接地和连接。

110/35kV 主变电所系统原理图,如图 11-28 所示。

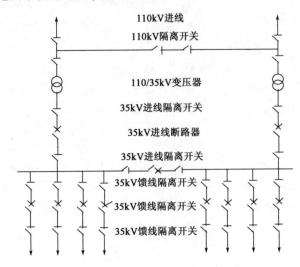

图 11-28　110/35kV 主变电所系统原理图

在四种故障等级情况下,主变电所系统可靠性要求见表 11-9。

主变电所系统可靠性要求　　　　表 11-9

故障等级	故障程度	平均故障间隔时间(h)	平均修复时间(h)	失效率(小时失效数)	可靠性标准(年失效次数)
R1	影响行车 2min 以上,或导致列车不能按计划发车	250	2	4×10^{-3}	35
R2	影响行车 5min 以上,或导致 1 座或多座车站临时关闭	876	5	1.14×10^{-3}	10
R3	影响行车 20min 以上,或导致 1 座车站关闭超过 2h,或导致全线停运超过 1h	13133	20	7.6×10^{-5}	0.667
R4	列车滞留在线路上超过 1h 的严重停运,或导致 1 座车站关闭超过 1 天	26306	60	3.8×10^{-5}	0.333

在拥有 42 个设备单元情况下,主变电所系统各单元可靠性预测结果见表 11-10。

主变电所系统各单元可靠性预测　　　　表 11-10

序号	设备单元	故障形式	年故障率	可靠性指标分配(%)	故障类别	计算故障概率
1	进线 GIS[①] 手动隔开关	绝缘闪络	2.44×10^{-5}	100	R3	1.46×10^{-4}
2	进线 GIS 电流互感器	感应高电压	4.87×10^{-5}	100	R3	2.92×10^{-4}

续上表

序号	设备单元	故障形式	年故障率	可靠性指标分配(%)	故障类别	计算故障概率
3	进线 GIS 断路器	断路器故障	4.87×10^{-5}	35	R3	1.02×10^{-4}
4	进线 GIS 断路器	储能电机单元故障	4.87×10^{-5}	65	R3	1.90×10^{-4}
5	进线 GIS 电压互感器	无输出电压	2.44×10^{-5}	60	R3	8.78×10^{-5}
6	进线 GIS 电压互感器	输出电压超高	2.44×10^{-5}	40	R3	5.86×10^{-5}
7	进线 GIS PLC	PLC 失灵	9.75×10^{-6}	100	R3	5.85×10^{-5}
8	进线 GIS 保护和控制继电器	保护继电器整定错误	9.75×10^{-6}	90	R3	5.27×10^{-5}
9	进线 GIS 保护和控制继电器	保护继电器动作错误	9.75×10^{-6}	10	R3	5.85×10^{-6}
10	进线电缆及附件	断裂或损坏	2.63×10^{-3}	90	R1	1.42×10^{-2}
11	进线电缆及附件	漏电	2.63×10^{-3}	10	R1	1.58×10^{-3}
12	母线	母线延伸端电气泄露	2.92×10^{-5}	100	R4	1.46×10^{-4}
13	母线 GIS 手动隔离开关	绝缘闪络	2.44×10^{-5}	100	R4	2.44×10^{-4}
14	母线 GIS 电流互感器	感应高电压	4.87×10^{-5}	100	R4	2.44×10^{-4}
15	母线 GIS 断路器	断路器故障	4.87×10^{-5}	35	R3	1.02×10^{-4}
16	母线 GIS 断路器	储能电机单元故障	4.87×10^{-5}	65	R3	1.90×10^{-4}
17	母线 GIS PLC	PLC 失灵	9.75×10^{-6}	100	R4	4.88×10^{-5}
18	母线 GIS 保护和控制继电器	保护继电器整定错误	9.75×10^{-6}	90	R3	5.27×10^{-5}
19	母线 GIS 保护和控制继电器	保护继电器动作错误	9.75×10^{-6}	10	R3	5.85×10^{-6}
20	馈线 GIS 手动隔离开关	绝缘闪络	2.44×10^{-5}	100	R1	5.12×10^{-4}
21	馈线 GIS 电流互感器	感应高电压	4.87×10^{-5}	100	R1	1.02×10^{-3}
22	馈线 GIS 断路器	断路器故障	4.87×10^{-5}	35	R3	3.58×10^{-4}
23	馈线 GIS 断路器	储能电机单元故障	4.87×10^{-5}	65	R3	6.65×10^{-4}

续上表

序号	设备单元	故障形式	年故障率	可靠性指标分配(%)	故障类别	计算故障概率
24	进线 GIS 电压互感器	无输出电压	2.44×10^{-5}	60	R1	1.17×10^{-4}
25	进线 GIS 电压互感器	输出电压超高	2.44×10^{-5}	40	R1	7.81×10^{-5}
26	进线 GIS PLC	PLC 失灵	9.75×10^{-6}	100	R1	2.05×10^{-4}
27	进线 GIS 保护和控制继电器	保护继电器整定错误	9.75×10^{-6}	90	R1	1.84×10^{-4}
28	进线 GIS 保护和控制继电器	保护继电器动作错误	9.75×10^{-6}	10	R3	2.05×10^{-5}
29	线路测试装置	与带电部分错误连通	1.31×10^{-4}	100	R1	2.75×10^{-3}
30	馈线电缆及附件	断裂或损坏	2.63×10^{-3}	90	R3	4.97×10^{-2}
31	馈线电缆终端箱	漏电	2.63×10^{-3}	10	R3	5.52×10^{-3}
32	所用电交流电源屏	交流进线电源故障	6.58×10^{-4}	25	RR(其他)	8.23×10^{-4}
33	所用电交流电源屏	绝缘闪络	6.58×10^{-4}	50	RR(其他)	1.65×10^{-3}
34	所用电交流电源屏	交流进线故障	6.58×10^{-4}	25	RR(其他)	8.23×10^{-4}
35	所用电直流电源屏	控制回路断路器无信号	6.58×10^{-4}	20	RR(其它)	6.58×10^{-4}
36	所用电直流电源屏	绝缘闪络	6.58×10^{-4}	20	RR(其他)	6.58×10^{-4}
37	所用电直流电源屏	无信号	6.58×10^{-4}	30	RR(其他)	9.87×10^{-4}
38	所用电直流电源屏	无直流输出	6.58×10^{-4}	30	RR(其他)	9.87×10^{-4}
39	所用电电池	电池漏电	6.58×10^{-4}	100	R1	3.29×10^{-3}
40	所用电充电机	充电机故障	6.58×10^{-4}	100	R1	3.29×10^{-3}
41	雷电防护装置	设备雷电损坏	1.40×10^{-4}	100	RR(其他)	7.00×10^{-4}
42	接地及连接	断线	1.00×10^{-5}	100	RR(其他)	5.00×10^{-5}

注:①GIS 指气体绝缘开关柜。

表 11-11 是主变电所系统可靠性计算结果与可靠性指标比较,它表明:在四种不同故障等级下,主变电所系统可靠性计算结果均优于可靠性指标(计算公式和计算过程略)。

主变电所系统可靠性计算结果与可靠性指标比较　　　表 11-11

故障等级	KWF 变电所	可靠性计算结果	可靠性指标	结果比较评价
R1	0.0101453	0.027230325	8.75	计算结果满足指标要求
R2	0	0	2.5	计算结果满足指标要求
R3	0.0192812	0.073398075	0.3335	计算结果满足指标要求
R4	0.0002437	0.00068225	0.0333	计算结果满足指标要求

表 11-12 是主变电所系统可靠性预测结论,它表明:在四种不同故障等级下,主变电所系统可靠性预测结果均满足可靠性指标要求。

主变电所系统可靠性预测结论　　　　　表11-12

故障等级	故障程度	平均故障间隔时间（h）	平均修复时间（h）	失效率（小时失效次数）	可靠性标准（年失效次数）	计算可靠性（年失效次数）	可靠性结论
R1	影响行车2min以上，或导致列车不能按计划发车	250	2	4×10^{-3}	35	13.62845	合格
R2	影响行车5min以上，或导致1座或多座车站临时关闭	876	5	1.14×10^{-3}	10	1.606177	合格
R3	影响行车20min以上，或导致1座车站关闭超过2h，或导致全线停运超过1h	13133	20	7.6×10^{-5}	0.667	0.159481	合格
R4	列车滞留在线路上超过1h的严重停运，或导致1座车站关闭超过1天	26306	60	3.8×10^{-5}	0.333	0.288854	合格

第 12 章 电磁兼容分析

地铁设备所处的电磁环境复杂敏感。电磁骚扰(干扰)既存在于地铁内部,也来自地铁外部。设备或系统的电磁辐射所带来的环境污染,既会对人体造成伤害,也会对其他设备或系统造成不良影响。为面对并解决"电磁兼容"问题,本章论述地铁中的电磁干扰、干扰抑制技术和无线电频率资源,分析地铁设备内部干扰和外部干扰。

12.1 基本概念

电磁兼容(性)的英文缩写为 EMC,来源于 Electro Magnetic Compatibility 一词。当描述设备(分系统、系统)的 EMC 性能指标时,通常使用"电磁兼容性"叫法。当描述 EMC 的理论、技术、科学时,一般采纳"电磁兼容"称谓。

电磁污染的危害,是对人体健康的损伤。

电磁干扰的危害,是电气、电子设备之间的相互影响。

电磁兼容目的,是为了消除或降低自然的和人为的电磁干扰的危害,提高设备或系统的抗电磁干扰能力,保证设备或系统的电磁兼容性。

12.1.1 常用名词术语

1985 年 12 月 19 日,原国防科学技术工业委员会批准发布国军标《电磁干扰与电磁兼容性名词术语》(GJB 72—1985),自 1986 年 6 月 1 日起实施。该标准以下简称《名词术语》。这是进行地铁设备电磁兼容性分析的基础性文件。

地铁设备电磁兼容常用名词术语,定义如下:

1)设备

作为一个独立单元进行工作,并完成单一功能的任何电气、电子或机电装置,称为设备。

2)分系统

从电磁兼容性要求的角度考虑,下列任一状况都可认为是分系统:

(1)作为单独整体起作用的许多装置或设备的组合,但并不要求其中的许多装置或设备独立起作用;

(2)作为在一个系统内起主要作用,并完成单项或多项功能的许多设备或分系统的组合。

以上两类分系统的装置或设备,在实际工作时可以分开装在几个固定或移动的台站、运载工具或系统中。

3)系统

系统即若干设备、分系统、专职人员及可以执行或保障工作任务的技术组合。一个完整的系统除包括有关的设施、设备、分系统、器材和辅助设备外,还包括在工作和保障环境中能胜任工作的操作人员。

4)传输线

为电能或电磁能构成一条从一处到另一处定向传输连续通路的器材装置,称为传输线,包括电话线、电缆、波导管、同轴电缆和其他类似器材。

5)电磁噪声

电磁噪声是与任何信号都无关的一种电磁现象。通常是脉动的和随机的,但也可以是周期的。

6)自然噪声

由自然电磁现象产生的电磁噪声,称为自然噪声。

7)人为噪声

由机电或其他人工装置产生的电磁噪声,称为人为噪声。

8)无线电噪声

射频频段内的电磁噪声,称为无线电噪声。

9)干扰源

任何产生电磁干扰的元件、器件、设备、分系统、系统或自然现象,称为干扰源。

10)电磁干扰(EMI)

任何能中断、阻碍、降低或限制通信电子设备有效性能的电磁能量,称为电磁干扰,英文缩写 EMI。

11)无用信号

可以损害有用信号接收的信号,称为无用信号。

12)工业干扰

由输电线、电网以及各种电气设备和电子设备工作时引起的电磁干扰,称为工业干扰。

13)辐射干扰

由任何部件、天线、电缆和连接线辐射的电磁干扰,称为辐射干扰。

14)传导干扰

沿着导体传输的电磁干扰,称为传导干扰。

15)干扰抑制

通过滤波、搭接、屏蔽和接地或这些技术的任意组合,一减少或消除不希望的发射,称为干扰抑制。

16)雷电冲击

由雷电在电气或电子线路中引起的瞬态电扰动,称为雷电冲击。

17)电磁环境

设备、分系统或系统在执行规定任务时,可能遇到的辐射或传导电磁发射电平在不同频率范围内功率和时间的分布,称为电磁环境。电磁环境有时也可用场强表示。

电磁环境,也可认为是存在于给定场所的所有电磁现象的总和。一般来说,这个总和与时间有关,对它的描述也许要用统计的方法。

18) 辐射发射

通过空间传播的、有用的或不希望有的电磁能量,称为辐射发射。

19) 传导发射

沿电源线或信号线传输的电磁发射,称为传导发射。

20) 电磁干扰发射

引起电磁干扰的辐射发射或传导发射,称为电磁干扰发射。

21) 发射频谱

信号功率在基频周围随频率分布的曲线,称为发射频谱。它包括基频和伴带的调制边带,以及非谐波或谐波发射与它们伴带的边带。

22) 载波功率

在发射机未调制的条件下,一个射频周期内,馈给天线传输线的功率平均值,称为载波功率。

23) 平均功率

发射机正常运行期间,馈给天线传输线的功率平均值,称为平均功率。

24) 抑制

通过滤波、搭接、屏蔽和接地,或这些技术的任意组合,以减少或消除不希望的发射,称为抑制。

25) 频率划分(频率分配)

对各类具体的无线电业务所使用的无线电频段,进行划分的过程,称为频率划分(频率分配)。

26) 频率指配

核准在某一确定地点按规定条件(带宽、功率、方位、占空系数、调制方式等),使用某一特定的频率、频率组或频带的过程,称为频率指配。

27) 电磁兼容性(EMC)

设备(分系统、系统)在共同的电磁环境中,能一起执行各自功能的共存状态,叫做电磁兼容性,英文缩写 EMC。

亦即:该设备(分系统、系统)不会由于受到处于同一电磁环境中的其他设备(分系统、系统)的电磁发射而导致或遭受不允许的降级;它也不会使同一电磁环境中的其他设备(分系统、系统),因其电磁发射而导致或遭受不允许的降级。

或者说,设备(分系统、系统)在其电磁环境中能正常工作且不对该环境中任何事物构成不能承受的电磁骚扰的能力。

28) 系统间电磁兼容性

给定系统与它运行所处的电磁环境或与其他系统之间的电磁兼容性,称为系统间电磁兼容性。

影响系统间电磁兼容性的主要因素是信号及功率传输系统与天线之间的耦合。

29) 系统内电磁兼容性

在给定系统内部的分系统设备或部件相互之间的电磁兼容性,称为系统内电磁兼容性。

影响系统内电磁兼容性的主要因素是耦合。耦合方式有导线间的电感、电容、电场和磁场耦合,还有系统内公共阻抗耦合与天线之间的耦合。

30) **电磁敏感性**

设备、分系统和系统暴露在电磁辐射下,所呈现的不希望的响应程度,称为电磁敏感性。

辐射敏感度,是指造成设备降级的辐射干扰场的度量。

传导敏感度,是指造成设备降级时,对电源、信号或控制引线上干扰信号电压或电流的度量。

31) **辐射危害**

辐射危害泛指电磁辐射对燃料、电子设备和人体的伤害。

32) **性能降低**

性能降低是指装置、设备或系统的工作性能同正常性能的非期望偏离。

33) **抗扰度**

对骚扰的抗扰度,简称抗扰度,是指在有电磁骚扰情况下,装置、设备或系统具有不降低其运行性能的能力。

34) **抗扰度限值**

抗扰度限值是指要求的最小抗扰度水平。

35) **抗扰度水平**

抗扰度水平是指用规定方法注入在特定装置、设备或系统上,不会出现运行性能降低的某给定电磁骚扰的最大水平。

36) **抗扰度裕量**

抗扰度裕量是指抗扰度限值和电磁兼容水平的比值。

37) **兼容水平**

电磁兼容水平,简称兼容水平,是指一个规定的骚扰水平,在这个水平下应具有可接受的高概率的电磁兼容性。

38) **兼容裕量**

电磁兼容裕量,简称兼容裕量,是指抗扰度限值和发射限值的比值。

值得关注的是,电磁兼容裕量恰是发射裕量和抗扰度裕量之积(若用分贝作单位,则是二者之和)。

39) **发射裕量**

发射裕量是指电磁兼容水平和发射限值的比值。

40) **接地**

一种接地是将设备外壳、框架或底座搭接到物体或运载工具的结构上,以保证它们同电位。

另一种接地是将电路或设备连接到大地或起大地作用的、尺寸较大的导体上。

41) **接大地**

使物体或运载工具的结构(包括金属蒙皮)与大地间实现良好的电气连接,以确保它们与大地同电位的处理方法,称为接大地。

42) **单点接地**

每个电路或屏蔽体对地仅有一个连接点的接地形式,称为单点接地。理想的情况是一个分系统只接在同一个连接点,这种方法可防止结构中流过返回电流。

43) 搭接

一种搭接是使两个物体之间具有导电性的固定结合,这种结合可以是两个物体导电表面间的直接接触,也可以是加装在两个物体之间牢固的电气连接。

另一种搭接是在电气工程中,将各金属部分连接在一起,使它们对直流电和低频交流电呈现低电阻电气接触的一种方法。

44) 场强

场强通常指电场矢量大小,以伏每秒表示;也可以指磁场矢量大小,以安每米或安匝每米表示。在电磁兼容或电磁兼容性领域,"场强"仅适用于远场测量。近场测量时,应根据测量结果是电场还是磁场,采用相应的术语"电场强度"或"磁场强度"。

45) 误码率

在规定的时间间隔内,接收到的不正确位(二进制)、字组、字符、码元的数目与发出的位、字组、字符、码元的总数之比,称为误码率。

46) 误比特率

在规定的时间间隔内,错误的比特数与总比特数之比,称为误比特率,通常以10的幂表示。

47) 分贝

表示两个功率值之比的单位,称为分贝,其表达式为:

$$dB = 10\lg\frac{P_1}{P_2}$$

若两个电压值或电流值是在相同阻抗上测得的,则分贝也可用下式表达:

$$dB = 20\lg\frac{U_1}{U_2} = 20\lg\frac{I_1}{I_2}$$

若阻抗不同,则应使用功率比的表达式。

毫瓦分贝(dBm)以1mW为基准的分贝数,用以表示功率值。

表达式 $dBm = 10\lg P$,式中 P 为功率,单位为 mW。

0dBm 等于 1mW。

12.1.2 电磁干扰形成机理及抑制措施

1) 电磁干扰形成三要素

电磁兼容的英文缩写为 EMC,而电磁干扰的英文缩写为 EMI。

对电磁干扰,《名词术语》的定义是:任何能中断、阻碍、降低或限制电子设备有效性能的电磁能量。

对电磁骚扰,《名词术语》没有定义,通常是指任何可能引起装置、设备或系统性能降低或者对有生命或无生命物质产生损害作用的电磁现象。电磁骚扰,有时也叫电磁干扰。

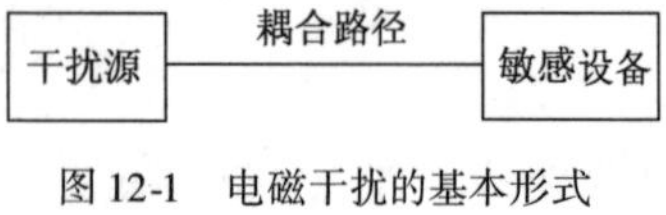

如图12-1所示,要形成电磁干扰,必须具备三个要素:干扰源、敏感设备及耦合路径。所谓干扰源,就是发射电磁干扰(骚扰)的发射器。所谓敏感设备,就是表现出性能降低的敏感的

图12-1 电磁干扰的基本形式

器件、装置或系统。所谓耦合路径,就是位于干扰源和敏感设备之间,干扰信号所经过的传输媒体。

2) 电磁干扰形成逻辑

为说明电磁干扰形成机理,我们绘制了干扰形成逻辑图,见图12-2。

图12-2 清楚地表明:干扰形成三要素,只是产生干扰的必要条件;而要真正形成干扰,还必须满足下述三个条件:

(1) 干扰源存在,而且干扰信号已进入通信系统(敏感设备);

(2) 干扰信号频率落在通信系统(敏感设备)的频带之内;

(3) 干扰信号强度大于通信系统(敏感设备)正常工作所允许的数值。

3) 电磁干扰抑制措施

参见图12-3,为抑制电磁干扰,根据干扰形成三要素及干扰形成逻辑,应从以下三方面采取措施:

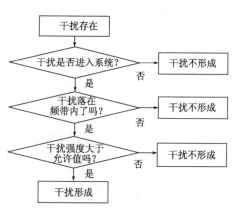

图12-2 干扰形成逻辑图

(1) 控制干扰发射电平。为此,一方面要尽量防止干扰源的发射频率落入敏感设备的接收频带之内,另一方面还要努力降低干扰源的实际发射功率。

(2) 切断干扰耦合路径。为此,对辐射耦合要采取多种措施,包括频域隔离、空域隔离、时域隔离、滤波隔离等。对传导耦合也要采取多种措施,包括屏蔽、滤波、接地、搭接等。

(3) 加强干扰抑制能力。为此,敏感设备要采取多种措施,包括屏蔽、滤波、接地、搭接,以及有针对性的其他抗干扰技术。

图12-3 电磁干扰抑制措施

12.2 地铁中的电磁干扰

12.2.1 电磁干扰的种类

电磁干扰的分类方法很多,包括按来源、发生机理、传输方式、时域特性、频域特性等分类。

按干扰来源分,有自然干扰和人为干扰。

按发生机理分,有放电噪声、接触噪声、非功能性噪声、过渡现象和无用信号等。

按传输方式分,有辐射干扰和传导干扰。

按时域特性分,有噪声干扰(随机干扰)、调制干扰等。

按频域特性分,有低频干扰、中频干扰、高频干扰、微波干扰等。

其中,自然干扰有大气噪声(如雷电)、太阳噪声、宇宙噪声和静电放电等。人为干扰是电气电子设备和其他人工装置所产生的电磁干扰,包括功能性的无用信号和非功能性的电磁噪声。一般来说,产生人为干扰的设备,有家用电器、民用设备、高频设备、电力设备、数字设备和电力机车等。

对地铁设备的电磁兼容而言,除雷电外,主要关注的是人为干扰、微波干扰、无用信号、辐射干扰和传导干扰。

12.2.2 地铁常见电磁干扰

地铁弱电设备,按功能和用途划分,有信号系统、通信系统、乘客信息系统、自动售检票系统、综合监控系统及安防系统等。按设置地点划分,有室内设备、室外设备、轨旁设备及车载设备等。

研究表明,地铁弱电设备的技术特点是"六化",即功能多样化、设备数字化(以计算机为核心)、传播无线化、耗能弱电化、环境开放化及工作连续化。因此,从电磁兼容角度看,弱电设备不仅会带来电磁干扰,而且对电磁干扰也很敏感。

毋庸置疑,地铁弱电设备的电磁兼容技术,应是关注的重点。

地铁中,常见的电磁干扰有以下几种:

(1)地铁所用电力电子器件的噪声,例如电网中的谐波、电网电压的瞬时跌落、电网电压波动及产生高频噪声等;

(2)地铁机车、牵引供电等系统中有电感负载,而电感负载切割时会产生瞬变噪声;

(3)地铁牵引电压高、牵引电流大,接通负载时会产生冲击波及开关触点抖动;

(4)无用的无线电信号,这种无用信号可以来自地铁系统内部(例如地铁民用无线通信信号可能进入地铁专用无线通信系统),也可以来自地铁系统外部(例如市属医院的大功率医疗设备无线信号可能进入地铁信号系统);

(5)雷电噪声等。

12.2.3 电磁干扰耦合途径

通常认为,电磁干扰传输有两种方式:传导传输方式和辐射传输方式。因此,从被干扰的敏感器来看,干扰耦合可分为传导耦合和辐射耦合两大类。

1) 传导耦合

传导耦合必须在干扰源和敏感器之间有完整的电路连接,干扰信号沿着这个连接电路传递到敏感器,才能发生干扰现象。这个传输电路,可包括导线、设备的导电构件、供电电源、公共阻抗、接地平板、电阻、电感、电容和互感元件等。

干扰电流在导线上传输时有两种方式:共模方式和差模方式。有用信号都是差模方式,因此共模骚扰电流只有变成差模后才会产生干扰。这种"共模—差模"转换,取决于电路阻抗是否平衡。

图12-4a)为不平衡传输(如RS-232),差模信号电流I_{DM}传输路径如图所示。如果两接地

点 PQ 之间存在电位差 U_{CM}，由 U_{CM} 产生的共模电流要分别流过信号线和回流线，而两路的电流和阻抗均不相同，因此将在负载 Z_L 上产生压降，带来干扰。

图 12-4b) 为平衡传输(如 RS-422)，信号线和回流线的阻抗相同，即使存在电位差 U_{CM}，也不会在负载 Z_L 上产生压降，因此不会带来干扰。

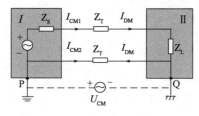 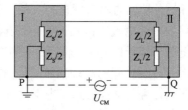

a) 不平衡传输(如RS-232)　　　b) 平衡传输(如RS-422)

图 12-4　两种传输电路

2) 辐射耦合

辐射耦合，实质是干扰源的电磁能量通过介质以电磁波的形式传播，干扰能量按电磁场的规律向周围空间发射。

在干扰能量以电磁波形式的传播过程中，最值得关注的是近场区和远场区。

(1) 近场区

近场区，分无功近场区和辐射近场区。

无功近场区，是紧靠天线的、无功场起主要作用的天线场区。对大多数天线，无功近场区的外部边界，通常取在离天线表面 $\lambda/2\pi$ 处。

辐射近场区，是无功近场区和远场区之间的天线场区。该场区随角度的分布与离天线的距离有关。如果天线口径尺寸不大于基波波长，则该场区可能不存在。对于聚焦在无限远的天线，该场区有时称作菲涅尔区。

(2) 远场区

远场区是指随角度的分布与离天线的距离无关的天线场区。如果天线口径尺寸大于基波波长，远场区离天线的距离一般取大于 $2D^2/\lambda$ 处。对于聚焦在无限远的天线，该场区有时称作弗朗荷费区。

表 12-1 为不同频率的波长、无功近场区、辐射远场区距离估算值。表中，R_1 为无功近场区外界，R_2 为辐射远场区内界，λ 为波长，D 为天线直径。

不同频率的波长、无功近场区、辐射远场区距离估算值　　　表 12-1

频率 f	波长 λ (m)	$R_1 = \lambda/2\pi$	$R_2 = 2D^2/\lambda$ $D = 0.1\text{m}$
<13.5kHz	>2222	>353m	(>353m)
13.56MHz	22.1	3.5m	(>3.5m)
433MHz	0.693	11cm	(>11cm)
915MHz	0.328	5.2cm	6.1cm
2.45GHz	0.133	1.9cm	16.4cm
5.8GHz	0.052	8.28mm	38.5cm

近场又叫感应场。远场是平面波,容易分析。近场比较复杂,它有电场和磁场,因此有三种耦合:电场耦合(电容耦合)、磁场耦合(电感耦合)和电磁场耦合。

场源是高电压小电流的场,主要是电场,如耦极子天线附近的场。

场源是低电压大电流的场,主要是磁场,如小环形天线附近的场。

在实际工程中,常见的辐射耦合有三种:

(1)甲天线发射的电磁波被乙天线意外接收,称为天线对天线耦合;

(2)空间电磁场经导线感应而耦合,称为场对线的耦合;

(3)两根平行导线之间的高频信号感应,称为线对线的感应耦合。

在实际工程中,两个设备之间发生干扰,通常包含着许多种途径的耦合,从而导致反复交叉耦合,共同产生干扰,使电磁干扰变得难以控制。

12.2.4 电磁干扰的敏感设备

敏感设备,是指当受到电磁干扰源所发出的电磁能量的作用时,会发生电磁危害,导致性能降级或失效的器件、设备、分系统或系统。

许多器件、设备、分系统或系统,既是电磁骚扰源又是敏感设备。

敏感设备是对干扰对象的总称,它可以是一个很小的元件或一个电路板组件,也可以是一个单独的用电设备甚至可以是一个大型系统。

对地铁而言,可能受到电磁干扰的敏感设备,主要集中在以下系统:

(1)信号系统,包括车载设备、道旁设备、集中站设备、非中站设备、车场设备和控制中心设备等;

(2)通信系统,包括专用无线通信设备、民用无线通信设备、警用无线通信设备、有线电话设备、计算机网络等;

(3)综合监控系统,包括防灾自动报警系统和车站设备监控系统;

(4)安防系统,包括门禁、水消防、气体消防、光纤温度检测等;

(5)乘客信息系统,包括车载设备、道旁设备、车站设备和控制中心设备等。

12.3 电磁干扰抑制技术

12.3.1 滤波技术

滤波技术的基本用途是选择有用信号和抑制干扰,为此而设计的网络叫滤波器。

按功能,滤波器分为信号滤波器和干扰滤波器。信号滤波器,用来有效去除不需要的有用信号分量,但对被选信号幅度相位的影响最小。干扰滤波器,用来有效抑制电磁干扰信号。

按频率特性,滤波器可分为高通滤波器、低通滤波器、带通滤波器和带阻滤波器,如图12-5所示。图中,横坐标是频率,纵坐标是衰减。

按结构组成,滤波器可分为 LC 滤波器、RC 滤波器、声表面滤波器、陶瓷滤波器、晶体滤波器、机械滤波器、螺旋滤波器和微波滤波器。

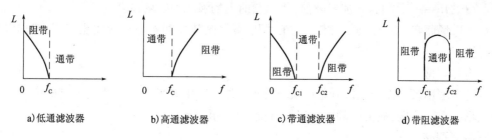

a) 低通滤波器　　　　b) 高通滤波器　　　　c) 带通滤波器　　　　d) 带阻滤波器

图 12-5　滤波器的插入损耗特性

滤波器的特性参数是：

1) 额定电压

额定电压指输入滤波器的最高允许电压值。额定电压过高会使内部元件损坏，要留有较大的安全系数。

2) 额定电流

额定电流指在额定电压、额定温度及指定频率下，输入滤波器的最高允许电流值。该电流应可能与滤波电感线圈的额定电流相等。

3) 频率特性

频率特性是描述滤波器选择性或对干扰抑制功能的参数，通常用中心频率、截止频率、上升斜率及下降斜率表示。

4) 插入损耗

设未接滤波器时信号源在接收电路端的电压为 U_1，接入滤波器后接收电路端的电压为 U_2，则插入损耗 L_{is} 为：

$$L_{is}(\text{dB}) = 20\lg\frac{U_1}{U_2} \tag{12-1}$$

5) 输入、输出阻抗

从信号源到滤波器输入的阻抗，叫输入阻抗。滤波器输出到接收电路的阻抗，叫输出阻抗。信号滤波器的输入阻抗和输出阻抗要考虑阻抗匹配，以防止信号衰减。

6) 可靠性

由于防电磁干扰滤波器的故障往往比其他元器件故障难以发现和排除，因此要求滤波器的可靠性要高于其他元器件的可靠性。

12.3.2　屏蔽技术

屏蔽技术用来抑制电磁干扰沿空间的传播。

对屏蔽作用的评价，可以用屏蔽效能来表示：

$$SE_E(\text{dB}) = 20\lg\frac{E_2}{E_1} \tag{12-2}$$

$$SE_H(\text{dB}) = 20\lg\frac{H_2}{H_1} \tag{12-3}$$

式中：SE_E、SE_H——分别为电场屏蔽效能和磁场屏蔽效能；

E_1、H_1——分别为加上屏蔽后，待测点的电场强度和磁场强度；

E_2、H_2——分别为未加屏蔽前,待测点的电场强度和磁场强度。

对于远场而言,因为 $SE_E = SE_H = SE$,即电场屏蔽效能和磁场屏蔽效能相同,统称电磁场屏蔽效能。

1) 电场屏蔽

电场屏蔽用来抑制干扰源到敏感设备之间,由于存在电场耦合而产生的电磁干扰。电场有静电场和交变电场,故又分静电场屏蔽和交变电场屏蔽。

2) 磁场屏蔽

磁场屏蔽用来抑制干扰源到敏感设备之间,由于存在磁场耦合而产生的电磁干扰。磁场有低频磁场和高频磁场,故又分低频磁场屏蔽和高频磁场屏蔽。

3) 电磁场屏蔽

电磁场屏蔽用来抑制干扰源距离敏感设备较远时,通过电磁场耦合而产生的电磁干扰。电磁场屏蔽必须同时屏蔽电场和磁场,通常采用电阻率小的良导体材料。空间电磁波入射到金属表面时,会产生反射和吸收,电磁能量被大量衰减,从而起到屏蔽作用。

4) 屏蔽机箱

机箱的屏蔽材料,一般采用铜板、铁板、铝板、镀锌铁板等。这些金属板对电场、高频磁场和电磁场的屏蔽效能都很好,可达 100dB 以上。表 12-2 是镀铜层的屏蔽效能。

表 12-2 镀铜层的屏蔽效能

层厚度(μm)	0.015		1.25		21.96	
频率(MHz)	1	1000	1	1000	1	1000
吸收损耗(dB)	0.014	0.44	0.16	5.2	2.9	92
反射损耗(dB)	109	79	109	79	109	79
多重反射(dB)	-47	-17	-26	-0.6	-3.5	0
总屏蔽效能(dB)	62	62	83	84	108	171

为兼顾通风、观察和屏蔽,设备的通风口或观察口经常覆盖一层金属丝网,它用于屏蔽要求不太高的场合。金属丝网还可用于屏蔽观察窗口。例如,用莫乃尔合金制成的 0.05mm 直径金属丝网(8~12 孔/cm^2),屏蔽效能是:1MHz 为 98dB,100MHz 为 82dB,1000MHz 为 60dB。

5) 元器件的屏蔽

电感器件的屏蔽,属磁场屏蔽。电感器件包括各类线圈、变压器。对低频磁场,采用铁磁性材料对磁力线集中分流的方法进行屏蔽。对高频磁场和电磁场,采用良导体材料通过涡流和反射的方式进行屏蔽。

传感器和放大器的屏蔽,一般采用金属屏蔽罩的方法。因为,传感器是将各种物理量(如温度、压力、流量)变为电参数的器件,输出的电流、电压都很小,易受干扰。

6) 自屏蔽

自屏蔽,常用于同轴电缆、双绞线、印制板等。

12.3.3 接地技术

接地技术是任何电子电气设备都必须采用的重要技术,它不仅是保护设施和人身安全的必要手段,也是有效抑制电磁干扰、保证设备可靠性和电磁兼容性的重要措施。

接地,原意指与大地连接。但是,现在接地的含义早已延伸,一般指连接到一个作为参考电位点(面)的良导体的技术行为。其中的"地",既可以是大地——把大地作为零电位,也可以是电路系统中某一电位基准点——把基准点的电位作为相对零电位。

电子电气设备中,各类电路都有电位基准点,对于一个理想的接地系统来说,各部分的电位基准都应保持零电位。设备内所有的电位基准点通过导体连接在一起,该导体就是设备内部的地线。例如,电子电气设备往往以金属底座、机架、机箱等作为零电位,但金属底座、机架、机箱等不一定和大地相连接,亦即设备内部的"地"电位不一定与大地电位相同。

为了防止雷击对设备和操作人员造成危险,通常把设备的机架、机箱等金属构件与大地相连接,其目的在于:

(1)提高电子电气设备中电路系统的稳定性。设备如果不与大地连接,它相对大地就会呈现一定电位,该电位在外界干扰场的作用下会发生变化,从而导致电路不稳定。设备如果与大地相连接,设备便处于真正的零电位,从而有效抑制干扰。

(2)泄放机箱上积累的静电电荷,避免静电高压导致设备内部放电而造成干扰。

(3)为设备和操作人员提供安全保障。

大地的电容量非常大,是理想的零电位。无论向大地注入多大的电流或电荷,在稳态时其电位保持为零。

理想的接地导体是一个零电阻的实体,任何电流通过它都不会产生电压降。但是,接地不当则会引入干扰。

通常,电路和设备的接地分为两大类:安全接地和信号接地。

安全接地,就是采用低阻抗导体,将用电设备的外壳接到大地上,使操作人员不致因漏电或故障放电而造成触电危险。安全接地还包括建筑物、输电线铁架、高大电力设备的接地,以防雷击放电而造成设施破坏和人员伤亡。

信号接地,就是采用低阻抗导线(或地平面),为各电路提供具有共同参考电位的信号返回通路,使流经地线的各电路信号电流之间互不影响,主要目的是抑制电磁干扰。

1) 安全接地

安全接地,用来保证人生安全和设备安全。

人体触及设备金属机壳,相当于在机壳和大地之间接上了一个人体电阻。

人体电阻的变化范围很大,人体皮肤干燥洁净及无破损时,人体电阻可高达 $40\sim100\mathrm{k}\Omega$;人体出汗和潮湿时,人体电阻可降至 $1\mathrm{k}\Omega$ 左右。

流经人体电流的安全值为 AC15~20mA,直流 50mA。流经人体的电流超过 100mA 时,人就可能死亡。

为保证人身安全,应将不带电的金属机壳和接地体相连。这样,当人体触及金属机壳时,大部分电流从接地电阻旁路进入大地。因为,接地电阻规定值为 $5\sim10\Omega$,会使流经人体的电流减至原来的 1/200~1/100。

动力电气设备,通常由 AC380/220V 供电。设备的金属机壳除和接地体相连外,还应与电网零线相连,称之为接零保护。这样,一旦人体触及机壳时,人体电阻便和接地电阻并联,因后者远小于前者,会使泄漏电流绝大部分从接地电阻流过。但是,接地电阻和电网中性接地的接触电阻大体相当,接地线上的电压降几乎为相电压 220V 的一半(110V)。110V 超过安全电压(48V),会使流经人体的电流超过安全限度而带来风险。因此,在电网中性接地的三相四线制供电情况下,动力电气设备不接地显然是危险的。

在设备安全接地时,还要特别注意接地棒附近的跨步电压危险。因为,当电流从接地棒流入大地时,接地棒周围的杂散电流会使接地棒附近的地电位升高,若人体跨步之间的电位差(亦称跨步电压)太高,也将引起触电危险。因此,必须抑制杂散电流。

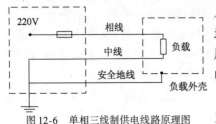

图 12-6 单相三线制供电线路原理图

图 12-6 是单相三线制供电线路原理图。图 12-7 是三相四线—五线制接地系统示意图。图 12-8 是三相四线制接地系统示意图。

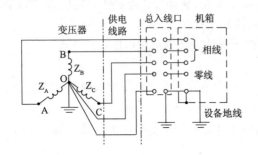

图 12-7 三相四线—五线制接地系统示意图

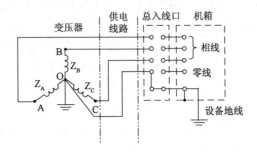

图 12-8 三相四线制接地系统示意图

2) 信号接地

信号接地,是为系统内部各种电路设置公共参考电位点(面),目的是抑制电磁干扰。因此,信号接地和安全接地采用低阻抗导体必须与大地连接形式不同,它的连接对象种类繁多,接地形式也多种多样。

按信号特性划分,信号接地有四类:敏感信号和小信号的接地系统、不敏感信号和大信号的接地系统、干扰源设备的接地系统、金属构件接地系统。

按接地措施划分,信号接地有四种:数字信号接地、模拟信号接地、交流电源接地、直流电源接地。

按接地点连接方式划分,信号接地也有四种:单点接地、点接地、混合接地、悬浮接地。

(1) 单点接地方式

图 12-9 和图 12-10 分别是单点接地方式及其等效电路。

图 12-10a) 表示独立地线并联一点接地,三条线各自接到接地点,各自地电流与各自接地电阻有关,不受其他电路影响,对抑制干扰有效,适用于连接距离短、工作频率低的场合,但不适用于高频电路。

图 12-10b) 表示共用地线串联一点接地,各单元输出端电位不仅不同而且相互影响,不利于抑制干扰,但是结构比较简单。

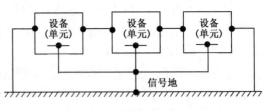

图 12-9 单点接地方式示意图

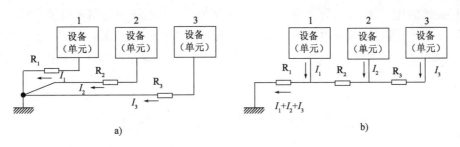

图 12-10　单点接地的等效电路

(2) 多点接地方式

多点接地,是指设备中各单元电路直接接到地线上,有多个接地点,如图 12-11 所示。图中的地线分别接到最近的低阻抗地线上,地线是与机壳相连的扁粗金属导体或机壳本身,其感抗很小。为了降低地线阻抗,高频电路一般采用多点接地方式。

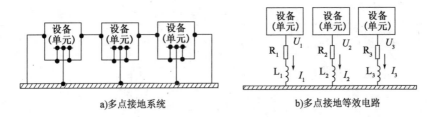

a) 多点接地系统　　　　　　　　b) 多点接地等效电路

图 12-11　多点接地及其等效电路

(3) 混合接地方式

有些设备,既有高频部分又有低频部分,宜采用混合接地方式,即低频电路采用单点接地,高频电路采用多点接地,如图 12-12 所示。

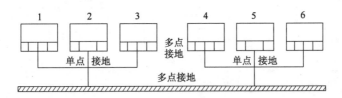

图 12-12　设备混合接地方式

实际上,设备情况比较复杂,很难用一种接地方式就能解决问题,因此混合接地的应用更为普遍。

一般来说:

① 在工作频率低(<1MHz)和公共接地面尺寸小的情况下,选用单点接地方式。

② 在工作频率高(>10MHz)和公共接地面尺寸大的情况下,选用多点接地方式。

③ 介于上述两者之间的情况下,选用混合接地方式。

(4) 悬浮接地方式

悬浮接地,又称浮地,就是将电路或设备的信号接地系统,与结构地或其他导电物体相隔离,如图 12-13 所示。

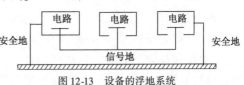

图 12-13　设备的浮地系统

悬浮接地的优点是，可以防止地中存在的干扰电流传导至信号电路。但是，当悬浮接地系统靠近高压线时，可能堆积静电电荷造成危害，或引起静电放电而形成干扰电流。电源漏电、雷击都可能在机壳与信号系统之间产生电火花。因此，除了防止结构地线或附近导体有大干扰电流影响外，一般不采用悬浮接地。

12.4　地铁无线电频率资源

12.4.1　无线电频率的一般规定

1979 年，世界无线电行政大会，将无线电频率分为 12 个频段，见表 12-3。表中，1GHz = 1000MHz，1MHz = 1000kHz，1kHz = 1000Hz。1 米 = 10 分米 = 100 厘米 = 1000 毫米 = 10000 丝米。$\lambda = c/f$，λ 是波长，c 是光速（取 3×10^6 km/s），f 是频率。

无线电频段和波段命名　　　　　　　　　　表 12-3

段号	频段名称	频率范围 （含上限，不含下限）	波段名称	波长范围 （含上限，不含下限）
1	极低频	3～30Hz	极长波	100～10 兆米
2	超低频	30～300Hz	超长波	10～1 兆米
3	特低频	300～3000Hz	特长波	100～10 万米
4	甚低频(VLF)	3～30kHz	甚长波	10～1 万米
5	低频(LF)	30～300kHz	长波	10～1 千米
6	中频(MF)	300～3000kHz	中波	10～1 百米
7	高频(HF)	3～30MHz	短波	100～10 米
8	甚高频(VHF)	30～300MHz	米波	10～1 米
9	特高频(UHF)	300～3000MHz	分米波	10～1 分米
10	超高频(SHF)	3～30GHz	厘米波	10～1 厘米
11	极高频(EHF)	30～300GHz	毫米波、微波	10～1 毫米
12	至高频	300～3000GHz	丝米波	10～1 丝米

12.4.2　3G 时代我国地铁无线通信频段

飞速发展的公众移动通信业务，伴随地铁的开通而进入地铁，并被称之为地铁民用无线通信。能否打手机、能否上网、通信质量如何，早已成为地铁乘客关注的话题，将民用无线通信引入地铁也成为移动通信发展的一个重要领域。

移动通信技术已经发展到了第四代，各代信号、制式、功能和应用情况见表 12-4。

第一代(1G)为模拟技术，提供模拟语音通话业务，其代表性通信手段是"大哥大"。第二代(2G)为数字技术，提供语音、低速数据和短消息服务。第三代(3G)为宽带数字技术，提供语音、数据和视频等业务。第四代(4G)为集 3G 系统与 WLAN（宽带局域网）于一体的技术，能够传输高质量视频图像，能流畅地承载视频、电话会议等业务。

第12章 电磁兼容分析

表 12-4 移动通信的代际分期

代际	1G	2G	2.5G	3G	4G
信号类型	模拟	数字	数字	数字	数字
系统制式		GSM CDMA	GPRS	CDMA2000 WCDMA TD-SCDMA	TD-LTE
主要功能	语音	语音与数据		低级宽带	广带
典型应用	通话	短信彩信	WAP网	高速上网与多媒体	高清

3G时代我国地铁无线通信工作频段见表 12-5。

表 12-5 3G时代我国地铁无线通信工作频段

分类	用途	子频段代号	上行移动台发基站收	下行基站发移动台收	带宽	备注
移动电视	移动数字电视 DTV700	F1	716~720MHz	720~724MHz	8MHz	供选用,上下行频率隔开
2G	电信 CDMA800	F2	825~835MHz	870~880MHz	2×10MHz	原联通 CDMA800
	移动 GSM900	F3	885~909MHz	930~954MHz	2×24MHz	
	联通 GSM900	F4	909~915MHz	954~960MHz	2×16MHz	
	移动 DCS1800	F5	1710~1730MHz	1805~1825MHz	2×20MHz	
	联通 DCS1800	F6	1745~1755MHz	1840~1850MHz	2×10MHz	
	电信 CDMA1900	F7	1900~1905MHz	1980~1985MHz	2×5MHz	市话,通用于深圳
	电信 TDMA1900	F8	1900~1920MHz		40MHz	小灵通,深圳除外
3G	电信 CDMA2000	F9	1920~1935MHz	2110~2125MHz	2×15MHz	
	联通 WCDMA	F10	1940~1955MHz	2130~2145MHz	2×15MHz	
	移动 TD-SCDMA	F11	1880~1915MHz		35MHz	小灵通退市后用
		F12	2010~2025MHz		15MHz	
		F13	22320~2370MHz		50MHz	备用频段
	2.4GHz(免费使用)		2300~2400MHz		100MHz	Wi-Fi CBTC PIS 付费读写器
	5.8GHz(有偿使用)		5725~5850MHz		125MHz	PIS
	1.8GHz(有偿使用)					PIS
	带宽合计				603MHz	

表 12-5 显示,3G 时代我国城市轨道交通所用的无线通信频段达到 8 个,包括警用移动通信 350MHz 频段、单工对讲 450MHz 频段、移动电视 720MHz 频段、数字集群调度 800MHz 频段、公众移动通信 2G 和 3G 频段,以及 2.4GHz 频段和 5.8GHz 频段。这些频段的工作频率、带宽与用途,在该表中均能看到。

值得一提的是,2.4GHz 频段是各国共同使用的 ISM 频段,即工业、科学和医用频段。依据 802.11 国际标准和我国的使用规定,2.4GHz 频段带宽为 83.5MHz,最多有 13 个信道可用,相邻两个信道中心频率的间隔为 5MHz,每个信道宽度 22MHz。

从安全考虑,地铁在选用 2.4GHz 免费频段时应当格外小心,要严防出现干扰。正因为如此,业内专家曾经建议,为地铁信号等系统提供专用频段。

12.4.3 4G 时代我国地铁无线通信频段

公众移动通信进入 4G 时代后,我国地铁使用的无线通信频段发生了较大变化。截至 2015 年 8 月,实际使用情况见表 12-6。

4G 时期我国地铁实际使用的无线通信频段

(根据 2015 年 8 月公布的数据整理)　　　　　　表 12-6

工作频段		工作频率(MHz)		带宽(MHz)	使用领域
		上行	下行		
350MHz		351~356	361~366	2×5	警用无线通信
450MHz		450~470		20	单工对讲通信
700MHz		609~809		200	数字电视(DTV)
800MHz		806~821	851~866	2×15	专用无线通信
2G	电信 CDMA800	825~835	870~880	2×10	公众移动通信
	移动 GSM900	889~909	934~954	2×20	
	联通 GSM900	909~915	954~960	2×6	
	移动 DCS1800	1710~1735	1805~1830	2×25	
3G	联通 WCDMA	1940~1955	2130~2145	2×15	
	移动 TD-SCDMA	1900~1915		15	
		2010~2025		15	
4G	移动 TD-LTE	1880~1900		20	
	移动 TD-LTE	2320~2370		50	
	移动 TD-LTE	2580~2635		55	
	联通 TD-LTE	2300~2320		20	
	联通 TD-LTE	2555~2575		20	
	电信 TD-LTE	2370~2390		20	
	电信 TD-LTE	2635~2655		20	
	电信 LTE1800(FDD)	1765~1780	1860~1875	2×15	
	电信 LTE2100(FDD)	1920~1935	2110~2125	2×15	
	联通 LTE1800(FDD)	1735~1765	1830~1860	2×30	
	联通 LTE2100(FDD)	1955~1980	2145~2170	2×25	
2.4GHz(免费使用)		2400~2483.5		83.5	移动互联网(Wi-Fi) 信号系统(CBTC) 乘客信息系统(PIS) 手机付费读写器
5.8GHz(付费使用)		5150~5250		100	乘客信息系统(PIS)
		5250~5350		100	移动互联网(Wi-Fi)
		5725~5850		125	
1.8GHz		1785~1805		20	CBTC、PIS、CCTV 等
合计		四大频段:350~1830MHz 1880~2170MHz 2.4GHz 和 5.8GHz		1162 (不含 2.4GHz 频段)	10 个使用领域

表12-6，去掉了未曾使用过的100MHz调频广播频段，包含了少数城市正在使用的频段（如单工对讲、移动电视），保留了仍在免费使用的2.4GHz频段和5.8GHz频段，加上了2015年2月颁布的1.8GHz频段，显示了3G频段的重新配置和4G频段的详细划分。

共有10个使用领域：警用无线通信、专用无线通信、公众移动通信、单工对讲通信、数字电视(DTV)、移动互联网(Wi-Fi)、信号系统(CBTC)、乘客信息系统(PIS)、闭路电视(CCTV)及手机付费读写器。

共计10个工作频段：350MHz、450MHz、700MHz、800MHz、2G、3G、4G、2.4GHz、5.8GHz、1.8GHz等频段。最低频率350MHz，最高频率5850MHz。

在4G时期我国地铁实际使用的无线通信频段中，与2G、3G和4G公众移动通信分布在三个频区：

第一频区，800～1000MHz，有3个2G系统——电信CDMA800、移动GSM900、联通GSM900。此频区还有地铁专用无线通信TETRA800，如图12-14所示。

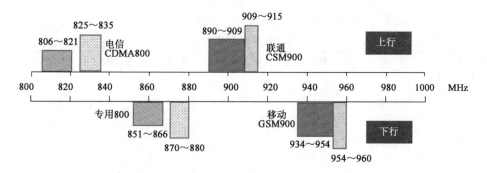

图12-14　4G时期我国地铁无线通信使用频率之一(800MHz和900MHz频段)

第二频区，1700～2100MHz，有2G的移动DCS1800，有3G的联通WCDMA和移动TD-SCDMA，有TDD和FDD两种体制，如图12-15所示。

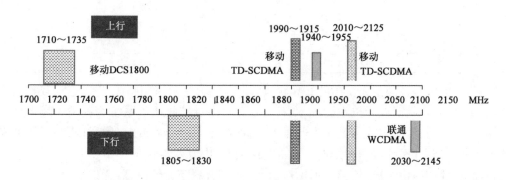

图12-15　4G时期我国地铁无线通信使用频率之二(1800M和3G频段)

第三频区，1700～2700MHz，全为3G，有移动TD-LTE的7个频段，有电信的LTE1800和LTE2100，LTE1800和LTE2100均为FDD——不分上下行频段，如图12-16所示。

这三幅图，直观地展示了各系统的频率范围和系统间的频率间隔，有助于研究它们的干扰和干扰抑制问题。

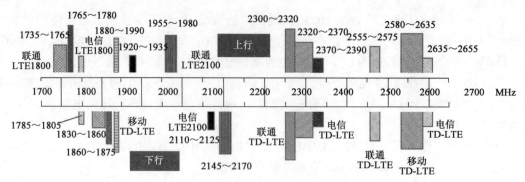

图 12-16 4G 时期我国地铁无线通信使用频率之三(4G 频段)

12.4.4 2.4GHz 免费频段

2.4GHz 频段为免费频段,工作频率 2400～2483.5MHz,频带宽度 83.5MHz,紧靠 3G 频段,最多有 13 个信道可用,其信道标号、中心频率、高低端频率及信道宽度见表 12-7。相邻两个信道中心频率的间隔为 5MHz,每个信道宽度为 22MHz。

2.4GHz 频段信道划分　　　　　　　　　　表 12-7

信道标号	信道中心频率(MHz)	信道低端频率(MHz)	信道高端频率(MHz)	信道宽度(MHz)
1	2412	2401	2423	22
2	2417	2406	2428	
3	2422	2411	2433	
4	2427	2416	2438	
5	2432	2421	2443	
6	2437	2426	2448	
7	2442	2431	2453	
8	2447	2436	2458	
9	2452	2441	2463	
10	2457	2446	2468	
11	2462	2451	2473	
12	2467	2456	2478	
13	2472	2461	2483	

2.4GHz 频段是各国共同使用的 ISM 频段,即工业、科学及医用频段。在我国,还作为无线局域网、无线接入系统、蓝牙技术设备、点对点或点对多点扩频通信系统等各类无线电台站的共用频段。符合技术要求的各类无线电通信设备,在 2.4～2.4835GHz 频段内,与无线电定位业务及工业、科学和医疗等非无线通信设备共用频率,均为主要业务。

目前,在我国通信领域,使用 2.4GHz 频段的主要有数字无绳电话、无线网络技术、蓝牙技术(一种短距离无线通信技术,可实现多种设备之间的无线连接)、无线鼠标(全双工模式传输,最大传输距离可达 10m)、无线键盘、无线耳机、无线上网(Wi-Fi)等。在医疗领域,使用 2.4GHz 频段的有微波综合治疗仪(发射功率可达 100W)等。

目前,在城市轨道交通领域中,主要用于移动闭塞信号系统(CBTC)、乘客信息系统(PIS)、公众无线上网(Wi-Fi)和手机付费读写器。其中,手机付费读写器的磁场感应距离小于 10cm,无线通信距离在 3~5cm,因此它的电磁兼容(EMC)不成问题。

2.4GHz 频段信道分配,如图 12-17 所示。在多个频道同时工作的情况下,为保证频道之间不相互干扰,要求两个频道的中心频率间隔不能低于 25MHz,故同频道间必须两两隔离,直接序列扩频(DSSS)技术最多可以提供 3 个不重叠的频道同时工作,应用中一般选择 1、6、11 或 2、7、12 或 3、8、13 三个频道进行配置(频率规划)。

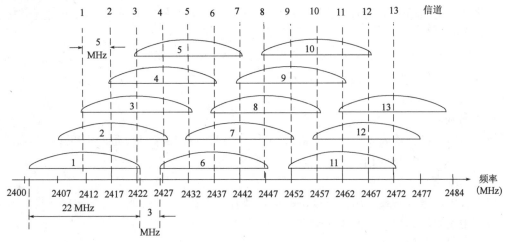

图 12-17 2.4GHz 频道信道分配图

国家无线电管理委员会(以下简称"无委会")对 2.4GHz 频段的发射功率有限值,见表 12-8。发射功率限值与天线增益有关,这是因为天线增益≥10dBi 与天线增益 <10dBi 相比,意味着前者的方向性大于后者,前者在指定方向以外的辐射能量将小于后者,故前者放大器的输出功率可以高于后者。

2.4GHz 频段发射功率限值　　　　　　　　　　　　　　　　表 12-8

指标名称		指标数值	
		天线增益 <10dBi 时	天线增益≥10dBi 时
等效全向辐射功率(EIRP)		≤100mW 或≤20dBm	≤500mW 或≤27dBm
最大功率谱密度(EIRP)	跳频工作方式	≤20dBm/MHz	≤27dB.m/MHz
	直接序列扩频等工作方式	≤10dBm/MHz	≤17dBm/MHz
载频容限①		20ppm	
带外发射功率(EIRP)		≤ -80dBm/Hz(在 2.4~2.4835GHz 频带以外)	
杂散发射(辐射)功率 (对应载波 ±2.5 倍信道带宽以外)		≤ -36dBm/100kHz(30~1000MHz); ≤ -33dBm/100kHz(2.4~2.4835GHz); ≤ -40dBm/MHz(3.4~3.53GHz); ≤ -40dBm/MHz(5.725~5.85GHz); -30dBm/MHz(其他 1~12.75GHz)	

注:①载频容限指发射中心频率偏离指配频率的最大允许误差,单位 ppm,即 1ppm = 10^{-6}。

在地铁中如何安全使用 2.4GHz 免费频段,是地铁建设中遇到的新问题,也是无线电管理工作的新课题,关键和难点是如何解决电磁兼容问题。

在地铁中使用 2.4GHz 频段时,为抑制来自 2.4GHz 同一频段的同频干扰,除屏蔽、滤波、接地(或搭接)等常规措施外,还可采用下列办法:

1) 信道隔离

合理信道配置,或在受到干扰时实施信道间的自动跳频,使有用信号频谱远离无用信号频谱,至少让二者没有重叠,则可防止跨信道干扰,实现有用信号与无用信号的信道隔离。

例如,使用 1、4、8、11 等四个信道,则可能产生跨信道干扰,如图 12-17 所示。

2) 极化隔离

极化是指射频信号交变电磁场的电场矢量方向。电场矢量方向垂直地面叫垂直极化,平行地面叫水平极化。

有用信号发射端和接收端的极化,应当保持一致(实现匹配接收);有用信号与无用信号的极化最好正交(比如一个是垂直极化另一个是水平极化),至少也要让二者明显错开,以便实现两种信号的极化隔离。

3) 距离隔离

使有用信号设备远离无用信号设备,让无用信号进入有用信号设备的强度低于有用信号的接收门限,则可实现有用信号与无用信号的距离隔离。

4) 方向隔离

如果有用信号设备或无用信号设备的辐射都有一定的方向性,让二者的辐射方向错开,则可实现有用信号与无用信号的方向隔离。

5) 提高接收门限

在加大有用信号设备发射功率而又不影响其他设备的前提下,提高有用信号的接收门限,则可将相当数量的无用信号"拒之门外"。

6) 采用抗干扰技术

抗干扰技术,主要有编码、扩频等技术,包括已经采用正交频分复用(OFDM)、跳频序列扩频(FHSS)、直接序列扩频(DSSS)等技术。

12.4.5　5.8GHz 付费频段

2002 年 7 月 2 日,工信部无〔2002〕277 号文《关于使用 5.8GHz 频段频率事宜的通知》发布,决定将 5725~5850MHz 频段作为点对点或点对多点扩频通信系统、高速无线局域网、宽带无线接入系统、蓝牙技术设备及车辆无线自动识别系统等无线电台站的共用频段。确定符合技术要求的无线通信设备,在 5725~5850MHz 频段内与无线定位业务及工业、科学和医疗等非无线通信设备共用频率,均为主要业务。

5.8GHz 频段无线通信设备的主要技术指标如下:

(1) 工作频率范围:5725~5850MHz。

(2) 发射功率:≤500mW 和≤27dBm。

(3) 等效全向辐射器功率(EIRP):≤2W 和≤33dBm。

(4) 最大功率谱密度:≤13dBm/MHz 和≤19dBm/MHz(EIRP)。

(5) 载频容限:20ppm。

(6) 带外发射功率(EIRP):≤ -80dBm/Hz(≤5725MHz 或 ≥5850MHz)。

(7) 杂散发射(辐射)功率:

≤ -36dBm/100kHz(30~1000 MHz)

≤ -40dBm/1MHz(2400 ~ 2483.5 MHz)

≤ -40dBm/1MHz(3400 ~ 3530 MHz)

≤ -33dBm/100kHz(5725 ~ 5850 MHz)(对应载波2.5倍信道带宽之外)

≤ -30dBm/1MHz(其他1 ~ 40 GHz)

(8)在该频段内使用的无线电台(站):工信部无[2002]277号文称,5.8GHz频段,工作频率5725 ~ 5850MHz,发射功率≤500mW和≤27dBm,是设置使用5.8GHz频段点对点或点对多点扩频通信系统、无线局域网、宽带无线接入系统的无线电台(站),原则上用于公众网无线接入通信运营企业,须取得相应的基础电信业务经营许可,并交纳频率占用费。

在城市轨道交通领域,使用5.8GHz频段的典型案例之一在是深圳地铁4号线,用于乘客信息系统(PIS)的车地无线传输。

12.4.6　1.8GHz付费频段

1) 工信部重要通知

2015年2月28日,工信部无[2015]65号文《工业和信息化部关于重新发布1785 ~ 1805MHz频段无线接入系统频率使用事宜的通知》称,为适应1800MHz频段本地无线接入技术的发展,满足交通(城市规道交通等)、电力、石油等行业专用通信网和公众通信网的应用需求,根据我国无线电频率划分规定及频率使用现状,现重新发布1785 ~ 1805MHz频段时分双工(TDD)方式无线接入系统使用频率有关事宜。具体通知如下:

(1)无线技术指标:

①频率范围:1785 ~ 1805MHz。

②双工方式:时分双工(TDD)。

③信道带宽:250kHz、500kHz、1MHz、1.4MHz、3MHz、5MHz、10MHz。

④天线端口发射功率:基站,≤33dBm/MHz;终端,≤23dBm/MHz。

⑤基站频率容限:0.1×10^{-6}。

⑥基站带外发射功率(EIRP):≤ -65dBm/MHz/通道(1710 ~ 1785MHz)。

⑦基站杂散发射功率:

a. 通用频段杂散发射限值:

≤ -36dBm/100kHz(30 ~ 1000MHz)

≤ -30dBm/MHz(1 ~ 12.75GHz)

b. 特殊频段杂散发射限值:

≤ -61dBm/100kHz(806 ~ 821 MHz)

≤ -61dBm/100kHz(825 ~ 835MHz)

≤ -57dBm/100kHz(851 ~ 866MHz)

≤ -57dBm/100kHz(870 ~ 880MHz)

≤ -61dBm/100kHz(885 ~ 951MHz)

≤ -57dBm/100kHz(930 ~ 960MHz)

≤ -49dBm/MHz(1920 ~ 1980MHz)

≤ -52dBm/MHz(2010 ~ 2025MHz)

≤ -52dBm/MHz(2110～2170MHz)

≤ -52dBm/MHz(2300～2400MHz)

≤ -52dBm/MHz(2500～2690MHz)

≤ -52dBm/MHz(3300～3600MHz)

终端其他技术指标参照相关标准执行。

(2)上述频段的基站在设台时,与工作于1710～1785MHz频段的IMT系统基站间的耦合损耗应不小于50dB。

(3)上述频段主要用于本地无线接入。具体频率分配、指配和无线电台(站)管理工作,由各省、自治区、直辖市无线电管理机构负责。频率占用费的收取按国家有关规定执行。

2)工信部无〔2015〕65号文解读

与工信部以前关于1785～1805MHz频段使用文件相比,本次发文有以下几点区别:

(1)明确城市轨道交通可以使用该频段。

文中说明本次重新发布1785～1805MHz频段使用事宜是为"满足交通(城市轨道交通等)、电力、石油等行业专用通信网和公众通信网的应用需求",明确了城市轨道交通车地无线通信可以使用该频段。

(2)该频段不是城市轨道交通专用,且使用时必须向省级无线电管理机构申请。

文件中规定1785～1805MHz频段使用行业为交通(城市轨道交通等)、电力、石油等行业,从中可以看出虽然城市轨道交通可以使用该频段,但不是城市轨道交通专用频段。因为该频段不是某个行业的专用频段,因此使用时必须向省级无线电管理机构申请,文件中规定该频段在使用时"具体频率分配、指配和无线电台(站)管理工作,由各省、自治区、直辖市无线电管理机构负责"。

(3)行业需求明显,频谱资源稀缺且竞争激烈,各城轨公司需尽快申请频段。

工信部文件规定1785～1805MHz频段为行业使用,除城市轨道交通外,机场、重载铁路、石油、电力等行业也在使用该频段,无线频谱的分配原则是多业务共用同一频段时,采用后用让先用的原则,即哪个行业先使用归属哪个行业,后来的应用避让以前的应用。因此,各城轨公司需尽快向所属省级无线电管理机构申请该频段。

(4)明确该频段可以采用TD-LTE技术。

文中规定双工方式为时分双工(TDD),信道带宽为250kHz、500kHz、1MHz、1.4MHz、3MHz、5MHz、10MHz。其中,1.4MHz、3MHz、5MHz、10MHz为LTE技术的带宽,结合时分双工方式,明确了该频段可以采用TD-LTE技术。

(5)规定了与中国电信FDD LTE频段的邻频隔离指标。

1785～1805MHz频段与中国电信的FDD LTE的上行频段(1765～1785MHz)相邻,存在邻频干扰。为防止邻频干扰,文中规定与1710～1785MHz频段基站间耦合损耗小于50dB,并规定1710～1785MHz基站带外发射功率小于等于-65dBm/MHz/通道。

3)中国城市轨道交通协会执行意见

2015年3月24日,中城轨〔2015〕008号文《关于转发工信部1785～1805MHz频段使用事宜通知及有关落实工作的意见》认为,工信部无〔2015〕65号文明确指出1785～1805MHz频段可用于城市轨道交通行业专用通信,解决了城市轨道交通车地通信迫切需要的专用频率问题,对城市轨道交通安全运营及持续发展具有十分重要的意义,要充分重视、遵照执行。

中国城市轨道交通协会(简称"中轨协")对落实工作的意见如下:

(1)满足城市轨道交通通信综合业务需求

基于无线通信的列车自动控制系统(CBTC)已在城市轨道交通中广泛应用,申请专用频段的主要目的是为了消除 CBTC 信号系统运用过程中影响正常行车的隐患,保证列车安全、高效运行。另一方面,CCTV(视频监控系统)、紧急信息、PIS(乘客信息系统)、调度语音通信也是保障城市轨道交通安全运营的重要措施。

因此,申请专用频段要考虑综合承载以 CBTC 信号系统为核心的城市轨道交通生产业务,即 CBTC、车辆运行状态监测、CCTV(视频监控系统)、紧急文本、PIS(乘客信息系统)和调度语音通信。

(2)选择适当的无线网络制式

LTE 是第四代移动通信技术,在设计时考虑了 350km 时速情况下的传输性能、完善的业务优先级调度策略(支撑不同优先级的多业务)、实时性和高吞吐率的需求,完全能够满足城市轨道交通快线(列车时速 100km 以上)车地信息实时传输及综合承载时业务优先级的需求。

同时,LTE 是我国拥有核心知识产权的国际通用标准技术,已经在我国大规模应用,有比较成熟的产业链,多个厂家可以提供设备。

近几年,国内多个地铁已经开展了 LTE 在城市轨道交通的研究与应用工作:

①TD-LTE 传输 PIS/CCTV 系统在郑州地铁 1 号线开通运营;

②朔黄重载铁路已将 1.8GHz 频段 TD-LTE 用于机车同步操控和调度电话;

③2014 年,北京地铁已组织相关院校和厂家开展了 TD-LTE 综合承载生产业务的实验室和试验阶段测试。

结果证明,TD-LTE 完全能够综合承载城市轨道交通的生产业务,各项性能满足指标要求。因此,在申请时应明确采用 TD-LTE 制式建设城市轨道交通车地通信专用网络。

(3)频段带宽适应业务发展需要

考虑 CBTC 业务的高可靠传输要求,应建设冗余的 TD-LTE 双网。CBTC 业务由双网传输,其他业务由单网传输。

根据城市轨道交通通信综合业务需求分析和相关的测试结果,并考虑今后的技术发展,CBTC 业务需要 5MHz 以上带宽,CBTC、CCTV 和 PIS 业务综合承载需要 15MHz 带宽。因此,城市轨道交通通信网建议申请 1785~1805MHz 共 20MHz 带宽。

由于 1785~1805MHz 频段并非城市轨道交通单一业务专用频段,且该频段与移动通信频段相邻,采用该频段的设备必须满足工信部无[2015]65 号文的基站带外发射功率和基站杂散发射限值的要求。各单位申请频段时,应当:

①结合本地情况对使用频率进行规划工作;

②采用漏缆、波导等对周边辐射影响小的传导方式;

③采用空间隔离方式解决邻频干扰问题;

④与其他该频段运营商沟通协商;

⑤聘请国家权威无线检测部门进行干扰和被干扰测试。

(4) 做好专用频段申请工作

专用频段申请报告中至少包括城市轨道交通通信综合业务需求、所选通信制式、频段需求、干扰分析和测试。

12.5 共址系统安全频道间隔

现代地铁中,多个无线通信和无线传输系统共存,形成较为密集的无线系统"集合"。地铁空间有限,这些系统间的距离不可能足够远,因此若不采取措施很难保证每个系统都能正常工作。确定系统间的最小频率间隔,即设置"共址系统安全频道间隔",是一种防止干扰的有效办法。

根据干扰类型的不同,共址系统安全频道间隔可分为三种:基波邻道安全频道间隔、谐波安全频道间隔、互调安全频道间隔。所谓基波邻道安全频道间隔,是指为了保证处于临界状态的系统不被以极限功率发射的另一系统干扰,两个系统调谐频率至少需要偏开的宽度。类似地,可以定义谐波安全频道间隔和互调安全频道间隔。

12.5.1 干扰裕量(IM)

从电磁兼容性角度考虑,系统可分为三种状态:兼容、不兼容、临界兼容。为确定一个系统是否存在干扰,通常用电磁干扰裕量(IM)来衡量,这就是耦合干扰度模型。

设干扰有效功率为 $P_R(f)$,敏感体门限值为 $S_R(f)$,干扰设备发射功率为 $P_I(f)$,设备间耦合度为 $C_C(f)$,则干扰裕量 IM 可表示为:

$$\text{IM}(f) = P_R(f) - S_R(f) \tag{12-4}$$

$$P_R(f) = P_I(f) + C_C(f) \tag{12-5}$$

若 $\text{IM}(f) < 0$,则表示敏感设备不会受到干扰,而 $|\text{IM}(f)|$ 值为安全裕度。

若 $\text{IM}(f) = 0$,则表示敏感设备处于干扰临界状态,安全裕量为 0。

若 $\text{IM}(f) > 0$,则表示敏感设备将会受到干扰,而 $|\text{IM}(f)|$ 值表示干扰的大小。

12.5.2 安全频道间隔计算方法

计算共址安全频道间隔有三种方法:接收灵敏度门限法、基于电台综合测试议的安全带宽测试法、信纳德判据法。接收灵敏度门限法比较简便,是最安全的计算方法。

如图 12-18 所示,该法利用干扰源发射机发射特性和敏感设备接收机灵敏度来计算安全带宽:当前者发射功率在敏感设备接收处大于敏感设备接收机灵敏度时,敏感设备被认为受到干扰;当前者发射功率在敏感设备接收处等于敏感设备接收机灵敏度时,敏感设备被认为正好干扰临界。但是这种方法比较浪费频率资源,不符合频率管理要求。

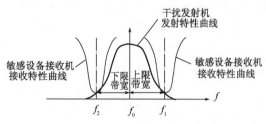

图 12-18 接收灵敏度门限法原理图

因此,工程中使用基于电台综合测试仪的

安全带宽测试法和信纳德判据法。

12.5.3 地铁共址系统的实际频道间隔

下行是指基站发、移动台收，移动台接收的频率就是基站的发射频率。

上行是指移动台发、基站收，基站接收的频率就是移动台的发射频率。

由于基站的发射频功率(下行)远大于移动台的发射频功率(上行)，因此如果频道邻近两系统间产生干扰，则基站发射频功率(下行)对频道邻近系统移动台的干扰程度将远大于移动台的发射频功率(上行)。所以，应当着重关注频道邻近系统的下行频道间隔。

根据 2015 年 8 月公布的数据，我们编制了 4G 时期我国地铁无线系统的下行频率间隔表，见表 12-9。

4G 时期我国地铁无线系统的下行频率间隔表

（根据 2015 年 8 月公布的数据编制）　　表 12-9

工作频段		工作频率(MHz)		频带宽度(MHz)	下行间隔(MHz)	使用领域
		上行	下行			
350MHz		351～356	361～366	2×5		警用无线通信
450MHz		450～470		20	84	单工对讲通信
700MHz		609～809		200	139	数字电视(DTV)
800MHz		806～821	851～866	2×15	42	专用无线通信
2G	电信 CDMA800	825～835	870～880	2×10	4	公众移动通信
	移动 GSM900	889～909	934～954	2×20	54	
	联通 GSM900	909～915	954～960	2×6	0	
1.8GHz		1785～1805		20	825	CBTC、PIS、CCTV 等
2G	移动 DCS1800	1710～1735	1805～1830	2×25	0	公众移动通信
4G	联通 LTE1800(FDD)	1735～1765	1830～1860	2×30	0	
	电信 LTE1800(FDD)	1765～1780	1860～1875	2×15	5	
	移动 TD-LTE		1880～1900	20	0	
3G	移动 TD-SCDMA		1900～1915	15	95	
	移动 TD-SCDMA		2010～2025	15	85	
4G	电信 LTE2100(FDD)	1920～1935	2110～2125	2×15	5	
3G	联通 WCDMA	1940～1955	2130～2145	2×15	0	
	联通 LTE2100(FDD)	1955～1980	2145～2170	2×25	125	
4G	联通 TD-LTE		2300～2320	20	0	
	移动 TD-LTE		2320～2370	50	0	
	电信 TD-LTE		2370～2390	20	10	
2.4GHz(免费使用)		2400～2483.5		83.5	71.5	CBTC、PIS、Wi-Fi、付费
4G	联通 TD-LTE		2555～2575	20	5	公众移动通信
	移动 TD-LTE		2580～2635	55	0	
	电信 TD-LTE		2635～2655	20	2498	
5.8GHz(付费使用)		5150～5250		100	0	乘客信息系统(PIS)
		5250～5350		100	375	移动互联网(Wi-Fi)
		5725～5850		125		

需要指出的是,4G 时期我国地铁中实际采用的无线系统工作频段可达 27 个,下行频率间隔可达 26 个(包括 5.8GHz 的 3 个付费频段)。其中,大多数频段为城市公众移动通信频段,地铁设备可能选用的频段只有以下 6 个:

(1)350MHz 频段,用于警用无线通信;

(2)700MHz 频段,用于数字电视;

(3)800MHz 频段,用于专用无线通信;

(4)1.8GHz 频段,用于信号、乘客信息和闭路电视;

(5)2.4GHz 频段,用于信号、乘客信息、无线上网和手机付费;

(6)5.8GHz 频段,用于乘客信息。

12.6 干扰分析的思路与方法

地铁设备的干扰分析是一个大题目,宜采用的分析思路是"三个重点关注":

(1)重点关注三个频段:800MHz 频段、1.8GHz 频段、2.4GHz 频段。这是因为,这三个频段都紧邻公众移动通信频段。公众移动通信各系统的电磁兼容性都有严格规定,它们之间的干扰问题不会影响地铁设备。

(2)重点关注两种干扰:杂散发射干扰和互调干扰。这是因为,虽然干扰种类较多,但杂散发射和互调产物是最为常见、最有威胁的两种干扰。例如,接收机阻塞是一种干扰,但在实际发生的可能性很小,不是主要威胁。

(3)重点关注一个方向:干扰源下行对敏感设备下行的干扰。这是因为,基站的发射功率(一般为 10~25W),远大于移动台的发射功率(一般为 1~3W)。同时因为,干扰源是一个系统的基站发射机,敏感设备是另一个系统的移动台接收机,而该接收机的接收频道就是该移动台的下行频道。

参见图 12-19。

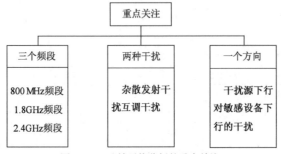

图 12-19 地铁干扰分析的重点关注

进行干扰分析时,宜采用以下方法:

(1)分别进行地铁设备内部干扰分析和外部干扰分析。

(2)分析杂散发射干扰时,首先要建立干扰传输模型,弄清干扰源和干扰路由。在明确干扰源功率大小和可容忍干扰程度的基础上,科学估算抗干扰能力。

(3)分析互调干扰时,要着重研究公网下行互调产物,看它们是否落在专网上行频带之内,反之亦然。

12.7 地铁设备内部干扰分析

12.7.1 无线通信三大系统的电磁兼容性

1) 800MHz 移动系统电磁兼容性

为限制 800MHz 系统和 GSM900 系统的相互干扰,我国通信行业标准和法规要求:

(1) CDMA 系统基站和直放机在带外各频段杂散发射的核准限值应符合规定,详见表 12-10。

CDMA 系统基站和直放机在带外各频段杂散发射的核准限值　　表 12-10

频率范围	测试带宽	极限值	检波方式
9~150kHz	1kHz	−36dBm	峰值
150kHz~30MHz	10kHz		
30MHz~1GHz	100kHz		
1~12.75GHz	1MHz		
806~821MHz	100kHz	−67dBm	有效值
855~915MHz			
930~960MHz		−47dBm	峰值
1.7~1.92GHz			
3.4~3.53GHz			
发射工作频带两边各加上 1MHz 过渡带内的噪声电平		−22dBm	有效值

这就意味着:

① 在地铁全部频段,要求 CDMA 基站和直放机的杂散发射 ≤ −36dBm/1MHz(峰值);
② 在集群 800MHz 和 GSM900 上行频段,要求杂散发射 ≤ −67dBm/100kHz(有效值);
③ 在 1700~1920MHz 频段,要求杂散发射 ≤ −47dBm/100kHz(峰值)。

(2) 800MHz 频段 CDMA 直放站的杂散发射,除工作载频及正常调制相关边带外频率上的辐射,应符合规定值(见表 12-10)。

(3) 800MHz 频段 CDMA 系统的发射天线和 900MHz 频段 GSM 系统的接收天线之间水平距离与加装滤波器值的关系应符合规定(详见表 12-11)。这就意味着,在地铁应用中,两系统间必须有远大于 15dB 的隔离度。

800MHz 频段 CDMA 系统的发射天线和 900MHz 频段 GSM 系统的
接收天线之间水平距离与加装滤波器值的关系　　表 12-11

CDMA 在 885~915MHz 频段带外杂散发射限值	两系统天线之间的水平距离	需加装滤波器值
−67dBm/100kHz	50m 以上	不需加装滤波器
	20~50m	10dB
	10~20m	15dB

(4) CDMA800 直放站的互调衰减指标应符合规定值(详见表 12-12)。它规定了对互调产物的抑制能力。

CDMA800 直放站互调衰减指标表 表 12-12

项 目		指 标 要 求
互调衰减	工作频带内	≤ -15dBm/30kHz
	工作频带外(偏离工作频带边缘1MHz 之外)	9kHz ~ 1GHz：-36dBm/100kHz 1 ~ 12.75GHz：-36dBm/1MHz

(5) CDMA800 直放站的带外抑制指标应符合规定值(详见表 12-13)。它规定了对偏离 CDMA 指配频率有效占用频段以外信号的抑制能力。

CDMA800 直放站带外抑制指标 表 12-13

项 目		指 标 要 求	
		前向	后向
带外抑制	每信道	偏离 CDMA 指配频率≥1.98MHz： ≤ -44dBc 或 ≤ -17dBm /30kHz	偏离 CDMA 指配频率≥1.98MHz： ≤ -38dBc 或 ≤ -13dBm /30kHz
	每频段	偏离工作频带边缘≥2.5MHz： ≤ -40dBc 或 ≤ -13dBm /30kHz	偏离工作频带边缘≥2.5MHz： ≤ -40dBc 或 ≤ -13dBm /30kHz
		偏离工作频带边缘≥10MHz： ≤ -60dBc 或 ≤ -33dBm /30kHz	偏离工作频带边缘≥10MHz： ≤ -60dBc 或 ≤ -33dBm /30kHz

2) GSM900 移动系统电磁兼容性

根据我国通信行业标准要求,GSM900 基站和移动台的电磁兼容性应符合规定(详见表 12-14)。其要点如下：

(1) 在下行频段(935 ~ 960MHz)内,基站发射机的杂散发射 ≤ -103dBm,移动台发射机的杂散发射 ≤ -57dBm(最高要求)。

(2) 在下行和上行频段外,基站发射机的杂散发射 ≤ -36dBm(9kHz ~ 1GHz),移动台发射机的杂散发射 ≤ -57dBm(9kHz ~ 1GHz)。

(3) 直放站的杂散发射 ≤ -36dBm(9kHz ~ 1GHz) 或 ≤ -30dBm(1 ~ 12.75GHz)。

GSM900 移动系统电磁兼容性 表 12-14

参 数 名 称		基 站		移 动 台		
		发射机	接收机	发射机		接收机
				发射状态	空闲状态	
频率范围		935 ~ 960MHz	同移动台发	890 ~ 915MHz		同基站收
频带宽度		25MHz		25MHz		
发射功率		43dBm(5 级) 40dBm(6 级) 37dBm(7 级)		37dBm(3 级) 33dBm(4 级) 29dBm(5 级)		
杂散发射	9kHz ~ 1GHz	≤36dBm	≤ -57dBm	≤ -36dBm	≤ -57dBm	同基站接收机
	1 ~ 12.75GHz	≤ -30dBm	≤ -47dBm	≤ -30dBm	≤ -47dBm	
	890 ~ 915MHz(上行)	≤ -103dBm				
	935 ~ 960MHz(下行)			≤ -76dBm(功率级 1) ≤ -84dBm (功率级 2 ~ 5)		

续上表

参数名称		基站		移动台		
		发射机	接收机	发射机		接收机
				发射状态	空闲状态	
互调衰减	100kHz～890MHz 及 915MHz～12.75GHz（带外）	不超过 Max[70dBc, -36dBm]				
	890～925 MHz（带内）	不超过 -103dBm				
同频干扰保护比			9dB			同基站接收机
邻频干扰保护比（200kHz）			-9dB			
邻频干扰保护比（400kHz）			-41dB			
接收机参考灵敏度			-104dBm			-102dBm

3) 800M 集群系统电磁兼容性

根据我国通信行业标准要求，TETRA800 数字集群通信系统的电磁兼容性要求，应符合规定（详见表 12-15）。其要点如下：

（1）发射机载波输出功率，基站为 50W，车载台为 5.6W，手持机为 1W。
（2）发射机无用发射，靠近载波≤60dBc，远离载波≤-36dBm。
（3）发射机宽带噪声≤80dBc（基站和车载台）或≤75dBc（手持机）。
（4）发射机互调衰减≥70dBc（基站）或≥60dBc（车载台和手持机）。
（5）基站接收灵敏度：-115dBm（静态）或 -106dBm（动态）。
（6）车载台和手持机接收灵敏度：-112dBm（静态）或 -103dBm（动态）。
（7）接收机同道抗扰性优于 19dB，邻道抗扰性优于 45dB。
（8）接收机阻塞电平 40dBm（基站）或 25dBm（车载台和手持机）。
（9）接收机无用发射≤-57dBm。

TETRA800 数字集群通信系统电磁兼容性　　表 12-15

分类	参数名称	单位	设备名称			
			中继器	基站	车载台	手持机
发射机	频率范围	MHz	下行 851～866 上行 806～821	851～869	806～825	
	载波输出功率	dBm	下行 36/载频 上行 27/载频	≥47	5.6W	30
	靠近载波无用发射	dBc	≤60			
	远离载波无用发射	dBm	≤-36			
	宽带噪声	dBc		≤80	≤75	
	互调衰减	dBc	36	≥70	≤60	
	带外抑制	dB	≥45			
	噪声系数	dB	5			

续上表

分类	参数名称	单位	设备名称			
			中继器	基站	车载台	手持机
接收机	频率范围	MHz		806~824	851~870	
	接收灵敏度	dBm		−115(静态) −106(动态)	静态 −112 动态 −103	
	同道抗扰性	dB		优于 19		
	邻道抗扰性	dB		优于 45		
	寄生响应抗扰性	dB		≥70	≥67	
	互调响应抗扰性	dB		≥65		
	阻塞电平	dBm		40	25	
	无用传导发射	dBm		≤ −57		
	无用辐射发射	dBm		≤ −57		

12.7.2 杂散干扰分析

1) 公网对专网的杂散发射干扰分析

(1) 干扰传输模型

地铁的每个车站,其无线公网基站和专网基站都安装在通信机械室。由于机柜和电缆的密封屏蔽通常很好,公网基站杂散发射进入专网基站接收的途径,主要是漏缆耦合与天线耦合。因此,干扰传输便有两种模型:漏缆耦合型(模型Ⅰ)和天线耦合型(模型Ⅱ)。

公网对专网干扰传输模型Ⅰ(漏缆耦合型)如图 12-20 所示。

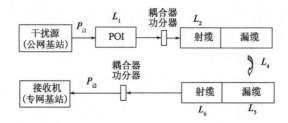

图 12-20 干扰传输模型Ⅰ(公网对专网,漏缆耦合)

公网对专网干扰传输模型Ⅱ(天线耦合型)如图 12-21 所示。

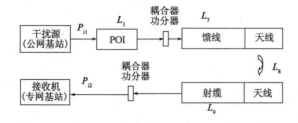

图 12-21 干扰传输模型Ⅱ(公网对专网,天线耦合)

图中,把产生杂散发射的公网基站视为干扰源,把装在附近的专网基站接收机视为干扰对象。P_{i1} 是干扰源的杂散发射功率,P_{i2} 是专网基站接收机输入端的干扰功率,单位都是 dBm。其他符号的含义是:

L_1——POI 带外抑制(dB);

L_2——公网下行耦合器与射缆的衰减(dB);

L_3——公网漏缆全长传输损耗(dB);

L_4——漏缆隔离损耗(dB);

L_5——专网漏缆传输损耗(dB);

L_6——专网上行耦合器与射缆损耗(dB);

L_7——公网分布式天馈线衰减(dB);

L_8——公网天线至专网(集群)天线的传输损耗(dB);

L_9——专网天线和射缆的损耗(dB)。

(2)数据核定

分析中,使用以下数据:

①杂散发射功率 $P_{i1} = -36\text{dBm}$。

②POI 带外抑制 $L_1 > 80\text{dB}$,可取 80dB,今取 70dB。

相关企业标准《公网 POI 技术指标要求》规定:

POI 下行带外抑制　　GSM,f@≤821MHz,>80dB

　　　　　　　　　　CDMA,f@≤821MHz,>80dB

而集群 TETRA800 基站的上行频率为 806~821MHz。

③公网下行耦合器与射缆的衰减 $L_2 = 2~10\text{dB}$,从严取最小值 2dB。

依据是相关企业提供的《深圳地铁一期工程无线子系统各站能量分布图》,因射缆有长有短,故衰减有大有小。

④公网漏缆全长传输损耗 $L_3 \geq 18\text{dB}$。

据《深圳地铁一期工程无线子系统各站能量分布图》,因漏缆有长有短,故衰减有大有小。

⑤漏缆隔离损耗 $L_4 = 58\text{dB}(D = 2\text{m})$。

图 12-22 是地铁漏缆间距图。漏缆隔离损耗计算公式为:

$$L_4(\text{dB}) = 64 + 20\lg\left[\frac{D(\text{m})}{0.3}\right] \tag{12-6}$$

图 12-22　地铁漏缆间距图

计算结果载于表 12-16,绘于图 12-23。

⑥分布式天馈线衰减 $L_7 = 22~33\text{dB}$,从严取最小值 22dB。

⑦公网天线至专网天线的传播损耗 L_8，取 38dB。

图 12-24 是公网和专网吸顶天线相对位置示意图。

不同间距下的漏缆隔离损耗　　　　　表 12-16

两漏缆距离 D(m)	0.1	0.2	0.3	0.4	0.5	0.6	0.7	0.8	0.9	1.0
隔离损耗(dB)	54.5	60.5	64	66.5	68.4	70	71.4	72.5	73.5	74.4

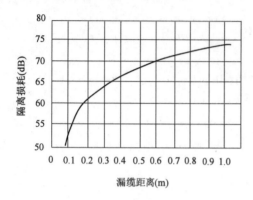

图 12-23　漏缆距离与隔离损耗的关系曲线

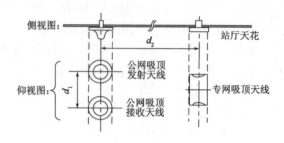

图 12-24　公网和专网吸顶天线相对位置示意图

公网天线至专网(集群)天线传播损耗的计算公式为：

$$L_8(dB) = 92.4 + 20\lg f(\text{GHz}) + 20\lg d(\text{km}) \tag{12-7}$$

典型计算值载于表 12-17 和图 12-25。在相同的天线间距下，1800MHz 传播损耗要比 900MHz 高 6dB 左右。在相同的传播损耗下，1800MHz 的天线间距要比 900MHz 小 4~8m。

传播损耗与天线间距的关系　　　　　表 12-17

天线间距 d(m)		1.0	1.5	2.0	2.5	3.0	4	6	8	10	12	14	16
传播损耗 (dB)	0.9 GHz	31.4	34.9	37.4	39.4	40.9	43.4	47	49.4	51.4	53	54.4	55.4
	1.8 GHz	37.4	40.9	43.4	45.4	46.9	49.9	53	55.4	57.4	59	60.4	61.4

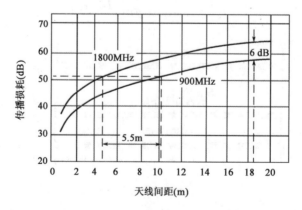

图 12-25　天线距离与传播损耗的关系曲线

⑧专网天线和射缆的传输损耗 $L_9 = 23 \sim 25\text{dB}$，取最小值 23dB。

(3) 估算公式

经漏缆输入 TETRA 基站的干扰 P_{i2} 的估算公式为：

$$P_{i2} = P_{i1} - L_1 - L_2 - L_4 \tag{12-8}$$

经天线输入 TETRA 基站的干扰 P_{i2}^* 的估算公式为：

$$P_{i2}^* = P_{i1} - L_1 - L_7 - L_8 - L_9 \tag{12-9}$$

(4) 估算结果及分析

将上述有关数据代入，得 $P_{i2} = -166\text{dBm}$。此估算结果与 TETRA 基站接收机可容忍的干扰 $P_{i0} < -123\text{dBm}$ 相比，尚有 43dBm 的余量。

将上述有关数据代入，得 $P_{i2}^* = -189\text{dBm}$。此估算结果与 TETRA 基站接收机可容忍的干扰 $P_{i0}^* < -123\text{dBm}$ 相比，尚有 66dBm 的余量。

2) 专网对公网的杂散发射干扰分析

(1) 干扰传输模型

图 12-26 是专网对公网干扰的传输模型Ⅲ（漏缆耦合型）。

图 12-27 是专网对公网干扰的传输模型Ⅳ（天线耦合型）。

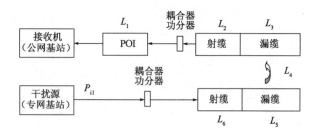

图 12-26　干扰传输模型Ⅲ（专网对公网，漏缆耦合）

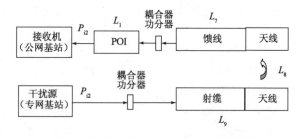

图 12-27　干扰传输模型Ⅳ（专网对公网，天线耦合）

专网对公网干扰的传输模型，与公网对专网干扰的传输模型基本相同，区别在于传输方向相反。此时，把产生杂散发射的专网基站视为干扰源，把装在附近的公网基站接收机视为干扰对象。P_{i1} 是干扰源的杂散发射功率，P_{i2} 是公网基站接收机输入端的干扰功率，单位都是 dBm。其他符号的含义与前相同。

(2) 数据核定

杂散发射功率 $P_{i1} = -36\text{dBm}$，输入公网基站的干扰记为 P_{i2}。

其余同前。

（3）估算公式

经漏缆进入公网基站的干扰 P_{i2} 估算公式：

$$P_{i2} = P_{i1} - L_1 - L_2 - L_4 \qquad (12\text{-}10)$$

经天线进入公网基站的干扰 P_{i2}^* 估算公式：

$$P_{i2}^* = P_{i1} - L_9 - L_8 - L_7 - L_1 \qquad (12\text{-}11)$$

（4）估算结果

将上述有关数据代入，得 $P_{i2} = -166\text{dBm}$。此估算结果与 CDMA 和 GSM 基站接收机可容忍的干扰 $P_{i0} < -120\text{dBm}$ 相比，尚有 46dBm 的余量。

将上述有关数据代入，得 $P_{i2}^* = -189\text{dBm}$。此估算结果与 CDMA 和 GSM 基站接收机可容忍的干扰 $P_{i0}^* < -120\text{dBm}$ 相比，尚有 69dBm 的余量。

3）杂散发射干扰分析小结

公网和专网之间的杂散发射干扰分析小结，载于表 12-18。它说明，在满足上述数据的技术状态下，公网和专网的杂散发射，不会给对方造成干扰，并有一定余量。

表 12-18 杂散发射干扰分析小结（单位：dBm）

干扰源	最大干扰估算结果				可容忍的干扰		结论
	公网对专网		专网对公网				
	天线耦合	漏缆耦合	天线耦合	漏缆耦合	专网	公网	
−36	−189	−166	−189	−166	−123	−120	不会相互干扰

12.7.3 互调干扰分析

1）互调干扰区

为了分析无线公网和无线专网之间的互调干扰，应当关注无线专网附近的局部频谱图（见图 12-28）。

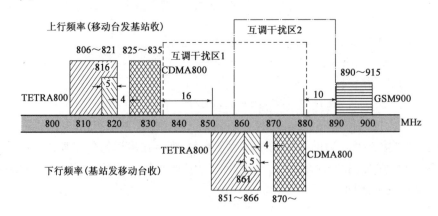

图 12-28 地铁无线专网和公网互调干扰区图

由图 12-28 可见：

(1) 无线专网数字集群通信 TETRA800 的频率范围,上行和下行均为 15MHz。无线公网联通 CDMA800 的频率范围,上行和下行均为 10MHz。二者上行与下行的频率间隔均为 4MHz。

(2) TETRA800 频段高于 CDMA800 频段。TETRA800 下行频段与 CDMA800 上行频段相距 16MHz,CDMA800 下行频段与 TETRA800 上行频段相距 49MHz。因此,TETRA800 下行三阶互调产物对 CDMA800 上行的威胁,大于 CDMA800 下行三阶互调产物对 TETRA800 上行的威胁。

(3) 紧靠 TETRA800 下行的,还有 GSM900 上行,它们相距 24MHz,因此 GSM900 上行受互调干扰的可能性小于 CDMA800 上行。

因此,对无线公网和无线专网之间的互调干扰,采用以下分析思路:

(1) 首先分析 TETRA800 下行对 CDMA800 上行的互调干扰,然后分析 CDMA800 下行对 TETRA800 上行的互调干扰。如果干扰不存在或者可以容忍,则不必继续分析。如果干扰不可容忍,则必须继续分析下去。

(2) 分析从两个方面进行:一是频域分析,看下行的互调频率是否落在对方的上行频带内;二是幅度分析,看互调产物是否高于允许值。

(3) 频域分析时,采用计算互调产物最高频率和最低频率的方法,即算出互调频率的范围。

计算公式:

$$\left. \begin{array}{l} F_{\max} = 2f_{\max} - f_{\min} \\ F_{\min} = 2f_{\min} - f_{\max} \end{array} \right\} \quad (12-12)$$

式中:$F_{\max}$、$F_{\min}$——分别是互调产物的最高频率和最低频率;

$f_{\max}$、$f_{\min}$——分别是下行频带的最高频率和最低频率。

(4) 互调干扰的幅度分析,可以列入对杂散发射的分析之中,而不单独进行。这是因为,互调干扰主要来自发射机,其限值和传输途径与杂散发射相同,干扰的分析也相同。

2) 专网下行的互调干扰频率

按国家无委会规定,TETRA800 下行(基站发射)的频率范围是 851~866MHz,这也是 f_1、f_2、f_3 的取值区间。

为求 $(2f_1 - f_2)$ 的最小值,取 $f_1 = 851$MHz(最小值)和 $f_2 = 866$MHz(最大值)。

算得 $(2f_1 - f_2)\min = 2 \times 851 - 866 = 836$MHz。

为求 $(2f_1 - f_2)$ 的最大值,取 $f_2 = 851$MHz(最小值)和 $f_1 = 866$MHz(最大值)。

算得 $(2f_1 - f_2)\max = 2 \times 866 - 851 = 881$MHz。

可见,互调干扰频率范围为 836~881MHz,称作互调干扰区 1,如图 12-28 虚线所示。此区在 CDMA800 上行(基站接收)频率范围 825~835MHz 之外,比其上限高 1MHz。

同样,为求 $(f_1 + f_2 - f_3)$ 的最小值,取 $f_1 = f_2 = 851$MHz(最小值)和 $f_3 = 866$MHz(最大值)。为求 $(f_1 + f_2 - f_3)$ 的最大值,取 $f_1 = f_2 = 866$MHz(最大值)和 $f_3 = 851$MHz(最小值)。得到相同结果。

在深圳地铁一期工程中,TETRA800 实际使用的频率是:

下行 861.3625～865.3625MHz；

上行 816.3625～820.3625MHz。

因此，TETRA800 下行产生的互调干扰频率范围为 857.3625～869.3625MHz，在 CDMA800 频率范围 825～835MHz 之外，比其上限高 22MHz。

3）公网下行的互调干扰频率

CDMA 下行（基站发射）的频率范围是 870～880MHz，这也是 f_1、f_2、f_3 的取值区间。

为求 $(2f_1-f_2)$ 的最小值，取 $f_1=870\text{MHz}$（最小值）和 $f_2=880\text{MHz}$（最大值）。

算得 $(2f_1-f_2)\min=2\times870-880=860\text{MHz}$。

为求 $(2f_1-f_2)$ 的最大值，取 $f_2=870\text{MHz}$（最小值）和 $f_1=880\text{MHz}$（最大值）。

算得 $(2f_1-f_2)\max=2\times880-870=890\text{MHz}$。

可见，互调干扰频率范围为 860～890MHz，称作互调干扰区 2，如图 12-28 点划线所示。此区在 TETRA 上行（基站接收）频率范围 806～821MHz 之外，比其上限高 39MHz。

同样，为求 $(f_1+f_2-f_3)$ 的最小值，取 $f_1=f_2=870\text{MHz}$（最小值）和 $f_3=880\text{MHz}$（最大值）。为求 $(f_1+f_2-f_3)$ 的最大值，取 $f_1=f_2=880\text{MHz}$（最大值）和 $f_3=870\text{MHz}$（最小值）。得到相同结果。

4）分析小结

互调干扰分析结果，载于表 12-19。它清楚地表明，无论公网还是专网，下行互调频率都未落在对方的上行频带内，因此不会带来互调干扰。

互调干扰的频域分析结果（单位：MHz）　　　表 12-19

互调干扰频率范围		上行频率范围			结论
TETRA800 互调产物	CDMA800 互调产物	TETRA800	CDMA800	GSM900	
836～881（实际 857～869）	860～890	806～821	825～835	890～909	范围不重叠

12.8　地铁设备外部干扰分析

12.8.1　地铁设备外部干扰源

地铁设备外部干扰源，分为自然干扰源和人为干扰源两种。

自然干扰源，主要包括大气中发生的各种现象，如雷电、风雪、暴雨、冰雹、沙暴等产生的噪声；还包括来自太阳和外层空间的宇宙噪声，如太阳噪声、星际噪声、银河噪声等。

人为干扰源多种多样，如各种信号发射机、振荡器、电动机、开关、继电器、氖灯、荧光灯、发动机点火系统、电铃、电热器、电弧焊接机、高速逻辑电路、门电路、可控硅逆变器、气体整流器、电晕放电、各种工业、科学和医用高频设备、城市噪声、电气铁道引起的噪声，以及由核爆炸产生的核电磁脉冲等。

在现代地铁建设和运营中，可能遇到的主要是三种外部干扰：属自然干扰的雷电干扰，属人为干扰的医用设备干扰和机场设备干扰。

外部干扰源带来的危害很大,甚至是灾难性的。例如,2011年8月9日,交通晚高峰时段,北京再次迎来雷雨大风天气。17时55分,北京地铁13号线望京西至北苑区间运营线围挡外的大树被风雨吹倒,砸在地铁线路上,导致地铁13号线无法正常运营,必须对接触轨停电,然后清除障碍物。

12.8.2 民用设备干扰案例分析

1) Wi-Fi 逼停地铁事故

2012年11月1日,8时15分至9时30分,深圳地铁2号线多趟列车暂停运行,每次暂停时间为1~2min,造成大量乘客被迫换乘数次,并滞留于沿线车站。下午16时,地铁运营方发布微博称,为避免影响正常运营的列车,部分列车暂停使用,事故具体原因还在进一步调查中。

次日晚,地铁方面称事故原因已基本查明,初步判定"不明信号"是乘客手持便携式Wi-Fi发出的信号。该信号频段与地铁信号系统频段相同,列车收到该信号后,地面指令会超时,列车自动防护会打开,从而产生紧急制动——"逼停地铁"。采用CBTC信号系统的地铁2号线和5号线曾多次发生暂停事故,可能就是这个原因。

后来,地铁方面的上述验证与判断,很快得到移动运营商的认同。

2) 防止逼停事故的办法

(1) 四种解决方案

信号系统是保证地铁高速、安全运行的重要设备,目前主要采用准移动闭塞和移动闭塞两种制式。深圳地铁1、4号线采用准移动闭塞制式,2、3、5号线为移动闭塞系统制式——CBTC系统(基于通信的移动闭塞系统)。CBTC系统无线传输可以使用2.4GHz频段,也可以使用5.8GHz频段。深圳地铁CBTC系统无线传输使用的是2.4GHz频段。

2.4GHz频段是各国共同使用的ISM频段,即工业、科学和医用频段,对公众开放,不用审批,不用付费。依据802.11标准及国家无委会规定,2.4GHz频段工作频率带宽为83.5MHz,可用信道最多只有13个。每个信道带宽22MHz,相邻两个中心频率的间隔为5MHz。在多个频道同时工作情况下,为保证频道之间不相互干扰,要求两个频道的中心频率间隔不能低于25MHz,因此最多可以提供3个不重叠的频道同时工作。一般选择1、6、11三个频道进行频率规划(见图12-17)。

目前,2.4GHz频段信道在深圳地铁的使用情况是:

①2、5号线CBTC系统使用3信道。
②2、5号线乘客信息系统(PIS)使用11信道。
③1号线乘客信息系统(PIS)使用6信道。
④3号线CBTC系统和PIS工作在2.4GHz频段,信道不详。
⑤4号线测试发现2.4GHz频段干扰严重,其PIS使用的是5.8GHz频段(付费)。

市场显示,2.4GHz频段的民用产品愈来愈多。此频段的无线上网业务(Wi-Fi)涌入地铁后,如果地铁继续使用2.4GHz频段,无异于把自己置身于易受干扰的环境之中。

正因为如此,使用2.4GHz频段的地铁CBTC系统必定存在安全隐患。PIS对安全性的要求低于CBTC系统,但在使用2.4GHz频段时也不可掉以轻心。而且,2006年以来,深圳市无线电管理局本着高度负责的精神,曾多次质疑深圳地铁使用2.4GHz频段的安全性。

为确保地铁安全运营,在现行及未来一段时期内的无线电磁环境下,必须防止CBTC系统受到干扰,使其正常、有效地工作。在频谱使用上,有四种可选方案:

方案1:使用2.4GHz频段。由于对当前的2.4GHz频段,无线电管理部门已不具有强制性管理能力,如果地铁继续使用此频段,必定存在安全隐患。

方案2:改用5.8GHz频段。5.8GHz频段是点对点或点对多点扩频通信系统、高速无线局域网、宽带无线接入系统、蓝牙技术设备及车辆无线自动识别系统等无线电台(站)的共用频段,付费使用。尽管近期可能优于2.4GHz频段,但随着此频段的开放及应用增加,无线电管理部门对它的强制管理能力也会下降,未来也将面临与2.4GHz频段相类似的干扰问题。

方案3:采用双频段模式。所谓双频段模式,就是让CBTC系统同时工作在2.4GHz和5.8GHz两个频段上。当一个频段遇到干扰时,系统自动调整到另一个频段去。这种方案尽管较前两种方案的灵活性有所增加,但其受到干扰威胁的程度与在单一频段相比,并没有实质性的改善,而且还会增加系统的复杂性。

方案4:为地铁申请设置专用频段。前述三个方案都不能从根本上解决问题,故提出此方案。主要理由如下:

①这是防止干扰的最佳选择

对CBTC设备来说,要防止的主要是同频干扰和邻频干扰。防止干扰的方法,不外乎是在频域上、空域上和技术上采取措施。在频域上,就是让有用信号和无用信号的频率分开,各行其道。在空域上,就是对发射功率、天线增益、带外功率和杂散功率等进行限制,使有用信号和无用信号互不接触。在技术上,就是采用扩频、编码及其他抗干扰电路,以达到抑制干扰的目的。经验证明,后两种方法的抗干扰效果是有限的,将频率分开才是最佳选择。上海市无线电管理局的研究报告也认为,配置专用频率才是一个较彻底的解决方法。

②这体现地铁的安全性与公益性

设置专用频段,是为了确保地铁运营的安全性,便于频率规划和频率管理。实行专用频段使用免费,是基于地铁不赢利,属于公益事业、便民工程,而频率又是公共资源考虑的。据称,国外90%地铁使用的无线电频率都是免费的。

③这表明无线电管理与时俱进

国家无委会在制定2.4GHz和5.8GHz两个频段的使用规定时,没有预料到我国地铁建设及相关技术能够如此快速地发展,更不可能考虑到如何满足地铁需求及其特殊性。CBTC系统是新技术新产品,对其频率的选用与管理,直接影响地铁运营的安全。解决这个新问题,将表明无线电管理在与时俱进。

(2)一份报告的启示

早在2006年11月,上海无线电管理局就出炉了一份长达107页的研究报告,题目是《2.4GHz频段电磁兼容性分析研究——轨道交通无线CBTC系统应用分析》,以下简称《上海报告》。

《上海报告》就轨道交通中采用2.4GHz/ISM无线技术实现、无线CBTC的背景和未来趋势,以及FHSS、DSSS和OFDM等2.4GHz/ISM无线技术系统和架构、各技术实现和特点,进行了详细描述。此外,结合轨道交通CBTC系统在地下隧道、站厅/站台、地面车辆段、轨道和地上高架等环境下的传输模型和干扰分析模型,《上海报告》在天馈系统、设备选项、组网等方面,对系统抗干扰性能进行了分析。同时,对于目前上海轨道交通已经提出的 CCTV 等宽带业务承载,《上海报告》还提出了组网建议并进行了特点分析。

《上海报告》给我们的重要启示是:

①从目前及发展看,在城市轨道交通列车控制系统中应用无线 CBTC 系统,是大势所趋,必将越来越普及。

②与此同时也带来了新问题,即在当前的无线环境及今后越来越恶劣的无线电磁环境下,如何保证无线 CBTC 系统应用的安全性和可靠性问题。

③如何保证无线 CBTC 系统的有效、可靠运行,乃是包括无线电管理部门在内的各管理部门、各应用单位、各技术研究单位以及各研发生产厂商,所必须共同面对并携手才能解决的重大问题。

④各种技术应用都有其适用性和局限性,目前 2.4GHz/ISM 为公用频段,不能彻底地避免 CBTC 被干扰的可能。只有技术和管理相结合,前瞻性地制定相应技术标准,才能保证轨道交通列车控制系统的可靠性,以及国内产业化的进程。

⑤配置专用频率才是一个能较彻底的解决方法。例如,在法国已经将此方式作为地方政策,在局部地区(巴黎地区),专门为无线 CBTC 系统在 5.8GHz 频段配置了一个专用工作频段。在我国,这不是一个地区所能解决的问题,而是涉及国家对频谱使用的业务划分。难度虽然很大,但值得关注,值得一试。

(3) 共享 1.8GHz 频段

2012 年 11 月 1 日深圳地铁 2 号线多趟列车因乘客手持便携式 Wi-Fi 干扰而被逼停,引起广泛关注。2012 年 12 月 24 日,中国轨道交通专业委员会在北京召开"城市轨道交通 CBTC 信号系统车地无线传输技术研讨会",就近期国内城市轨道交通信号系统受到外界无线电干扰问题进行了研讨。会议的研讨结果和建议,与深圳调查、测试、研究的结果和建议基本一致。会议一致同意,向国家无委会申请城市轨道交通专用车地无线通信频段,同时成立专家组,为专用频段的申请提供技术支撑。

在此背景下,2015 年 2 月 28 日,工信部无〔2015〕65 号文重新发布 1785~1805MHz 频段使用事宜,以满足交通(城市轨道交通等)、电力、石油等行业专用通信网和公众通信网的应用需求,明确了城市轨道交通车地无线通信可以使用该频段(1.8GHz 频段)。

这样一来,由于地铁车地无线通信可以共享 1.8GHz 频段,便较好地解决或缓解了困扰地铁多年的难题。

附录　现代地铁设备常用缩略语

(包括本书使用的缩略语)

AC(Alternating Current)交流电
ACC(AFC Clearing Center)城市轨道交通清分中心
ACS(Automatic Control System)自动化控制系统
AFC(Auto Fare Collection)自动售检票
AGM(Automatic Gate Machine)自动检票机
AP(Access Point)无线接入点/道旁无线单元
APS(Automatic Protection Switching)自动保护倒换(协议)
AR(Automatic Reversal)自动折返驾驶
ARS(Automatic Route Setting)列车自动进路排列(设定)
ATB(Automatic Turnback Button)自动折返(有列车司机)
ATC(Automatic Train Control)列车自动控制
ATM(Asynchronous Transfer Mode)异步传输模式/异步转移模式
ATO(Automatic Train Operation)列车自动驾驶
ATP(Automatic Train Protection)列车自动防护
ATS(Automatic Train Supervision)列车自动监控
AVM(Add Value Machine)自动充值机
BAS(Building Automation System)环境与设备监控系统,车站设备自动监控系统
BITS(Building Integrated Timing System)大楼综合定时系统
BPS(Bits Per Second)比特/秒
BOM(Booking Office Machine)半自动售票机
BT(Build-Transfer)建造—转让/建造—移交
BOT(Build-Own-Transfer)建造—拥有—转让/建造—拥有—移交
BTO(Build-Transfer-Operate)建造—转让(移交)—经营
BSC(Bus System Control)总线系统控制
BTM(Borne Transponder Management)应答器车载查询器
BTN(Backbone Transfer Network)骨干传输网络
BTS(Base Transceiver Station)基站收发机
BUMA(Bus Management)总线控制板
CA(Central Autocontrol)中央控制模式
CAD(Computer Aided Design)计算机辅助设计
CBI(Computer Based Interlocking)计算机联锁
CBTC(Communication Based Train Control System)基于通信的列车自动控制系统

CC(Cloud Computing)云计算
CCR(Central Control Room)中央控制室
(Carbone Controller)车载控制器
CCTV(Closed Circuit Television)闭路电视
CDM(Code Detection Module)电码检测模块
CDMA(Code Division Multiple Access)码分多址
CD-ROM(Compact Disc Read – Only Memory)光盘只读存储器
CDTA(Central Data Transfer)中央数据传输系统
CI(Computer Interlocking)计算机联锁
CIS(Computer Interlocking System)计算机联锁系统
CIU(Communication Interface Unit)通信接口单元
CLK(Clock)时钟系统,时钟
CPS(Central Processing System)中央计算机系统,中央处理系统
CRA(Carborne Radio Antenna)车载无线电天线
CRU(Carborne Radio Unit)车载无线单元
dB(Decibel)分贝
DC(Direct Current)直流电
DC(Distributed Computing)云计算式分布式处理
DCA(Data Communication Adapter)数据通信适配器
DCC(Depot Control Center)车辆段控制中心
DCE(Data Communication Equipment)数据通信设备
DCU(Data Component Unit)数据存储单元
DTC(Digital Track Circuit)数字轨道电路
DTE(Data Terminal Equipment)数据终端设备
DTS(Data Transfer System)数据传输系统
DTV(Digital Tele vision)数字电视
DTR(Data Terminal Ready)数据终端准备好
DTO(Driverless Train Operation)有人值守下的列车自动运行
DTRO(Driverless Train Reverse Operation)无人自动折返
DVM(Digital Voltmeter)数字式电压表
DVR(Digital Video Recorder)数字视频录像机
DWE(Depot Workshop Equipment)车辆段设备
EED(Emergency Escape Door)紧急逃生门/应急门
EMC(Electro Magnetic Compliance/ Compatibility)电磁兼容性/电磁兼容
EMCS(Electrical and Mechanical Control System)车站设备监控系统
EPS(Emergency Power Supply)应急电源
E/S(Encoder/Sorter)车票编码分拣
ESB(Emergency Shut Down Button)紧急关闭(紧停)按钮
ESD(Electrostatic Discharge)静电放电

FAS(Fire Alarm System)火灾自动报警系统
FD(Fire Damper)防火阀
FDD(Frequency Division Duplexing)频分双工
FDDI(Fiber Distributed Data Interface)光纤分布式数据接口
FDM(Frequency Division Multiplexing)频分复用
FDMA(Frequency Division Multiple Access)频分多址
FG(Flood Gate)防淹门
FTP(File Transfer Protocol)文件传输协议
GC(Grid Computing)网格计算
GIS(Gas Insulating Switchgear)气体绝缘开关
GPRS(General Packet Radio Service)通用分组无线业务
GPS(Global Position System)全球定位系统
GSI(Gas-Solid Interface)气—固界面
GSM(Global System for Mobile)全球移动通信系统
GOA(Grade of Automation) 自动化等级
GTW(Grand Trunk Web)骨干网网管计算机
GUI(Graphical User Interface)图形用户界面/图形用户接口
GW(Gate Way)网关
GWS(Graphic Work Station)图形工作站
HDTV(High Definition Television)高清晰度电视/高清电视
HVAC(Heating Ventilating Air Conditioning)暖通空调
IAG(Integrated Access Gateway)综合接入网关
IAS(Integrated Automation System)综合自动化系统
IBM(International Business Machines)美国国际商用机器公司
IBP(Integrated Backup Panel)综合后备盘,车站紧急控制盘
IC(Interface Codition)交接(界)条件
IEC(Interface Error Control) 接口误差控制
I/O(Input/Output)输入/输出
IPD(Integrated Product Development)集成产品开发
IR(Infrared Radiation)红外辐射
IL(Interface layer)中间层
IR(Interface(layer)Resistance)层(面)间电阻
ISCS(Integrated Supervision and Control System)综合监控系统
ISDN(Integrated Services Digital Network)综合业务数字网
ISDS(Integrated Security Defense System)综合安防系统
ISI(Inter-System Inerface)系统间接口
LA(Logical Architecture)逻辑框架
LADT(Local Area Data Transport)本地数据传输
LAN(Local Area Network)局域网

LAT(Local Area Transport)本地传输
LC(Line Center)线路中心
LCC(Line Center Computer)线路中央计算机系统
LCU(Locomotive Control Unit)机车控制单元
LCX(Leaky Coaxial Cable)泄漏同轴电缆
LD(Laser Diode)激光二极管
LDR(Lighting Distribution Room)照明配电室
LE(Local Exchange)本地交换
LED(Light Emitting Diode)发光二极管
LVL(LV Power Supply and Lighting)低压供电和照明
LVPS(Low Voltage Power Supply)低压动力电源
MCC(Maintenance Control Centre)运营管理中心
MDW(Maintenance Diagnostic Workstation)维修诊断工作站
MMI(Man-Machine Interface) 人机接口
MTO(Manless Tran Operation)无人驾驶
MTP(Message Transfer Part)信息传输部分
MSS(Maintenance Support Subsystem)维护支持子系统
NOCC(Network Operating Control Center)网络运营控制中心
OA(Office Automatic)办公自动化系统
OAM(Operation Administration Maintenance)操作、管理、维护
OBCU(On-Board Control Unit)车载控制单元
OBE(On-Board Equipment)车载设备
O&M(Operation and Maintenance)运营和维护
OCC(Operating Control Center)运营控制中心
OCS(Overhead Contact System)架空接触网
ODF(Optical Distribution Frame)光纤配线架
ODI(Operation/Display Interface)操作/显示接口
ODMS(Operational Data Management System)运营数据管理系统
O/E(Optical/Electrical)光/电转换器
OFDM(Orthogonal Frequency Division Multiplexing)正交频分复用
OFTL(Optical Fiber Transmission Line)光纤传输线
O&M(Operation and Maintenance)运营与维护
OM(Operation Manager)运营经理
OMC(Online Management and Control)在线监控
OMC(Operation & Maintenance Center)运行维护中心
OMS(Operation Management System)运营管理系统
ONU(Optical Network Unite)光网络单元
OPS(Overview Projection System)大屏幕系统
OTN(Open Transport Network)开放式传输网络

OTR(Optical Transceivers)光收发机
OVPN(Optical Virtual Private Network)光虚拟专用网
OWT(One-Way Transmission)单向传输
PA(Public Address)广播系统
PAN(Pantograph)受电弓
PAS(Public Address System)公众广播系统
PBS(Public Broadcasting Service)公共广播服务
PC(Point Centre)道岔中心
PC(Parallel Computing)并行处理
PCA(Portable Card Analyzer)便携式检票机
PCU(Process Control Unit)过程控制单元
PDG(Packet Data Gateway)分组数据网关
PDH(Pseudo-Synchronous Digital Hierarchy)准同步数字序列
PDN(Public Data Networks)公共数据网
PDP(Plasma Display Panel)等离子显示屏
PDS(PTT Dispatch Server)按下讲话调度服务器
PDT(Police Digital Trunking)警用数字集群
PSD(Platform Screen Door)站台屏蔽门,安全门
PIS(Passenger Information System)乘客信息系统
PTEL(Private Telephone System)专用电话系统
PTN(Private Telephone Network)专用电话网
QC(Quality Control)质量控制,服务控制
QS(Quality System)质量系统
QSIG(Q Signaling)Q信令
RAD(Radiater,Radio)(专用)无线通信系统
RE(Radiat Edemission)辐射骚扰(俗称电磁辐射、辐射发射)
RFI(Radio Frequency Interference)无线电频率干扰
RM(Restricted Manual Mode)限速人工驾驶模式
RR(Rapid Roaming)快速漫游无线技术
RS(Radiated Susceptibility)射频电磁场辐射抗扰度
RTU(Remote Terminal Unit)远程终端单元
RSM(Radio Subsystem Management)无线子系统管理
SC(Station Computer)车站计算机
SCADA(Supervision Control and Data Acquisition)监控和数据采集/电力监控系统
SCI(Safety Computer Interlocking)安全计算机联锁
SCR(Station Control Room)车站控制室
SDH(Synchronous Digital Hierarchy)同步数字序列
SDI(Serial Digital Interface)串行数字接口
SDMA(Space Division Multiple Address)空分多址

SEF(Smoke Exhaust Fan)排烟风机
SFD(Smoke and Fire Dampers)防烟防火阀
SIG(Signalling/Signal System)信号系统
SIR(Signal to Interference Ratio)信干比
SLC(Synchronisation Loops Conductor)同步环线
SLE(Station Level Equipment)车站终端设备/站级设备
SM(Supervised Manual Mode)监督下的人工驾驶模式
STP(Shielded Twisted Pair)屏蔽双绞线
SVC(Switched Virtual Connection)交换虚连接
SVCD(Super Video Compact Disc)超级视频光盘
SW(Smart Way)智能道路
TBTC(Trackcircuit Based Train Control)基于轨道电路的列车控制
TC(Track Circuit)轨道电路
TCC(Transit Command Center)轨道交通指挥中心
TCM(Track Coded Modulation)轨道编码调制
TSDS(Train Security Defense System)列车安防系统
TTE(Time Table Editor)时刻表编辑器
TVM(Ticket Vending Machine)自动售票机
TVF(Tunnel Ventilation Fan)隧道通风扇
UHF(Ultra High Frequency)特高频
UDP(User Datagram Protocol)用户数据报协议
UPS(Uninterrupted Power System)不间断电源系统
UTO(Unattended Train Operation)无人值守下的列车自动运行
VCC(Vehicle Control Center)车辆控制中心
VICS(Vehicle Information and Communication System)车辆信息和通信系统
VID(Vehicle Identity)车辆识别号
VIS(Video Information System)视频信息系统
VRS(Vehicie Radio Set)车载无线电台
VRV(Variable Refrigerant Volume)变频多联式空调机组
VSC(Vital Serial Controller)安全型串行控制器
VSWR(Voltage Standing Wave Ratio)电压驻波比
VVVF(Variable Voltage-Variable Freguency)变压变频
WCDMA(Wideband Code Division Multiple Access)宽带码分多址
WLAN(Wireless Local Area Network) 无线局域网
WRU(Wayside Radio Unit)轨旁无线单元
ZC(Zone Controler)区域控制器
ZLC(Zone Logic Controller)本地联锁系统

参 考 文 献

[1] GB 9175—88 环境电波卫生标准.
[2] GB 50157—2003 地铁设计规范.
[3] GB/T 21562—2008 轨道交通 可靠性、可用性、可维修性和安全性规范及示例.
[4] GB 50490—2009 城市轨道交通技术规范.
[5] GB 50157—2013 地铁设计规范.
[6] GJB 451A—2005 可靠性维修性保障性术语.
[7] GJB 72—1985 电磁干扰与电磁兼容性名词术语.
[8] GJB/Z 25—91 电子设备和设施的接地、搭接和屏蔽设计指南.
[9] CJJ/T 114—2007 城市公共交通分类标准.
[10] 周旭. 电子设备防干扰原理与技术. 北京:国防工业出版社,2005.
[11] 陈韶章. 地下铁道站台屏蔽门系统. 北京:科学出版社,2005.
[12] 陈兴华,等. 地铁设备监理. 北京:中国铁道出版社,2007.
[13] 深圳市地铁集团有限公司. 深圳地铁一期工程建设与管理实践. 北京:人民交通出版社,2007.
[14] 徐金祥,冲蕾. 城市轨道交通信号基础. 北京:中国铁道出版社,2008.
[15] 于松伟,等. 城市轨道交通供电系统设计原理与应用. 成都:西南交通大学出版社,2008.
[16] 郦萌,吴芳美. 铁路信号可靠性安全性理论及证实. 北京:中国铁道出版社,2008.
[17] 李伟章,等. 城市轨道交通通信. 北京:中国铁道出版社,2008.
[18] 宋棋吼,李学武,等. 城市轨道交通供电. 北京:中国铁道出版社,2009.
[19] 杨世武. 铁路信号电磁兼容技术. 北京:中国铁道出版社,2010.
[20] 朱宏,林瑜筠. 城市轨道交通概论. 北京:中国铁道出版社,2011.
[21] 仇海兵. 城市轨道交通车站设备. 北京:人民交通出版社,2011.
[22] 中铁电气化局集团公司. 城市轨道交通设备系统综述. 北京:中国铁道出版社,2012.
[23] 朱济龙. 城市轨道交通车站机电设备. 北京:机械工业出版社,2012.
[24] 吴芳. 城市轨道交通设备. 北京:人民交通出版社,2012.
[25] 徐亚辉. 城市轨道交通供变电技术. 北京:机械工业出版社,2013.
[26] 深圳市地铁集团有限公司,英泰克工程顾问(上海)有限公司. BT模式下深圳地铁5号线机电设备及安装装修工程管理实践. 北京:机械工业出版社,2013.
[27] 深圳市地铁集团有限公司. 深圳地铁2号线工程创新与实践,. 北京:人民交通出版社,2014.
[28] 张利彪. 城市轨道交通信号与通信系统. 2版. 北京:人民交通出版社,2015.
[29] 林瑜筠. 城市轨道交通信号. 3版. 北京:中国铁道出版社,2015.
[30] 蒲先俊,等. 现代地铁专用无线通信. 北京:人民交通出版社,2016.
[31] 蒲先俊,陶孟华. 现代地铁民用无线通信. 北京:人民交通出版社,2016.

[32] 毕翔宇.地铁设备工程建设与运行实践——深圳地铁3号线建设实例.北京:中国建筑工业出版社,2016.

[33] 王彦利,谢伟.高土壤电阻率地区地铁车站的接地设计.电气化铁道,2001(2).

[34] 王彦利.地铁直流电力电缆现状、发展和选择.电气化铁道,2002(2).

[35] 王立天,陈维江,王彦利,等.京津城际客运专线10kV供电系统运行系统特性数字仿真.铁道工程学报,2007(增刊).

[36] 赵海军,陈维江,王彦利,等.城市轨道交通架空接触网雷电防护.电气化铁道,2008(5).

[37] 李本刚.CTBC移动闭塞和准移动闭塞列车运行安全间隔时间的计算.铁路通号工程技术,2008,5(6).

[38] 杨德明.基于多元化子代理模块系统(MAS)的单司机值乘驾驶安全可靠性研究.中国安全科学学报,2009(3).

[39] 蒲先俊,地铁无线调度通信状态及发展研究.专业无线通信,2009(11).

[40] 王彦利,谢伟,鲁楠.地铁车站跟随式降压变电所设置方案研究.电气化铁道,2010.

[41] 蒲先俊,论地铁无线调度通信网络化发展.专业无线通信,2010(12).

[42] 虞龙强,蒲先俊.地铁无线专网越区切换分析.专业无线通信,2011(4).

[43] 王彦利,谢伟.箱式牵引变电所在城市轨道交通领域的应用.都市快轨交通,2011.

[44] 张宁,欧阳韧雄,张键保.深圳地铁列车安防系统.现代城市轨道交通,2012(1).

[45] 黄亮,韩月,蒲先俊.地铁专用通信传输系统技术分析.专业无线通信,2012(2).

[46] 黄亮,蒲先俊.地铁PIS系统车地无线通信应用分析.专业无线通信,2012(4).

[47] 肖远强,许琳,蒲先俊.如何正确使用2.4GHz免费频段.专业无线通信,2013(3).

[48] 任博.地铁无线调度指挥系统方案研究.科技与生活,2012.

[49] 李实华.无线通信技术在地铁列车监控系统中的应用研究.现代物业·新建设,2012(7).

[50] 任博.深圳地铁800M无线调度通信系统实现5条线路互联互通.专业无线通信,2012.

[51] 杨德明,杨丽,马爱芳.深圳地铁网络化运营仿真研究.现代城市轨道交通,2013(2).

[52] 王晓保,等.地铁车站空调实施风水联动控制技术节能效果分析.上海节能,2013(7).

[53] 孙莉.深圳城市轨道交通网络的主变电所规划研究.城市轨道交通研究,2013(12).

[54] 冲蕾,马子彦,杨明来.CTBC系统与车辆段联锁系统接口研究.城市轨道交通研究,2013(12).

[55] 王彦利,基于降低损耗和控制投资的变压器容量选择.铁路技术创新,2016(城轨专刊).

[56] 杨德明.深圳市轨道交通网络运营改善研究.现代城市轨道交通,2017(3).

[57] 杨德明,杨丽.深圳地铁三期新线开通客流调查分析.现代城市轨道交通,2017(5).